Christina Hölzle · Irma Jansen (Hrsg.)

Ressourcenorientierte Biografiearbeit

Christina Hölzle
Irma Jansen (Hrsg.)

Ressourcenorientierte Biografiearbeit

Grundlagen – Zielgruppen –
Kreative Methoden

2., durchgesehene Auflage

VS VERLAG

Bibliografische Information der Deutschen Nationalbibliothek
Die Deutsche Nationalbibliothek verzeichnet diese Publikation in der
Deutschen Nationalbibliografie; detaillierte bibliografische Daten sind im Internet über
<http://dnb.d-nb.de> abrufbar.

1. Auflage 2009
2. Auflage 2011

Lektorat: Stefanie Laux

VS Verlag für Sozialwissenschaften ist eine Marke von Springer Fachmedien.
Springer Fachmedien ist Teil der Fachverlagsgruppe Springer Science+Business Media.
www.vs-verlag.de

Umschlaggestaltung: KünkelLopka Medienentwicklung, Heidelberg
Satz: format absatz zeichen, Susanne Koch, Niedernhausen
Druck und buchbinderische Verarbeitung: Ten Brink, Meppel
Gedruckt auf säurefreiem und chlorfrei gebleichtem Papier
Printed in the Netherlands

ISBN 978-3-531-17774-8

Inhalt

Einleitung 9

Teil I: Grundlagen

Irma Jansen
**Biografie im Kontext sozialwissenschaftlicher Forschung und
im Handlungsfeld pädagogischer Biografiearbeit** 17
1   Biografieforschung – Von der Normalbiografie zur Biografizität   . 17
2   Biografiearbeit – Schlüsselkompetenz bewusster Lebensgestaltung . 20
2.1   Erinnern-Erzählen-Dokumentieren 22
2.2   Biografische Unterstützung von Menschen in schwierigen
       Lebenslagen 24
2.3   Werthaltungen für Biografiearbeit –
       Würdigung menschlicher Lebensverläufe 26
Literatur 29

Christina Hölzle
**Gegenstand und Funktion von Biografiearbeit im
Kontext Sozialer Arbeit** 31
1   Gegenstand von Biografiearbeit im Kontext Sozialer Arbeit 31
1.1   Biografische Selbstreflexion und professionelle Biografiearbeit . . . 32
1.2   Autobiograpfisches Gedächtnis und biografische Dokumentation . . 34
2   Funktionen von Biografiearbeit 34
2.1   Identitätsentwicklung und Integration von Erfahrungen 35
2.2   Stabilisierung und Hilfe zur Bewältigung 39
2.3   Aktivierung von Ressourcen. 42
2.4   Kontinuität, Sinnfindung und Lebensplanung 47
Literatur 51

Irma Jansen
Biografiearbeit im Hilfeprozess der Sozialen Arbeit 55
1   Beziehungsaufbau und Beziehungsgestaltung 55
2   Anamnese und Diagnostik 59
3   Intervention und flankierende Maßnahme 66
Literatur 68

Christina Hölzle
**Bedeutung von Ressourcen und Kreativität für die Bewältigung
biografischer Herausforderungen** 71
1   Kohärenzgefühl als Ressource. 71
2   Resilienz als Ressource 74
3   Ressourcenorientierte Biografiearbeit im Rahmen Sozialer Arbeit . . 77
4   Die Bedeutung kreativer Medien zur Ressourcenaktivierung 80
4.1 Kreative Medien als Erlebnis aktivierende Methode 80
4.2 Kreative Medien zur schöpferischen Bewältigung
     biografischer Herausforderungen 81
Literatur 85

Teil II: Zielgruppen

Biografiearbeit mit Kindern

Norbert Rath
Biografisches Verstehen von Kindern. 89

Irmela Wiemann
Biografiearbeit mit Adoptiv- und Pflegekindern. 108

Magnus Frampton
**Biografiearbeit in Großbritannien:
Lebensbücher im Adoptionswesen** 123

Frauke Framing | Bernhard Brugger
**Biografiearbeit mit Kindern psychisch kranker Eltern –
ein kunsttherapeutischer Ansatz** 136

Biografiearbeit mit Jugendlichen

Peter Schwab
**Kohärenz- und Identitätsentwicklung durch biografische
Arbeit mit kreativen Medien in der Adoleszenz** 151

Bernward Hoffmann
Fotografische Bilder als Medium in der Biografiearbeit
dargestellt an einem Projekt im weiblichen Jugend-Strafvollzug. 173

Matthias Eichbauer
„Rap ist mein Leben" – Biografiearbeit mit Jungtätern
Bericht eines studentischen Projektes 189

Katharina Barth | Nadja Tumbrink
Biografiearbeit mit benachteiligten Mädchen
Bericht einer studentischen Projektarbeit 197

Biografiearbeit mit Erwachsenen und alten Menschen

Brigitte Bauer
Das narrative Interview als Weg zum biografischen Verstehen
studierender MigrantInnen am Beispiel eines
Projektstudienangebots 209

Günther Rebel
Biografiearbeit mit Bewegung und Tanz – Der Körper erinnert sich . 223

Norbert Erlemeier
Lebensqualität und Wohlbefinden unter erschwerten Bedingungen
Förderung von Ressourcen und Potenzialen im Alter 236

Hans Hermann Wickel
Biografiearbeit mit dementiell erkrankten Menschen 254

Teil III: Kreative Medien

Bernward Hoffmann
Medien und Biografie: „Sie sind ein Stück von Deinem Leben" 273

Hans-Hermann Wickel
Die Bedeutung von Musik für die Bewältigung kritischer
Lebensereignisse 279

Exemplarische Übungen für kreative Biografiearbeit mit Kindern und Jugendlichen 303
Filzen 305
Malen zu Musik 307
„Ich drehe meinen eigenen Film" (4 Übungen) 309
Kreis der Gemeinsamkeiten 314
Rap-Workshop/Storytelling 316
Bewegungsgestaltung: Spiegelübung 318

Exemplarische Übungen für kreative Biografiearbeit mit Erwachsenen und alten Menschen 321
Non ti scordar di me – Vergiß mein nicht 323
Leben im historischen Kontext 327
Jeder lebt sein Leben anders 328
Lebensreise 330
Jugend früher – Jugend heute 332
Der Baum als Symbol des Lebens 334
Narrative Interviews 336

AutorInnen 339

Einleitung

Fachkräfte der Sozialen Arbeit begleiten Menschen in biografisch schwierigen und herausfordernden Situationen. Die Unterstützung bei der Gestaltung und Bewältigung von Biografie nimmt dabei einerseits einen zentralen Aspekt im Hilfeprozess ein, andererseits wird Biografiearbeit als systematisiertes Konzept kaum thematisiert.

Die Frage nach Leitorientierungen, Haltungen, Zielrichtung und Ausgestaltung der biografischen Begleitung wird in Wissenschaft und Praxis heterogen bis kontrovers diskutiert. Damit bleibt Biografiearbeit häufig unbestimmt im Bezug auf Ziele, Funktion, Bedeutung und methodische Umsetzung im Hilfeprozess.

Ziel und Anliegen der Beiträge dieses Buches ist es, ausgewählte sozialwissenschaftliche Bezugsrahmen vorzustellen, die mit einer subjekt- und entwicklungsorientierten Biografiearbeit verknüpfbar sind.

Vor diesem Hintergrund entfalten die beteiligten AutorInnen für unterschiedliche Alters- und Adressatengruppen in der Sozialen Arbeit systematisierte Konzepte und methodische Vorschläge für Biografiearbeit. Dabei gilt – ausgehend von langjähriger Erfahrung mit unterschiedlichen Adressatengruppen – als gemeinsamer Fokus die Aktivierung von Ressourcen zur Bewältigung und Gestaltung von Biografie und ein gezielter, Konzept gebundener Einsatz von kreativen Medien.

Im ersten Teil dieses Buches stellen wir, orientiert an vier thematischen Bereichen, **Grundlagen** der Biografiearbeit vor:

Im **ersten Themenbereich** *„Biografie im Kontext sozialwissenschaftlicher Forschung und im Handlungsfeld pädagogischer Biografiearbeit"*, wird pädagogische Biografiearbeit von der sozialwissenschaftlichen Biografieforschung abgegrenzt und – über das gemeinsame Ziel subjektive Sinnstrukturen zu verstehen hinaus –, erweitert um konkrete Formen der Unterstützung und Begleitung biografischer Verläufe. Pädagogische Biografiearbeit wird thematisiert in ihrer Bedeutung für Menschen in schwierigen Lebenslagen und in ihrer Abgrenzung zu therapeutischen Verfahren. In Anbetracht der uns besonders wichtigen, im Prozess sichtbaren Würdigung menschlicher Lebensverläufe im Rahmen von Biografiearbeit, werden intersubjektive Haltungen und fachliche Standards für deren Durchführung benannt.

„Gegenstand und Funktion von Biografiearbeit im Kontext Sozialer Arbeit" bildet den **zweiten Themenbereich.** Im Gegensatz zur intuitiven Beschäftigung mit der eigenen Lebensgeschichte wird professionelle Biografiearbeit definiert als methodische Anleitung und Begleitung biografischer Selbstreflexion durch professionelle Fachkräfte in psychosozialen Arbeitsfeldern. Es werden Anlässe und Indikationen sowie wesentliche Funktionsbestimmungen für Biografiearbeit dargestellt. Im Fokus steht die Bedeutung der Biografiearbeit für die Identitätsentwicklung, Lebensbewältigung, Ressourcenaktivierung, Sinnfindung und Lebensplanung.

Im **dritten Themenbereich** wird der Blick auf *„Biografiearbeit im Hilfeprozess der Sozialen Arbeit"* gerichtet. Biografiearbeit wird dabei im Hinblick auf ihre Möglichkeiten und Chancen für Beziehungsaufbau und Beziehungsgestaltung, auf ihre Bedeutung für Anamnese und Diagnose und in ihrer Sinnhaftigkeit als Intervention und flankierende Maßnahme im systematischen Hilfeprozess der Sozialen Arbeit dargestellt und fallbezogen erläutert.

„Die Bedeutung von Ressourcen und Kreativität für die Bewältigung biografischer Herausforderungen" werden im **vierten Themenbereich** aufgegriffen. Es werden Ergebnisse der Resilienz- und Salutogenese-Forschung referiert, die zeigen, warum Menschen sich trotz schwerwiegender Belastungen und ungünstiger Lebensbedingungen konstruktiv entwickeln und gesund bleiben, und es werden daraus Schlussfolgerungen für die Ressourcenaktivierung im Kontext von Biografiearbeit abgeleitet. Die Arbeit mit kreativen Medien wird dabei als wichtiger Schlüssel und als Möglichkeit ressourcenorientierter biografischer Arbeit vorgestellt.

Teil II des Buches bezieht sich auf altersspezifische **Zielgruppen** der Biografiearbeit:

Biografiearbeit mit Kindern

Norbert Rath setzt sich in seinem kritischen Aufsatz **„Biografisches Verstehen von Kindern"** im Kontext psychoanalytischer, kognitionspsychologischer und literarischer Betrachtungen mit den Fragen auseinander, welche Besonderheiten und welchen Wahrheitsgehalt autobiografische Erinnerungen aufweisen, ob überhaupt und welche Zugänge Erwachsene zu kindlichen Erlebniswelten finden können. Er skizziert mögliche Anwendungsfelder für biografisches Arbeiten mit Kindern und betont gleichzeitig die Notwendigkeit kritischer begleitender Reflexion.

Wie **„Biografiearbeit mit Adoptiv- und Pflegekindern"** gestaltet werden kann, beschreibt Irmela Wiemann für den deutschsprachigen Raum. Magnus Frampton berichtet über die institutionalisierte und bereits gesetzlich vorgeschriebene Form der **„Biografiearbeit in Großbritannien: Lebensbücher im Adoptionswesen"**. Beide AutorInnen zeigen in ihren Beiträgen, wie Kinder unterstützt werden können, die Brüche in ihrer Lebens- und Familiengeschichte zu bewältigen und zu integrieren. Sie gehen konkret auf die typischen Lebensthemen der Kinder ein, illustrieren die Schwerpunkte der biografischen Arbeit und veranschaulichen das methodische Vorgehen anhand konkreter Fallbeispiele.

„Biografiearbeit mit Kindern psychisch kranker Eltern – ein kunsttherapeutischer Ansatz" wird von Frauke Framing und Bernhard Brugger vorgestellt. Sie zeigen in ihrem ressourcenorientierten Beitrag, wie die belasteten Kinder durch künstlerischen Ausdruck und Arbeit mit kreativen Medien in ihrer Entwicklung und Widerstandsfähigkeit (Resilienz) gestärkt werden können.

Biografiearbeit mit Jugendlichen

In seinem einführenden Aufsatz zum Thema **„Kohärenzentwicklung und Sinnfindung durch biografische Arbeit mit kreativen Medien in der Adoleszenz"** schafft Peter Schwab ein grundlegendes Verständnis für die Entwicklungsaufgaben in der Adoleszenz, indem er evolutionsbiologische, entwicklungs- und neuropsychologische Befunde zusammenführt. Er leitet daraus Schlussfolgerungen für die inhaltliche und methodisch-kreative Gestaltung von Biografiearbeit mit Jugendlichen ab, deren Ziel er in der Konsolidierung von Kohärenz und Identität sowie der Prävention juveniler Störungsbilder sieht.

Bernward Hoffmann erläutert aus einer medienpädagogischen Perspektive, dass **„Fotografische Bilder als Medium in der Biografiearbeit"** eine Chance bedeuten, durch bildlich-symbolischen Ausdruck die Möglichkeit von Sprache bei der Bewusstwerdung von Lebensgeschichte zu überschreiten. Dargestellt an einem Projekt mit digitaler Fotografie im weiblichen Jugendstrafvollzug, werden Möglichkeiten einer ästhetischen Praxis der Biografiearbeit mit Jugendlichen in einer besonderen Lebenssituation thematisiert und konkrete methodische Hinweise und Arbeitsanregungen vorgestellt.

Mit dem Projektbericht „**Rap ist mein Leben**" illustriert Matthias Eichbauer, was es bedeutet, ein biografisch orientiertes Hip-Hop Projekt mit männlichen Strafgefangenen im Jungtätervollzug durchzuführen. Dabei wird deutlich, wie das Thematisieren aktueller Biografie auch Vergangenheit und Zukunft der jungen Männer berührt und welche Rolle dabei der Strafvollzug als Zwangskontext spielt.

Ebenfalls vor dem Hintergrund einer Projektarbeit, berichten Katharina Barth und Nadja Tumbrink über „**Biografiearbeit mit benachteiligten Mädchen**". Orientiert an den Entwicklungsaufgaben dieser Mädchen, Identität vor dem Hintergrund psycho-sozialer Belastung zu konstruieren, stellen die Verfasserinnen exemplarisch fünf methodische Einheiten kreativer, Ressourcen orientierter Biografiearbeit im Rahmen der Mädchenkrisenhilfe dar.

Biografiearbeit mit Erwachsenen und alten Menschen

Brigitte Bauer stellt „**Das narrative Interview als Weg zum biografischen Verstehen studierender MigrantInnen am Beispiel eines Projektangebotes**" vor. Das methodengeleitete Verfahren biografischen Verstehens wird anschaulich durch fallbezogene Interviewausschnitte unterlegt und es werden anhand ausgewählter theoretischer Perspektiven Bezüge hergestellt zu sozialer Identität im kulturellen Vergleich.

Auf die besondere Bedeutung des Körpers als Träger von Biografie macht Günther Rebel in seinem Beitrag „**Biografiearbeit mit Bewegung und Tanz**" aufmerksam. Er weist darauf hin, dass über Bewegung und Tanz Wahrnehmung, Erinnerung, Emotion und Kognition in einer biografischen Perspektive ganzheitlich erkannt und verknüpft werden können.

Norbert Erlemeier fasst in seinem Übersichtsartikel „**Lebensqualität und Wohlbefinden unter erschwerten Bedingungen – Förderung von Ressourcen und Potenzialen im Alter**" die Ergebnisse der Altersforschung zusammen. Er fordert eine ausgewogene und differenzierte Betrachtung des Alters, das sich als Bilanzierung von Gewinnen und Verlusten darstellt. Er diskutiert die Schwerpunkte und Themen der Arbeit mit alten Menschen sowohl auf politischer wie individueller Ebene vor dem Hintergrund unterschiedlicher Lebensverläufe.

Hans-Hermann Wickel illustriert Ansätze für „**Biografiearbeit mit dementiell erkrankten Menschen**". Er zeigt, wie ästhetische Medien und Erlebnis aktivierende Methoden als Schlüssel zu lebensgeschichlichen Ressourcen genutzt werden können und wie emotional gefärbte Erinnerungen an Fähigkeiten und frühere Kompetenzen entlasten, stabilisieren und helfen, die Identität der Menschen zu wahren.

Teil III des Buches bezieht sich auf die **besondere Bedeutung Kreativer Medien** für Biografiearbeit.

Auf die Verknüpfung von Medien und Alltagserfahrung macht Bernward Hoffmann in seinem Beitrag „**Medien und Biografie**" aufmerksam und verweist dabei auf die besondere Bedeutung von Medien bei der Konstruktion und Rekonstruktion von Biografie. Im Bezug auf unterschiedliche AdressatInnengruppen gibt er methodische Anregungen zur (Re)Konstruktion von Medienbiografie.

Musik ist aus keiner Lebensgeschichte auszublenden, sie liefert einen biografieorientierten Zugang zur aktuellen Lebenswelt von Menschen von der Kindheit bis ins hohe Alter. Hans Hermann Wickel verweist auf „**Die Bedeutung von Musik für die Bewältigung kritischer Lebensereignisse**" und zeigt anhand verschiedener Altersgruppen und Fallbeispiele auf, wie Musik als Medium der Kommunikation und des Ausdrucks in der Sozialen Arbeit eingesetzt werden kann.

Es erschien uns wichtig im Rahmen dieses Buches einige **exemplarische Übungen** zur Verdeutlichung einer Didaktisierung von Biografiearbeit vorzustellen. Dabei geht es uns weniger darum, eine bestimmte Auswahl zu treffen, sondern vielmehr darum, die Berücksichtigung professioneller Standards bei Planung, Prozessgestaltung und Evaluation von methodischen Einheiten der Biografiearbeit zu verdeutlichen. Insofern sind die Übungen in ihrem Inhalt ersetzbar durch jeweils der AdressatInnengruppe angemessene Formen kreativer Übungselemente, die selbst entwickelt werden können oder aus dem Bestand einer Vielfalt bereits publizierter kreativ-methodischer Ideen genommen werden können.

Münster, den 10. August 2010

Christina Hölzle   Irma Jansen

Teil I

Grundlagen

Irma Jansen

Biografie im Kontext sozialwissenschaftlicher Forschung und im Handlungsfeld pädagogischer Biografiearbeit

Im disziplinären Kontext der Sozialwissenschaft existiert gegenwärtig eine Flut von Ansätzen, Positionen, Einschätzungen und Ergebnissen im Rahmen biografisch orientierter Forschung mit einem breiten Spektrum von Methoden und Verfahren. Für den Bereich der Biografiearbeit im Rahmen pädagogischer Praxis hingegen ergibt die Literaturrecherche eine Vielzahl differenzierter, praxisorientierter Beiträge im Bezug auf unterschiedliche AdressatInnengruppen und Settings (vgl. Raabe 2004, Lattschar/Wiemann 2008, Lindmeier 2004), diese werden aber wenig zurück gebunden an eine übergeordnete Methodendiskussion innerhalb der Profession Soziale Arbeit.

Im Folgenden werden Eckpunkte der sozial- und insbesondere erziehungswissenschaftlichen Biografieforschung in Deutschland aufgezeigt mit dem Zweck, Unterschiede zwischen Biografiearbeit und Biografieforschung heraus zu stellen und eine Positionsbestimmung von Biografiearbeit vorzunehmen.

1 Biografieforschung – Von der Normalbiografie zur Biografizität

Biografisch orientierte Forschung ist bereits seit den 1930er Jahren aus amerikanischen Lebenslauf- und Fallanalysen insbesondere von straffälligen Jugendlichen, aber auch aus den qualitativen Studien zu den Lebensbedingungen ausgewählter gesellschaftlicher Gruppen (z.B. Thomas/Znanieckie 1927) bekannt. In Deutschland richtete sich eine sozialwissenschaftliche Lebenslaufforschung (insbesondere in der Soziologie) Ende der 1970er Jahre (Pieper 1978/Kohli 1978) überwiegend auf die Strukturen eines institutionalisierten Lebenslaufs (Familie, Schule, Beruf, Heirat, Ruhestand) als zentrale Ablaufmuster, in denen sich gesellschaftliche und soziale Ordnungsmuster moderner Gesellschaften über die Lebensspanne (Kindheit, Jugend, Erwachsen, Alter) als „Normalbiografie" abbilden. Der Lebenslauf erschien dabei als vorhersehbarer Lebenszyklus, in dem Varianten biografischer Ausgestaltung durch Bedingungen wie z.B.

soziale Teilhabe, kulturelles und soziales Kapital, Bildung oder das Geschlecht beeinflusst werden (vgl. Ecarius 2006).

Lebenslaufforschung thematisierte die Verzahnung von Gesellschaft und Individuum, das Zusammenspiel von gesellschaftlichen Ordnungsmustern und individueller Lebensgestaltung. Dem kritischen Zeitgeist der Sozialwissenschaft entsprechend, sollte die empirische Sozialforschung den Niederschlag gesellschaftlicher Gewaltverhältnisse im Individuum offenlegen. Der dabei vorherrschende strukturtheoretische Blick richtete sich in erster Linie auf Auswirkungen gesellschaftlicher Institutionen auf den objektivierten Lebenslauf und weniger auf den subjektiven Eigensinn biografischer Ereignisse und Verläufe in der alltäglichen Lebensrealität des Individuums. „Subjektives Erleben", „Introspektion", „Selbstreflexion", „Erinnerung" und die Frage nach dem „Sinn", nach der persönlichen Bedeutung des Verhaltens wurden bewusst und systematisch aus der Forschung ausgeklammert" kritisieren Baacke und Schulze 1993 im Blick auf die Ausrichtung sozialwissenschaftlich biografischer Forschung der 1970er Jahre (Baacke/Schulze 1993, S. 6).

Selbst die von Thiersch entwickelte Lebensweltperspektive mit ihren Akzenten auf Alltäglichkeit und der Zielvorstellung einer gelungenen Lebenswirklichkeit „in der die Menschen sich in ihrer gesellschaftlichen Bedingtheit verstehen und zugleich sich selbst handelnd realisieren" (Thiersch, 1978, S. 11) hat keinen eigenen Subjektbegriff entwickelt, der das biografisch vermittelte innere Erleben der Subjekte abzubilden in der Lage wäre. So kritisiert Schreiber 1999, dass in den Überlegungen von Thiersch zum Alltag und zur Alltäglichkeit die Problematiken der Leiblichkeit, der Emotionalität und der Affekte von Subjekten bestenfalls peripher auftauchen:

„Die Dimension ikonischer Wirklichkeit von Bildlichem, Atmosphärischem, Szenischem, Spürbarem auch innerer Wirklichkeit in Lebenswelt, Interaktion und Alltag werden nicht aufgenommen, finden ihren Niederschlag auch nicht in Konzepten von Entfremdung und Pathologie" (Schreiber, 1999, S. 16).

Die Sozialisationsforschung der 1980er Jahre dagegen öffnete den Blick (vor dem Hintergrund einer Individualisierungsdebatte) dafür, dass der „Lebenslauf" in seiner Dynamik zwischen institutionellem Programm und subjektiver Konstruktion durch zunehmende Biografisierung gekennzeichnet ist. Menschen stehen dabei im Kontext individualisierter Rahmenbedingungen mehr denn je vor der Aufgabe, Unsicherheiten, Brüche und Diskontinuitäten bei der Bewältigung von Sozial- und Systemaufgaben in eine eigene biografische Ordnung zu bringen.

Zur Verdeutlichung der Komplexität sozialisierender Instanzen hat der Sozialiationsforscher Klaus Hurrelmann in den 1980er/90er Jahren ein Meta-Modell sozialisierender Einflüsse (Institutionen, Medien, Gesundheit u.s.w.) systematisiert (Hurrelmann 1993). Das Individuum erscheint dabei im Rahmen der sozialen Bedingungen und Ressourcen seiner jeweiligen Lebenswelt als produktiv-realitätsverarbeitendes Subjekt. Hurrelmann orientiert seine Analysen inhaltlich auf das sichtbar machen von insbesondere klassen- und geschlechtsspezifischen Differenzen im Kontext der Sozialisation. Dass hierbei jedoch die Prozesse der Differenzierung selbst kaum rekonstruiert werden, kritisiert Alheit (2002) mit dem Hinweis auf eine fehlende Analyse der eher mikroprozesshaften, subjektiven Aneignung des Sozialen: „Das vorliegende Meta Modell – soviel ist deutlich geworden – weicht der eigentlichen Herausforderung des Sozialisationskonzeptes aus, nämlich jene „subjektive Aneignung der sozialen Welt" oder die „Verinnerlichung gesellschaftlicher Strukturen" in einer Prozessperspektive theoretisch zu begreifen." (Alheit 2002, S. 8)

Die biografische Prozessgestaltung des Individuums (insbesondere auch die Prozesse subjektiver Bewältigung) wecken auch in der Erziehungswissenschaft das Bedürfnis nach phänomenreicher Empirie und tieferem, prozesshaften Sinnverstehen menschlichen Handelns. In diesem Zusammenhang kommt es zu Beginn der 1990er Jahre in der Erziehungswissenschaft zu einer Wiederaufnahme der qualitativen Tradition einer interaktionistisch orientierten (Feld)Forschung (Friebertshäuser/Prengel 1997, Krüger/Marotzki 1999) und 1994 zur Gründung einer Kommission für Biografieforschung in der Deutschen Gesellschaft für Erziehungswissenschaft. Die Hinwendung zum Subjekt bei der Erfassung biografischer Prozesse drückt sich sowohl aus in Diskussionen zur Qualität der Methode als auch zum Prozess der Interpretation narrativer Daten (vgl. Friebertshäuser/ Prengel 1997, Kelle 1997). Diese Forschungshaltung schlägt sich in einer Vielzahl von Untersuchungsergebnissen nieder, die Auskunft geben über subjektive Deutungsmuster und Sinnkonstruktionen der erfassten Person in ihrem jeweiligen Kontext. In zunächst überwiegend textanalytischen Verfahren werden dabei Sinnstrukturen und Deutungsmuster der Betroffenen herausgearbeitet und ein subjektiver Sinn als „roter Faden" in der Lebensgeschichte rekonstruiert.

Aufgrund der immer nur vermittelten Annäherung an Biografien über eine Vertextung der qualitativen Entäußerung des Biografieträgers und deren Interpretation ist Biografieforschung ausgesprochen anspruchsvoll im Einbezug mehrperspektivischer Sichtweisen, im Bezug auf die Selbstreflexion des Forschers, auf den Wertestandpunkt eines verstehenden Paradigmas und auf die Berücksichtigung eines im qualitativen Verfahren besonders engen Zusammenhangs von Datengenerierung und Datenauswertung (vgl. Baacke, 1993 S. 54).

In der aktuellen biografischen Forschung werden neben sprachlichen Narrationen auch Bild-, Film- und Schriftdokumente (z.B. Briefe, Tagebücher) herangezogen. Die Spannweite aktueller Diskussionen erziehungswissenschaftlicher Biografieforschung zeigt sich:

- in Untersuchungen zur biografischen Aneignung von Bildung im Kontext belasteter Lebenslagen (vgl. Schreiber 2006)
- in Diskussionen über Comics als Gegenstand qualitativer Forschung (vgl. Dörner 2007)
- in Fragen zur „Biografizität" als Prozesskategorie von Identität (vgl. Alheit 2002)
- in der Thematisierung von Jugendkultur als „Bricolage" Modell (vgl. Farin 2001).

Biografizität wird hier verstanden als eine Kategorie, bei der die biografische Arbeit des Individuums zu einem Selbstbildungsprozess wird, in dem Identität sich flexibel „clustert" und sich entlang von Diskontinuitäten und Brüchen prozesshaft immer wieder neu ausrichtet.

Biografieforschung wendet sich damit den Innenseiten des Lebenslaufs zu, den subjektiven Verarbeitungsformen und Eigenlogiken. Damit trägt sie dazu bei „Gründe für menschliches Verhalten zu finden, wonach zumindest subjektiv genau das zu tun war, was getan wurde." (Baacke, 1993, S. 60)

Die erziehungswissenschaftliche Biografieforschung tut sich allerdings bis heute schwer, die Bedeutung der Reflexionsfähigkeit unbewusster Handlungsmotivationen bei der Rekonstruktion des subjektiven Sinns systematisch zu thematisieren. Die Frage danach, ob eine biografische Wahrheit in Anbetracht einer Dynamik unbewusster Motivationsstrukturen zu haben ist, wenn die Diskussion dieser Wahrheiten nicht interaktiv-prozesshaft zurück gebunden wird an die beforschten Subjekte, wird in erziehungswissenschaftlichen Forschungszusammenhängen kaum aufgegriffen und überwiegend in einer psychoanalytischen bzw. therapeutisch orientierten Biografieforschung theoretisch diskutiert (vgl. Bruder 2002, Petzold 2002, Keupp 1998).

2 Biografiearbeit – Schlüsselkompetenz bewusster Lebensgestaltung

In der Biografieforschung geht es darum, subjektive Sinnstrukturen vor dem Hintergrund relevanter Kontexte (z.B. Zeitgeschichte, Soziale Teilhabe, Szene, Milieu, Kultur, Alltag) systematisch (anhand qualitativer Forschungsinstrumente) als Verdichtungen und Relevanzstrukturen herauszuarbeiten und sichtbar zu machen. Im Rahmen einer pädagogisch orientierten Biografiearbeit geht es zwar auch um das Wahrnehmen und Verstehen subjektiver Sinnstrukturen, hier aber eingebunden in konkrete Formen der Unterstützung und Begleitung von Menschen in unterschiedlichen biografischen Abschnitten. Die damit verbundenen Herausforderungen an eine integrierende pädagogische Praxis erweisen sich dabei im Lichte der aktuellen Fachdiskussion als ausgesprochen vielfältig und heterogen, erstreckt sich doch der Anwendungsbereich biografischer Arbeit auf höchst unterschiedliche AdressatInnengruppen in pädagogischen Feldern z.b. der pädagogischen Arbeit mit geistig behinderten Menschen (Lindmeier 1994), in der Altenhilfe (Ruhe 1998), in der Benachteiligtenförderung (Raabe 2004), im Adoptions- und Pflegekinderwesen (Lattschar/Wiemann 2008). Zudem erstreckt sich die Diskussion um die Ausrichtung biografischer Arbeit auch in andere Wissenschaftsbereiche wie z.b. Therapietheorien und -praxis hinein (Gudjons 1994, Petzold 2002). Eine wechselseitige Abgrenzung erscheint zunehmend schwierig als bestimmte Verfahren (Genogramm, Lebenspanoramen, kreative-projektive Medien, Rollenspiel, Theater u.a.) regelmäßig in pädagogischen, pflegerischen und therapeutischen Arbeitszusammenhängen anzutreffen sind. Hinzu kommt, dass das Konzept Biografiearbeit häufig eingelagert erscheint in Rahmenkonzepte und Haltungen unterschiedlicher Therapieverfahren (systemisch, lösungsorientiert, integrativ, psychodramatisch) und von daher kaum einheitlich zu erfassen, geschweige denn als Methode zu beschreiben ist.

Allen Ansätzen gemein ist jedoch die Vorstellung, dass es ein zutiefst menschliches Bedürfnis ist, dem Leben einen sinnhaften Bezug (einen Bedeutungsfaden) zu geben, sich selbst dabei als lebendigen Gestalter der eigenen Lebensgeschichte zu erleben und damit Identität unter den Bedingungen von Kontinuität und Diskontinuität zu konstituieren – kollektiv gebunden und doch individuell verschieden. Trotz rasanter Modernisierungsschübe, in denen Menschen aus ihren Zugehörigkeiten, Traditionen und Kontinuitäten heraus geworfen werden, bleibt es Aufgabe, die jeweils eigene Identität in der Matrix sozialer Netzwerke prozesshaft zu gestalten und dabei gegebenenfalls als emanzipierte Identität auch zu überschreiten. Pädagogisch geleitete Biografiearbeit übernimmt in diesem Kontext die Aufgabe, ihre Klientel bei der „Verknotung" (Raabe 2004, S. 12) alltäglicher Biografie zu unterstützen, indem sie orientiert am Alltag der BiografieträgerInnen (z.B. im Altenheim, in der Pflegestelle, im Jugendzentrum, in der Schule) ihr biografisches Gewordensein im Kontext und im Kontinuum der Lebensgeschichte thematisiert. Sie regt dazu an, Biografie aktivkreativ zu erleben als gestaltbaren Raum auch unter den Bedingungen schwieriger Lebenslagen und beschädigter Identität. Dabei ist jeder Ausdruck, jede reflexive Annäherung, jede Auseinandersetzung, jede Verknotung von Vergangenheit, Gegenwart und Zukunft auch als ein Mosaikstein zur Verlebendigung, zum lebendigen Spüren (Schreiber 1999, Petzold 2002) und damit auch zur Auflösung erstarrter Strukturen bzw. zur Prävention von Fixierung zu betrachten. Der Biografieträger erhält die Möglichkeit sich partiell aus der Alltäglichkeit als

Welt der „undurchschauten Anpassung" (Thiersch 1978, S.11) zu lösen und sich seiner Biografie selbst verstehend anzunähern, sich auszudrücken, sich Anderen mitzuteilen, ohne von vorne herein auf ein bestimmtes Problem zu verengen. Durch die gemeinsam durchgeführte Aufgabe im kreativen Rahmen der Biografiearbeit öffnet sich sozusagen die Tür zu einem Raum, der im Kontrast zur biografischen Erfahrung eines „alltäglichen Überlebenskampfes", bestimmt durch Routinen, Anpassungen und Verhärtungen, authentische Erfahrung anregt und dabei für sich selbst und für Andere auch leiblich sichtbar biografische Bezüge herstellt. Die Einlagerung der pädagogischen Biografiearbeit kann dabei je nach Rahmenkonstellation und AdressatInnengruppe allerdings sehr unterschiedlich sein im gemeinsamen Dokumentieren eines Lebensbuches mit Pflegekindern; im Schreiben und Gestalten von biografischen Rap-Texten mit Jugendlichen in einem Brennpunkt; im Malen von biografischen Stammbäumen beruflicher Vorbilder mit Jugendlichen in einer Hauptschule oder im Spielen des „Lebensspiels" mit Erzählkarten zur Kindheit und Jugend in der biografischen Arbeit mit alten Menschen im Altenheim. Allen gemeinsam ist der Focus Biografie als Linse und als Ausgangspunkt für die kreative Herangehensweise der Professionellen in den jeweiligen Feldern.

Mit dem gezielten Fokus auf biografische Verknüpfungsfähigkeit und einer biografischen Bewusstheit die Kognition, Emotion und Körper umfasst, wird die Fähigkeit zur Arbeit an der eigenen Biografie zur Schlüsselkompetenz (vgl. Raabe 2004) für die Gestaltung biografischer Verläufe. Diese systematische Einbindung von biografischer Reflexions- und Gestaltungskompetenz blieb lange der psychotherapeutischen Perspektive vorbehalten mit der Rekonstruktion biografischen Erlebens in der Therapie. Dem voraus geht jedoch in der Regel eine Problemdefinition, die zur therapeutischen Behandlung führt. Wenn wir aber davon ausgehen, dass die Arbeit an der Biografie eine Grundvoraussetzung gelungenen Lebens darstellt und diese Arbeit nicht voraussetzungslos ist, sondern Ressourcen erfordert, dann gehört die Anleitung zum biografischen Arbeiten, zur Verknüpfung von Lebensereignissen in jeden Bildungsprozess als eine zu erwerbende Schlüsselkompetenz.

2.1 Erinnern-Erzählen-Dokumentieren

Lebensgeschichten und Lebenserzählungen sind zu verstehen als Identität stiftende Elemente, in die Erfahrungen und die Bewertungen der Erfahrungen aus sozialen Netzwerken und Sozialen Welten einfließen. Zu diesen Geschichten gehören neben „objektiven" Tatsachen auch Mythen und umdefinierte Tatsachen, die z.B. als Hoffnungsträger fungieren, die Person interessant machen, schmerzhafte Erfahrungen abpuffern. In der rekonstruierenden Rückschau eines sinn-

haften Lebens eignet sich der Mensch die objektive Realität durch Deutungsmuster an, die auch den Rückgriff auf Klischees, Wunschbilder und Fantasien
beinhalten. Lebensgeschichten zu erzählen heißt dabei auch, sich „erfinden" zu
können in den Augen des Zuhörers, animiert durch die gegenwärtige Situation.
Die Erzählungen erscheinen dabei mehr oder weniger lebendig, reflektiert und
flexibel, manchmal aber auch fixiert, eingetrübt oder sogar behindernd. Wenn
die Vergangenheit über die Gegenwart regiert durch „fixierte Narrative", die so
übermächtig sein können, dass Ereignisse in der Wirklichkeit nicht mehr stim-
mig verbunden werden können, kommt pädagogische Biografiearbeit an ihre
Grenzen (vgl. Petzold S. 328).

Erzähltes, erinnertes, dokumentiertes Leben macht biografisch Erlebtes reflek-
tierbar, teilbar mit Anderen, eröffnet die Chance zu verarbeiten, neu zu bewerten,
neue Deutungsfolien aufzulegen und damit fühlbare, lebendige Lebenskontinuität
zu sichern. Die Partizipation an der sinnlichen Rekonstruktion subjektiv erlebter
Biografie von Eltern, Großeltern und relevanten Bezugspersonen erscheint als
Bedingung generativen Lernens von Sinnsetzung in biografischer Perspektive.
Insofern sind nachfolgende Generationen darauf angewiesen, dass gelebte Geschichte möglichst facettenreich und differenziert auch erzählt und weiter gegeben
wird. Lebensgeschichtlich erzählte Erfahrung bleibt jedoch mehr oder weniger
gesichtslos, wenn eine Anknüpfung an die Menschen, die Orte, die Milieus, die
Bedingungen, Stimmungen und Atmosphären der jeweiligen Lebenszeit fehlt.

Diese Art intergenerativen Lernens scheint insbesondere in modernen, durch
Individualisierungsprozesse gekennzeichneten Gesellschaften voraussetzungs-
voll und von daher selten selbstverständlich nutzbar. Von der Möglichkeit diese
Lernprozesse über Kultur und ästhetische Bildung (Theater, Literatur) zu machen, können nur diejenigen profitieren, die sich Zugang zu dieser Wissense-
bene erschließen und damit über kulturelles Kapital (Bourdieu 1997), bei der
Gestaltung von Biografie verfügen.

Aus der pädagogischen Biografiearbeit mit unterschiedlichen KlientInnengruppen wird deutlich, wie schade bis schmerzhaft es ist, keine Erzählungen,
Erinnerungsstücke oder Fotos aus der eigenen Kindheit zu besitzen und wie
neidvoll der Blick auf liebevoll gefüllte Fotoalben, verwahrte, „flachgelegene",
abgespielte Kuscheltiere oder das erste paar Kinderschuhe fällt. All dies dokumentiert zum Einen die Kontinuität der Existenz in einem lebensgeschichtlich
frühen Entwicklungsraum und zum Anderen die Tatsache, dass es Menschen
gegeben haben muss, die mit liebevoller Fürsorge diese Dokumente gesammelt
haben.

Das lebensgeschichtliche Schweigen von Eltern und Großeltern im Kontext
traumatischer Kriegserfahrungen hat bei einer ganzen Generation die Fähigkeit
zu trauern (Mitscherlich 1967) beeinflusst und das Fehlen liebevoller Chronis-

ten für Kinder und Jugendliche in Fremdunterbringung, im Kontext von Migration, in Phasen von Haft- und Psychiatrieaufenthalten erschwert die Möglichkeit einer Verarbeitung und Integration dieser prägenden Lebensabschnitte.

So bringt die biografische Arbeit mit jugendlichen MigrantInnen regelmäßig den schmerzhaft erlebten Verlust aber auch die stützende Verbundenheit mit der Heimatkultur zutage und auch die biografische Arbeit mit deklassierten Menschen bringt regelmäßig die Kränkung fehlender Anerkennung aber auch die Bewältigungsleistung der Klientel zum Vorschein (vgl. Jansen 1999)

In den Handlungsfeldern der Sozialen Arbeit können „BiografiearbeiterInnen" fehlende Chronistenfunktion übernehmen, in dem sie interaktiv mit der jeweiligen AdressatInnengruppe Lebensgeschichte recherchieren und dokumentieren. Darüber hinaus besteht aber die pädagogische Aufgabe darin, Bedingungen zu schaffen, die es der Klientel ermöglicht über sich selbst erzählend in einen lebendigen Kontakt mit sich selbst und Anderen zu gelangen. In diesem Selbstbezug und in der Erfahrung der Resonanzen der Anderen können neue, stimmige Relationen im Blick auf biografische Verläufe entstehen und sich erweiterte Gestaltungsvarianten eröffnen. Kreative, aktivierende Zugänge im Rahmen biografischer Arbeit spielen dabei eine besondere Rolle, wie verschiedene Aufsätze in diesem Band näher ausführen (z.B. Wickel, Hoffmann u.a.)

2.2 Biografische Unterstützung von Menschen in schwierigen Lebenslagen

Insbesondere im Kontext der Sozialen Arbeit wird Biografiearbeit herangezogen zur systematischen biografischen Unterstützung von Menschen, die aufgrund einer ressourcenarmen Lebenslage, einer Krise, eines gesellschaftlichen Ausschlusses, einer besonders prekären Lebenssituation Unterstützung beim lebendigen Gestalten ihrer Biografie benötigen und zwar unter Anerkennung ihrer jeweiligen Sozialen Wirklichkeit mit der sie biografisch verwoben sind. Ein Aufwachsen ohne hinreichende Anerkennung, unter deklassierten Lebensbedingungen, in ressourcenarmen sozialen Netzwerken erschweren oder verhindern es, eine tragfähige Identität verbunden mit Selbstwert, Anerkennung und Wirksamkeit zu entwickeln. Hier setzt Biografiearbeit mit kreativ-ressourcenorientierten Verfahren an und bietet damit Ausdrucksmedien, die durch die Anerkennung biografischen Ausdrucks ebenso wirksam werden wie durch das Erleben von Selbstwirksamkeit oder das punktuelle Verstehen der eigenen Geschichte.

Eine besondere Bedeutung erhält dabei die Anregung eines prozesshaft-lebendigen Miteinanders im Hier und Jetzt, im Fluss von Geschichten und Erinnerungen des Vergangenen, aber auch in Phantasien und Vorstellungen des Zukünftigen. In dieser kreativen Perspektive auf Biografiearbeit können Lebensgeschichten geschrieben, gespielt, gemalt, getanzt, geklebt, fotografiert, musiziert und auf vielfach andere Art und Weise erzählt werden.

Es entsteht damit im kreativen Tun eine „Qualität des Lebendigen", wie Winnicott (1974/1997) es für das Spiel definiert und wie es als Voraussetzung für die Erfahrung biografischen Sinnerlebens gelten kann.

Gezielte Biografiearbeit kann im sozialpädagogischen Kontext durch den Einsatz kreativer Elemente die Qualität des Lebendigen in der jeweiligen Lebenssituation anregen, ohne sich dabei gezielt psychotherapeutischer Verfahren zu bedienen und ohne zu beanspruchen, vorab definierte innerpsychische oder zwischenmenschliche Probleme zu lösen (vgl. Maywald 2004). Sie beansprucht hingegen Rahmen zu schaffen, in denen verschüttete Erinnerungen und Erfahrungen sich Ausdruck geben können, wie das folgende Fallbeispiel illustriert:

„Wenn z.B. im Rahmen der fotografisch-biografischen Arbeit mit Strafgefangenen (siehe dazu Hoffmann in diesem Band) ein sichtbar emotional beschädigter Gewalttäter anknüpft an eine lebensgeschichtliche Erinnerung (das Streicheln und die damit verbundene Zuwendung einer Katze in seiner Kindheit), dann mobilisiert er eine emotional besetzte Szene, wird authentisch sichtbar als berührbares Wesen. In diesem Moment setzt – für alle Anwesenden spürbar – eine Veränderung im ansonsten abweisend gepanzerten Körper ein. Dieser Moment wird intuitiv von der Gruppe aufgenommen und mit Anerkennung und Empathie gespiegelt – steht jedoch nicht in einem therapeutischen Kontext. Der Gefangene macht dabei über diese biografische Arbeit mit dem Medium Fotografie eine korrigierende Erfahrung im Zeigen von Emotionalität und Berührbarkeit und entdeckt eine Ressource, einen protektiven Faktor in einer wie er selbst betont „abgeschriebenen Kindheit".

Eine ausschließlich auf den aktuellen Kontext bezogene Soziale Arbeit, die die Problemgeschichte, den biografischen Problemhintergrund ausblendet, würde ebenso zu kurz greifen im Hinblick auf die Problemlage der Klientel wie eine Psychotherapie, die allein bei der individuellen Tiefendimension der Klientel ansetzt.

SozialpädagogInnen bewegen sich vielfältig in Handlungsfeldern, in denen die Klientel sich trotz einer traumatisierten Lebensgeschichte und sichtbar psychischer Beeinträchtigung (aus unterschiedlichen Gründen) kaum auf kontinuierliche psychotherapeutische Arbeit einlässt. Biografiearbeit kann hier durch einen zielgerichteten jeweils auf die Adressatengruppe angemessen bezogenen kreativen Prozess das Selbstwirksamkeits- und Autonomieempfinden einer Klientel stärken, für die trotz erkennbarer Leidensprozesse keine Kostenträger und keine besonderen Leistungen zur Bewältigung ihrer Lebenslage bereitstehen. Aus diesem Grunde bekommen

- eine an der AdressatInnengruppe orientierte genaue Zielbestimmung,
- eine Ressourcenaktivierung,
- eine Arbeit mit insbesondere kreativen Elementen und
- eine Niedrigschwelligkeit des Zugangs

im Rahmen einer Biografiearbeit in Feldern der Sozialen Arbeit eine besondere Bedeutung (vgl. dazu auch Kapitel 2, 3 und 4).

Ressourcenorientierte Biografiearbeit setzt eine fachliche Professionalität voraus, die dazu in der Lage ist, ein spezifisches Setting der Biografiearbeit zielorientiert und AdressatInnen spezifisch zu entwickeln und zu gestalten. Dies setzt neben einer fundierten, theoretischen Auseinandersetzung mit der Bezugsgruppe Fachkompetenzen der Analyse, der Gestaltung und Moderation von Gruppenprozessen voraus.

Insbesondere ist aber auch eine besondere Werthaltung der Professionellen im Rahmen von Biografiearbeit erforderlich.

2.3 Werthaltungen für Biografiearbeit – Würdigung menschlicher Lebensverläufe

Professionelle Soziale Arbeit steht grundsätzlich in der Verantwortung ihre Klientel im Kontinuum ihrer Lebensgeschichte (und nicht nur im situativen Ausschnitt) wahrzunehmen. Insbesondere aber das bewusste Einsetzen von Biografiearbeit als Perspektive und als methodischer, intersubjektiver Zugang zur Klientel verlangt die Würdigung der Klientel in ihrer ganzen biografischen Figur, denn – so schreibt Vilém Flusser – „... der Mensch (ist) nicht nur ein Objekt, sondern auch ein Subjekt, das man nur versteht, wenn man es *anerkennt* (statt es erkennen zu wollen)" (Flusser 1990, S. 84).

Ergänzend möchte ich hinzufügen, dass diese Perspektive sich nicht nur auf die Klientel richtet, sondern ebenso auf die Anerkennung des eigenen biografischen Gewordenseins.

So weist von Spiegel im Rahmen eines Kompetenzmodells methodischen Handelns darauf hin, dass neben professionellem Wissen und Können bewusste Werthaltungen notwendig sind. Dabei macht sie deutlich, dass professionelles Handeln sich nicht aus der Anwendung von Technologien allein ergibt, sondern dass beim Einsatz der „Person als Werkzeug" (vgl. v. Spiegel 2004, S. 97ff) immer auch Motive eine Rolle spielen, die ihre Grundlage in den biografisch vermittelten Werthaltungen der Professionellen haben (z.B. Helfermotive, Bearbeitung eigener biografischer Erfahrungen, Übertragung eigener Vorstellungen vom gelungenen Leben u.s.w.). Daraus ergibt sich für die Gestaltung methodischer Kompetenz in der Sozialen Arbeit eine doppelte Herausforderung für biografisches Arbeiten:

- zum einen die Notwendigkeit einer intensiven Reflexion biografisch erworbener Werthaltungen im Rahmen von Supervison und/oder eigener biografischer Arbeit
- zum anderen die Notwendigkeit im Rahmen der Aus- und Weiterbildung Werthaltungen zu entwickeln, die Intersubjektivität und eine von Nähe, Respekt und Distanz getragene Intervention und Begleitung ermöglichen.

Eine solche reflexive Arbeit der Professionellen erhält besonderes Gewicht, weil Nähe, Respekt und Distanz in der konkreten Interaktion auch als Beziehungsqualitäten und -modalitäten fungieren, die bei einem großen Teil der Klientel eine besondere biografische Bedeutung haben. Oft blicken AdressatInnen Sozialer Arbeit zurück auf chronische Erfahrungen mangelnden Respekts (z.b. missachtet im Bedürfnis nach Versorgung, nach gehalten werden, nach erwünscht sein), sowie auf entwertende Erfahrungen durch relevante Bezugspersonen und Sozialisationsinstanzen (vgl. Jansen 1999).

Professionelle Haltungen im Rahmen der biografischen Arbeit sind nicht beliebig oder Produkt bloßer Höflichkeitsregeln, sondern sie orientieren sich an unhintergehbaren intersubjektiven ethischen Standards. Im Folgenden sollen sowohl Eckpunkte einer solchen intersubjektiven Haltung, wie auch basaler ethischer Standards verdeutlicht werden:

a. Intersubjektivität

Intersubjektivität zwischen Professionellen der Sozialen Arbeit und ihrer Klientel kann im Rahmen von Biografiearbeit in Ausgestaltung, Tiefe und Intensität unterschiedlich sein. Dabei macht es einen Unterschied ob es sich bei der Klientel z.b. um Kinder, Jugendliche, geistig behinderte Menschen, alte Menschen, Demenz- oder schwer Erkrankte handelt. Unter Beibehaltung einer intersubjektiven Grundhaltung kann es (unabhängig von der besonderen Situation der Klientel) gelingen, von Intersubjektivität getragene Begegnung auf einer – der jeweiligen Klientel möglichen – Ebene herzustellen und den Menschen dabei in seinem Ausdruck Wert zu schätzen und anzuerkennen. Diese Haltung bringt den AdressatInnen anerkennende Wertschätzung im Bezug auf ihre eigenen Bedürfnisse. Sie unterstellt dabei die grundsätzliche Fähigkeit zur Autonomie, wenngleich diese Autonomie oft genug eingeschränkt erscheint im Rahmen der jeweiligen Lebensbedingungen (vgl. Petzold 1993).

Die Umsetzung dieser Grundhaltung erfordert den Willen und die Fähigkeit sich empathisch einzufühlen, sich hinein zu versetzen und Lebenssituationen nach zu spüren und nach zu empfinden. Diese Haltung geht von einem integrativen Menschenbild aus, das Menschen ganzheitlich in ihrer leiblichen, seelisch-geistigen, sozialen und existentiellen Dimension wahrnimmt und interaktiv beantwortet.

Dies setzt voraus, die affektiv geladenen Wirklichkeits – und Sinnkonstruktionen der Klientel im jeweiligen Bezugsrahmen zu sehen, zu erkennen und zu verstehen, dass neue Sichtweisen nur über dialogische Verständigung (im sprachlichen und nicht sprachlichen Ausdruck) möglich sind.

b. Ethische Mindeststandards
Als notwendige Voraussetzung einer Biografiearbeit haben WissenschaftlerInnen, FachvertreterInnen und Fachverbände (vgl. Lattschar/Wiemann 2004, Ryan/Walker, BAG Adoption und INPflege 2005)) **ethische Grundlagen** und **Mindeststandards** von Rahmenbedingungen und Verhaltensregeln für Biografiearbeit aufgestellt, die sich orientieren an:

a. Zuverlässigkeit durch z.B.
- Hinreichende zeitliche Kapazitäten,
- regelmäßige Termine

b. Vertraulichkeit durch z.B.
- Vorhanden sein einer genügend stabilen Vertrauensbasis,
- keine Manipulation von Äußerungen,
- keine Instrumentalisierung von Ergebnissen für andere Zwecke (z.B. zur Belohnung oder Bestrafung),
- keine Weitergabe sensibler biografischer Daten an Dritte

c. Sensitivität durch z.B.
- Freiwilligkeit der Teilnahme,
- Sensibilität für den Kontext (z.B. Haft, Heim, Krankenhaus, Psychiatrie, Altenheim),
- angemessene, der AdressatInnengruppe entsprechende freundliche Räumlichkeiten,
- angemessenes Anforderungsniveau,
- Geduld und Gelassenheit in der Moderation,
- unbedingte Wahrung der persönlichen Grenzen und Tabus,
- bewusster Umgang mit belastenden oder überfordernden Emotionen,

- Anerkennung von Kränkungen und seelischen Verletzung im Rahmen der biografischen Erfahrungen,
- Kompetenz- und Ressourcenorientierung

d. Reflexivität durch z.b.

- Berücksichtigung der Grenzen pädagogischer Biografiearbeit im Thematisieren überfordernder Lebensereignisse,
- Anerkennung der Notwendigkeit fachlicher Reflexion

Die hier genannten professionellen Vorbedingungen für Biografiearbeit im Rahmen Sozialer Arbeit sind nicht zu verwechseln mit biografisch aufgeladenen Arrangements, wie sie sich im pädagogischen Alltag zeigen (z.b. Essensituation im Heim). Zwar wäre es zu begrüßen, wenn diese Situationen im Hinblick auf ihre biografische Bedeutung für die Kinder- und Jugendlichen gesehen und gestaltet werden könnten. Die hier gemeinte Biografiearbeit geht jedoch darüber hinaus, indem sie gezielt Settings arrangiert, in denen biografische Unterstützung, Gestaltung und Begleitung angeboten werden.

Literatur

Alheit, Peter (2002): Identität oder Biographizität?, in: Petzold, H. (Hrg.): Lebensgeschichten erzählen, S. 6-25, Paderborn, Junfermann

Baacke, Dieter/Schulze, Theodor (1993): Aus Geschichten lernen – Zur Einübung pädagogischen Verstehens, München, Juventa

Bourdieu, Pierre (1997): Pierre Bourdieu im Gespräch – Die feinen Unterschiede, in: Baumgart, F. J.(Hrg.): Theorien der Sozialisation, S. 206-216

Bruder, Klaus-Jürgen (2003): „Die biografische Wahrheit ist nicht zu haben", Gießen, Psychosozial Verlag

Dörner, Olaf (2007): Comics als Gegenstand qualitativer Forschung, in: Friebertshäuser, B./v. Felden, H./Schäffer, B. (Hrg.): Bild und Text – Methoden und Methodologien visueller Sozialforschung in der Erziehungswissenschaft, S.: 179-196, Opladen

Ecarius, Jutta (1996): Individualisierung und soziale Reproduktion im Lebenslauf. Konzepte der Lebenslaufforschung, Opladen, Leske und Budrich

Flusser, Vilem (1990): Nachgeschichten, Düsseldorf, Bollmann Verlag

Friebertshäuser, Barbara/Prengel, Annedore (Hrsg.) (1997): Handbuch Qualitative Forschungsmethoden in der Erziehungswissenschaft, Weinheim, Juventa

Gudjons, Herbert/Pieper, Marianne/Wagener, Birgit (1994): Auf meinen Spuren, Hamburg, Bermann und Helbig Verlag

Hurrelmann, Klaus (1993): Einführung in die Sozialisationstheorie, Weinheim, Juventa

Jansen, Irma (1999): Mädchen in Haft, Opladen, Leske und Budrich

Kelle, Helga (1997): Die Komplexität sozialer und kultureller Wirklichkeit als Problem qualitativer Forschung, in: Friebershäuser/Prengel, a.a.O.

Keupp, Heiner (1998): Grundzüge einer reflexiven Sozialpsychologie, Postmoderne Perspektiven, in: Keupp, H. (Hrsg.): Zugänge zum Subjekt, 3. Auflage, Frankfurt, Suhrkamp

Kohli, Martin (Hrg.) (1978): Soziologie des Lebenslaufs, Darmstadt

Krüger, Hans-Hermann/Marotzki, Wilfried (Hrsg.) (1995): Erziehungswissenschaftliche Biographieforschung, Opladen

Lattschar, Birgit/Wiemann, Irmela (2008): Mädchen und Jungen entdecken ihre Geschichte, 2. korrigierte Auflage, Weinheim, Juventa

Lindmeier, Christian (2004): Biografiearbeit mit geistig behinderten Menschen, Weiheim, Juventa

Maywald, Jörg (2004): Eine Brücke in die Zukunft bauen Biografiearbeit – Unterstützung für Kinder mit traumatischen Trennungserfahrungen, AGSP, Jg. 2004 http/www.agsp.de)

Mitscherlich, Alexander/Mitscherlich, Margarethe (1967): Die Unfähigkeit zu trauern, Piper

Oevermann, Ulrich/Allert, Tilman/Konau, Elisabeth/Krambeck, Jürgen (1978): Die Methodologie der „objektiven Hermeneutik" und ihre allgemeine forschungslogische Bedeutung in den Sozialwissenschaften, in: Soeffner, H.-G., Interpretative Verfahren in den Sozial und Textwissenschaften, S. 352-433, Stuttgart, Metzlersche Verlagsbuchhandlung

Petzold, Hilarion (Hrsg.) (2002): Narrativität und Identität, in: derselbe: Lebensgeschichten erzählen, S. 3-5, Paderborn, Junfermann

Petzold, Hilarion(1993): Integrative Therapie, Band 1, Paderborn, Junfermann

Pieper, Marianne (1978): Erwachsenenalter und Lebenslauf, Zur Soziologie der Altersstufen, München

Raabe, Wolfgang (2004): Biografiearbeit in der Benachteiligtenförderung, Darmstadt, hiba Verlag

Schreiber, Werner (1999): Subjektorientierte Sozialpädagogik, Münster, Waxmann

Schreiber, Werner (2006): Gebildete Bildungsverweigerer, in: Jansen, I./Peters, O./ Schreiber, W., Devianzpädagogische Analysen, Norderstedt, Books on Demand

Soeffner, Hans-Georg (1978) Interaktion und Interpretation, in Soeffner, Interpretative Verfahren in den Sozial- und Textwissenschaften, S. 328-351, Stuttgart, Metzlersche Verlagsbuchhandlung

Spiegel, Hiltrud von (2004): Methodisches Handeln in der Sozialen Arbeit, München, Reinhardt GmbH

Thiersch, Hans (1978): Zum Verhältnis von Sozialarbeit und Therapie, Neue Praxis 1978, Sonderheft Sozialarbeit und Therapie, 8. Jahrgang, Luchterhand

Thomas, Wiliam/Znanieckie, Florian (1927): The Polish Peasant in Europe and America, Two Volumes, New York

Winnicott, Donald (1974/1997): Vom Spiel zur Kreativität, 9. Auflage, Stuttgart, Klett-Cotta

Christina Hölzle

Gegenstand und Funktion von Biografiearbeit im Kontext Sozialer Arbeit

In diesem Kapitel soll die Frage beantwortet werden, welche Bedeutung und Funktion Biografiearbeit im professionellen Kontext der Sozialen Arbeit haben kann und soll. Dazu soll im ersten Abschnitt geklärt werden, was der Gegenstand der Biografiearbeit ist. Sodann werden vier Funktionsbestimmungen der Biografiearbeit näher ausgeführt. Da es bislang keine Theorie und entsprechend auch keine empirische Forschung zur Wirkung von Biografiearbeit oder einzelnen Methoden gibt, wird auf Theorien eingegangen, die im Rahmen der Biografiearbeit für das Verständnis und den Zugang zur lebensgeschichtlichen Entwicklung von KlientenInnen von Bedeutung sind – Theorien zur Identitätsentwicklung, (Lebens)-Bewältigung, Kohärenz und Ressourcenaktivierung.

1 Gegenstand von Biografiearbeit im Kontext Sozialer Arbeit

Biografie bedeutet Lebensbeschreibung (das griechische Wort bios = leben, gráphein = schreiben, zeichnen, abbilden, darstellen). Der Begriff deutet bereits an, dass eine Biografie kein passives Abbild eines Lebens darstellt, sondern dass eine Lebensbeschreibung ein Gestaltungsprodukt ist, ein Ergebnis von reflexiven, selektiven und gestaltenden Prozessen. Der Begriff „Arbeit" im Kontext von Biografie verweist auf einen absichtsvollen, bewussten, zielgerichteten und aktiven Prozess. Der Begriff „Biografiearbeit" wird im professionellen Kontext in zweifacher Hinsicht verwendet (vgl. Klingenberger 2003).

Biografiearbeit meint zum einen die Beschäftigung und Auseinandersetzung mit der eigenen Lebensgeschichte – die „biografische Selbstreflexion" (vgl. Gudjons et al. 2008, S. 13), zum anderen die Anleitung und aktive Gestaltung des biografischen Arbeitens mit Individuen und Gruppen.

1.1 Biografische Selbstreflexion und professionelle Biografiearbeit

Menschen beschäftigen sich auch außerhalb jedes professionellen Kontextes kontinuierlich mit ihren Biografien, denn sie erzählen Geschichten aus ihrem Leben, teilen Erfahrungen und Erinnerungen mit anderen, sie planen ihr Leben, sie verzweifeln manchmal an Ereignissen oder ihrer eigenen Lebensgestaltung, suchen nach ihrem persönlichen Lebensglück, sie fragen sich, welchen Sinn ihr Leben haben soll und ob es in einen größeren Zusammenhang jenseits von Geburt und Tod eingebettet ist. Die Fragen: Woher komme ich? Wer bin ich? Wer will ich sein? Was ist mir wichtig? Welchen Sinn hat mein Leben? sind die existenziellen Fragen nach der eigenen Identität, dem eigenen Selbstverständnis und wichtigen orientierenden Werten. Es sind die Fragen, die Menschen sich stellen, wenn sie sich Rechenschaft ablegen wollen über ihre bisherigen Erfahrungen und Lebensleistungen, ihren derzeitigen Standpunkt, die Planung ihrer Zukunft oder die grundsätzliche Ausrichtung ihres Lebens. In Abgrenzung und Ergänzung zur „intuitiven" biografischen Selbstreflexion, die laufend stattfindet, hat professionelle Biografiearbeit im Kontext Sozialer Arbeit das Ziel, solche Menschen in ihrer Entwicklung, ihrer Lebensbewältigung, Lebensführung und Lebensplanung zu unterstützen, deren Ausgangsbedingungen für die eigenständige Gestaltung der Biografie erschwert sind. Anlass und Indikation für Biografiearbeit sind insbesondere Krisen und Wendepunkte, die einen deutlichen Bruch zur bisherigen Lebensgeschichte und Lebensführung darstellen und deshalb „… eine Rückschau erfordern oder wo unbekannte oder unverstandene Teile der Biografie der Erklärung und Verarbeitung bedürfen." (vgl. Lattschar/Wiemann 2007, S.13). Anlässe für Biografiearbeit sind z.B.

- der Verlust oder die Trennung von der Ursprungsfamilie und wichtigen Bezugspersonen, z.B. bei Pflege- und Adoptivkindern
- einschneidende und traumatisierende Lebensereignisse, die einen Verlust vertrauter Menschen, Orte und Lebensverhältnisse mit sich bringen, z.B. Migration, Flucht und Vertreibung.
- der Verlust von Gesundheit durch Behinderung, Alter, chronische und dementielle Erkrankungen
- Lebensverhältnisse, die – geprägt durch Armut, Vernachlässigung und mangelnden Zugang zu entwicklungsförderlichen Ressourcen – die Lebensplanung erschweren.

Biografiearbeit basiert auf strukturierten Methoden und ist in der Regel eingebettet in längerfristige Betreuungs- und Beratungsprozesse, wie z.B. die Vermittlung und Betreuung von Pflege- oder Adoptivkindern und ihren Familien (vgl. Lattschar/Wiemann 2007, Ryan/Walker 2004), die Beratung und Förderung von benachteiligten Kindern, Jugendlichen und Erwachsenen (vgl. Raabe 2004), die Betreuung behinderter Menschen (vgl. Lindmeier et al. 2006) oder alter Menschen (Blimlinger 1994, Osborn et al. 1997), um nur einige verbreitete Anwendungsfelder für Biografiearbeit zu nennen.

Biografiearbeit stellt auch keine neue Form von Psychotherapie dar. In der Psychotherapie liegt das Ziel der professionellen Bemühungen darin, die Ursachen gestörten Verhaltens und Erlebens aufzudecken und – je nach Störungstheorie – mit unterschiedlichen Interventionen zu heilen oder zu mildern. Die Interpretation biografischer Informationen ist im Rahmen von psychotherapeutischen Verfahren stark an die klinische Theorie und den Therapeuten gebunden. Im Gegensatz dazu sind bei der Biografiearbeit im Kontext Sozialer Arbeit die KlientInnen selbst die Interpreten ihrer Lebensgeschichte. Durch gezielte Übungen und Anleitungen werden sie darin unterstützt, ihr eigenes Leben in den Blick zu nehmen, ihre eigene Entwicklung bzw. einzelne Aspekte ihrer Entwicklung zu verstehen, zu klären, zu bewältigen und für die (weitere) Lebensgestaltung gewinnbringend zu nutzen. Die Reflexion des subjektiven Erlebens im gesellschaftlich-historischen Kontext ermöglicht die Verknüpfung der individuellen Geschichte mit der Kollektivgeschichte. „Weil die eigene Lebensgeschichte immer auch Spiegel gesellschaftlicher, kultureller und sozialer Verhältnisse ist, liegt in der Biografiearbeit immer auch die Chance zur politischen Bildung und Veränderung" (Gudjons et al. 2008, S.16).

Biografiearbeit im Kontext Sozialer Arbeit ist immer partizipativ, dialogisch und kooperativ angelegt und darauf ausgerichtet, gemeinsam mit den KlientInnen einen verstehenden Zugang zu ihrem Erleben und ihrer Lebensbewältigung unter Einbeziehung relevanter biografischer, kultureller und politischer Ereignisse sowie ihrer bisherigen und aktuellen Lebenswelt zu entwickeln (vgl. Kap.3).

Biografiearbeit nimmt ihren Ausgang immer in der Gegenwart, sie nimmt jedoch in der Regel größere Zeitabschnitte der Vergangenheit oder der Zukunft in den Blick. Sie kann sich auf drei Zeitperspektiven beziehen, retrospektiv auf die Bewältigung der Vergangenheit, das Erleben der Gegenwart und prospektiv auf die Gestaltung der Zukunft, wobei jeweils eine aktuelle Fragestellung, ein aktueller Anlass den Blick in die Vergangenheit, Gegenwart oder Zukunft strukturiert.

Die bisher bekannteste Form der Biografiearbeit ist dem Lebensrückblick („life review") gewidmet. Als Erinnerungsarbeit wird die bewusste Rekonstruktion und Verarbeitung von Erinnerungen und Erfahrungen bezeichnet. Sie dient der Erklärung, Bewältigung und Integration von Erfahrungen (vgl. Kerkhoff/ Halbach 2002, Klingenberger 2003).

1.2 Autobiographisches Gedächtnis und biografische Dokumentation

Neben der biografischen Selbstreflexion scheint es auch ein Bedürfnis nach biografischer Dokumentation zu geben. Von den Höhlenmalereien der Frühzeit bis zu den digitalen Fotos und Filmen im Internet, haben Menschen Spuren und Darstellungen ihres Lebens hinterlassen (vgl. Lattschar/Wiemann 2007).

Das am meisten verbreitete persönliche Dokument der Biografie, das klassische Familienalbum, spiegelt die Auswahl- und Gestaltungsprozesse, die bereits bei der Speicherung von Informationen im autobiografischen Gedächtnis eine wichtige Rolle spielen. Das Erinnerungsalbum enthält, wie das autobiografische Gedächtnis, in der Regel nicht den wiederkehrenden Alltag, sondern die besonderen Situationen (vgl. Markowitsch/Welzer 2005, Pohl 2007) wie Geburtstage, Familienfeiern, Urlaube, Schuleintritt, erfolgreiche Prüfungen, religiöse Initiationsrituale wie Kommunion und Konfirmation, Hochzeit, die Geburt der Kinder und andere markante Lebensveränderungen.

Leicht erinnerbar, dokumentierbar und leicht vorzeigbar sind dabei außergewöhnliche, positive und schöne Erinnerungen, die das Individuum mit Freude, Glücksgefühlen und Stolz erfüllen und die gelungenen Momente des Lebens repräsentieren. Die Erfüllung normativer Vorgaben und gesellschaftlicher Erwartungen (z.B. Schuleintritt, Examen, Hochzeit) stellen dabei häufig die ordnende und Struktur bildende Rahmung für die Erinnerung und Außendarstellung dar.

Anders verhält es sich mit Erfahrungen und Erinnerungen, die mit Orientierungslosigkeit, Leid, Gewalt, Entbehrung, Krankheit, Misshandlung, eigenem Fehlverhalten und Schuld, Verlust oder Tod verknüpft sind. Es fällt vielfach schwer, sie zu bewältigen, wie auch sie zu dokumentieren und als Teil der eigenen Lebensgeschichte zu akzeptieren.

Zusammenfassung: Gegenstand der Biografiearbeit ist die methodische Anleitung und Begleitung biografischer Selbstreflexion durch professionelle Fachkräfte in pädagogischen und psychosozialen Arbeitsfeldern. Im Mittelpunkt steht die konstruktive Aufarbeitung, Bewältigung, und Planung der eigenen Lebensgeschichte.

2 Funktionen von Biografiearbeit

Die Funktion und Zielsetzung der Biografiearbeit muss auf den jeweiligen Arbeitskontext und die Zielgruppe im Einzelfall zugeschnitten werden, jedoch lassen sich übergeordnete Zielsetzungen und Funktionen beschreiben, auf die in verschiedenen Anleitungen zu praktischer Biografiearbeit immer wieder verwiesen wird. Bisher gibt es keine Theorie und entsprechend auch keine empirische Forschung zur Wirkung von Biografiearbeit oder einzelnen Methoden. Bei den folgenden Funktionsbeschreibungen von Biografiearbeit wird daher der Bezug zu Theorien hergestellt, die für das Verständnis von lebensgeschichtlicher Entwicklung und Lebensbewältigung bedeutsam sind und deshalb Ansatzpunkte liefern können für die begründete Konzeptualisierung einer konstruktiven Biografiearbeit.

2.1 Identitätsentwicklung und Integration von Erfahrungen

Eine wichtige Funktion der Biografiearbeit besteht darin, Menschen bei der Entwicklung der Identität und der Integration von Erfahrungen in das eigene Lebens- und Selbstkonzept zu unterstützen (vgl. Gudjons 2008, Lattschar/Wiemann 2007, Ruhe 2003).

Diese Funktion der Biografiearbeit kommt besonders zum Tragen, wenn es um die Verarbeitung von lebensgeschichtlichen Brüchen, Krisen und kritischen Lebensereignissen geht (Filipp 2007): Dazu gehören einschneidende, ungeplante und unvorhersehbare Lebensereignisse wie Verlust- und Trennungserlebnisse (z.b. Trennung von den leiblichen Eltern, oder wichtigen Bezugs- und Identifikationsgruppen) der Verlust von Gesundheit und körperlicher Integrität (nach Unfällen, Operationen, bei Behinderungen, chronischen Krankheiten), Lebenskrisen und Phasen der Orientierungslosigkeit, also Situationen, die den bisherigen Lebenslauf und Lebensentwurf in Frage stellen oder plötzlich verändern. Zu den kritischen Lebensereignissen gehören auch normierte Umbruchsituationen, d.h. Lebensveränderungen, die im Lebenslauf vorgesehen sind, wenn es z.b. um Ausbildungswege, Berufs- und Partnerwahl, Familiengründung oder Pensionierung geht. Kritische Lebensereignisse sind dadurch charakterisiert, dass sie das Person-Umwelt-Passungsgefüge „attackieren" und Bewältigungshandeln herausfordern (Filipp 2007, S. 338, vgl. auch Filipp/Aymanns 2010). Ungewollte Trennungen und Verlusterlebnisse hinsichtlich der Zugehörigkeit zu Gruppen (z.b. Familie, Clique, Kollegen und Freunde, Volk oder Nation) bedeuten für Menschen immer eine Bedrohung ihres Identitätsgefühls und bergen das Risiko physischer und psychischer Isolation.

Die „biografische Arbeit an Diskontinuitäten" (Alheit 2003, S. 13) hat im Rahmen der Biografiearbeit die Funktion, biografische Brüche bewältigen zu können und dabei die Identitätsentwicklung zu stärken. Mit der Frage „Wer bin ich, was sind meine Wurzeln, was ist mir wichtig und wer will ich sein?" stellt sich die Frage nach dem eigenen Selbstverständnis, nach Selbsterkenntnis sowie nach der eigenen unverwechselbaren Identität und zentralen Werten, die für die (Neu)-Ausrichtung des eigenen Lebens Orientierung liefern können.

Ein wichtiges Modell zum Verständnis der Identitätsentwicklung, auf das sich auch moderne Entwicklungsstheorien, wie die „Entwicklungspsychologie der Lebensspanne" (Baltes 1990, Brandstätter/Lindenberger 2007) beziehen, stammt von dem Psychoanalytiker Erik Erikson (1902-1994). Erikson verbindet seine Entwicklungstheorie der Identität mit einer Sozialisationstheorie und beschreibt die Identitätsentwicklung als Stufenmodell, bei dem in verschiedenen Altersstufen unterschiedliche Entwicklungsaufgaben bearbeitet und gelöst werden müssen (vgl. Abels 2006, Erikson 1971).

Erikson begreift die psychosoziale Entwicklung als Wachstumsprozess auf der Basis lebensphasenspezifischer Kernkonflikte: „Das menschliche Wachstum soll hier unter dem Gesichtspunkt der inneren und äußeren Konflikte dargestellt werden, welche die gesunde Persönlichkeit durchzustehen hat und aus denen sie immer wieder mit einem gestärkten Gefühl innerer Einheit, einem Zuwachs an Urteilskraft und der Fähigkeit hervorgeht, ihre Sache ‚gut zu machen' und zwar gemäß den Standards derjenigen Umwelt, die für diesen Menschen bedeutsam ist" (Erikson 1971, S. 56).

Für eine gesunde Entwicklung ist es notwendig, dass die thematischen Konflikte auf einer bestimmten Stufe ausreichend bearbeitet werden, um ein Gefühl der Ichstärke entwickeln und die nächste Stufe erfolgreich bewältigen zu können, obwohl die Konflikte nie vollständig gelöst werden können (vgl. auch Abels 2006, S. 275 ff.). Erikson geht davon aus, dass die Stufenfolge generell gültig und unumkehrbar ist, wobei die Altersangaben nur ungefähre Richtwerte darstellen.

Die Suche nach Identität ist nach diesem Modell das vorherrschende Thema der Adoleszenz (vgl. auch Schwab in diesem Band). Die Frage: „Wer bin ich?" und „Wer will ich sein?" wird im Übergang zwischen Kindheit und Erwachsenenleben oft experimentell erprobt, indem Jugendliche in unterschiedlichen Situationen unterschiedliche „Selbste" ausprobieren (vgl. Myers 2008, S. 184 f). Sie haben möglicherweise ein Selbst im Kontakt mit gleichaltrigen FreundInnen, ein Selbst für zu Hause und ein Selbst für Schule oder Beruf. Widersprüchliche Erwartungen, Rollenkonflikte und Verwirrung lösen sich im Verlauf der Adoleszenz in dem Maße auf, wie es den Jugendlichen gelingt, die „multiplen Selbsts" (Fuhrer et al. 2000) miteinander zu verbinden. „Daraus erwächst ein in sich konsistentes Gefühl dafür, wer man ist: die Identität" (Myers, 2008, S. 185). Erikson ging davon aus, dass dieses Identitätsgefühl, zu wissen wer man ist, auch die Voraussetzung dafür darstellt, enge emotionale Beziehungen aufnehmen zu können, d.h. die Fähigkeit zu Intimität zu entwickeln. In unserer westlichen Gesellschaft besteht Identität zum einen in der Erfahrung der Einzigartigkeit, in dem

Tab.1: Stufen der Psychosozialen Entwicklung nach Erik Erikson

Identitätsstufe (ungefähres Alter)	Themen	Aufgabenbeschreibung
Säugling und Kleinkind (0-1 Jahr)	Vertrauen vs. Misstrauen	Wenn Bedürfnisse angemessen befriedigt werden, entwickelt das Kind ein Urvertrauen
Kleinkind (1-2 Jahre)	Autonomie vs. Scham und Selbstzweifel	Das Kind lernt, seinen Willen durchzusetzen und Dinge selbstständig zu erledigen oder es zweifelt an seinen Fähigkeiten
Vorschulkind (3-5 Jahre)	Initiative vs. Schuld	Das Vorschulkind lernt, Dinge aus eigener Initiative zu erledigen und Pläne durchzuführen oder es entwickelt Schuldgefühle wegen seiner Unabhängigkeitsbestrebungen
Schulkind (ab 6. Lebensjahr bis zur Pubertät)	Kompetenz vs. Minderwertigkeit	Das Kind erfährt die Lust an der Erfüllung einer Aufgabe, oder es fühlt sich minderwertig
Adoleszenz (vom 13. bis etwa 20. Lebensjahr)	Identität vs. Rollendiffusion	Der Teenager verfeinert sein Selbstbild durch Erproben verschiedener Rollen, die dann integriert werden und die Identität bilden, oder er gerät in Verwirrung und weiß nicht, wer er ist
Frühes Erwachsenenalter (von etwa 20 bis etwa 40 Jahre)	Intimität vs. Isolation	Junge Erwachsene kämpfen darum, enge Beziehungen einzugehen und die Fähigkeit zu Liebe und Intimität zu erlangen, oder sie fühlen sich einsam und isoliert
Mittleres Erwachsenenalter (40-60 Jahre)	Generativität vs. Stagnation	Im mittleren Erwachsenenalter will der Mensch seinen Beitrag zur Welt leisten, meist durch Familiengründung und Arbeit, sonst entwickelt er ein Gefühl der Sinn- und Zwecklosigkeit
Spätes Erwachsenenalter (ab 60 Jahre)	Ich-Integrität vs. Verzweiflung	Denkt der ältere Mensch über sein Leben nach, geschieht dies mit dem Gefühl der Befriedigung oder dem des Gescheitertseins

Quelle: Myers D., 2008, S. 184

eine Person sich als anders erlebt und im „Ich" von anderen unterscheidet. So definiert Abels (2006, S. 254): „Identität ist das Bewusstsein, ein unverwechselbares Individuum mit einer eigenen Lebensgeschichte zu sein, in seinem Handeln eine gewisse Konsequenz zu zeigen und in der Auseinandersetzung mit anderen eine gewisse Balance zwischen individuellen Ansprüchen und sozialen Erwartungen gefunden zu haben."

Identität besteht aber auch aus einem Wir-Gefühl, das sich aus der Zugehörigkeit zu sozialen Gruppen und der Übernahme sozialer Rollen speist. Nach Gollwitzer/Schmitt (2006) ist die „Soziale Identität.... ein Teil des Selbstbildes, das Menschen von sich haben. Sie basiert auf dem Wissen (kognitive Komponenete), einer oder mehreren sozialen Kategorien anzugehören, bzw. bestimmten Kategorien nicht anzugehören, der Bewertung dieser Zugehörigkeit (evaluative Komponente) und den Gefühlen (emotionale Komponente), die das Wissen um und die Bewertung von Zugehörigkeit begleiten". (2006, S. 67)

> *Beispiel:* So kann eine angehende Sozialpädagogin das Wissen, dass sie mehreren sozialen Gruppen: der Gruppe der Frauen, der Mütter, der Gruppe der Sozialpädagoginnen, und als Sängerin einer Musikband angehört (kognitive Komponente) positiv bewerten (evaluative Komponente) und Stolz, Freude und Selbstwertgefühl (emotionale Komponente) empfinden.
>
> Es kann aber auch sein, dass eine Studierende mit ähnlichem Lebens- aber zusätzlichem Migrationshintergrund unterschiedliche kulturspezifische Erwartungen in den verschiedenen Rollen wahrnimmt und sich weder der Kultur ihrer Abstammung, noch der aktuellen Kultur des Landes, in dem sie lebt, voll und ganz zugehörig fühlt. Sie fühlt sich zwischen den Welten angesiedelt, bewertet dies als konflikthaft und fühlt sich unwohl und innerlich zerrissen (vgl. Beitrag von B. Bauer).

Zusammenfassung: Identitätsentwicklung und Biografiearbeit
Biografische Brüche, Krisen und Wendepunkte stellen häufig eine Bedrohung des Identitätsgefühls dar. Biografiearbeit kann die Identitätsentwicklung und -klärung unterstützen, indem Vergangenheit, Gegenwart und Zukunft geordnet, sinnhaft gedeutet und aufeinander bezogen werden können, um „...angesichts permanenter Veränderung ein sich doch Gleichbleibendes (ICH) zu generieren" (Gudjons et al. 2008, S. 23). Die Stärkung und der Erhalt des Selbstwertgefühls stellen dabei wichtige übergeordnete Ziele dar. Bei der Konzeptualisierung der Biografiearbeit sollten die altersspezifischen Entwicklungsaufgaben und Kernkonflikte Berücksichtigung finden. Die Einbindung der Biografiearbeit in einen Gruppenkontext, dem sich das Individuum mit

seiner Thematik und lebensgeschichtlichen Entwicklung zugehörig fühlen kann, kann in vielen Fällen als zusätzliche Stärkung und Stabilisierung der sozialen Identität genutzt werden.

2.2 Stabilisierung und Hilfe zur Bewältigung

Eine weitere Funktion von Biografiearbeit besteht darin, Menschen bei der Bewältigung einschneidender und belastender Lebensereignisse zu unterstützen und sie in krisenhaften biografischen Umbruchsituationen zu stabilisieren. Eine konstruktive Begleitung im Rahmen von Biografiearbeit setzt das Verständnis der innerpsychischen Regulationsprozesse voraus, die bei der Bewältigung von Belastungen von Bedeutung sind.

Nach Greve umfasst „Bewältigung … alle Formen der Auseinandersetzung mit Belastungen, Gefühlen oder Ereignissen, die eine Person in ihrer Handlungsfähigkeit oder ihrem Wohlbefinden bedrohen oder einschränken, d.h. ihre aktuell verfügbaren Ressourcen übersteigen" (Greve 2008, S. 925).

Aus der Alltagsbeobachtung wie auch aus der Stressforschung ist bekannt, dass die Bewältigung von akuten und/oder chronischen Belastungen und einschneidenden Lebensereignissen inter- und intraindividuell stark variiert: Während die einen Schicksalsschläge oder Krankheiten optimistisch, tatkräftig und sehr gefasst angehen, gibt es andere, die auf solche Krisen mit Verzweiflung, Angst und Depression reagieren. Es ist aber auch möglich, dass sich die Bewältigungsformen im Verlauf einer längerfristigen Belastung wandeln, z.B. von Panik-, Verzweiflungs- und Angstreaktionen zu Gelassenheit und Akzeptanz.

Die Ergebnisse der Stressforschung belegen, dass das subjektive Erleben weniger von der Qualität und Intensität des objektiven Ereignisses abhängt (z.B. Krankheit, Scheidung, Arbeitslosigkeit), als vielmehr von der Art und Weise, wie Menschen diese Belastungen und ihre Ressourcen zur Problembearbeitung einschätzen (Lazarus & Launier 1981, Lazarus 1999, Hobfoll & Buchwald 2004). Entscheidend ist demnach nicht die „Außenansicht" eines Problems, sondern die „Innenansicht".

Lazarus und seine Arbeitsgruppe (Lazarus & Folkman 1984, Lazarus 1998) haben ein transaktionales Modell zum Verständnis von Stress und Bewältigung (Coping) entwickelt, das vielfach empirisch bestätigt wurde. Nach diesem Modell hängt das subjektive Erleben von Stress entscheidend davon ab,

a) welche Bedeutung eine Person dem Umweltereignis oder der Situation im Hinblick auf das eigene Wohlbefinden zuschreibt (primäre Bewertung) und
b) wie sie ihre eigenen Kompetenzen und Ressourcen zur Bewältigung der Situation einschätzt (sekundäre Bewertung).

Im Rahmen der primären Bewertung kann unterschieden werden, ob ein Ereignis als irrelevant, günstig/positiv oder als belastend für die Befindlichkeit bewertet wird. Belastende Ereignisse lassen sich weiter differenzieren, ob sie als Schädigung/Verlust (bereits eingetreten), als Bedrohung (antizipierte Schädigung) oder als Herausforderung (sowohl Schädigung als auch positive Konsequenzen werden antizipiert) eingeschätzt werden.

Im Rahmen der sekundären Bewertung bewertet die Person, welche äußeren (z.b. materielle und soziale) und inneren Ressourcen und Kompetenzen (physische und psychische) ihr zur Bewältigung zur Verfügung stehen.

Diese Bewertungsprozesse finden in einem dynamischen Wechselwirkungsprozess statt, der schließlich in eine Bewältigungsstrategie mündet.

Die **Bewältigungsstrategie** zur Reduktion der Belastung/Bedrohung kann entweder **problembezogen** sein, d.h. die Strategie ist darauf ausgerichtet, das Problem zu lösen oder dessen Ursachen zu beseitigen z.b. indem Informationen gesammelt und eine aktive Problemlösung angestrebt wird.

Oder die Bewältigungsstrategie ist auf die **Regulierung der Emotionen** ausgerichtet, indem die Person sich z.b. bewusst entspannt und beruhigt, Gedanken an das belastende Ereignis bewusst oder unbewusst vermeidet oder indem Ziele, die nicht erreichbar erscheinen, reduziert oder aufgegeben werden (vgl. auch Schwarzer 2000). Auch unbewusste Abwehrmechanismen, wie Verdrängung, Verleugnung, Projektion u.a., können als intrapsychische Strategien der Emotionsregulierung aufgefasst werden.

> *Beispiel:* Ein Jugendlicher hat aktuell nur schlechte Schulleistungen vorzuweisen. Er möchte gerne eine Lehrstelle als Kfz-Mechaniker bekommen und weiß, dass er dazu einen guten Abschluss benötigt. Den inneren Konflikt, den er beim Vergleich zwischen IST- und Soll-Zustand seiner Schulleistungen erlebt, wehrt er ab, indem er den Gedanken an seine Zukunft „verdrängt" und sich mit Computerspielen ablenkt.

Verschiedene sozialpsychologische Befunde zeigen, dass es Menschen wichtig ist, die Kontrolle zu behalten oder sie wieder zu erlangen und sich selbst als wirksam zu erleben, d.h. als AkteurInnen bzw. als RegisseurInnen ihrer Lebensgeschichte (vgl. Bandura 1997, zusammenfassend Gollwitzer & Schmitt 2006). Heckhausen & Schulz (1995) gehen in ihrer Lebenslauf-Theorie davon aus, dass Menschen ihre Kontrollbemühungen zunächst auf die Veränderung der Situation, die Verteidigung oder Wiedererlangung der Kontrolle über die Umwelt ausrichten (primäre Kontrolle). Falls dieses Ziel nicht erreichbar ist, bemüht sich die Person die Situation in den Griff zu bekommen, indem sie ihr Selbstkonzept verändert oder die Situation neu interpretiert (sekundäre Kontrolle), indem sie z.B. neue Prioritäten entwickelt. Diese Formen der Kontrolle entsprechen den problemorientierten bzw. emotionsregulierenden Bewältigungsmechanismen. Für die Bewältigungsreaktion spielt auch der soziale Kontext eine wichtige Rolle: d.h. die Art und Weise wie Menschen ihre sozialen Beziehungen wahrnehmen, aktivieren, für sich nutzen und wie sie soziale Unterstützung bewerten. Bereits die Wahrnehmung der Belastung/Situation wird sozial beeinflusst z.B. durch soziale Vergleichsprozesse. Z.B. wird eine akute Krankheit als sehr viel weniger dramatisch erlebt, wenn sich die Person mit anderen Menschen vergleicht, die mit einer chronischen und objektiv schwerwiegenderen Erkrankung leben müssen. Personen neigen vor allem in schwierigen Zeiten dazu, die eigene Situation bevorzugt mit der von anderen zu vergleichen, denen es nicht besser oder sogar schlechter ergeht (vgl. Greve 2008, S. 914).

Erfährt eine Person soziale Unterstützung, so kann diese als erleichternd, wohltuend und selbstwerterhöhend wahrgenommen werden („Ich bin offensichtlich Unterstützung wert"). Für einen Menschen, dessen Selbstideal Unabhängigkeit und Autonomie darstellt, kann jedoch die Inanspruchnahme von Hilfe als Selbstwertbedrohung wahrgenommen werden („Ich bin hilflos und brauche fremde Hilfe").

Bewältigung von Traumata

Traumatische Erlebnisse sind Erfahrungen extremsten Stresses, bei denen entweder das eigene oder das Leben anderer bedroht wird. Dazu zählen z.B. Kriegserlebnisse, Folter, Naturkatastrophen, gewalttätige Angriffe auf die eigene Person, wie Raubüberfälle und Vergewaltigung, schwere Autounfälle oder die Diagnose einer lebensbedrohlichen Krankheit. Traumatische Ereignisse im Kindesalter sind Misshandlung und sexueller Missbrauch (vgl. DSM-IV 1996, S. 487). Bei 39-69% der Erwachsenen finden sich traumatische Ereignisse in der Vorgeschichte (Butollo& Gavranidou 1999). Bei schwerwiegenden Traumata und bei Hinweisen auf eine posttraumatische Belastungsstörung ist immer eine qualifizierte Psychotherapie nötig. Nach den Erkenntnissen der Traumatherapie (vgl. Reddemann 2001) umfasst die Bewältigung eines Traumas drei Phasen: eine Stabilisierungsphase, eine Phase der Begegnung mit dem Trauma und eine Phase der Integration. Biografiearbeit kann die Integration der traumatischen Erfahrung unterstützen, aber Psychotherapie nicht ersetzen.

Wie kann Biografiearbeit Lebensbewältigung unterstützen?

Biografiearbeit kann die Bewältigung und Integration von einschneidenden Lebensereignissen und -veränderungen erleichtern, indem die KlientInnen unterstützt werden,

a) ihr subjektives Erleben auszudrücken und sich mit der Situation auseinander zu setzen,

b) sich ihrer Ressourcen zur Problembewältigung bewusst zu werden.

Eine Klärung dieser beiden Aspekte kann durch den Einsatz kreativer Medien und einfühlsames Zuhören, bei dem auf die emotionalen Erlebnisinhalte eingegangen wird, begünstigt werden. Ziel ist es, belastende Lebensereignisse soweit zu bewältigen, dass sie als Bestandteil der eigenen Lebensgeschichte anerkannt und integriert werden können, ohne das psychische Gleichgewicht der Person zu gefährden (vgl. auch Gudjons 2008,S.19f).

Beispiel: In einer Gruppe von Kindern, deren Eltern getrennt leben, wird den Kindern die Möglichkeit gegeben, ihre Gefühle als Farben auszudrücken. Bei dem anschließenden Gespräch kann darauf eingegangen werden, was den Kindern hilft, die schwierigen Übergänge zwischen den Lebenswelten bei Vater und Mutter zu bewältigen.

Dabei gilt es zunächst, einen geschützten Raum zu schaffen, in dem die Person ihre „Innenansicht" darstellen kann und mit ihrem subjektiven Erleben angenommen wird – ohne Wertung. Die Möglichkeit, sich in einem akzeptierenden Rahmen mitteilen zu dürfen und das Verständnis von anderen zu erfahren, hat bereits eine wichtige Entlastungsfunktion. Die Reflexion lebensgeschichtlich erworbener hilfreicher Bewältigungsstrategien und ihre mögliche Übertragung auf aktuelle Situationen ermöglichen der Person/Gruppe aus ihren eigenen biografischen Ressourcen zu schöpfen und im Gruppenkontext voneinander zu lernen.

2.3 Aktivierung von Ressourcen

Aus den bisherigen Ausführungen wurde deutlich, dass eine wichtige Funktion der Biografiearbeit darin besteht, aktuelle und lebensgeschichtlich erworbene Ressourcen für den Umgang mit kritischen Lebensereignissen und biografischen Herausforderungen zu aktivieren und verfügbar zu machen.

Die Lebensbedingungen der Klientel der Sozialen Arbeit sind in der Regel gekennzeichnet durch soziale Benachteiligung, psychosoziale und materielle Belastungen sowie einen Mangel an entwicklungsförderlichen Ressourcen.

In den Sozialwissenschaften und der Psychologie herrscht mittlerweile Konsens, dass in beraterischen und therapeutischen Settings die Aktivierung von Ressourcen einen wesentlichen Wirkfaktor darstellt, um konstruktive Veränderungs- und Bewältigungsprozesse zu stimulieren (Grawe 1998).

Definition und Funktion von Ressourcen

Obwohl sich der Ressourcenbegriff in den sozialwissenschaftlichen Publikationen zunehmend ausbreitet, bleibt er häufig unscharf und undefiniert. Der französische Begriff „Ressource" enthält das Wort Quelle („Source") und ist abgeleitet vom lateinischen Begriff „resurgere" (= hervorquellen).

Neben materiellen Ressourcen beinhaltet der Begriff im pädagogisch-psychologischen Bereich die Verfügbarkeit von intrapersonalen und interpersonalen Ressourcen, d.h. Fähigkeiten, Fertigkeiten, Kompetenzen und unterstützenden Beziehungen. Gemeint sind damit alle Kraftquellen, die zur Bewältigung alltäglicher Anforderungen und Lebensaufgaben von zentraler Bedeutung sind. Willutzki betrachtet Ressourcen als Potentiale (der Person selbst und/oder ihrer sozialen Umwelt), deren Einsatz lebenserhaltende bzw. lebensverbessernde Effekte produziert und geht davon aus, dass „… letztlich unsere psychische und physische Gesundheit sowie unser Wohlbefinden von ihrer Verfügbarkeit und ihrem Einsatz abhängig sind" (2003, S. 91).

Schiepek/Cremers verweisen auf die Notwendigkeit der zielbezogenen Aktivierung von Ressourcen: „Ressourcen ‚hat' man nicht nur, sondern aktiviert sie, nimmt sie wahr und entwickelt sie in Abhängigkeit von den jeweils relevanten Lebenszielen … " Ressourcen sind so gesehen keine eingelagerten Dispositionen …, sondern aktive Konstruktionsleistungen unseres emotional geprägten Wahrnehmens und unseres individuellen und sozialen Handelns" (2003, S. 178). „Um Ressourcen zu schaffen, muss man also Herausforderungen, emotional relevante Ziele, Faszinationen und Bedürfnisse schaffen, die sich in den Sinnzusammenhang der persönlichen Lebensstilgestaltung einordnen" (2003, S.183).

Herriger (2006) schlägt für den Anwendungskontext der Sozialen Arbeit vor, die Funktion von Ressourcen auf die „… Bearbeitung von strukturellen Alltagsbelastungen und auf die Verwirklichung von Lebenszielen und Identitätsprojekten auszudehnen". Er stellt eine umfassende Definition vor, welche die funktionale Bedeutung von Ressourcen in den Mittelpunkt stellt:

„Unter Ressourcen wollen wir somit jene positiven Personenpotentiale („personale Ressourcen") und Umweltpotentiale („soziale Ressourcen") verstehen, die von der Person
(1) zur Befriedigung ihrer Grundbedürfnisse,
(2) zur Bewältigung altersspezifischer Entwicklungsaufgaben,
(3) zur gelingenden Bearbeitung von belastenden Alltagsanforderungen,
(4) zur Realisierung von langfristigen Identitätszielen genutzt werden können und damit zur Sicherung ihrer psychischen Integrität, zur Kontrolle von Selbst und Umwelt sowie zu einem umfassenden biopsychosozialen Wohlbefinden beitragen." (Herriger, 2006, S. 3)

Petzold (1997) bezieht in die Funktionsbeschreibung von Ressourcen nicht nur den Selbsterhaltungs- und -verwirklichungsaspekt ein, sondern auch den Aspekt der schöpferischen Gestaltung des Lebensraumes und der Umwelt. Als Ressourcen „werden alle Mittel gesehen, durch die Systeme sich als lebens- und funktionsfähig erhalten (operating), Probleme bewältigen (coping), ihre Kontexte gestalten (creating) und sich selbst im Kontextbezug entwickeln können (developing)" (Petzold 1997, S. 451 f.).

Im Abschnitt 2. 2 wurde bereits auf den Zusammenhang zwischen Ressourcen, Belastungen und Bewältigung verwiesen. In ihrer Theorie der Ressourcenerhaltung (Conservation of Resources – kurz COR-Theorie) gehen Hobfoll & Buchwald (2004) davon aus, dass die subjektive Bewertung von Ressourcenverlusten und -gewinnen, die mit einem bestimmten Ereignis verknüpft sind, maßgebliche Bedeutung für das subjektive Erleben von Belastung und Stress sowie die Bewältigung der Belastung haben. Sie gehen davon aus, dass bei gleichem Ausmaß an Ressourcenverlusten und -gewinnen die Verluste die stärkeren Auswirkungen haben und, dass menschliches Handeln darauf ausgerichtet ist, den Ressourcenpool zu erweitern. Je nach Ausgangslage wiegen Ressourcenverluste unterschiedlich stark – ein Umstand, dessen Evidenz sich in vielen Fallbeispielen der Sozialen Arbeit zeigt: „Individuen mit vielen Ressourcen sind weniger verletzlich gegenüber Verlusten und können vorhandene Ressourcen eher gewinnbringend einsetzen. Umgekehrt sind Individuen mit wenigen Ressourcen vulnerabler für Ressourcenverluste und darüber hinaus weniger prädestiniert, neue Ressourcen zu gewinnen. Durch ihre Ressourcendefizite sind sie kaum in der Lage Gewinnspiralen zu etablieren. Stattdessen erwachsen aus anfänglichen Verlusten weitere Nachteile bei der Bewältigung von Stress. Es entsteht ein Zyklus, bei dem das System mit jedem Verlust anfälliger und verletzlicher wird und das Individuum im Zuge dieser Verlustspirale daran hindert, anstehende stressreiche Probleme zu bewältigen" (Hobfoll/Buchwald 2004, S. 15). Soziale Benachteiligung und prekäre Lebenslagen stellen Bedingungen für verstärkte Vulnerabilität dar und erfordern in den Arbeitsfeldern der Sozialen Arbeit eine verstärkte Aktivierung von Ressourcen.

Wie lassen sich aktuelle und lebensgeschichtlich erworbene Ressourcen im Rahmen von Biografiearbeit aktivieren?

Geht man davon aus, dass Personen- und Umweltressourcen nicht jederzeit sichtbar, abrufbar und nicht generell wirksam sind, sondern ihre Wirksamkeit erst im Bezug zu anstehenden Aufgaben, Zielen, Herausforderungen und Bedürfnissen entfalten, so lässt sich für die Gestaltung von Biografiearbeit folgendes ableiten:

Die Lebensgeschichte als Ressourcenpool nutzen

Die Erinnerung an die gelungene Bewältigung früherer Aufgaben und lebensgeschichtlicher Herausforderungen stärkt das Gefühl der Selbstwirksamkeit und stimuliert die Wahrnehmung von Potenzialen und Ressourcen, die dann auf aktuelle oder zukünftige Aufgaben und Herausforderungen übertragen werden können. Die Erinnerung an schöne, glückliche und gelungene Momente, Begegnungen und Situationen eignet sich für die Ressourcenaktivierung bei allen Alters- und Zielgruppen. Im Rahmen biografischer Erinnerungsarbeit lässt sich beobachten, dass die Erinnerung an Ressourcen umso leichter gelingt, je deutlicher die Aufgaben und Herausforderungen von früher beschrieben und gelungene Problemlösungen fokussiert werden (z.b. bei alten Menschen: *Wie ist es Ihnen im Krieg gelungen, trotz Not und Mangel schöne Feste zu feiern? Was hat ihnen geholfen, in Situationen großer Verzweiflung Kraft zu schöpfen?*). Medien, die verschiedene Sinnesmodalitäten ansprechen und geeignet sind, positive emotionale Erinnerungen wachzurufen, wie Musik, Gerüche, Bilder, Fotografien stellen wichtige Zugänge zur Ressourcenaktivierung dar (vgl. Kap.4). Neuropsychologische Ansätze aus jüngerer Zeit zeigen Möglichkeiten auf, wie Erinnerungen, als emotionale, im Körper gespeicherte Lebenserfahrungen (Embodiment) für die Ressourcenaktivierung und Selbststeuerung genutzt werden können (vgl. Storch et al. 2006 und Rebel in diesem Band). Neben der retrospektiv angelegten Aufdeckung von Kraftquellen, Stärken und Fähigkeiten, können auch prospektiv Ressourcen aktiviert werden.

Lebensziele als Ressource nutzen

Die zweite Strategie Ressourcen zu aktivieren, besteht darin, mit den KlientInnen emotional bedeutsame Lebensziele in den Blick zu nehmen und auszugestalten. Dabei kommt es darauf an, eine positive (Ziel)Vision zu entwickeln, die dem Klienten bereits einen Vorgeschmack der Erfüllung seiner Wünsche gibt. Die Ressourcenaktivierung geschieht über eine möglichst spezifische und attraktive Zielgestaltung, so dass eine möglichst konkrete Zukunftsvision sichtbar und der erwünschte Sollzustand möglichst genau vorstellbar und beschreibbar wird. Ziele werden auf diese Weise selbst zu Ressourcen, denn je konkreter und lebendiger das Wunschziel in der Vorstellung erscheint und emotional spürbar wird, desto klarer wird der Weg zum Ziel sichtbar und desto mehr Kräfte können für die Realisierung mobilisiert werden. Damit Ziele motivieren und handlungswirksam werden, müssen sie S.M.A.R.T formuliert sein, d.h. die Ziele sollten folgende Kriterien erfüllen (vgl. Hölzle 2007, S. 200 ff): Sie sollten **S**pezifisch, **M**essbar, **A**nspruchsvoll, **R**ealisierbar und **T**erminiert sein.

Spezifisch:
Ziele müssen konkret beschreiben, welches Ergebnis angestrebt wird und was genau erreicht werden soll. Die Präzisierung ist vor allem für Lern- und Entwicklungsziele nicht ganz einfach.

Messbar:
Um die Zielerreichung und/oder das Ausmaß der Zielerreichung prüfen zu können, müssen Kriterien und/oder Indikatoren gefunden werden, die eine klare Beurteilung der Fortschritte oder der Zielerreichung ermöglichen.

Anspruchsvoll:
Ziele sollten anspruchsvoll und herausfordernd, aber nicht überfordernd gestaltet werden, d.h. es muss die richtige Balance gefunden werden zwischen den Anforderungen der Aufgabe und den Fähigkeiten der Person.

Realisierbar:
Die Verwirklichung des Ziels muss im geplanten Zeitraum prinzipiell möglich sein. Dazu gehört auch, dass die Ziele prinzipiell von der Person beeinflussbar sind und in deren Kontrollbereich liegen.

Terminiert:
Der Zeitraum der Zielerreichung muss überschaubar und begrenzt sein. Bei langfristigen Zielen ist die Aufspaltung in Teilziele eine wichtige Maßnahme, um Zwischenergebnisse prüfen und würdigen zu können und so den „langen Atem" bis zur Realisierung des Gesamtergebnisses zu behalten. Die Terminierung spornt die Leistungsbereitschaft an, aktiviert Ressourcen und ermöglicht eine Überprüfung, in welchem Ausmaß die Zielerreichung gelungen ist.

Damit Ziele Energie mobilisieren können, sollten sie positiv konnotiert und formuliert sein und mit einer anstrebenswerten Vision verknüpft sein.

Beispiel: Im Kontext einer beruflichen Eingliederungsmaßnahme für Mädchen mit Migrationshintergrund und ohne Hauptschulabschluss wurde ein Biografieprojekt durchgeführt. Im Rahmen einer Phantasiereise wurden die 15- bis 17-jährigen Mädchen angeregt, sich einen wichtigen Lebenswunsch im bezug zu Ihrer beruflichen Entwicklung und dessen Erfüllung genau vorzustellen. Anschließend wurden die Mädchen gebeten, einen Brief an sich selbst zu schreiben, in dem sie ihren Wunsch und dessen Bedeutung für ihr Leben und ihr soziales Umfeld sowie die einzelnen Schritte zur Erfüllung des Wunsches genau beschrieben. Die Projektleiterinnen übernahmen es, die im Sommer formulierten Briefe zum Jahresende an die Mädchen zu schicken, so dass sie selbst prüfen konnten, inwieweit sie ihre Wünsche realisiert hatten und ggfls. auch noch weiter an ihren Wünschen arbeiten konnten. Die Übung wurde von den Mädchen begeistert aufgenommen. Sie zeigten großes Engagement und es entstand bei allen der Ehrgeiz, die überwiegend beruflichen Entwicklungsziele auch tatsächlich erreichen zu können.

Es gibt im Rahmen der Beratungsliteratur eine Fülle von Übungen und Methoden, die zur Ressourcenaktivierung bei Kindern, Jugendlichen und Erwachsenen eingesetzt werden können (z.b. Bamberger 2005, Vogt/Hillmann/Burr 2005, Weinberger 2007, Weinberger/Papastefanou 2008).

Zusammenfassend lässt sich festhalten: Biografiearbeit dient der Mobilisierung von Kraftquellen, um biografische Herausforderungen bewältigen zu können. Ressourcen können aktiviert werden über die Erinnerung an gelungene Problemlösungen/Bewältigungsstrategien und deren Übertragung auf aktuelle Herausforderungen sowie die konkrete Ausgestaltung von attraktiven Lebenszielen. Ressourcenorientierte Biografiearbeit bedeutet, KlientInnen anzuleiten, aus der eigenen Lebensgeschichte Kraft zu schöpfen, Potenziale zu entdecken und Ziele zu entwickeln, die als Kraftquelle dienen können (vgl. auch Kap. 4).

2.4 Kontinuität, Sinnfindung und Lebensplanung

Eine wichtige Funktion von Biografiearbeit zur Unterstützung der Identitätsentwicklung und Lebensbewältigung, besteht in der sinnstiftenden Verknüpfung von Vergangenheit, Gegenwart und Zukunft. Diese Verknüpfung ist dann von besonderer Bedeutung, wenn lebensgeschichtliche Brüche und Diskontinuitäten zu verarbeiten sind wie Trennung, Tod eines nahe stehenden Menschen, die Trennung von den leiblichen Eltern (Fremdplatzierung), Vertreibung, Flucht, Migration oder der Verlust von Gesundheit und körperlicher Integrität.

Ziel der Biografiearbeit ist es, die verschiedenen Lebenswelten, Lebensabschnitte und -erfahrungen sinnhaft miteinander zu verknüpfen, so dass sie als Bestandteile des eigenen Lebens akzeptiert und integriert werden können.

Die Erarbeitung einer als sinnvoll erlebbaren Lebensgeschichte und die Klärung bisher unverstandener Teile der Biografie sichert das Erleben von Kontinuität und Kohärenz und stellt somit eine wichtige Grundlage von Gesundheit und Wohlbefinden dar.

Die Frage nach Kontinuität und Kohärenz stellt sich jedoch nicht nur bei „kritischen Lebensereignissen" (vgl. Filipp 2007, Filipp/Aymanns 2010), die einen deutlichen Bruch zur bisherigen Lebensgeschichte bedeuten, sie stellt sich auch bei der individuellen Verarbeitung gesellschaftlicher, technologischer und kultureller Umbrüche. Dabei wird die Frage nach Identität, Kontinuität und

Kohärenz umso virulenter, je mehr sich die gesellschaftlichen und normativen Vorgaben zu Lebensentwürfen auflösen.

Das Leben in der Moderne, das gekennzeichnet ist durch Individualisierung, Pluralisierung und Globalisierung (Beck/Beck-Gernsheim 1994, Keupp 2007) verlangt vom Einzelnen Entscheidungen zu treffen oder wie Beck es formuliert „ ... der einzelne muss, bei Strafe seiner permanenten Benachteiligung lernen, sich selbst als Handlungszentrum, als Planungsbüro in bezug auf seinen eigenen Lebenslauf, seine Fähigkeiten, Orientierungen, Partnerschaften usw. zu begreifen" (1986, S. 217).

Die Freisetzung der Menschen aus Tradition und sozialer Einbettung, die Geschwindigkeit der technologischen und sozialen Veränderungen bedeuten nicht nur den Verlust vertrauter biografischer Vorbilder und Muster, sondern sie verlangen ständige Planungs-, Reflexions und Entscheidungsprozesse (vgl. Giddens 1996). Die Vielfalt der Optionen und fehlende normative Vorgaben eröffnen „Die Chancen und Zwänge des ‚eigenen Lebens'" (Beck-Gernsheim 1997). Individualisierung als Chance, das Leben nach eigenen Vorstellungen zu gestalten, hat – gesellschaftlich betrachtet – zwangsläufig eine ungeheure Pluralisierung von Lebensformen, Normalitätsvorstellungen und Identitätskonzepten zur Folge (vgl. Keupp 2007).

Mit der Vielfalt der Lebensformen verändern sich auch die Orientierungen und Werte. Der mit der Enttraditionalisierung verbundene Wertewandel lässt sich nachvollziehen am Bedeutungswandel der Familie (vgl. Barz et al. 2001).

Gab es in den 50er und 60er Jahren des 20. Jahrhunderts noch klare normativ geprägte Vorstellungen zu Familie und damit verbundene Rollenvorstellungen von weiblicher und männlicher Arbeitsteilung, so veränderte sich das Selbstverständnis der Familie und der Geschlechterrollen v.a. im Zuge der gesellschaftlichen Proteste in den 1960er und 1970er Jahren und im Zuge der Emanzipationsbewegung der Frauen. Die Möglichkeit, Elternschaft auch außerhalb der Ehe zu realisieren und die Zunahme der Scheidungsrate hat eine Vielzahl von familialen Lebensformen und Neuzusammensetzungen von Familien (Patchwork-Familien) hervorgebracht.

Auch die Vorstellungen zur Gestaltung der Beziehungen zwischen den Generationen haben sich verändert – von hierarchischen Eltern-Kind-Beziehungen hin zu partnerschaftlichen Modellen des Zusammenlebens.

Tab.2: Dreischritt im Wertewandel der Familie

1950er Jahre	1960er Jahre	1970er Jahre	1980er Jahre	1990er Jahre	2000er Jahre
Außenorientierung		Innenorientierung		Innen/Außen-Orientierung	
Das Selbst passt sich an.		Das Selbst emanzipiert sich.		Neue Vermittlung zwischen Selbst und Umwelt	
Maxime : Selbst-Kontrolle		Maxime: Selbst-Verwirklichung		Maxime: Selbst-Management	
Familie ist normiert		**Familie wird hinterfragt**		**Familie als Möglichkeit**	
• Man hat Familie • Familie als Pflicht • Typischer Familien-zyklus und biografische Muster • Rollenverteilung und Eltern-Kind-Beziehun-gen sind vorgegeben • Hierarchische Struktur der Beziehungen		• Statusverlust der traditi-onellen Kernfamilie • Konkurrenz durch alternative familiäre Lebensformen • Emanzipation und Berufstätigkeit der Frau • Zunehmender Kinder-verzicht • Anstieg der Scheidungs-rate • Eskalierender Generationenkonflikt		• Neue Wertschätzung von Familie als emotionale Heimat • Familie als freiwilliges Bekenntnis und Commitment • Vielfalt und Offenheit von Familienformen • Beziehungsmanagement und Vermittlung verschiedener Bedürfnisse	

Quelle: Barz, Kampik, Singer & Teuber (2001)

Was kann Biografiearbeit zur Bewältigung biografischer Herausforderungen leisten?

Historische Veränderungsprozesse im Bezug auf Ausbildung, Arbeit, Familie, Kultur und Werte verlangen individuelle Anpassungs- und Gestaltungsprozesse, zu denen es immer weniger Vorgaben und „Richtwerte" gibt. Die Aufgabe und Herausforderung der einzelnen besteht darin, bei unterschiedlichen (Lebens-) Entscheidungen aus einer Vielzahl von Optionen wählen zu können und zu müssen, ohne auf verbindliche tradierte Werte und Orientierungen zurückgreifen zu können. Identitätsarbeit stellt – so die Ergebnisse der modernen Identitätsforschung (vgl. Brandstätter & Lindenberger 2007, Keupp 2007, Myers 2008) – einen lebenslangen Prozess dar, und ist nicht mit dem Ende der Adoleszenz abgeschlossen. Sie besteht aus einer „permanenten Verknüpfungsarbeit, die dem Subjekt hilft, sich im Strom der eigenen Erfahrungen selbst zu begreifen" (Keupp 2007, S. 479). Biografiearbeit kann diese Identitäts- und Verknüpfungsarbeit unterstützen, indem sie z.B. bei prospektiv angelegten Entscheidungs- und Planungsaufgaben immer wieder die Rückbindung an Ressourcen, d.h. lebens-

49

geschichtlich erworbene Fähigkeiten, stützende Beziehungen, tragende Werte und wichtige Lebensziele ermöglicht und damit das Gefühl von Kontinuität, Sinn und innerer Sicherheit stärkt. Identitätsentwicklung hat eine innere und eine äußere Dimension: Nach innen, auf die eigene Person gerichtet, besteht ein grundlegendes Bedürfnis nach Kohärenz, Authentizität, Selbstanerkennung und Sinnhaftigkeit. Die äußere Dimension ist auf Passung, d.h. die Aufrechterhaltung der Handlungsfähigkeit, Anerkennung und Integration ausgerichtet (vgl. Keupp 2007).

Beispiel: Diese beiden Dimensionen lassen sich an der Funktion der Biografiearbeit für fremdplatzierte und adoptierte Kinder verdeutlichen: Es geht für das Kind nicht nur darum, die biografischen Brüche, d.h. die Gründe für die Trennung von den leiblichen Eltern verstehen und die Zugehörigkeit zu zwei Familien – einer biologischen und einer neuen Pflege- oder Adoptivfamilie – integrieren zu können, sondern auch in der äußeren Dimension eine „offizielle" Geschichte entwickeln zu können. Dies bedeutet, im Rahmen von Biografiearbeit sollte das Kind eine verständliche, klare, akzeptable Erklärung seiner Lebensumstände entwickeln, die es in der sozialen Umgebung präsentieren kann, so dass es mit dieser „Geschichte" akzeptiert und integriert werden kann (vgl. Ryan/Walker 2004, Wiemann in diesem Band).

Die Funktion der Biografiearbeit im Rahmen von Identitätsentwicklung und Kohärenzerleben besteht somit darin, das Subjekt zu unterstützen, sich selbst im Fluss der eigenen Lebensgeschichte zu verstehen. Dazu ist es notwendig, Verknüpfungen herzustellen zwischen Vergangenheit, Gegenwart und Zukunft sowie Verknüpfungen herzustellen zwischen verschiedenen Lebensbereichen und Rollen (z.B. als Tochter, als Berufstätige, als Ehefrau und Mutter). Um das Gefühl der Kohärenz erleben zu können, müssen die einzelnen Erfahrungen im Bezug zur eigenen Lebensgeschichte als verstehbar, handhabbar und als sinnhaft (vgl. Kap.4 und Antonowsky 1979) erlebt werden. Das Verstehen der eigenen Lebensgeschichte erschließt sich dabei nicht nur im Rückgriff auf das eigene Leben. Bedeutsame Kontexte für die Selbstreflexion sind Familientraditionen, Vorbilder und Werte, die innerhalb der Familie transportiert wurden sowie die historischen, kulturellen und gesellschaftlichen Rahmenbedingungen und Wertvorstellungen, die sowohl Optionen als auch die Grenzen der Entwicklungsmöglichkeiten bestimmen.

Beispiel 1: 13-jährige Hauptschülerin auf die Frage, was sie werden wolle: „Ich werde auch Hartz IV – wie meine Eltern."

Beispiel 2: 60-jährige Frau zum Thema Berufswahl.
Sie habe einen Beruf ergreifen wollen, der es ihr ermöglichte, sich später selbstständig zu machen. Das Wichtigste sei ihr die Unabhängigkeit von ihrem Ehemann gewesen. Sie habe alles daran gesetzt, auch nach der Geburt ihrer Kinder von ihrem Mann finanziell unabhängig zu sein und zu bleiben.
Befragt nach den lebensgeschichtlichen und familiären Hintergründen, gibt sie an, dass sie aus der Geschichte ihrer Mutter gelernt habe, die ein Leben lang bereut habe, ihren Traumberuf „Fleuristin" nicht gelernt zu haben und die immer unter ihrer finanziellen Abhängigkeit von ihrem Mann gelitten habe. Die Mutter sei 1945 nach dem 2. Weltkrieg von ihren Eltern dazu gedrängt worden, einen wohlhabenden Mann zu heiraten, um versorgt zu sein. Als Frau eine eigene Existenz zu gründen, sei zur damaligen Zeit schlicht undenkbar gewesen. Ihre Mutter habe ihr stets mit auf den Weg gegeben, sich wirtschaftlich unabhängig von ihrem Mann zu machen.

In beiden Beispielen zeigt sich, wie biografische Vorbilder eigene Lebenswünsche oder die Wahrnehmung von Optionen im Sinne einer transgenerationalen Weitergabe beeinflussen können. Das Aufspüren von Vorbildern und unbewussten Delegationen über die Generationen kann im Kontext von Biografiearbeit als wertvoller Schlüssel zum Verständnis eigener Motive und Lebenshaltungen dienen und durch die Bewusstmachung auch zu einer neuen Ausrichtung der Lebensplanung beitragen.

Zusammenfassung: Eine wichtige Funktion der Biografiearbeit besteht darin, Menschen in ihrer Identitätsentwicklung, Lebensplanung und -bewältigung zu unterstützen, indem sie Hilfestellung zu einer sinnhaften Verknüpfung von Vergangenheit, Gegenwart und Zukunft, sowie von individuellem, sozialem und historischem Kontext leistet und dazu beiträgt das eigene Leben im Strom widersprüchlicher, schöner und schmerzlicher Erfahrungen als sinnvoll, verstehbar und lebenswert wahrnehmen zu können.

Literatur

Abels, Heinz (2006): Identität. Wiesbaden
Alheit, Peter (2003): Identität oder „Biographizität"? Beiäge der neueren sozial- und erziehungswissenschaftlichen Biografieforschung zu einem Konzept der Identitäts-

entwicklung. In: Petzold, Hilarion G. (Hrsg.) Lebensgeschichten erzählen. Biografiearbeit, Narrative Therapie, Identität. Paderborn, S. 6-25

Baltes, Paul (1990): Entwicklungspsychologie der Lebensspanne. Theoretische Leitsätze. Psychologische Rundschau, 1990, 41: S. 1-24

Bandura, Albert (1997): Self-efficacy. The exercise of control. New York, Freeman

Bamberger, Günther (2005): Lösungsorientierte Beratung. Praxishandbuch, 3. Aufl., Weinheim

Barz, Heiner/Kampik, Wilhelm/Singer, Thomas/Teuber Stephan (2001): Neue Werte, neue Wünsche. Future Values. Düsseldorf: Metropolitan

Beck, Ulrich (1986): Risikogesellschaft. Auf dem Weg in eine andere Moderne. Frankfurt/Main

Beck Ulrich/Beck-Gernsheim Elisabeth (Hrsg.) (1994): Riskante Freiheiten. Individualisierung in modernen Gesellschaften. Frankfurt/Main

Blimlinger, Eva (1994): Lebensgeschichten. Biographiearbeit mit alten Menschen. Hannover.

Brandstätter, Jochen/Lindenberger, Ulman (2007): Entwicklungspsychologie der Lebensspanne. Stuttgart

Butollo,Willi/Gavranidou, Maria (1999): Intervention nach traumatischen Ereignissen. In: Oerter, Rolf/v. Hagen, Cornelia/Röper, Gisela/Noam, Gil (Hrsg.): Klinische Entwicklunspsychologie. Weinheim, Kap. 19: S. 459-477

DSM IV (1996): Diagnostisches und Statistisches Manual Psychischer Störungen. Göttingen

Erikson Erik (1974): Wachstum und Krisen der gesunden Persönlichkeit. In Erikson, Erik: Identität und Lebenszyklus. 2. Aufl. Frankfurt/Main

Filipp, Sigrun-Heide (2007): Kritische Lebensereignisse. In: Brandstätter J., Lindenberger U. (2007): Entwicklungspsychologie der Lebensspanne. Stuttgart, S. 337-366

Fillip, Sigrun-Heide/Aymanns, Peter (2010): Kritische Lebensereignisse und Lebenskrisen. Vom Umgang mit den Schattenseiten des Lebens. Stuttgart

Fuhrer, Urs/Marx, Alexandra/Holländer, Antje/Möbes, Janine (2000): Selbstbildentwicklung in Kindheit und Jugend. In: Greve, Werner (Hrsg.): Psychologie des Selbst. Weinheim, S. 39-57

Giddens, Antony (1996): Konsequenzen der Moderne. Frankfurt a.M.

Gollwitzer, Mario/Schmitt Manfred (2006): Sozialpsychologie. Workbook.Weinheim

Gudjons, Herbert/Wagener-Gudjons, Birgit/Pieper, Marianne (2008): Auf meinen Spuren. Übungen zur Biografiearbeit. Bad Heilbrunn

Grawe, Klaus (1998): Psychologische Psychotherapie. Göttingen

Greve, Werner (2008): Bewältigung und Entwicklung. In: Oerter, R., Montada, L. (Hrsg.), Entwicklungspsychologie, 6. vollst. überarb. Aufl. Weinheim: S. 910-926

Heckhausen, Jutta/Schulz, Richard (1995): A life-span theory of control. Psychological Review, 102: S. 284-304

Herriger, Norbert (2006): Ressourcendiagnostik und Ressourcenaktivierung in der Sozialen Arbeit. Unveröffentl. Manuskript. Düsseldorf. http://www.empowerment.de/materialien/materialien_5.html, abgerufen am 16.2.09, S. 1-10

Hobfoll, Stevan/Buchwald, Petra (2004): Die Theorie der Ressourcenerhaltung und das multiaxiale Copingmodell – eine innovative Stresstheorie. In: Buchwald, Petra/

Schwarzer, Christine/Hobfoll, Stevan (Hrsg.): „Stress gemeinsam bewältigen – Ressourcenmanagement und multi-axiales Coping". Göttingen, S. 11-26.

Hölzle, Christina (2006): Personalmanagement in Einrichtungen der Sozialen Arbeit. Grundlagen und Instrumente. Weinheim

Kerkhoff, Barbara/Halbach, Anne (2002): Biografisches Arbeiten: Beispiele für die praktische Umsetzung. Hannover.

Keupp, Heiner (2007) Beratung als Förderung von Identitätsarbeit in der Spätmoderne. In: Nestmann, Frank/Engel, Frank/Sickendiek, Ursel (Hrsg.) (2007): Das Handbuch der Beratung, Bd 1. Tübingen, S. 469-485

Klingenberger, Hubert (2003): Lebensmutig. Vergangenes erinnern, Gegenwärtiges entdecken, Künftiges entwerfen. 1. Auflage. München.

Kriz, Jürgen (2001): Grundkonzepte der Psychotherapie. 5. überarb.Auflage, Weinheim

Lattschar, Birgit/Wiemann, Irmela (2007): Mädchen und Jungen entdecken ihre Geschichten. Grundlagen und Praxis der Biografiearbeit. Weinheim.

Lazarus, Richard S. (1998): Fifty years of the research and theory of R. S. Lazarus. Mahwah: Erlbaum.

Lazarus, Richard S./Folkman, Susan (1984): Stress, appraisal and coping. New York: Springer.

Lindmeier, Christian (2006): Biografiearbeit mit geistig behinderten Menschen. Ein Praxisbesuch für Einzel- und Gruppenarbeit. 2. Auflage. Weinheim.

Markowitsch Hans J./Welzer, Harald (2005): Das autobiographische Gedächtnis: Hirnorganische Grundlagen und biosoziale Entwicklung. Stuttgart

Myers, David G. (2008): Psychologie. 2. Aufl. Heidelberg

Osborn, Caroline/Schweitzer, Pam/Trilling, Angelika/Aschbacher, Urzi (1997): Erinnern. Eine Anleitung zur Biographiearbeit mit alten Menschen. Freiburg

Petzold, Hilarion (1997): Das Ressourcenkonzept in der sozial-interventiven Praxeologie und Systemberatung. In: Integrative Therapie 4: S. 435-471

Petzold, Hilarion (Hrsg.) (2003): Lebensgeschichten erzählen. Biografiearbeit, Narrative Therapie, Identität. Paderborn.

Pohl, Rüdiger (2007): Das autobiographische Gedächtnis. Die Psychologie unserer Lebensgeschichte. Bad Heilbrunn

Raabe, Wolfgang (2004): Biografiearbeit in der Benachteiligtenförderung. Darmstadt

Reddemann, Luise (2001): Imagination als heilsame Kraft. Zur Behandlung von Traumafolgen mit ressourcenorientierten Verfahren. Stuttgart

Ryan, Tony/Walker, Rodger (2003): Wo gehöre ich hin? Biografiearbeit mit Kindern und Jugendlichen. Weinheim.

Ruhe, Hans Georg (2003): Methoden der Biografiearbeit. Lebensspuren entdecken und verstehen. Weinheim.

Schiepek, Günther/Cremers, Sandra (2003): Ressourcenorientierung und Ressourcendiagnostik in der Psychotherapie. In: Schemmel, Heike/Schaller, Johannes (Hg.): Ressourcen. Ein Hand- und Lesebuch zur therapeutischen Arbeit, Tübingen, S. 147-192

Shazer de, Steve (1991): Wege der erfolgreichen Kurzzeittherapie. 3. Aufl. Stuttgart.

Schwarzer, Rolf (2000): Stress, Angst und Handlungsregulation (4 ed.). Stuttgart: Kohlhammer.

Storch, Maja/Cantieri, Benita/Hüther, Gerald/Tschacher, Wolfgang (2006): Embodiment. Die Wechselwirkung von Körper und Psyche verstehen und nutzen. Bern

Trösken, Anne K./Grawe, Klaus (2003): Das Berner Ressourceninventar. Instrumente zur Erfassung von Patientenressourcen aus der Selbst- und Fremdbeurteilungsperspektive. In: Schemmel, Heike/Schaller, Johannes (Hrsg.): Ressourcen. Ein Hand- und Lesebuch zur therapeutischen Arbeit, Tübingen, S. 195-223

Vogt-Hillmann, Manfred/Burr, Wolfgang (Hrsg.) (2005): Lösungen im Jugendstil. Systemisch-lösungsorientierte kreative Kinder- und Jugendlichentherapie. 2. Aufl., Dortmund

Weinberger, Sabine (2007): Kindern spielend helfen. Eine personenzentrierte Lern- und Praxisanleitung. 3. Aufl., Weinheim und München

Weinberger, Sabine/Papastefanou, Christiane (2008): Wege durchs Labyrinth. Personenzentrierte Beratung und Psychotherapie mit Jugendlichen. Weinheim und München

Willutzki, Ulrike (2003): Ressourcen. Einige Bemerkungen zur Begriffsklärung. In: Schemmel, Heike/Schaller, Johannes (Hrsg.): Ressourcen. Ein Hand- und Lesebuch zur therapeutischen Arbeit, Tübingen, S. 91-109.

Irma Jansen

Biografiearbeit im Hilfeprozess der Sozialen Arbeit

Wie in Kapitel 1 und 2 erläutert, ermöglicht eine auf Ressourcen orientierte Biografiearbeit im pädagogischen Handlungsfeld die Begleitung und Gestaltung von biografischen Verläufen auch unabhängig vom administrativen Hilfekontext. Im folgenden Kapitel soll thematisiert werden, welche Rolle Biografiearbeit im Rahmen systematisch angelegter Hilfeprozesse in der Sozialen Arbeit einnimmt und ob sie hier im Kontext von Beziehungsaufbau, Diagnostik und Intervention genutzt werden kann. Dabei werden diese Bereiche hier jeweils analytisch voneinander getrennt behandelt, obwohl sie sich gemeinsam in einem Prozess befinden und auch gegenseitig bedingen, wie auch die jeweiligen Fallbeispiele deutlich machen.

1   Beziehungsaufbau und Beziehungsgestaltung

Ein auf Kooperation angelegter, partizipativer Hilfeprozess setzt einen tragfähigen Beziehungsaufbau und belastbare Beziehungsqualitäten zwischen PädagogInnen und KlientInnen voraus. Gleichzeitig gehört die Herstellung von Kontakt und Beziehung in der Helferrelation zu einer der schwierigsten und anspruchvollsten Herausforderungen in der pädagogischen Arbeit, sowohl auf der administrativen Seite der Jugendhilfe (zwischen Hilfe und Kontrolle), wie auch als interaktive Herausforderung im pädagogischen Prozess selbst (zwischen Nähe und Distanz).

Dies trifft insbesondere für Felder zu, in denen PädagogInnen mit KlientInnen arbeiten, die aufgrund ihrer Lebensgeschichte Gefühle von Feindseligkeit, Misstrauen und Wut gegenüber Bezugspersonen mitbringen, die sich aufgrund von schädigenden, traumatischen Erfahrungen mit relevanten Bezugspersonen nur schwer auf Kontakt und Beziehung einlassen können und als Schutz vor erneutem Frustrationserleben Beziehungsabwehr mobilisieren.

Dies trifft aber auch für die Arbeit in Institutionen zu, in denen Menschen sich unfreiwillig befinden (z.B. Haft, Psychiatrie) und deren Rahmenbedingungen von totaler Kontrolle und Repression Kontakt und Beziehung entgegenstehen.

Und dies trifft natürlich auch insbesondere für Felder zu, in denen SozialpädagogInnen mit Menschen arbeiten, die aufgrund von Erkrankungen (z.b. Demenz) besondere Wege des Beziehungsaufbaus und der Beziehungsgestaltung erfordern.

Darüber hinaus erfordern unterschiedliche Lebensaltersstufen differenzierte Konzepte von Beziehungsaufbau und Beziehungsgestaltungen für die Arbeit mit Kindern, Jugendlichen, Erwachsenen oder Alten Menschen.

Kreative, ressourcenorientierte Biografiearbeit erscheint in den meisten Handlungsfeldern der Sozialen Arbeit geeignet Kontakt zu schaffen, Begegnung zu ermöglichen und Beziehung zu stiften, weil in diesem Ansatz drei Bezugsgrößen zusammen wirken, die Voraussetzung, Ermöglichung und Unterstützung von Kontakt und Beziehung im professionellen Setting bedeuten.

1. die biografische Perspektive des Verstehens

Eine wirkliche, über einen flüchtigen Kontakt hinausgehende Begegnung mit der Klientel kann nur stattfinden, wenn Professionelle daran interessiert sind, die Lebensgeschichten der KlientInnen kennen zu lernen, sich für die biografischen Hintergründe ihrer Denk-, Fühl- und Verhaltensmuster zu interessieren und bereit sind, sich berühren zu lassen und Anteil zu nehmen an den gelebten Zeitqualitäten. Selbst bei angestrengter Konzentration auf die Bedingungen eines lebensweltlichen „Hier und Jetzt" lassen sich die gelebten Zeitqualitäten der Klientel nicht ignorieren, insofern sie als biografische Narrationen (in Gefühlen, im Körper, im symbolischen Ausdruck) sich jeweils aktuell äußern. Insofern ist eine biografische Perspektive Voraussetzung für die entwicklungstheoretisch begründete Analyse und systematische Entwicklung von Kontakt, Begegnung und Beziehung im professionellen Bezug der Sozialen Arbeit.

2. der kreative Zugang zur Lebensgeschichte

Die methodisch/didaktische Seite von Biografiearbeit in Handlungsfeldern der Sozialen Arbeit begründet sich je nach AdressatInnengruppe zwar jeweils speziell z.B. mit Kindern in besonderen Lebenssituationen (Lattschar/Wiemann 2008, vgl. Wiemann in diesem Band), mit alten Menschen (vgl. Wickel in diesem Band), mit geistig behinderten Menschen (Lindmeier 2004), mit benachteiligten Jugendlichen (Raabe 2004), mit Menschen in geschlossenen Einrichtungen (vgl. Eichbauer und Hoffmann in diesem Band, Jansen 2006). Gleichwohl erscheinen alle Arbeitsfelder darin verbunden, mit einer breiten Vielfalt von Ausdrucksmöglichkeiten einen lebendigen, interaktiven Bezug zur jeweiligen Klientel herzustellen. Eigene Projekterfahrungen und Berichte von PädagogInnen und TherapeutInnen, die in den genannten Arbeitsfeldern tätig sind, machen deutlich, dass Sprache nur ein sehr eingeschränktes und häufig unzureichendes Medium ist, um mit KlientInnen in einen lebendigen Dialog zu kommen. Die Erfahrungen zeigen gleichzeitig auch,

- wie die Einbindung von kreativen Ausdrucksformen im Arbeitsprozess sinnhaft und erhellend wirkt und
- wie wichtig es ist, der Klientel Räume für Selbstexperiment und Ausdruck zur Verfügung zu stellen um sie überhaupt zur Partizipation zu befähigen. (vgl. Sieper/Petzold 1993)

Ein kreativer Ausdruck kann im interaktiven Prozess Entlastung, Ventil und Sprache sein, kann zu einer sinnstiftenden Kraft in der „inneren Ödnis" von Entfremdung und Leere werden. Im Selbsterleben produktiv, schöpferisch und lebendig, öffnet sich der Klientel die Möglichkeit, sich zumindest situativ und partiell im Kontakt mit sich und Anderen zu erleben. Dies kann einen Einstieg darin bedeuten, Bezugsrahmen und darin fixierte Handlungsmuster der Klientel, vorsichtig und gemeinsam zu verändern.

Beispiel
Die 21-jährige Nicole ist Teilnehmerin einer Ressourcen orientierten Biografiearbeitsgruppe in der JVA für Frauen. Sie ist inhaftiert wegen einer schweren Straftat und erscheint im Kontakt kaum erreichbar. Bei Arbeitsaufgaben zieht sie sich zurück, vermeidet grundsätzlich den Blickkontakt und wirkt einerseits in sich gekehrt aber gleichzeitig aus einer „inneren Ecke" heraus aufmerksam registrierend. In einer biografischen Einheit in der die TeilnehmerInnen aufgefordert wurden sich an eigene Kinderspiele, die ihnen Spaß gemacht haben zu erinnern, nimmt sie sich spontan einen Federballschläger und spielt zunächst für sich – ohne Beachtung des Gruppenprozesses. Die Pädagogin macht ihr daraufhin das Angebot mit ihr zusammen zu spielen. Dieses Angebot wird von Nicole zögerlich und zunächst eher ausdruckslos angenommen. Während des Spiels versucht die Pädagogin die Ausdrucksfähigkeit von Nicole zu verstärken, indem sie sie anspornt oder laut flucht und schimpft, wenn Nicole einen Punkt gegen sie gemacht hat. Die Pädagogin nimmt damit einen kindlichen Modus auf: Sie spielt wie mit einem kleineren Kind, das viel Freude daran entwickelt, wenn es einen Erwachsenen im Spiel zum Laufen bringt oder bezwingen kann. Nicole wird sichtbar lebendig, genießt das Spiel, lacht und nimmt Blickkontakt auf. Im weiteren Verlauf der pädagogischen Begleitung von Nicole entwickelt sich auch über den Rahmen der Biografiearbeit hinaus, das gemeinsame Federballspielen als eine Möglichkeit der Kontaktaufnahme mit einer ansonsten kaum zugänglichen Klientin.

3. der Bezug zu den Ressourcen

In Handlungsfeldern der Sozialen Arbeit, aber insbesondere in Institutionen in denen KlientInnen sich unfreiwillig befinden, ist der alltägliche Blick auf die Klientel häufig geprägt durch die von ihnen verursachten Störungen, die Aspekte des nicht Gelingenden, des zu korrigierenden, möglicherweise sogar zu disziplinierenden Verhaltens. Hinzu kommt, dass die Lebensgeschichten der Klientel häufig voller Erfahrungen des Scheiterns, der Konfrontation mit unzureichenden Fähigkeiten, der Selbst- und Fremdabwertung sind. (vgl. Jansen/Schreiber 2006) Ihre Beziehungserfahrungen und die damit verbundenen Selbst- und Fremdbilder aus familialen und professionellen Zusammenhängen (Schule, Arbeitsplatz, Fremd- oder Zwangsunterbringung) sind geprägt von Belehrungen, Verbesserungsvorschlägen, Korrekturen, Abwertungen und Negierungen ihrer Kompetenzen und Ressourcen. (vgl. Jansen 2004)

Es sollte zum Fachwissen von Professionellen der Sozialen Arbeit gehören, dass weder durch bloße Konfrontation, noch durch „wohlmeinende" Verbesserungs- und Korrekturvorschläge die Kontaktaufnahme für einen Einstieg in den pädagogischen Prozess gelingen kann. Zwar ist der systematische Hilfeprozess auf Veränderung eines Problemverhaltens angelegt. Um jedoch korrigierend wirksam gehört zu werden, ist Beziehung Voraussetzung und vor jeder Beziehung steht eine gelungene Kontaktaufnahme. Konfrontation ohne Beziehung bleibt dennoch nicht wirkungslos, sondern ruft Anpassung oder Rebellion hervor, prolongiert damit lebensgeschichtliche Erfahrungen und produziert neue emotionale Verhärtungen. (Weidner/Kilb 2004, Jansen/Schreiber 2006)

Demgegenüber zeigen die Erfahrungen mit einer beziehungsorientierten Pädagogik, die Beziehung über Wertschätzung und eine Spiegelung von Potenzialen initiiert, wesentlich mehr Erfolg dabei, Motivationen der Klientel zu wecken, sich auf Beziehung und – möglicherweise – Veränderungsprozesse einzulassen.

Je belasteter die Klientel ist, je länger sie dieser Entwicklungsdynamik ausgesetzt war und je weiter sie von der Möglichkeit gesellschaftlicher Integration entfernt ist, desto mehr geht es in der Sozialen Arbeit darum, ein „Einstiegsfenster" für einen gemeinsam getragenen pädagogischen Prozess zu finden. (vgl. Jansen/Schreiber 2006). Dabei können methodische Ansätze je nach Klientel unterschiedlich sein, sie sind jedoch unabdingbar verbunden in der Orientierung auf Ressourcen und Potenziale der Klientel.

Im Folgenden soll an einem Beispiel deutlich gemacht werden, wie über einen radikal Potenzial orientierten Ansatz ein „Einstiegsfenster" für den pädagogischen Prozess geöffnet werden kann.

Beispiel

„Im Rahmen eines Potenzialassessments mit Personen aus dem SGB II Bezug, die überwiegend die Hoffnung auf eine berufliche Integration aufgegeben haben, zeigen sich verblüffende Wirkungen einer nur auf Potenziale schauenden Beobachtungsreihe:
Die TeilnehmerInnen bekommen im Potenzialassessment Aufgaben aus unterschiedlichen Bereichen beruflicher Herausforderungen: z.b. Teamfähigkeit, logisches Denken, Soziale Kompetenz (in unterschiedlichen von ihnen selbst gewählten Schwierigkeitsgraden) und werden bei der Bearbeitung dieser Aufgaben in einem Zeitraum von 3 Tagen von einem Beobachterteam begleitet. Die Beobachter halten nur das fest (und zwar sehr beispielhaft und konkret auf das Verhalten bezogen), was sie übereinstimmend (in einem Abgleichungsprozess) als Potenzial der TeilnehmerInnen innerhalb der Aufgabenbewältigung wahrgenommen haben. Die TeilnehmerInnen bekommen diese (durch den Abgleichungsprozess der vielen Beobachtungen objektivierten) wahrgenommenen Potenziale in persönlichen Feedbacks gespiegelt und erhalten darüber ein zusammenfassendes Gutachten. Darüber hinaus werden die TeilnehmerInnen in der Selbstreflexion ihrer Potenziale geschult.
Schon während der drei Assessment Tage wird eindrucksvoll deutlich, dass auch bei den TeilnehmerInnen, deren sichtbare Motivation durch Frustrationsbekundung und Abwehr gemindert ist, die konzentrierte Spiegelung ihrer Potenziale einen Motivationsschub bewirkt, der sie auch leiblich sichtbar offen werden lässt für Kontakt und Begegnung. Diese Stimmung bleibt auch nach dem Assessment über einen Zeitraum von einigen – als Einstiegsfenster tragfähigen – Wochen nutzbar."

An diesem Beispiel wird deutlich, dass die systematische Anregung von Potenzialen (wie sie im Kontext einer ressourcenorientierten Biografiearbeit verstanden werden) als Einstieg in einen pädagogischen Beziehungsprozess insofern besonders geeignet erscheint, als die Klientel sich als attraktiver erfährt, als jemand, die im Beziehungsprozess etwas anzubieten hat und sich in dieser Rolle sicherer und geschätzter fühlt.

2   Anamnese und Diagnostik

Insbesondere im Kontext einer Qualitätsdiskussion in der Jugendhilfe und des Kinderschutzes, ist das Interesse an Kriterien geleiteten Verfahren zur diagnostischen Einschätzung von Problemlagen (Fragebögen, Einschätzungsskalen kindlicher Entwicklung, Netzwerkkarten, Kategorialisierungen und Inventare zur Einordnung von Verhaltensauffälligkeiten) in den letzten Jahren erheblich gestiegen (vgl. Adler 1998, Bayrisches Landesjugendamt 2001, Harnach 2007, Heiner 2004, Pantucek 2005). Fachkräfte der Sozialen Arbeit erhoffen sich durch die Einführung diagnostischer Inventare:

- mehr Handlungssicherheit in der Einschätzung des Hilfebedarfs (Erziehungshilfen, Kindeswohlgefährdung),
- mehr Vergleichbarkeit in den Bewertungen der jeweiligen Fachkräfte,
- abgestimmte, gezielte Interventionen,
- eine gemeinsame Sprache in der Vernetzung mit anderen Professionen (z.b. Schulsozialarbeit, Kinder- und Jugendpsychiatrie) und
- die Möglichkeit Veränderungsprozesse messbarer, dokumentierbarer und dialogfähiger zu machen.

Notwendigkeit und Formen von Anamnese und Diagnostik in der Praxis Sozialer Arbeit erscheinen aber auch nach einem längeren Prozess der Fachdiskussion in Wissenschaft und Praxis (z.b. Harnach 2007, Heiner 2004, Schrapper 2004, Schreiber 2006, Uhlendorff u.a. 2008) heterogen und umstritten diskutiert. Während einige WissenschaftlerInnen Diagnostik als Teil des phasierten Hilfeplanprozesses zur Einschätzung der Problemlage und des erzieherischen Bedarfs sehen (Harnach 2007), greifen andere Diagnostik als eigenständiges Verfahren z.b. „narrativ-biografischer Rekonstruktion" (Uhlendorff/Cinkl u.a. 2008) oder „hermeneutischen Tiefenverstehens" (Petzold 1993, Schreiber 1999) auf. Gleichzeitig befürchten WissenschaftlerInnen und PraktikerInnen die stigmatisierende Kraft solcher Diagnosen in einer Fachwissenschaft, die traditionell mehr an einer lebensweltorientierten Fallarbeit (Pantucek 2005) orientiert ist, als an kategorialen Systemen zur Erfassung und Einschätzung ihrer Klientel.

Ressourcenorientierte Biografiearbeit ist zwar kein gezielt diagnostisches Verfahren, könnte aber im Rahmen eines sozialpädagogischen Gesamtprozesses diagnostische Hypothesen beitragen, die den Hilfeprozess (je nach Einbettung der Biografiearbeit) mehrperspektivisch bereichern.

Diagnostik in der Sozialen Arbeit ist nämlich zu verstehen als Prozess, in den unterschiedliche Methoden und Verfahren einfließen, um die jeweilige Lebenssituation der Person möglichst umfassend und mehrdimensional zu erfassen. Dabei ist der diagnostische Prozess nicht einmalig vorzunehmen und damit abgeschlossen, sondern umfasst Anamnese-Diagnose-Intervention und Evaluation im Hilfeprozess, bewegt sich damit spiralförmig immer analog der laufenden biografischen Veränderungsprozesse.

Heiner differenziert den Prozesscharakter diagnostischen Vorgehens in der Sozialen Arbeit anhand von vier Kernprinzipien aus:

1. Partizipativ (dialogisch, beteiligungsfördernd und aushandlungsorientiert)
2. Sozialökologisch (orientiert ihre Analyse interaktions-, umfeld- und infrasturkturbezogen)
3. Multiperspektivisch (historisch/biografisch, rekonstruktiv ausgerichtet und orientiert an multidimensionalen Betrachtungsweisen)
4. Reflexiv (informationsanalytisch, Interpretationen falsifizierend, selbstreflexiv) (vgl. Heiner 2004)

Diese Kriterien erscheinen mit dem Selbstverständnis einer Ressourcen orientierten Biografiearbeit durchaus kompatibel:

- Biografiearbeit ist im partizipativen Dialog angelegt, indem sie mit der jeweiligen AdressatInnengruppe niedrigschwellig, beteiligungsfördernd und aushandlungsorientiert arbeitet.
- Biografiearbeit ist sozialökologisch ausgerichtet indem sie geknüpft ist an die aktuellen sozialen Orte der Klientel (z.B. im sozialen Brennpunkt, im Heim, im Altenheim, im Strafvollzug) darüber hinaus aber die „ganze" gewordene und zukünftige Sozialität der Klientel im biografischen Feld anspricht und inszeniert.
- Biografiearbeit ist biografisch-historisch orientiert am Menschen im Kontext und Kontinuum seiner Lebensgeschichte und entwickelt insbesondere mit dem Einsatz von kreativen Verfahren die Möglichkeit einer mehrdimensionalen Betrachtungsweise.
- Biografiearbeit ist reflexiv, weil sie beim Professionellen eine intensive Reflexion der Beziehungs- und Prozessgestaltung beinhaltet, die immer nur in Rückkopplung an einen Dialog im durchführenden Team und mit der Klientel möglich ist.

Die reflexive Orientierung in der Definition von Heiner geht über die Selbstreflexion hinaus, indem herangezogene Informationen kritisch befragt werden und die diagnostischen Hypothesen in einem falsifikatorischen Vorgehen überprüft werden (vgl. Heiner 2004). Diese Art der Informationsüberprüfung ist bei der Biografiearbeit nicht gegeben, da sie sich in der Zielrichtung nicht auf die Verarbeitung diagnostischen Materials aus unterschiedlichen Quellen orientiert, die im Rahmen einer Entscheidungsfindung geprüft werden. Die Ressourcen orientierte Biografiearbeit bezieht ihre Informationen überwiegend aus der direkten Interaktion mit der Klientel im Prozess der jeweiligen biografischen Aufgabenstellung. Gleichzeitig zeigen sich dabei diagnostische Hypothesen aus denen sich im Rahmen weiterführender Hilfe Interventionen in sehr unterschiedlichen Formen entwickeln können. Dies soll hier zur Verdeutlichung an zwei Fallbeispielen exemplarisch aufgezeigt werden:

Fallbeispiel 1
Im Prozess der Biografiearbeit mit benachteiligten weiblichen Jugendlichen durch die Sozialpädagogin einer berufsfördernden Maßnahme, stellen die Teilnehmerinnen im methodischen Verfahren eines Lebenspanoramas wertschätzend/prägende Aussagen relevanter Bezugspersonen zu ihren Fähigkeiten und beruflichen Potenzialen über Symbole dar. Einigen Mädchen fallen dabei gar keine oder eher abwertende Äußerungen von relevanten Bezugspersonen ein.

In einer diagnostischen Perspektive, könnten die Selbstbezüge der Mädchen als lebensgeschichtlich verinnerlichte Botschaften von Abwertung oder Desinteresse über ihre beruflichen Fähigkeiten und Möglichkeiten wahrgenommen werden.

Dies könnte die Sozialpädagogin anregen, Entschärfungen dieser fixierenden Botschaften durch bestärkende Gruppenfeedbacks oder Übungen der Selbstbestärkung anzuregen.

Fallbeispiel 2
Im Prozess einer Biografiearbeit (als Bewältigungshilfe der aktuellen Realität) mit jungen erwachsenen Männern im Strafvollzug über „Storytelling" mit dem Medium Rap (vgl. dazu Eichbauer in diesem Band) inszeniert ein Inhaftierter sexualisierte Gewaltszenarien gegenüber seiner Freundin.

In einer diagnostischen Perspektive könnte dieser Ausdruck Aufschluss über emotionale Bewältigungsversuche in einer von Ohnmacht geprägten Lebenssituation und Lebensgeschichte geben.

Dies könnte den Sozialarbeiter anregen mit dem Inhaftierten die spürbare Gefühlsintensität zu thematisieren und diese damit für den pädagogischen Prozess zugänglich zu machen.

In den Beispielen wird deutlich, dass insbesondere kreative, Ressourcen orientierte Biografiearbeit im Kontext einer methodischen Vielfalt mehrperspektivischer Diagnostik in der Sozialen Arbeit platziert werden kann. Im Folgenden soll deshalb im Besonderen auf diagnostische Verfahren Bezug genommen werden, die biografisches Verstehen als ein zentrales Element im diagnostischen Prozess betonen und die sich dabei insbesondere an den lebensweltlichen Bewältigungsressourcen und Potenzialen der Klientel orientieren.

Biografiearbeit im spezifischen Rahmen von Ressourcendiagnostik

„Ressourcenorientierung" und „Ressourcenförderung" zu betonen gehört seit einiger Zeit unbedingt in die Selbstdarstellung sozialpädagogischer Praxis. Es ist jedoch durchaus zu hinterfragen, ob ein fundiertes und ausdifferenziertes Verständnis des Ressourcenbegriffs vorausgesetzt werden kann (vgl. Kap. 2.3) und ob strukturierte, geeignete Instrumentarien zur Erhebung von Ressourcen in den jeweiligen Arbeitsfeldern vorhanden sind.

Herriger (vgl. 2002) argumentiert aus einer Empowerment Perspektive dafür, die Bewältigungsressourcen der Klientel systematisch ins Zentrum von Erstdiagnostik/Hilfeplanung, Prozessbegleitender Reflexion und Evaluation/ Qualitätsdokumentation zu stellen. Gleichzeitig bezweifelt er die tatsächliche Umsetzung einer auf Ressourcen orientierten Diagnostik in vielen Handlungsfeldern der Sozialen Arbeit.

> „Ressourcenorientierung ist somit ein modisches Etikett geworden, mithilfe dessen die soziale Praxis sich einen Touch von Fortschrittlichkeit, Methodenaktualität, Innovation verleiht – „ajour" mit aktuellen wissenschaftlich-theoretischen Entwicklungstrends. Fokussiert man aber den Blick ein wenig und schaut hinter die Kulissen der öffentlichkeitswirksamen Selbstdarstellung, so fällt auf, dass in nur wenigen Einrichtungen und Diensten der Sozialen Arbeit ein spezifisches Instrumentarium der Ressourcendiagnostik konkret verfügbar ist." (Herriger, 2006, S. 1)

Es wäre dringend notwendig zu untersuchen, inwieweit eine systematische Analyse von Ressourcen der Klientel in diagnostischen Prozessen der Sozialen Arbeit stattfindet und ob dabei entsprechende Erhebungsinstrumentarien zur Verfügung stehen, die sich in den Alltag einbinden, sowie partizipativ und kooperativ erheben lassen.

Gleichzeitig wäre auch zu hinterfragen, ob ein ausdifferenziertes Wissen über die Einordnung, den Umgang und die systematische Einbindung von Ressourcen in den Hilfeprozess existiert.

Zur Erhebung von Ressourcen stehen derzeit überwiegend Erhebungsinstrumente aus dem therapeutischen Spektrum zur Verfügung wie z.B. Identitätsdiagnostik anhand Identitätssäulenmodell integrativer Therapie, Ressourcenkarten, Interviewleitfäden, Explorationen von Eltern und KlientInnen bei Hausbesuchen, Selbstbeurteilungs-Attraktivitätstest; Kreativitätstests: Visualisierende Netzwerk- und Netzwerk-Valenz Analysen, Familienskulpturtechnik, Familienbrett, Familie in Tieren, Genogrammarbeit, familiendiagnostische Testsysteme (vgl. Klemenz 2003, Pantucek 2005, Petzold 1993).

Allein die Benennung, Erhebung und Feststellung von Ressourcen reicht allerdings nicht aus, damit sie von der Klientel auch produktiv genutzt werden können. Um vorhandene Ressourcen zu stärken und neue zu erschließen bedarf es einer sehr genauen Einschätzung der jeweiligen Ressourcen im Hinblick auf ihre Bedeutung, Bewertung und Nutzung durch die Klientel im lebensweltlich/ biografischen Kontext (vgl. Klemenz 2003, Petzold 1997, Schiepek/Cremer 2003; vgl. auch Kapitel 2 in diesem Band).

Dazu einige verdeutlichende Beispiele aus der Praxis kreativer Biografiearbeit mit dissozialen Jugendlichen:

Beispiel 1
Bewältigungsressourcen, die biografisch das Überleben des Kindes in einer traumatisierenden Umwelt gesichert haben, können z.b. in der Übertragung auf das spätere Leben durchaus auch Problemlagen bereiten und sogar Ressourcen mindern:
Widerstand und Rebellion haben bei einer 19-jährigen jungen Frau das psychische Überleben in einer von Bevormundung, Übergriffigkeit, Abwertung und Gewalt bestimmten Kindheit gesichert. Im Rahmen eines berufsorientierenden Praktikums wird dieses Verhalten zum Problem, da sie jede Korrektur als feindlich erlebt und mit Rebellion beantwortet.

Beispiel 2
Vorhandene Bewältigungsressourcen sind der Klientel selbst häufig nicht bewusst und müssen erst im Prozess als solche erkannt werden:
Dem 16-jährigen Marco ist seine besondere Fähigkeit zum kreativem Ausdruck über Witz, Humor und Bewegungsfreude (Breakdance) als Ressource nicht bewusst. Hinzu kommt bei ihm, dass seine Lebendigkeit, Bewegungsfreude und Kreativität bisher in schulischen Zusammenhängen eher negativ konnotiert und beantwortet wurde.

Beispiel 3
Auch wenn Bewältigungsressourcen für die Professionellen durchaus sichtbar vorhanden sind, können die KlientInnen diese nicht unbedingt produktiv nutzen:
Marcel, ein ausgesprochen begabter und intelligenter 15-jähriger Jugendlicher nutzt sein Potenzial nicht zum Nachholen eines Schulabschlusses, sondern zum „knacken" von teuren Autos.

Eine mehrperspektivische Diagnostik im Rahmen Sozialer Arbeit richtet den Blick einerseits auf die Bewältigungsressourcen **und** andererseits auf eine differenzierte, phänomenreiche und lebensweltlich verankerte Diagnostik von Störungsbildern. Dies ist schon deshalb sinnvoll, weil Ressourcen, Problemlagen und Potenziale eines Menschen sich prozesshaft über Transaktionen bedingen und zueinander verhalten.

Erst vor dem Hintergrund einer situativen Wahrnehmung, Einschätzung und Bewertung von Problemen, Potenzialen und Ressourcen entstehen Handlungsformen zur Bewältigung und Gestaltung biografischer Herausforderungen (vgl. Petzold 1997).

Ein „unterschlagen" des Niederschlags biografischer Erfahrung zur einen oder anderen Seite greift zu kurz. Gleichwohl können im Prozess der Diagnostik Verfahren und Methoden nebeneinander stehen, die sich mehr auf die Dynamik von Schädigungsprozessen beziehen oder mehr auf die Thematisierung von Ressourcen- und Bewältigungspotenzialen. Beide Aspekte sollten im diagnostischen Prozess jedoch kontinuierlich miteinander verknüpft werden und in die Intervention einfließen.

Kreative, ressourcenorientierte Biografiearbeit kann im Rahmen einer solchen, mehrperspektivischer Diagnostik einen Beitrag leisten indem:

- Gezielt auf Ressourcen orientiert wird, die im Bezug auf eine biografische Herausforderung und vor dem Hintergrund biografischer Erfahrung sichtbar gemacht werden können.
- Biografiearbeit mit kreativen Medien personale und soziale Ressourcen abbilden kann und dabei z.B. Kultur, Humor, Bewegung und Körper einbezieht.
- Im kreativen Prozess Ressourcen sichtbar werden, die über andere Verfahren kaum zum Ausdruck gebracht werden.
- Sich im szenisch angelegten Ausdruck immer gleichzeitig mehrere Dimensionen der Person zeigen:
  – als somatisch/körperliche,
  – als Ausdruck und Ergebnis biografischer Erfahrung,
  – im sozialen Zusammenspiel der Beteiligten und ihrer Beziehungsgestaltung,
  – als Spiegel von gesellschaftlichen Bedingungen und Einflüssen und
  – als geprägt vom Werte- und Normensystem der Beteiligten (vgl. Hutter 2005).
- Biografiearbeit mit kreativen, spielerisch angelegten Verfahren insbesondere auch KlientInnengruppen erreicht, die diagnostisch außerhalb therapeutischer Prozesse in ihrem Ausdruck dialogisch schwer zu erfassen sind (z.B. Strafgefangene, benachteiligte Kinder und Jugendliche, psychisch Kranke).

Zentraler Vorteil einer kreativen und Ressourcen orientierten Biografiearbeit ist, dass sie in der jeweiligen methodischen Zielabstimmung auf die AdressatInnengruppe in allen Feldern der Sozialen Arbeit stattfinden kann (z.b. in Institutionen der Jugendhilfe, der Strafrechtspflege, der Jugendarbeit, der Arbeit mit alten Menschen und der Arbeit mit Menschen in besonderen Lebenssituationen) (vgl. dazu die unterschiedlichen Beiträge zur kreativen und Ressourcen orientierten Biografiearbeit in unterschiedlichen Handlungsfeldern der Sozialen Arbeit).

3 Intervention und flankierende Maßnahme

Interventionen in Feldern Sozialer Arbeit sind in sehr unterschiedlicher Weise eingebettet in rechtliche und institutionelle Rahmungen. Nicht alle zielgerichteten und damit interventiven Maßnahmen finden statt im Rahmen eines Hilfeplanes gemäß KJHG. So sind z.b. Interventionen in Einrichtungen psychosozialer Versorgung und sozialer Dienstleistungen jeweils stark geprägt von den zugrunde liegenden Leitbildern, der Konzeption, den Leistungskriterien der Kostenträger und divergierenden rechtlichen Rahmenbedingungen bezogen auf die jeweilige AdressatInnengruppe.

Im Diskurs um die interventive Verortung von Biografiearbeit erscheint deren Beutung als methodisches Instrument der Sozialen Arbeit im Rahmen eines Hilfeplanes am prägnantesten (vgl. Harnach 2008).

Lattschar und Wiemann weisen in diesem Zusammenhang darauf hin, dass im Rahmen einer professionalisierten Sozialen Arbeit Institutionen durchaus Interesse daran haben könnten, Biografiearbeit als ein Leistungsmerkmal im Hilfeplan auszuweisen. Sie schlagen deshalb vor, in bestimmten Fällen, Biografiearbeit mit Kindern bereits im Hilfeplan festzuschreiben und damit als Hilfeform zu verankern. Darüber hinaus machen die Autorinnen darauf aufmerksam, dass Biografiearbeit durch die Hinwendung und Orientierung an der subjektiven Wirklichkeit der Kinder, einen Beitrag dazu leistet, dass diese sich im Hilfeprozess als partizipativ und koproduktiv erleben (vgl. Lattschar/Wiemann 2008).

Die Autorinnen verweisen damit auf mehrere Funktionen von Biografiearbeit als Methode in systematischen Prozessen der Jugendhilfe:

1. als Kriterium einer professionellen Leistung bei Fremdplatzierung
2. als besonders geeignete Form zur angemessenen Einbeziehung von Kindern in den Hilfeplanprozess
3. als standardisierte Methode (z.B. Lebensbuch) bei Fremdplatzierungen

4. als biografische „Ordnungshilfe" für Kinder in gefühlsintensiven und verwirrenden Lebenslagen.

Die Notwendigkeit von Biografiearbeit erscheint in der Anerkennung einer besonderen biografischen Herausforderung fremdplatzierter Kinder fraglos. Dies drückt sich auch darin aus, dass die Erstellung von Lebensbüchern mit Kindern im Rahmen von Adoption, Pflege- und Heimunterbringung in Großbritannien, der Schweiz und zum Teil auch in Deutschland häufig schon als Standard praktiziert wird. Über eine liebevolle Begleitungs- und Chronistenfunktion von Fachkräften der Sozialen Arbeit hinaus, wird Biografiearbeit in diesem Arbeitskontext eine Methode sein, die sich an der Schnittstelle von Sozial-, Heil-, Sonderpädagogik und Kindertherapie bewegt und in diesem Zusammenhang auch ihren jeweiligen Zielbezug und damit interventiven Charakter erhält.

Ressourcenorientierte Biografiearbeit übernimmt über den Rahmen der Jugendhilfe hinaus in vielen Dienstleistungsfeldern der Sozialen Arbeit biografische Unterstützungsfunktion in einem moderierten Setting, tritt dabei aber nicht immer als gezielte Intervention im Rahmen eines Hilfeprozesses auf. Biografiearbeit ist zwar zielorientiert auf die Unterstützung biografischer Herauforderungen gerichtet, koppelt ihre Zielebenen aber zunächst nicht an die Einzelpersonen und deren individuelle Hilfebedarfe, sondern orientiert sich im Konzept an der Lebensphase und der Lebenssituationen der jeweiligen AdressatInnengruppe. Eine genauere Abstimmung auf die Personen erfolgt erst im Prozess der Umsetzung, überwiegend im partizipativ-dialogisch ausgerichteten Gruppensetting.

Ein freies Angebot kreativer und auf Ressourcen orientierter Biografiearbeit ermöglicht es somit, in unterschiedlichen Feldern der Sozialen Arbeit Lern- und Entwicklungsräume für biografische Herauforderungen niedrigschwellig zu initiieren (vgl. dazu die Praxisbeispiele in diesem Band).

Ressourcenorientierte Biografiearbeit richtet sich dabei in ihren Zielbereichen grundsätzlich auf Kompetenz- und Performanzbereiche zur biografischen Lebensbewältigung.

Ihren interventiven Charakter entfaltet sie adressaten-, situations- und personenspezifisch im jeweils zugeschnittenen Konzept:

- im präventiven Bereich zur Vorbeugung des Abbaus von Kompetenz und Performanz (z.B. im Jugendstrafvollzug zur Vorbeugung des Verlustes von Handlungskompetenz im Rahmen totaler Institution)
- im stabilisierenden Bereich zur Erhaltung von Kompetenz und Performanz (z.B. in der Arbeit mit alten Menschen zur Erhaltung des vitalen Selbstbezuges)

- im reparativen Bereich zur Verbesserung geminderter und beeinträchtigter Kompetenz und Performanz (z.b. in der Jugendberufshilfe zur Verbesserung der Fähigkeit zur positiven Selbstbestärkung)
- im anregenden Bereich zur Förderung und Unterstützung von Kompetenz und Performanz zur biografischen Lebensbewältigung (z.b. in der Anregung zum kreativen Ausdruck und zur sozialen Interaktion in der jungenspezifischen Schulsozialarbeit) (vgl. Petzold 1993, S.504 ff, Hurrelmann/Holler 1988).

Dabei wird deutlich, dass der interventive Charakter von Biografiearbeit sich auch an den jeweiligen Kompetenzen und professionellen Möglichkeiten der durchführenden Fachkräfte orientiert (ErzieherInnen, SozialpädagogInnen, HeilpädagogInnen z.b. mit oder ohne besondere Zusatzausbildungen). Hinzu kommt, dass sie sich im Regelfall als **eine** Methode in einem ganzen Set von unterschiedlichen Verfahren und Zugangsweisen interdisziplinärer Teams im Bezug auf eine durchaus einheitliche Zielerreichung versteht. Das besondere an der Biografiearbeit aber ist, dass sie grundsätzlich eine historisch-biografische Perspektive einnimmt und in dieser Hinsicht auch dabei unterstützt, die eigene Geschichte als bewusste und mit anderen geteilte Geschichte zu erfahren und zu reflektieren.

Insbesondere wenn im reparativen Bereich Kompetenz und Performanz einzelner TeilnehmerInnen gestört, bzw. erheblich beeinträchtigt erscheint, kann Biografiearbeit auch Perspektiven für weitergehende notwendige Interventionen öffnen, wenn z.b. medizinische, psycho- oder soziotherapeutische oder psychiatrische Bedarfe deutlich werden.

Literatur

Adler, Helmut (1998): Eine gemeinsame Sprache finden. Klassifikation in der Sozialen Arbeit, in: Blätter der Wohlfahrtspflege 7+8, S. 161-164

Bayrisches Landesjugendamt (2001): Sozialpädagogische Diagnose, Herausgeber: Bayerisches Landesjugendamt, Richelstr. 11, 80634 München

Harnach, Viola (2007): Psychosoziale Diagnostik in der Jugendhilfe, 5. Auflage, Weinheim, Juventa

Heiner, Maja (2004): PRO-ZIEL Basisdiagnostik Ein prozessbegleitendes, zielbezogenes, multiperspektivisches und dialogisches Diagnoseverfahren im Vergleich, S. 239-250 in: Heiner, M. (Hrg.) Diagnostik und Diagnosen, in der Sozialen Arbeit, Berlin, Eigenverlag deutscher Verein für priv. u. öff. Fürsorge

Herriger, Norbert (2002): Empowerment in der Sozialen Arbeit, Eine Einführung, Stuttgart, Kohlhammer

Herriger, Norbert (2006): Ressourcen- und Ressourcendiagnostik in der Sozialen Arbeit, unveröff. Manuskript, Düsseldorf, www. Empowerment.de/mate rialien 5.html, Zugriff: 04.03.2009

Hurrelmann, Klaus./Holler,B. (1988): Pädagogische Intervention, in: Hörmann, G./Nestmann, F. (Hrg.), Handbuch der Psychosozialen Intervention, Opladen, Westdeutscher Verlag

Hutter, Christoph (2005): Szenisches Verstehen in der Ehe-, Familien-, Lebens- und Erziehungsberatung, in: Forum der tiefenpsychologisch fundierten Psychotherapie, Nr. 4, S.206-216, Stuttgart, Schattauer

Jansen, Irma(2004): Verwahrlosungsstrukturen und Delinquenz, in: Flock/Sauerwald u.a. (Hrsg.): Jugendhilfe in Deutschland und Uruguay, S. 169-183, Münster, Waxmann

Jansen, Irma (2006): „Der Frauenknast" – Entmystifizierung einer Organisation, in: Zander, Margherita/Hartwig, Luise/Jansen, Irma (Hrsg.), Geschlecht Nebensache? Wiesbaden, VS Verlag

Jansen, Irma/Schreiber, Werner (2006): „Wer nichts braucht kann nicht enttäuscht werden", in: Jansen/Peters/Schreiber, Devianzpädagogische Analysen, Norderstedt, Books on Demand

Klemenz, Bodo (2003) Ressourcenorientierte Diagnostik und Intervention bei Kindern und Jugendlichen, Tübingen, dgvt Verlag

Lattschar, Birgit/Wiemann, Irmela (2008): Mädchen und Jungen entdecken ihre Geschichte, Grundlagen und Praxis der Biografiearbeit, 2. korrigierte Auflage, Weinheim, Juventa

Lindmeier, Christian (2004): Biografiearbeit mit geistig behinderten Menschen. Ein Praxisbuch für Einzel und Gruppenarbeit, Weinheim, Juventa

Orth, Ilse/Petzold, Hilarion (1993): Beziehungsmodalitäten - ein integrativer Ansatz für Therapie, Beratung, Pädagogik, in: Integration und Kreation Bd. 2, S. 117-124, Paderborn, Junfermann

Pantucek, Peter (2005): Soziale Diagnostik, Wien, Böhlau Verlag

Petzold, Hilarion (1997): Das Ressourcenkonzept in der sozial-interventiven Praxeologie und Systemberatung, in: Integrative Therapie, 23. Jhrg. Heft 4, S. 435-471

Petzold, Hilarion/Sieper, Johanna (Hrsg.) (1993): Integration und Kreation, Band 1, 2, Paderborn, Junfermann

Petzold, Hilarion (1993): Integrative fokale Kurzzeittherapie (IFK) und Fokaldiagnostik – Prinzipien, Methoden, Techniken, In: Petzold H./Sieper, J.: Integration und Kreation Bd. 1, S.: 267-340, Paderborn, Junfermann

Petzold, Hilarion (1993) Integrative Therapie, Band 2 klinische Theorie, Paderborn Junfermann

Raabe, Wolfgang (2004): Biografiearbeit in der Benachteiligtenförderung, Darmstadt, hiba Verlag

Schiepek, Günter/Cremer, Sabine (2003): Ressourcenorientierung und Ressourcendiagnostik in der Psychotherapie in: Schemmel, H./Schaller, J. (Hrsg.): Ressourcen. Ein Hand- und Lesebuch zur therapeutischen Arbeit, Tübingen, S. 147-192

Schrapper, Christian (2004): Sozialpädagogische Diagnostik zwischen Durchblick und Verständigung, in: Heiner, Maja (Hrsg.): Diagnostik und Diagnosen in der Sozialen Arbeit, Berlin, a.a.O.

Schreiber, Werner (1999): Subjektorientierte Sozialpädagogik, Münster, Waxmann

Schreiber, Werner (2006): Zur Problematik einer verstehenden Diagnostik in der Sozialpädagogik, in: Jansen/Peters/Schreiber, Devianzpädagogische Analysen, Norderstedt, Books on Demand

Schreiber, Werner (2006): Ansätze sozialpädagogischer Diagnose und Intervention in der Arbeit mit psychosozial geschädigter Klientel, in: Jansen/Peters/Schreiber, Devianzpädagogische Analysen, Norderstedt, Books on Demand

Sieper, Johanna/Petzold, Hilarion (1993): Integrative Agogik-Ein kreativer Weg des Lehrens und Lernens, in: Petzold/Sieper (Hrsg.): Integration und Kreation, Bd. 1, Paderborn, Junfermann

Uhlendorff, Uwe./Cinkl, Stephan u.a. (2008): Sozialpädagogische Familiendiagnosen, Weinheim, Juventa

Weidner, Jens/Kilb, Rainer (2004) (Hrg.): Konfrontative Pädagogik, Wiesbaden, VS Verlag

Christina Hölzle

Bedeutung von Ressourcen und Kreativität für die Bewältigung biografischer Herausforderungen

Im Rahmen der Biografiearbeit stellt sich die Frage, was Menschen helfen und sie unterstützen kann, ihr Leben zufriedenstellend zu führen und die Herausforderungen des Lebens erfolgreich zu bewältigen. Diese Frage ist bedeutsam, wenn es in der Biografiearbeit um die Integration von Lebenserfahrungen in das Selbstbild und das Lebenskonzept geht oder um die Bilanzierung von Lebensleistungen im Sinne von Gewinnen und Verlusten im Bezug zur Vergangenheit. Sie stellt sich auch aktuell und prospektiv, wenn Entscheidungen, Krisenbewältigung oder Lebensplanung im Mittelpunkt der Biografiearbeit stehen.

Zwei Forschungsrichtungen haben zur Frage der erfolgreichen Lebensbewältigung wichtige Beiträge geliefert – die Forschungen zu Salutogenese und zu Resilienz. Die beiden Forschungsrichtungen beinhalten eine radikal veränderte Betrachtungsweise im Vergleich zur Risikoforschung, die sich mit den Ursachen von Fehlanpassungen, Störungen oder Krankheiten befasst.

Im Folgenden werden wichtige Forschungsergebnisse aus dem Bereich der Salutogenese und Resilienz zusammengefasst, um daraus Schlussfolgerungen für die Aktivierung von Ressourcen im Rahmen der Biografiearbeit ableiten zu können. In einem weiteren Abschnitt wird auf die Bedeutung kreativer Medien für die Ressourcenaktivierung im Rahmen der Biografiearbeit eingegangen.

1   Kohärenzgefühl als Ressource

Im Gegensatz zur Pathogenese, die sich mit der Entstehung von Krankheit beschäftigt, stellte sich der israelische Soziologe Aaron Antonowsky (1923-1994) die Frage nach der Salutogenese, d.h. er interessierte sich für die Frage, warum Menschen auch unter sehr starken Belastungen und widrigen Lebensumständen gesund bleiben. Den Ausgangspunkt seiner Forschung bildete eine kulturvergleichende Studie an Frauen in der Menopause, bei der er feststellte, dass 29% der Frauen, die als junge Frauen in einem Konzentrationslager interniert waren, psychisch und physisch gesund waren und diese Extrembelastung ohne bleibende Schäden überlebt hatten (vgl. Antonovsky 1979, Bengel et al. 2002).

Antonovsky geht davon aus, dass diejenigen, die gesund bleiben, über eine „allgemeine Widerstandsfähigkeit" verfügen. Nach seiner Auffassung stellen Gesundheit und Krankheit keine absoluten Zustände dar, sondern sind eher als die Endpunkte eines Kontinuums zu begreifen, zwischen denen Menschen sich bewegen. Niemand ist ausschließlich gesund und solange Menschen leben, können sie auch nicht vollständig krank sein. Um nun zu erklären, warum einige Menschen unter vergleichbar belastenden Bedingungen eher gesund sind, identifizierte er in verschiedenen Studien ein dem physiologischen Immunsystem vergleichbares psychisches Immunsystem, das er als Kohärenzgefühl bezeichnete. Das Kohärenzgefühl (sense of coherence = SOC) wird von Antonowsky (1993, S. 12) definiert als

„... eine globale Orientierung, die das Ausmaß ausdrückt, in dem jemand ein durchdringendes, überdauerndes und dennoch dynamisches Gefühl des Vertrauens hat, daß erstens die Anforderungen aus der inneren und äußeren Erfahrenswelt im Verlauf des Lebens strukturiert, vorhersagbar und erklärbar sind, und daß zweitens die Ressourcen zur Verfügung stehen, die nötig sind, um den Anforderungen gerecht zu werden. Und drittens, daß diese Anforderungen Herausforderungen sind, die Investitionen und Engagement verdienen." (Übersetzung durch Franke und Broda)

Das Kohärenzgefühl als Grundhaltung lässt sich zusammenfassend beschreiben als grundsätzliches und generelles Vertrauen in das Leben. Es beinhaltet nach Antonovsky (1997) drei Komponenten:

- Das Gefühl von Verstehbarkeit (sense of comprehensibility) meint die Fähigkeit, auch unbekannte Ereignisse als geordnete, strukturierte und konsistente Informationen verarbeiten zu können, so dass die Ereignisse erklärbar und somit verstehbar sind.
- Das Gefühl der Handhabbarkeit (sense of manageability) meint die Überzeugung eines Menschen, dass Schwierigkeiten mit Hilfe eigener Ressourcen und Kompetenzen gelöst werden können. Antonovsky bezeichnet diese Überzeugung auch als instrumentelles Vertrauen.
- Das Gefühl von Sinnhaftigkeit (sense of meaningfulness) beschreibt eine grundsätzlich positive Erwartung, dass es sich lohnt, die Herausforderungen des Lebens anzunehmen und sich zu engagieren. Diese Dimension beschreibt das „Ausmaß, in dem man das Leben als emotional sinnvoll empfindet: Dass wenigstens einige der vom Leben gestellten Probleme und Anforderungen es wert sind, dass man Energie in sie investiert, daß man sich für sie einsetzt und sich ihnen verpflichtet, daß sie eher willkommene Herausforderungen

sind, als Lasten, die man gerne los wäre" (Antonovsky, 1997, S. 36). Antonovsky betrachtet diese motivationale Komponente des Erlebens von Sinn und die positive Erwartung an das Leben als wichtigsten Bestandteil des Kohärenzgefühls.

Die drei Aspekte des Kohärenzgefühls lassen sich mit dem „Fragebogen zur Lebensorientierung", den Antonovsky 1983 entwickelte, erfassen, wobei sich die drei Aspekte empirisch nicht klar differenzieren lassen. Eher ist von einem generellen Faktor, der als Kohärenzgefühl bezeichnet werden kann, auszugehen (vgl. Bengel et al. 2002).

Antonovsky (1993, 1997) geht davon aus, dass ein stark ausgeprägtes Kohärenzgefühl (hohe SOC-Werte) eine übergeordnete Steuerungsfunktion ausübt und

- Menschen befähigt, flexibel auf Anforderungen reagieren und, je nach Anforderung, verschiedene Copingstrategien einsetzen zu können.
- vorhandene Widerstandsressourcen mobilisiert, deren Einsatz die Bewältigung von Spannung und die Reduktion von Stress begünstigt.

Bengel, Strittmatter und Willmann (2002) analysierten die bisher durchgeführten empirischen Untersuchungen zu Salutogenese.

Demnach gelten folgende Zusammenhänge als gesichert:

- Ein *stark ausgeprägtes* Kohärenzgefühl (hohe SOC-Werte) korreliert mit einem positiven Selbstwertgefühl sowie psychophysischem Wohlbefinden, einer optimistischen Grundstimmung, Lebenszufriedenheit und verschiedenen Aspekten psychischer Gesundheit.
- Ein *gering ausgeprägtes* Kohärenzgefühl geht mit Indikatoren von Ängstlichkeit und Depressivität einher (Bengel et al. 2002, S. 41).

Da es sich weitgehend um Querschnittsstudien handelt, kann nicht beantwortet werden, wie sich das Kohärenzgefühl und die genannten subjektiven Befindlichkeiten gegenseitig bedingen.

Entgegen der ursprünglichen Annahme Antonowskys, dass sich das Kohärenzgefühl in der Kindheit und Jugend ausbilde und ab ca. 30 Jahren stabil bleibe, zeigt sich, dass das Kohärenzgefühl lebenslang zu beeinflussen ist und sich tendenziell im Alter stärker ausprägt (Bengel et al. 2002, s. 41, vgl. auch den Beitrag von N. Erlemeier in diesem Band).

2   Resilienz als Ressource

Alltägliche Nachrichten über zunehmende Trennungs- und Scheidungsraten, hohe Arbeitslosenzahlen, Armut, Gewalt in Familien, Wirtschaftskrisen und Umweltbelastungen werfen die Frage nach der Bewältigung und den Folgen der vielfältigen Belastungen und Lebensrisiken auf.

Die Forschungsergebnisse zu kindlichen Entwicklungsrisiken und zu den Folgen deprivierter Lebensbedingungen legen jedoch nahe, dass sich erstaunlich viele Kinder und Jugendliche trotz belastender Lebensbedingungen und ausgeprägter Risiken zu kompetenten, leistungsfähigen und stabilen Persönlichkeiten entwickeln – sie erweisen sich als resilient (vgl. Rutter 2001, Werner/Smith 1982, 1989, Wustmann 2004, Zander 2008).

Der Begriff „Resilienz" hat seine Wurzel im engl. Begriff „resilience" und bezeichnet ursprünglich physikalische Materialeigenschaften wie Spannkraft, Widerstandskraft, Elastizität.

Auch in der sozialwissenschaftlichen und psychologischen Literatur lässt sich Resilienz mit dem Begriff der Widerstandskraft übersetzen und meint die Fähigkeit einer Person oder eines sozialen Systems erfolgreich mit belastenden Ereignissen und Lebensumständen umzugehen (vgl. Petermann 2000, Rutter 2001, Zander 2008). Gemeint ist damit eine Form psychischer Elastizität, Stressresistenz oder Widerstandskraft, die verhindert, dass Menschen an schwierigen Lebensumständen „zerbrechen".

Auf die kindliche Entwicklung bezogen „... meint (Resilienz) eine psychische Widerstandsfähigkeit von Kindern gegenüber biologischen, psychologischen und psychosozialen Entwicklungsrisiken" (Wustmann 2004, s.18).

Das kann bedeuten,

- dass Kinder sich positiv entwickeln, trotz andauernder und hoher Risikobelastung wie z.b. Armut, niedriger sozioökonomischer Status, psychische Erkrankung der Eltern, sehr junge Elternschaft, Multiproblemfamilien (vgl. Werner/Smith 1982/1989, Werner 2007)
- dass Kinder unter akuten Stressbedingungen und in der Folge nicht-normativer kritischer Lebensereignisse gesund und funktionsfähig bleiben. Normative kritische Lebensereignisse sind die zu einer Entwicklung gehörenden Übergänge, z.b. Eintritt in den Kindergarten, in die Schule oder ins Berufsleben; nicht-normative kritische Lebensereignisse sind nicht vorhersehbare und unerwartet auftretende belastende Ereignisse wie Trennung/Scheidung der Eltern oder der Verlust wichtiger Bezugspersonen (vgl. Filipp 2007).
- dass Kinder sich positiv und schnell von traumatischen Erlebnissen, d.h. Erlebnissen, die extremen Stress bedeuten wie z.b. Tod eines Elternteils,

sexueller Missbrauch, Kriegserlebnisse, erholen (vgl. Lösel & Bender 2007, Werner 2007, Wustmann 2004, Zander 2008).

Um von Resilienz sprechen zu können, müssen zwei elementare Definitionskriterien vorliegen (vgl. Wustmann 2004, Zander 2008):

a) schwierige Lebensumstände, die eine signifikante Bedrohung für die kindliche Entwicklung darstellen (hoher Risikostatus, akute Stresssituation, traumatisches Erlebnis)

b) eine erfolgreiche Bewältigung dieser belastenden Lebensumstände.

Die erfolgreiche Bewältigung schwieriger/bedrohlicher Lebensumstände bedeutet nicht nur, dass keine psychischen und psychosozialen Störungen, (wie z.b. antisoziales, aggressives Verhalten, Drogenkonsum, Delinquenz, Sucht, Ängste, Depressionen) auftreten, sondern, dass analog zu den altersspezifischen Entwicklungsaufgaben altersangemessene Fähigkeiten erworben und/oder erhalten werden.

Wie entsteht Resilienz?

Resilienz stellt keine angeborene Eigenschaft der Person dar, sondern sie entsteht im Rahmen dynamischer, entwicklungsförderlicher Person-Umwelt-Interaktionen. Dieses lebensgeschichtlich erworbene Bewältigungspotenzial besteht in der Fähigkeit, internale und externale Ressourcen erfolgreich zu nutzen, um Entwicklungsanliegen meistern zu können (vgl. Wustmann 2004, Zander 2008).

Wichtige Faktoren für die Ausbildung von Resilienz sind der Aufbau einer sicheren Bindung zu einer Bezugsperson, die dem Kind Schutz und Sicherheit bietet und das Explorationsverhalten des Kindes unterstützt.

Es entstehen Wechselwirkungsprozesse, bei denen die erfolgreiche Bewältigung von belastenden Lebensereignissen und Entwicklungsaufgaben die Persönlichkeit weiter stärkt und das Gefühl der Selbstwirksamkeit, das Selbstwertgefühl und die soziale Unterstützung verbessert.

Der Ausgangspunkt der Resilienzforschung und die bislang wichtigste Langzeitstudie zur Resilienz ist die sog. Kauai-Studie, bei der die Pionierinnen der Resilienzforschung, Emmy Werner und Ruth Smith, 1955 auf der Hawai-Insel Kauai eine Geburtskohorte von 698 Kindern und ihren Familien erfassten und 40 Jahre lang zu verschiedenen Zeitpunkten – mit 1, 2, 10, 18, 32 und 40 Jahren – in ihrer Entwicklung untersuchten (Werner/Smith 1982, 1989, Werner 2007). Bei ca. 30% der Kinder in dieser Studienpopulation bestand ein hohes Entwicklungsrisiko aufgrund geburtsbedingter Komplikationen und weil sie in Familien hineingeboren worden waren, die mit chronischer Armut, elterlicher Psychopathologie und dauerhafter familiärer Disharmonie belastet waren.

Zwei Drittel der Kinder, die im Alter von zwei Jahren bereits vier und mehr Risiken ausgesetzt waren, zeigten schwere Lern- und Verhaltensstörungen in der Schulzeit, wurden straffällig und hatten psychische Probleme im Jugendalter.

Im Gegensatz dazu entwickelte sich ein Drittel der Jugendlichen trotz der genannten Risikofaktoren, zu gesunden, leistungsfähigen, optimistischen und fürsorglichen Erwachsenen. Im Vergleich mit einer altersgleichen Kontrollgruppe zeigte sich in dieser widerstandsfähigen Gruppe im Alter von 40 Jahren die niedrigste Rate an Todesfällen, chronischen Gesundheitsproblemen und Scheidungen. Keiner benötigte Hilfe von Sozialdiensten, keiner war straffällig geworden, alle hatten Arbeit und stabile Ehen. Sie zeigten Mitgefühl mit Menschen, die in Not geraten waren und blickten optimistisch in die Zukunft (vgl. Werner 2007a).

Die für die Ausbildung von psychischer Gesundheit und Resilienz bedeutsamen Faktoren und Prozesse wurden in weiteren Studien bestätigt und weiter ausdifferenziert (vgl. Werner 2007b). Sie lassen sich unterscheiden nach lebensbegünstigenden Eigenschaften des Kindes, schützenden Faktoren in der Familie, schützenden Faktoren in der Gemeinde und schützenden Prozessen, d.h. Verbindungen zwischen protektiven Faktoren im Kind und seiner Umwelt (Werner 2007a).

Lösel und Bender (2007, S. 57) fassen die Schutzfaktoren und Ressourcen, die zur Ausbildung von Resilienz beitragen, folgendermaßen zusammen:

1. Eine stabile emotionale Beziehung zu mindestens einem Elternteil oder einer anderen Bezugsperson;
2. ein emotional positives, unterstützendes und Struktur gebendes Erziehungsklima
3. Rollenvorbilder für ein konstruktives Bewältigungsverhalten bei Belastungen;
4. soziale Unterstützung durch Personen außerhalb der Familie;
5. dosierte soziale Verantwortlichkeiten;
6. Temperamentsunterschiede wie Flexibilität und Annäherungstendenz;
7. kognitive Kompetenzen wie z.B. eine zumindest durchschnittliche Intelligenz;
8. Erfahrungen der Selbstwirksamkeit und ein positives Selbstkonzept;
9. ein aktives und nicht nur reaktives Bewältigungsverhalten bei Belastungen
10. Erfahrungen der Sinnhaftigkeit und Struktur in der eigenen Entwicklung

Es wird deutlich, dass psychische Widerstandsfähigkeit bzw. Resilienz nicht auf einer Eigenschaft oder einem Faktor basiert, sondern als Ergebnis gelungener Interaktionsprozesse zwischen verschiedenen Faktoren aufzufassen ist. Günstige Voraussetzungen stellen dabei positive Temperamentseigenschaften des Kindes dar, wie Flexibilität, Aktivität und Offenheit – die resilienten Kinder der Kauai-Studie wurden bereits im Babyalter als aktiv, gutmütig und liebevoll beschrieben. Diese Eigenschaften rufen soziale Unterstützung und Aufmerksamkeit bei den Betreuungspersonen hervor. Intellektuelle Fähigkeiten unterstützen die Entwicklung von Problemlösekompetenzen, Selbstwertgefühl und Selbstwirksamkeitsüberzeugungen. Die Bezugspersonen in der Familie wie auch in Bildungsinstitutionen (z.b. Lehrer) tragen durch einen hohen Bildungsstand, Feinfühligkeit und Wertschätzung sowie klare Strukturen, Regeln und angemessene Leistungsanforderungen zu einer positiven Entwicklung und zum Aufbau von Resilienz bei (Wustmann 2004, S. 115, Werner 2007 a).

Als Ergebnis der Resilienz- und der Biografieforschung kann eine Gemeinsamkeit festgehalten werden: Es gibt keine statischen und starren Faktoren, die eine eindeutige Prognose über Entwicklungsverläufe im Sinne einer Kausalitätsannahme ermöglichen könnten (vgl. Kramer 2007). Vielmehr sind „Biografie" und „Resilienz" eher als Konstrukte zu fassen, die auf einer Vielzahl dynamischer Interaktionsprozesse zwischen dem Individuum und seiner Lebenswelt basieren.

3 Ressourcenorientierte Biografiearbeit im Rahmen Sozialer Arbeit

Ressourcenorientierte Biografiearbeit bedeutet, das Kohärenzgefühl und die biografischen Chancen zur Entwicklung psychischer Widerstandsfähigkeit in den Mittelpunkt zu stellen, d.h. sie zu erinnern, sie zu aktivieren und für die weitere Lebensplanung nutzbar zu machen. Im Einzelnen bedeutet dies:

Biografisch erworbene Ressourcen bewusst und nutzbar machen
Lebensgeschichtlich erworbene und aktuell aktivierbare Ressourcen sind in widrigen, und schwierigen Lebenssituationen, wie sie für die Klientel Sozialer Arbeit typisch sind, sowie in normierten Umbruchsituationen (z.B. Adoleszenz, Berufsfindung, -ausbildung) und nicht normierten Umbruchsituationen (z.B. Trennungen und Verlust) wichtige Quellen einer konstruktiven Lebensbewältigung. Im Sinne der Resilienzförderung und Salutogenese gilt es, im Rahmen von Biografiearbeit den Blick auf biografisch erworbene Kompetenzen, Poten-

ziale sowie stärkende (Lern-)Erfahrungen, Beziehungen und Vorbilder zu lenken, sie bewusst zu machen, um sie auf aktuelle und zukünftige biografische Herausforderungen übertragen zu können. (vgl. Kap. 2.4). Dies impliziert, die aktiven und prosozialen personalen Kompetenzen des Kindes/Jugendlichen/Erwachsenen, sowie die protektiven Faktoren der Familie und der Umwelt in das Bewusstsein der Klientel zu heben, zu aktivieren und für sich zu nutzen.

Regie führen im eigenen Leben
Um die eigene Geschichte als aktiv gestaltender Akteur erleben zu können und somit das Gefühl eigener Wirksamkeit zu stärken, ist es hilfreich, mit den KlientInnen vor allem Situationen zu fokussieren, zu gestalten oder zu erinnern, in denen sie sich als aktiv und steuernd empfinden können. Die eigenen schöpferischen Kräfte erleben und ausdrücken zu können z.b. in symbolischer Form als AutorInnen, DrehbuchschreiberInnen, als RegisseurInnen oder HeldInnen Ihrer eigenen Lebensgeschichte stärkt die Person in ihrem kreativen Ausdruck und ihrer Identität. Die Erfahrung aktiver Gestaltung bietet einen Kontrapunkt zur Erfahrung von Ohnmacht und Hilflosigkeit. Zur Unterstützung des Kohärenzgefühls sollten die Erfahrungen thematisiert und erinnert werden oder solche Situationen gestaltet werden, in denen die KlientInnen das Zepter des Handelns innehaben oder innehatten. Die Erfahrung, dass Schwierigkeiten mit Hilfe eigener Ressourcen und Kompetenzen gelöst werden können, stärkt das Gefühl der Handhabbarkeit (sense of manageability) und bildet somit im Sinne des Kohärenzgefühls einen wichtigen Baustein für Wohlbefinden und das Erleben von Selbstwirksamkeit.

Krisen als Herausforderungen und Lernchancen begreifen
Schmerzhafte und vom Lebenskonzept abweichende Lebenserfahrungen können im Sinne des Kohärenzgefühls dann besser in das eigene Identitätskonzept integriert werden, wenn sie als verstehbar und sinnhaft erlebt werden können. Für die Biografiearbeit bedeutet dies, mit den Zielgruppen/KlientInnen v.a. solche Situationen zu fokussieren, die eine Herausforderung für sie darstell(t)en und engagiert in Angriff genommen wurden oder werden. Die aktive und engagierte Bewältigung von Herausforderungen stärkt das Gefühl von Selbststeuerung und -wirksamkeit. Die Erfahrung, dass sich Engagement lohnt, trägt dazu bei, schwierige Lebensphasen als sinnhaft (sense of meaningfulness) erleben zu können. Der Sinn schmerzhafter und krisenhafter Lebensereignisse für den Lebensverlauf kann häufig erst im Nachhinein erschlossen werden, wenn das Individuum reflektiert, welche Stärken es aus dieser Krise entwickelt hat oder welche produktiven Lebensentscheidungen, Begegnungen und Ereignisse daraus resultierten. Die Bewusstmachung und Bilanzierung von „Gewinnen"

sollte deshalb in der Biografiearbeit einen wichtigen Stellenwert bekommen, v.a. dann, wenn lebensgeschichtliche Erinnerungen an Verluste und Krisenzeiten aktiviert werden. Eine ausgewogene Wahrnehmung von Gewinnen und Verlusten und die Bewusstwerdung der eigenen Handlungs- und Bewältigungskompetenz tragen auch prospektiv zur Entwicklung von Optimismus und Zuversicht bei.

Das Gemeinsame im Individuellen entdecken

Biografiearbeit bietet auch die Chance, den eigenen Lebensverlauf, Lebensentscheidungen, -ereignisse sowie gelebte und versagte Lebensträume in ihrem inneren Zusammenhang verstehen und als sinnvoll erleben zu können. Dies erfordert den Blick zu weiten und das eigene Leben aus der Distanz und in verschiedenen Kontexten reflektieren zu können (sense of comprehensibility). Der für das Kohärenzgefühl wichtige Verstehensprozess wird unterstützt durch die Reflexion und den Brückenschlag zwischen individueller subjektiver Erfahrung einerseits und kollektiven, historischen, gesellschaftlichen Rahmenbedingungen sowie entwicklungspsychologischen Aufgabenstellungen andererseits.

So kann es für ältere Menschen sehr hilfreich sein, ihr Leben im Kontext der historischen Ereignisse und der kollektiven Geschichte (wie z.B. 2.Weltkrieg) zu betrachten und die Ähnlichkeiten und Herausforderungen in den Biografien der AltersgenossInnen auf die historischen und gesellschaftlichen Rahmenbedingungen beziehen zu können.

Ebenso kann es für alle Altersgruppen hilfreich sein, die eigenen Themen im Kontext entwicklungsspezifischer Aufgaben und typischer biografischer Lebensthemen reflektieren zu können.

Für Jugendliche kann es sehr entlastend sein, wenn sie erleben, dass sie mit ihren Unsicherheiten, Selbstzweifeln und Abgrenzungswünschen gegenüber Erwachsenen nicht alleine sind, sondern, dass die Herausbildung einer eigenen Identität eine biografische Herausforderung darstellt, die von allen Jugendlichen bewältigt werden muss.

Biografiearbeit im Gruppenkontext hat mehrere Vorteile: Gruppenarbeit unterstützt die Fähigkeit, sowohl das Gemeinsame als auch das Unterschiedliche im individuellen Lebensverlauf entdecken zu können. Die Gruppe kann als Spiegel fungieren und somit den Selbstreflexionsprozess anregen. Die Gruppe birgt auch mögliche Vorbilder, Anregungen und neue Ideen, ermöglicht eine vertrauensvolle Kooperation und kann entsprechend als Ressource für die eigene Lebensbewältigung genutzt werden.

4 Die Bedeutung kreativer Medien zur Ressourcenaktivierung

In den vorwiegend praxisorientierten Publikationen zur Biografiearbeit findet sich eine Vielzahl von Anregungen, Übungen und Hinweisen, die den Einsatz unterschiedlichster kreativer Medien im Rahmen biografisch orientierter Einzel- oder Gruppenarbeit beinhalten (vgl. Klingenberger 2003, Gudjons 2008, Lattschar/Wiemann 2007, Raabe 2004, Ruhe 2003).

Kreative Medien werden dabei überwiegend unter zwei Perspektiven eingesetzt:

- als stimulierender Reiz und als Erlebnis aktivierende Methode, um biografische Erinnerungen, Assoziationen und Emotionen auszulösen und zu aktivieren.
- als Medium des Ausdrucks, um biografisch relevante Themen gestalterisch zu bearbeiten, auszudrücken und durch schöpferischen Ausdruck zu bewältigen.

Im Folgenden werden diese beiden Einsatzgebiete kreativer Medien mit Blick auf ihre Potenziale und möglichen Wirkmechanismen besprochen.

4.1 Kreative Medien als Erlebnis aktivierende Methode

Biografische Erinnerungen sind häufig in Medien gespeichert (Fotos, Bilder, Ton- und Filmdokumente) oder mit Medien und lebensgeschichtlich relevanten Objekten/Alltagsgegenständen (Spielzeug, Schulhefte, Bücher, Kleider etc.) assoziiert – Medien und Alltagsobjekte der Vergangenheit sind somit Spiegel von Biografien oder „stumme Zeitzeugen" (Raabe 2004). Aus diesem Grund können Medien gleichsam als „Trigger" genutzt werden, um biografische Erinnerungen, Gefühle und Assoziationen auszulösen oder wachzurufen.

Die Melodie eines Kinderliedes, eines alten Schlagers/Musikstückes kann eine Assoziationskette auslösen, bei der nicht nur einzelne Situationen und Bilder z.B. der Kindheit oder Jugend wachgerufen werden, in denen die Musik gehört wurde, sondern möglicherweise kann das damalige Lebensgefühl in allen Nuancen wieder erlebt werden (vgl. Wickel in diesem Band).

Jeder kennt die Erfahrung, dass der Duft von ofenwarmem Gebäck mit Zimt/ Äpfeln/Vanille/Nuss Assoziationen zu Advent/Weihnachten oder Festtagen mit den entsprechenden Erinnerungen auslöst.

Der Geruch eines mit Wasser und Kreide getränkten Schwammes kann sehr plastische Erinnerungen an die Schulzeit wachrufen. Spielsachen von früher, wie platt geliebte Kuscheltiere, Puppenstuben, Bauklötze, Eisenbahnen und Autos bringen auch Erwachsene und alte Menschen dazu, sich mit Freude an die Spiele ihrer Kinderzeit zu erinnern.

Fotografien, historische Zeitdokumente und alltägliche Gebrauchsgegenstände, die in ihren Erscheinungsformen einem ständigen historischen Wandel unterliegen (man denke nur an den Wandel von Autos, Radios oder Küchengeräten) sind nicht nur Dokumente der Zeitgeschichte, sie sind auch Träger subjektiver lebensgeschichtlicher Alltagserinnerung.

Die Erfahrungen, die im Laufe des Lebens mit kulturellen und/oder Alltagsmedien verknüpft sind, lassen sich somit über die Medien wieder als Erinnerung und als mit dem Medium assoziierte Gefühle und Geschichten abrufen. Biografische Erinnerungen und affektiv gefärbte Assoziationen können z.b. mit Medien wie Fotografien, alten Büchern, Bildern, Zeitungsausschnitten und Zeitdokumenten, Spielsachen und Alltagsgegenständen der Kindheit und Jugend, über Märchen, Poesie, Phantasiereisen, (spirituelle) Symbole, historische Kinofilme, zeitspezifische Lieder und Musikstücke, Düfte und Gerüche ausgelöst werden.

Dabei genügen oft einzelne Auslöser, um ein umfassendes biografisches Narrativ, d.h. eine Geschichte zu aktivieren, die in der Regel aus den Elementen „Wer, was, wann, wo, wie, warum" komponiert wird. Die von den Individuen selbst gesammelten, dokumentierten und aufbewahrten Medien und Erinnerungsstücke sind überwiegend mit positiven emotionalen Assoziationen, Erinnerungen und Geschichten verknüpft und liefern deshalb eine gute Basis zur Aktivierung von Ressourcen.

4.2 Kreative Medien zur schöpferischen Bewältigung biografischer Herausforderungen

In Anlehnung an biologische und entwicklungspsychologische Konzepte gehen wir davon aus, dass Kreativität eine Eigenschaft des Lebendigen darstellt. (vgl. Winnicott 1990/2007, S. 230) oder wie Holm-Hadulla formuliert: „So wie die einfachsten Lebewesen bedarf auch der biologisch hoch entwickelte Mensch einer beständig wirkenden Kreativität, um überlebensfähig zu sein" (2005, S. 9). Der Begriff Kreativität leitet sich ab von dem lateinischen Wort „creare", das „schaffen, erzeugen, gestalten" bedeutet (Creator =Schöpfer). Damit verwandt ist das Wort „crescere", was soviel bedeutet wie „wachsen, gedeihen, entstehen". Kreativität als Entwicklungsprinzip beinhaltet beide Aspekte: den aktiven Aspekt des bewussten Schaffens und Gestaltens und den passiven Aspekt des sich Entfalten und Wachsen Lassens unbewusster oder noch nicht bewusster Potenziale.

Auch Carl Rogers betrachtet Kreativität als Bestandteil eines inhärenten Entwicklunsprinzips, das darauf angelegt ist, die der Person innewohnenden Potenziale zu entfalten:„Die Hauptquelle der Kreativität scheint die gleiche Tendenz zu haben, die wir als tiefste heilende Kraft in der Psychotherapie entdecken – *die Tendenz des Menschen, sich selbst zu verwirklichen, seine Potentialitäten zu entfalten.* Ich verstehe darunter den richtungsgebenden Impuls, der in allem organischen und menschlichen Leben evident wird – der Impuls, sich auszudehnen, sich zu erweitern, zu entwickeln, zu reifen – die Tendenz, alle Fähigkeiten des Organismus auszudrücken, und zwar in einem Maße, dass eine solche Aktivierung den Organismus oder das Selbst fördert. Diese Tendenz ist die primäre Motivation zu Kreativität, durch die der Organismus in seinem Streben, in umfassender Weise er selbst zu sein, neue Beziehungen mit der Umwelt aufnimmt" (Rogers 1990/2007, S. 240/241).

Der Psychoanalytiker und Entwicklungspsychologe Donald Winnicott, der die Rolle von Spiel und Kreativität für das menschliche Wachstum und die Persönlchkeitsentwicklung sehr differenziert beschrieben hat, betrachtet das kindliche Spiel als Modell der kreativen Lebensbewältigung (vgl. Winnicott 1987). Das Spiel, bei dem das Kind seine persönliche Welt aus Erinnerungen, Phantasien und äußeren Gegenständen komponiert, hat die Funktion, die innere und die äußere Welt des Kindes in Verbindung zu bringen. Es stellt die Grundlage innerer Strukturbildung und somit die Grundlage einer gesunden Entwicklung dar (vgl. Winnicott 1987 und 2007). Holm-Hadulla betrachtet Spiel und Kreativität als notwendige Bewältigungsform und als Fundament des Sinnerlebens im Erwachsenenleben: „Im erwachsenen Leben findet sich dann die spielerische Freude aus der Kinderzeit in produktiver und kreativer Arbeit wieder. Auch Kulturwissenschaftler und Philosophen sehen im spielenden Verhalten einen Angelpunkt des Mensch-Seins. Sie stellen das kreative Spielen nicht in Gegensatz zur vernünftigen Bewältigung der Realität, sondern entdecken im Spiel einen besonderen Zugang, die Welt zu verstehen und zu gestalten. Ohne Kreativität bleibt nach dieser Auffassung das Leben stumpf und leer. Der phantasievolle Umgang mit der Realität ist also kein Luxus, sondern verleiht dem persönlichen Erleben Sinn und Struktur" (Holm-Hadulla 2003, S.1).

Ähnlich gehen Petzold/Orth vom „perzeptiven und expressiven Vermögen des Menschen" (2007a, S. 19) aus. Sie betrachten Kreativität und Spontaneität als Kennzeichen von Gesundheit und deren Fehlen als Hinweis auf Erstarrung und Krankheit. Die Arbeit mit kreativen Medien steht ihrer Ansicht nach im Dienste der Gesundheitsförderung und Persönlichkeitsentwicklung.

Wie können im Rahmen der Biografiearbeit kreative Medien im Dienste der Lebensbewältigung eingesetzt werden und welche Wirkungen sind zu erwarten?

Kreative Medien schaffen eine Brücke zum Unbewussten, sie öffnen Erlebnisräume und Formen des Ausdrucks, die weit über die Sprache hinausgehen. In Ihrem umfassenden Werk „Die neuen Kreativitätstherapien" verweisen Petzold und Orth (2007a, 2007b) auf die Vorzüge der Arbeit mit kreativen Medien, „... die über die verbale Ebene hinaus die Welt der *Nonverbalität*, der Symbole, der Bilder ansprechen, die Ebenen des *Präverbalen* und *Transverbalen,* all dessen, was nicht mehr oder nur schwer noch in Worte zu fassen ist. Durch diese methodischen Ansätze und Medien wird nicht nur der Bereich des Affektiven , die Welt der Gefühle in besonderer Weise berührt und einbezogen, sondern auch der Bereich der Wahrnehmung und des leiblichen Ausdrucksvermögens" (Petzold/ Orth 2007a, S. 19).

Als gestalterische Ausdrucksformen und Medien bietet sich z, B. die Arbeit mit Farben, Ton, Collagen, Bildern, Fotografien, Symbolen und Phantasiereisen an, das Erzählen und Schreiben von Geschichten, die dann wiederum inszeniert und dramatisiert werden können über Tanz, Pantomime und Theater mit Masken, Puppen und Kostümen. Auch die Kombination verschiedener Medien bietet sich an. So kann die poetische und musikalische Gestaltung von biografischen Themen für verschiedene Zielgruppen interessant sein. Beispielsweise können Jugendliche ihr Lebensgefühl und ihre Themen als Rap (*R.a.P.* = Rhythm and Poetry) mit ihren eigen Sprachformen und Rhythmen zum Ausdruck bringen.

Der kreative und spielerische Umgang mit Lebensthemen, lebensgeschichtlichen Herausforderungen und Problemsituationen eröffnet neue Experimentierräume, bei denen sich die Individuen in verschiedenen Rollen als AkteurInnen, als Schöpfer oder als „HeldInnen", d.h. als aktive Protagonisten erfahren können, die das Zepter des Handelns innehaben. Das Erleben, aktiv und gestaltend tätig zu sein wird dabei zu einer durchgehenden und tragenden Erfahrung, die das Kohärenzgefühl, insbesondere das Gefühl der Handhabbarkeit (sense of manageability) stärkt.

Das breite Spektrum der potenziellen Ausdrucksformen und Inszenierungen ermöglicht zum einen das Erleben und den Ausdruck unterschiedlicher Gefühle und Wünsche. Zum anderen bieten spielerische Ausdrucksformen und Rollenspiele auch vielfältige Chancen des gefahrlosen Probehandelns und des Perspektivwechsels, so dass es möglich wird, biografische Erfahrungen und Herausforderungen aus einer anderen, als der gewohnten Perspektive zu betrachten und verschiedene Handlungsmöglichkeiten zu erproben.

Die Vorteile des Einsatzes von kreativen Medien im Rahmen der Biografiearbeit sind vergleichbar zum Einsatz von Kunst in der Therapie. Sie lassen sich in Anlehnung und Ergänzung zu Aissen-Crevett (2002, S.13/14) folgendermaßen zusammenfassen:

- Psychische und emotionale Blockaden können gelöst werden
- Der Umgang, das Erfahren und Gestalten mit kreativen/künstlerischen Mitteln geben die Möglichkeit, ein neues Bild von sich zu gewinnen
- Bisherige Vorstellungen hinsichtlich dessen, was man kann bzw. angeblich nicht kann, werden überwunden
- Die positiv erlebte Erweiterung der eigenen Möglichkeiten führt zu einer Stärkung des Selbstwertgefühls.
- Die Erweiterung der Ausdrucksmittel führt zu einem reicheren Erleben
- Bildnerisch, szenisch und musikalisch- kreative Aktivitäten erschließen nonverbale Ausdrucksformen und Kommunikationsmittel
- Hemmschwellen werden abgebaut
- Gefühle, Erinnerungen und Gedanken werden aktiviert und die Wahrnehmung geschärft.

Dabei kann die Erstellung eines schöpferischen Produktes, wie z.B. einer Collage, eines Sketches, eines Bildes, einer schriftlich verfassten Geschichte, eines Gedichtes, eines Lebensbuches, eines Lebenswappens, eines Filmes, eines Theaterstückes oder eines Audio- oder Musikdokumentes den kreativen Prozess abrunden und als biografisches Dokument präsentiert werden.

Sowohl der Prozess als auch das Produkt der kreativen Betätigung können und sollten als Ausgangspunkt für reflektierende Gespräche genutzt werden, wobei die Grundhaltungen des personzentrierten Ansatzes, d.h. eine authentisch empathische und akzeptierende/nicht wertende Begleitung vorausgesetzt werden (vgl. Rogers/Schmid 1991, Weinberger 2005 und 2007).

Mit der kreativen Beschäftigung und dessen Produkt entsteht die Möglichkeit, die mit biografischen Themen und Ereignissen assoziierten Emotionen aus der Distanz zu betrachten und neue Aspekte wahrzunehmen oder die Ereignisse in einem größeren Zusammenhang zu betrachten, neu zu bewerten und in das Selbstkonzept zu integrieren. Die Arbeit mit kreativen Medien schafft somit eine reflexive Distanz, die das Auffinden von Sinnzusammenhängen im Sinne einer Stärkung des Kohärenzgefühls erleichtert.

Die kreative Gestaltungsarbeit stellt aber auch ganz unmittelbar eine kraftvolle Möglichkeit zur Aktivierung von Ressourcen dar: Das Erleben der eigenen schöpferischen und spielerischen Ausdrucksmöglichkeiten, die Freude am kreativen und kooperativen Gestalten, das bewusste und leibliche Erleben der Veränderungen im kreativen Prozess sowie die Kommunikation über Gefühle, Prozesse und Ausdrucksformen sind als eigene Potenziale unmittelbar wahrnehmbar und spürbar. So kann der kreative Prozess in Analogie zum Lebensprozess betrachtet werden, bei dem sich das Individuum als aktiv, schöpferisch mit vielen Potenzialen ausgestattet, lebendig und sinnstiftend erleben kann.

Literatur

Aissen-Crewett, Meike (2002): Kunst und Therapie mit Gruppen. 5. Aufl., Dortmund

Antonovsky, Aaron (1979): Health, stress, and coping. New perspectives on mental and physical well-being. San Francisco

Antonovsky, Aaron (1993): Gesundheitsforschung versus Krankheitsforschung. In: Franke, Alexa/Broda, Michael (Hrsg.) Psychosomatische Gesundheit. Versuch einer Abkehr vom Pathogenese-Konzept. Tübingen, S. 3-14

Antonovsky, Aaron (1997): Salutogenese. Zur Entmystifizierung der Gesundheit. Dt. erweiterte Herausgabe von Alexa Franke. Tübingen

Bengel, Jürgen (2002): Was erhält Menschen gesund? Antonovskys Modell der Salutogenese – Diskussionsstand und Stellenwert. Eine Expertise von Jürgen Bengel, Regine Strittmatter, und Hildegard Willmann im Auftrag der BZgA (Bundeszentrale für gesundheitliche Aufklärung. Band 6, Köln

Filipp, Sigrun-Heide (2007): Kritische Lebensereignisse. In: Brandstätter J., Lindenberger U. (2007) Entwicklungspsychologie der Lebensspanne. Stuttgart, S. 337-366

Gudjons, Herbert/Wagener-Gudjons, Birgit/Pieper, Marianne (2008): Auf meinen Spuren. Übungen zur Biografiearbeit. Bad Heilbrunn

Holm-Hadulla, Rainer (2003): Kreativität – ein Lebensthema. Vortrag vom 26.3.2003 bei den 53. Lindauer Psychotherapiewochen 2003 (www-lptw.de)

Holm-Hadulla, Rainer (2005): Kreativität. Konzept und Lebensstil. Göttingen

Klingenberger, Hubert (2003): Lebensmutig. Vergangenes erinnern, Gegenwärtiges entdecken, Künftiges entwerfen. 1. Auflage. München.

Lattschar, Birgit/Wiemann, Irmela (2007): Mädchen und Jungen entdecken ihre Geschichten. Grundlagen und Praxis der Biografiearbeit. Weinheim.

Kramer, Rolf-Torsten (2007): „Biografie" und „Resilienz" – ein Versuch der Verhältnisbestimmung. In: Opp/Fingerle (Hrsg.) a.a.O., S. 79 - 97

Lösel, Friedrich/Bender, Doris (2007): Von generellen Schutzfaktoren zu spezifischen protektiven Prozessen: Konzeptuelle Grundlagen und Ergebnisse der Resilienzforschung. In: Opp/Fingerle (Hrsg.) a.a.O., S. 57 - 78

Opp Günther/Fingerle Michael (Hrsg.): (2007) Was Kinder stärkt. Erziehung zwischen Risiko und Resilienz. 2. Aufl., München, Basel

Petermann, Franz (2000): Klinische Kinderpsychologie – Begriffsbestimmung und Grundlagen. In: Petermann, Franz (Hrsg.) Fallbuch der klinischen Kinderpsychologie und -psychotherapie, Göttingen, S. 13-26

Petzold, Hilarion G./Orth, Ilse (Hrsg.) (1990/2007a): Die neuen Kreativitätstherapien. Handbuch der Kunsttherapie. Theorie und Praxis. Band I, 4. Aufl. Bielefeld

Petzold, Hilarion G./Orth, Ilse (Hrsg.) (1990/2007b) Die neuen Kreativitätstherapien. Handbuch der Kunsttherapie. Theorie und Praxis. Band II, 4. Aufl. Bielefeld

Raabe, Wolfgang (2004): Biografiearbeit in der Benachteiligtenförderung. Darmstadt

Rogers, Carl R./Schmid, Peter (1991): Person-Zentriert. Grundlagen von Theorie und Praxis. Mainz

Rogers, Carl R. (1990/2007): Auf dem Wege zu einer Theorie der Kreativität. In: Petzold, Hilarion G., Orth Ilse (Hrsg.) Die neuen Kreativitätstherapien. Handbuch der Kunsttherapie. Theorie und Praxis. Band I, 4.Aufl. Bielefeld, S. 237-255.

Ruhe, Hans Georg (2003): Methoden der Biografiearbeit. Lebensspuren entdecken und verstehen. Weinheim.

Rutter, Michael (2001): Psychosocial adversity: Risk, resilience and recovery. In: Richman, J.M./Fraser MW (Hrsg.) The context of youth violence: resilience, risk, and protection. Westport, S. 13-41

Ryan, Tony/Walker, Rodger (2003): Wo gehöre ich hin? Biografiearbeit mit Kindern und Jugendlichen. Weinheim.

Weinberger, Sabine (2005): Klientenzentrierte Gesprächsführung. Eine Lern- und Praxisanleitung für helfende Berufe. Beltz, Weinheim.

Weinberger, Sabine (2007): Kindern spielend helfen. Eine personenzentrierte Lern- und Praxisanleitung. 3. Aufl., Weinheim und München

Werner, Emmy/Smith, Ruth (1982 und 1989) Vulnerable but invincible. A longitudinal Study of resilient children and youth. Adams-Bannister Cox, New York

Werner, Emmy (2007a): Entwicklung zwischen Risiko und Resilienz. In: Opp/Fingerle (Hrsg.) a.a.O., S. 20-31

Werner, Emmy (2007b): Resilienz: ein Überblick über internationale Längsschnittstudien. In: Opp/Fingerle (Hrsg.) a.a.O., S. 311-326

Winnicott, Donald W. (1987): Vom Spiel zur Kreativität. Stuttgart

Winnicott, Donald W. (1990/2007): Das Konzept der Kreativität. In: Petzold, Hilarion G.,Orth Ilse (Hrsg.) Die neuen Kreativitätstherapien. Handbuch der Kunsttherapie. Theorie und Praxis. Band I, 4.Aufl. Bielefeld, S. 227-235.

Wustmann, Corinna (2004): Resilienz. Widerstandsfähigkeit von Kindern in Tageseinrichtungen fördern. Weinheim

Zander, Margherita (2008): Armes Kind – starkes Kind. Die Chance der Resilienz. Wiesbaden 2008

Teil II

Zielgruppen

Biografiearbeit mit Kindern

Norbert Rath

Biografisches Verstehen von Kindern

„[…] wir Erwachsenen verstehen die Kinder nicht,
weil wir unsere eigene Kindheit nicht mehr verstehen.“
(Freud 1999, Bd. VIII; S. 419)

Vorgehen

Im Folgenden sollen einige Probleme des biografischen Verstehens von Kindern, nicht zuletzt aus der Sicht psychoanalytisch orientierter AutorInnen, dargestellt werden. Dazu werden zunächst (1.) erste Ansätze einer wissenschaftlichen Reflexion auf autobiografisches Schreiben in Deutschland behandelt (Karl Philipp Moritz, 1756-1793), dann (2.) Sigmund Freuds Thesen zur frühen kindlichen Erinnerung sowie seine Skepsis gegenüber dem Wahrheitsgehalt von Biografien vorgestellt und weiter (3.) an Freud anschließende Überlegungen zur Psychoanalyse als Wissenschaft der Selbstreflexion und zum szenischen Verstehen diskutiert. Es folgen (4.) Hinweise auf den Palimpsest-Charakter des autobiografischen Gedächtnisses und auf die Problematik von Übertragung und Gegenübertragung im Kontext biografischen Arbeitens. Im Anschluss geht es (5.) um Probleme der biografischen Kompetenz von Kindern sowie (6.) um Zugänge zum Verstehen von Kindern psychisch kranker Eltern und von traumatisierten Kindern. Nach (7.) einigen methodischen Hinweisen zum biografischen Verstehen bzw. zum narrativen Interview in der Arbeit mit Kindern folgt (8 .) ein kritisches Fazit.

Angemerkt sei, dass der Doppelsinn im Titel *Biografisches Verstehen von Kindern* beabsichtigt ist: Es geht in den Abschnitten 1 bis 3 um das erwachsene Verstehen von Kindheit und Kindheitserinnerungen und unter den Punkten 4 und 5 um das autobiografische Gedächtnis und die autobiografische Kompetenz von Kindern. In den Abschnitten 6 bis 8 fließen beide Perspektiven zusammen.

1 Autobiografische Reflexion und die Anfänge von Psychologie als Erfahrungswissenschaft

Die Anfänge einer erfahrungswissenschaftlich orientierten Psychologie in Deutschland sind verknüpft mit dem Namen eines der ersten Verfasser einer deutschsprachigen Autobiografie: Karl Philipp Moritz (1756-1793). Auch als Anreger einer Biografiearbeit mit Materialien aus der Kindheit kann Moritz gelten (vgl. Thomae 1987a, S. 6; Hardach-Pinke/Hardach 1981, S. 59). 1783 gründete Moritz die erste psychologische Zeitschrift in Deutschland, das *Magazin zur Erfahrungsseelenkunde als ein Lesebuch für Gelehrte und Ungelehrte.* Sein *Anton Reiser* (1794) ist der erste psychologische Roman in deutscher Sprache, eine Autobiografie in der Einkleidung der Fiktion, in der mit großer Eindringlichkeit die Kindheits- und Jugendgeschichte eines depressiven Jungen aus schwierigen sozialen Verhältnissen gezeichnet wird. Hinter der Romanfigur des Anton Reiser verbirgt sich Karl Philipp Moritz selbst, dessen Lebensgeschichte zahlreiche Parallelen zu der seines Protagonisten aufweist. Schlüsselidee des Romans ist der Gedanke einer psychischen Entwicklung: Ohne eine tiefer dringende Kenntnis der prägenden Ereignisse der Kindheit und Jugend einer Person und ohne Einsicht in die innere Verarbeitung solcher Geschehnisse ist die betreffende Person in den Besonderheiten ihres Charakters und ihres Handelns nicht zu verstehen. Es gelte, „den Blick der Seele in sich selbst schärfen" und „die Aufmerksamkeit des Menschen mehr auf den Menschen selbst zu heften, und ihm sein individuelles Daseyn wichtiger zu machen" (Moritz 1987; I, S. 8). Psychologische Selbstreflexion entsteht hier aus dem Geist protestantischer Selbsterforschung. Nach dem frühen Tod von Moritz mit 37 Jahren (1793) werden seine Einsichten zunächst wieder vergessen. Freud beispielsweise hat ihn nicht gekannt, obschon manche Passagen im Anton Reiser Konstrukte der Psychoanalyse antizipieren; etwa die Vorstellung von der Psyche als „einem Sammelplatze schwarzer Gedanken", die sich „durch keine Philosophie verdrängen" lassen, findet sich bereits dort (Moritz 1987; I, S. 15).

2 Kindliches Erinnerungsvermögen und Wahrheitsgehalt von Biografien in der Sicht von Freud

Sigmund Freud hat sich mehrfach zum Thema der kindlichen Erinnerung geäußert, ausführlich vor allem zu sogenannten „Deckerinnerungen" (1999; I, S. 529-554; XI, 382; XII, 92) und zur infantilen Amnesie (IV, S. 54 f.; V, S. 75-77,

90 f.; IX, S. 40; XI, S. 204 f., 293, 338; XII, S. 202; XIII, S. 432; XV, S. 29, 136; XVI, S. 179 f.). Dem Aufsatz *Über Deckerinnerungen* (1899) zufolge bleiben aus den ersten Jahren der Kindheit nur „Bruchstücke von Erinnerungen" im Gedächtnis haften (I, S. 531). Zwar lassen „die Erlebnisse unserer ersten Kinderjahre unverlöschbare Spuren in unserem Seeleninnern" zurück; im Gedächtnis bleibt aber nur „eine relativ kleine Zahl vereinzelt stehender Erinnerungen von oft fragwürdigem oder rätselhaftem Wert"; eine kontinuierliche Erinnerung kommt zumeist „nicht vor dem sechsten oder siebenten, bei vielen erst nach dem zehnten Lebensjahr zustande." (I, S. 531) Die Intensität einer dem Bewusstsein nicht mehr zugänglichen Erinnerung aus den ersten Kindheitsjahren bleibe häufig erhalten, werde aber auf die eher harmlosen Anteile des Geschehnisses verschoben, die dann besonders prägnant erinnert würden. Freud nennt genau diesen Bewusstseinsinhalt eine „Deckerinnerung". Die Abfolge von „*Konflikt, Verdrängung, Ersetzung unter Kompromißbildung*" beeinflusst auch „bei normalen Menschen die Auswahl der Kindheitserinnerungen" (I, 537). Die Rückprojektion von Phantasien kann auch „Erinnerungsfälschungen" zustande bringen, knüpft allerdings typischerweise an reale Kinderszenen an, die dann in der Erinnerung verändert erscheinen (I, S. 549).

Wir Erwachsenen haben daher allen Anlass, dem, was uns als frühe Erinnerung erscheint, gründlich zu misstrauen: „Vielleicht ist es überhaupt zweifelhaft, ob wir bewußte Erinnerungen *aus* der Kindheit haben, oder nicht vielmehr bloß *an* die Kindheit." (I, S. 553) Die Erinnerung gaukelt uns Situationen einer frühkindlichen Vergangenheit vor, deren Faktizität ungewiss bleibt. Die ersten Lebensjahre erscheinen uns „nicht wie sie waren", sondern die Erinnerungen an sie sind in späteren Lebensaltern „gebildet worden" (I, S. 554). Das autobiografische Gedächtnis in Bezug auf die eigene Kindheit ist demnach im Hinblick auf historische Wahrheit höchst unzuverlässig. Jedoch ist in den Deckerinnerungen an die Kindheit ein Kernbestand damaliger Erfahrungen bewahrt; dieser ist allerdings überlagert und transformiert durch Rückprojektionen aus späteren Zeiten.

Freud zieht in der Schrift *Das Interesse an der Psychoanalyse* (1913) aus seiner Deutung der infantilen Amnesie pädagogische Konsequenzen: „Ein Erzieher kann nur sein, wer sich in das kindliche Seelenleben einfühlen kann, und wir Erwachsenen verstehen die Kinder nicht, weil wir unsere eigene Kindheit nicht mehr verstehen. Unsere Kindheitsamnesie ist ein Beweis dafür, wie sehr wir ihr entfremdet sind." (VIII, S. 419) Im gleichen Zusammenhang wendet er sich gegen die seinerzeit verbreitete „unzweckmäßige einsichtslose Strenge der Erziehung"; diese habe Anteil „an der Erzeugung von nervöser Krankheit" (VIII, S. 420). Auffällig ist hier die Bedeutung, die Freud der Empathie des PädagogInnen zumisst. Offensichtlich ist das eine Fähigkeit, die nicht allen Erwachsenen in gleicher Weise zu eigen ist. Eine lebendige Rückerinnerung an das eigene Kindsein ist dazu erforderlich. Autoren von Kinderbuchklassikern wie Erich Kästner, Astrid Lindgren oder Michael Ende haben darauf bestanden, dass erst der fortbestehende Kontakt zur eigenen Kindheit die authentische Darstellung kindlicher Erlebnisweisen ermögliche: „[…] die meisten Menschen legen ihre Kindheit ab wie einen alten Hut. […] Nur wer erwachsen wird und Kind bleibt, ist ein Mensch." (Kästner, zitiert nach Doehlemann 2001; S. 19). Methodischer Grundsatz im Vergleich der kindlichen und erwachsenen Psyche bleibt für Freud immer die These, „das Kind sei psychologisch der Vater des Erwachsenen und die Erlebnisse seiner ersten Jahre seien von unübertroffener Bedeutung für sein ganzes späteres Leben" (*Abriss der Psychoanalyse*, 1938, XVII, S. 113; vgl. VIII, S.412).

Nicht allein am Wahrheitsgehalt früher autobiografischer Erinnerung ist zu zweifeln; höchst zweifelhaft bleibt der Wahrheitsgehalt von Biografien und Autobiografien überhaupt. Für den Skeptiker Freud ist die biografische Wahrheit nicht zu haben. Auf die Anfrage von Arnold Zweig, ob er seine Biografie schreiben dürfe, antwortet Freud am 31. Mai 1936, er sei „geschreckt durch die Drohung, dass Sie mein Biograph werden wollen." Freud, eigentlich ein eifriger Leser von Biografien, greift in diesem Zusammenhang die Tätigkeit des Biografen in herben Worten an: „Wer Biograph wird, verpflichtet sich zur Lüge, zur Verheimlichung, Heuchelei, Schönfärberei und selbst zur Verhehlung seines Unverständnisses, denn die biographische Wahrheit ist nicht zu haben, und wenn man sie hätte, wäre sie nicht zu brauchen." (Freud/Zweig 1984; S. 137; vgl. Rath 2003; S. 302 ff.; Bruder 2003b; S. 9 ff.)

Diese Worte lesen sich, als hätte Freud die dreibändigen Bemühungen seines bekanntesten, das Freud-Bild bis in die Gegenwart prägenden Biografen Ernest Jones (1984) im voraus gekannt. Sie lassen sich aber auch lesen als Warnung für diejenigen, die sich an die schwierige Aufgabe der Biografiearbeit (zum Beispiel mit Kindern) machen wollen. Auch hier stellen sich alle genannten Gefahren ein, vor denen Freud zufolge keine biografische Arbeit gefeit ist.

3 Psychoanalytisches Verstehen als Tiefenhermeneutik bzw. szenisches Verstehen

Mit dem Konzept des Verstehens in der Freudschen Psychoanalyse setzt Jürgen Habermas sich in *Erkenntnis und Interesse* ausführlich auseinander: „*Selbstreflexion als Wissenschaft: Freuds psychoanalytische Sinnkritik*" heißt der Titel eines der entsprechenden Kapitel (1970; S. 262 ff.). In der Psychoanalyse gehe es durchweg „um den Sinn eines biographischen Zusammenhangs, der für das Subjekt selber unzugänglich geworden ist." (S. 266) Der *Akt des Verstehens*, zu dem die psychoanalytische Tiefenhermeneutik führt, *„ist Selbstreflexion"* (S. 280). Psychoanalyse in diesem Sinn wird verstanden als eine Art Suche nach der verlorenen Zeit der „vergessenen Lebensjahre" (S. 282). Der Klient bzw. Patient will agieren, der Analytiker aber nötigt ihn zum „Durcharbeiten", um den Wiederholungszwang zu brechen, der aus unverarbeiteten Erfahrungen herrührt.

In der *Theorie des kommunikativen Handelns* (1981) greift Habermas auf interaktionistische Theorien des Verstehens zurück. Im Anschluss an Alfred Schütz betont er hier, der Sozialwissenschaftler werde *„in den allgemeinen Strukturen der Verständigungsprozesse*, auf die er sich einläßt, die *Bedingungen der Objektivität des Verstehens* suchen müssen" (1981, I; S. 179). Er hebt in diesem Zusammenhang hervor, dass „die Interpretationen unterschiedlicher Individuen nur dann übereinstimmen können, wenn diese fähig und in der Lage sind, eine gemeinsame soziale Wirklichkeit miteinander auszuhandeln" (1981, I, S.182). Konkret für das hier zur Debatte stehende Arbeitsfeld heißt das: Wenn der Betreuer ein Kind verstehen will, muss er eine gemeinsame soziale Wirklichkeit mit ihm teilen und diese Wirklichkeit in ähnlicher Weise wahrnehmen und definieren. Die Wirklichkeit, die Kinder wahrnehmen, ist aber aus entwicklungspsychologischen Gründen eine andere als die der Erwachsenen. Mit der inneren Repräsentanz der eigenen Kindheit verfügt der erwachsene Beobachter zwar über ein Instrument, das ihm helfen kann, kindliche Äußerungen angemessen zu verstehen. Aber dieses Instrument ist fehlbar, weil es durch Jahrzehnte der Anpassung an ein erwachsenes Realitätsverständnis verstimmt ist, wie ein lange nicht gespieltes Klavier.

Die Rede vom ‚inneren Kind' wird heute leider zuweilen überstrapaziert. Leicht heftet sich daran eine sentimentale Vorstellung von Selbstheilung und Selbsterlösung. Man vergleiche einen Titel wie *Das Arbeitsbuch zur Aussöhnung mit dem inneren Kind* (Chopich/Paul 2005) und die darin vorgeschlagenen Rezepte: „Die nötige Arbeit zu tun, um zwischen Ihrem Erwachsenen und Ihrem inneren Kind ein liebevolles Inner Bonding zu schaffen und die Wunden der Vergangenheit zu heilen, erfordert Zeit und Hingabe." (S. 191) Dem hinreichend mit Zeit und Hingabewilligkeit versehenen Leser werden große Dinge verheißen: „Eine liebevolle Verbindung mit unserem inneren Kind erschafft die Dinge, die wir uns vom Leben am stärksten wünschen: – Verbindung mit unserer Höheren Macht" usw. usw. (S. 191).

Erwachsene können offenbar nicht ohne weiteres die Perspektive von Kindern einnehmen (vgl. Fuhs 1999; S. 153). Während für Freud im Unbewussten des Erwachsenen ein Stück Kindsein wirksam bleibt und ihm das Verstehen unbewusster Prozesse beim kindlichen Gegenüber erleichtert, sieht Fuhs keine unmittelbare Verständnisbrücke vom ‚Kind im mir' zum Kind als Gegenüber: „Der Zusammenhang zwischen erinnerter Kindheit und zu beobachtender Kindheit ist ein besonders schwieriges theoretisches und methodisches Problem der Kindheitsforschung." (S. 160) Erwachsene könnten nicht einfach „ihre eigenen Kindheitserinnerungen als Maßstab für die Beurteilung heutiger Kindheit" nehmen, was aber meist weithin reflexionslos geschehe. Demgegenüber gelte, „daß Kinder und Kindheit für Erwachsene immer auch etwas Fremdes, schwer zu Verstehendes" sind (S. 160). Gegen eine rhetorische Überstrapazierung der kindlichen Fremdheit allerdings kann man sich folgende Bemerkung in Erinnerung rufen: „‚Nein, ich verstehe Sie nicht', sagte ein Kind zu einem Erwachsenen, ‚denn ich bin niemals erwachsen gewesen.'" (Doehlemann 2001; S. 181)

Ein Kind im Alter von weniger als acht Jahren verfügt üblicherweise nicht über Modelle, die es ihm erlauben, kompliziertere erwachsene Kommunikationsstrategien (wie uneigentliche Redeweise, Ironie, Übertreibung, Täuschung, strategische Manöver, Paradoxien) zu verstehen und entsprechend darauf zu reagieren. Kafka beschreibt in seinem *Brief an den Vater* ganz konkret, wie sehr er Drohungen seines Vaters als Kind wörtlich genommen habe: „Das Schimpfen verstärktest Du mit Drohen, und das galt nun auch schon mir. Schrecklich war mir zum Beispiel dieses: ‚ich zerreiße dich wie einen Fisch', trotzdem ich ja wußte, daß dem nichts Schlimmeres nachfolgte (als kleines Kind wußte ich das allerdings nicht), aber es entsprach fast meinen Vorstellungen von Deiner Macht, daß Du auch das imstande gewesen wärest. Schrecklich war es auch, wenn Du schreiend um den Tisch herumliefst, um einen zu fassen, offenbar gar nicht fassen wolltest, aber doch so tatest und die Mutter einen schließlich scheinbar rettete.Wieder hatte man einmal, so schien es dem Kind, das Leben durch Deine Gnade behalten und trug es als Dein unverdientes Geschenk weiter." (Kafka 1966, S.149)

Für den Analytiker Alfred Lorenzer geht es beim psychoanalytischen Verstehen weder primär um ein ‚logisches Verstehen' noch um ein Nacherleben, sondern um das Verstehen einer „Schicht der Sinngebilde, die als Wirklichkeit des Patienten sich unablässig auf ihn beziehen." (1973, S. 139) Lorenzer unterscheidet in diesem Zusammenhang psychologisches von psychoanalytischem Verstehen: „Während das psychologische Verstehen sich auf die *realen Abläufe* im Subjekt konzentriert, beschäftigt sich das [psychoanalytische] Verstehen […] mit den Vorstellungen des Subjektes, und zwar so, dass es die Vorstellung als Realisierung von Beziehungen, als Inszenierung der Interaktionsmuster ansieht. Diese Verstehensart soll deshalb ‚szenisches Verstehen' genannnt werden." (S. 142) Lorenzer sieht hier den „Hauptweg des psychoanalytischen Verstehens" (S. 148). Szenisches Verstehen richtet sich etwa auf Phantasien und ergibt sich aus einem dialogischen Prozess, an dessen Ende der Patient sich selbst besser versteht: „Das szenische Verstehen wurzelt in der Identifizierung, es gründet darin, daß der Analytiker an der Szene des Patienten verstehend teilhat" (S. 213). Um dieses Konzept konkret zu veranschaulichen, zitiert Lorenzer (S. 176-181) eine Falldarstellung von Andrew Petto. Es geht darin um einen 34-jährigen unverheirateten Patienten, von dem u.a. folgende Äußerung mitgeteilt wird: „Ich wurde in die Welt hineingestoßen. Als ich sechs Jahre alt war, lebte ich wieder einmal bei meinen alten und ungebildeten Großeltern. An meinem sechsten Geburtstag erwartete ich den Besuch meines Vaters, wie er es mir versprochen hatte. Obgleich meine Großmutter mir versicherte, dass Vater nicht kommen würde, glaubte ich es ihr nicht und saß, auf meinen Vater wartend, auf einer Bank vor dem Hause. Die Zeit verstrich und jeder ging zum Essen. Ich verließ die Bank nicht, weil ich ihn sehen wollte, wie er um die Ecke kommen würde. Es wurde Nacht, jeder ging zu Bett, ich saß und wartete, bis es tagte und die Großmutter mich zwang, zu Bett zu gehen. Nie wieder habe ich seitdem irgend jemandem vertraut ..." (S. 178) Dass der Vater sein Versprechen nicht gehalten hat, wird zum Schlüsselerlebnis des Patienten im Hinblick auf seine Beziehungen zu anderen Menschen. Einschneidende kindliche Erfahrungen, gerade auch Erfahrungen von Enttäuschung, Liebesverlust, Verschmäht- und Gedemütigtwerden, können noch das Leben des erwachsen Gewordenen nachhaltig und dauerhaft prägen und belasten (vgl. Miller 1994). Denn: „Ein Erwachsener ist ein altes Kind." (Barbara, 9 Jahre, zitiert in: Doehlemann 2001; S. 170)

4   Zum Palimpsest-Charakter des autobiografischen Gedächtnisses

Autobiografische Erinnerung ist ein dynamisches Geschehen, immer Prozess und Resultat zugleich. Sie hat – bildlich gesprochen – Palimpsest-Struktur, kann verglichen werden etwa mit einem antiken Pergament, das im Mittelalter mehrfach überschrieben wurde und dessen verschiedene Sinnschichten und durcheinander laufende Texturen nun in der Gegenwart entziffert werden sollen. Wir können kaum auseinander halten, an was wir uns aus unserer Kindheit selbst erinnern und wann wir Erzählungen unserer Eltern oder Geschwister Glauben schenken: „Wenn man sich erinnern will, was uns in der frühsten Zeit der Jugend begegnet ist, so kommt man oft in den Fall, dasjenige, was wir von andern gehört, mit dem zu verwechseln, was wir wirklich aus eigner anschauender Erfahrung besitzen." (Goethe 1977; Bd. 10, S. 15) Auch Walter Benjamin besteht in seiner autobiografischen Skizze *Berliner Chronik* darauf, „daß das Gedächtnis nicht ein Instrument zur Erkundung der Vergangenheit ist sondern deren Schauplatz" (Benjamin 1970, S. 52). So verstanden, ist autobiografische Erinnerung keine abgeschlossene Kammer der Aufbewahrung von Vergangenem, in der hin und wieder etwas Erlebtes deponiert wird, sondern dynamisches Zentrum einer sich bildenden und fortlaufend sich verwandelnden Identität. Freud hat das verborgene Überleben lebensgeschichtlich überlagerter psychischer Bildungen mit der Architektur eines unzerstörbaren Rom verglichen: „Nun machen wir die phantastische Annahme, Rom sei nicht eine menschliche Wohnstätte, sondern ein psychisches Wesen von ähnlich langer und reichhaltiger Vergangenheit, in dem also nichts, was einmal zustande gekommen war, untergegangen ist, in dem neben der letzten Entwicklungsphase auch alle früheren noch fortbestehen." (Freud 1999; XIV, S. 427) Die Sedimente des psychisch Vergangenen sind noch da und noch wirksam, aber nicht an der Oberfläche sichtbar, der bewussten Erinnerung des Ichs weitgehend entzogen.

Voraussetzung für eine Vergewisserung über den erreichten Stand der je eigenen Identität ist ein autobiografisches Gedächtnis. Bei Kindern aber ist es anders organisiert als bei Erwachsenen, vergleichbar einer Galerie von fortlaufend sich verändernden Bildern. Ihr bisheriger Lebenslauf ist in ihnen zumeist nicht fest verankert, präsent sind ihnen vielfach nur einzelne stehen gebliebene Vorstellungen oder Sprachfetzen. Situationen und Momente werden von ihnen erinnert, nicht Kontinuitäten und Jahre. Erst während der Grundschulzeit erreicht „die Gedächtnisstärke ihren größten Zuwachs"; Vorschulkinder erinnern sich noch nicht über längere Zeiträume hinweg an „periphere Details" von Ereignissen und benötigen „Gedächtnishilfen" bzw. „Anhaltspunkte für das Erinnern" (Fuhs 2000; S. 91) – womit natürlich einer Veränderung oder auch Manipulation ihrer Erinnerungen durch Erwachsene Tür und Tor geöffnet ist.

Zur erwachsenen ‚Er-Innerung' gehört die Klarheit über ein Außen und ein Innen. Ein äußeres Geschehen wird, repräsentiert durch sprachliche Zeichen oder bildliche Vorstellungen, ‚verinnerlicht' und bleibt, als vergegenwärtigtes, im inneren Erfahrungsraum des Subjekts präsent. Für viele Kinder unter acht Jahren ist eine klare Grenzziehung zwischen Außen und Innen noch nicht möglich, wie beispielsweise an ihren Vorstellungen zum Wirklichkeitsgehalt von Träumen deutlich wird (vgl. Piaget 1980). Es fehlt ihnen vielfach noch die Sicherheit in der Unterscheidung von wirklichen und fiktiven Erlebnissen. Mit Harry Potter könnten sie fragen: „Is this real? Or has this been happening inside my head?" Dumbledore (genauer gesagt: der in dieser Szene von Harry Potter phantasierte Dumbledore) antwortet salomonisch: „Of course it is happening inside your head, Harry, but why on earth should that mean that it is not real?" (Rowling 2007; S. 579)

Im Gespräch mit Erwachsenen lernen Kinder, „ihren eigenen kognitiven Stil" zu finden. Sie lernen, mit anderen Worten, *wie* man sich erinnert." (Tschuggnall

2003; S. 169) Es scheint so, „dass das autobiographische Gedächtnis entsteht, indem das Kind in die Praxis des Redens über persönliche Erfahrungen eingeführt und eingeübt wird" (S. 169). Welzer (2003) referiert Studien, die belegen, dass man Erinnerungen im nachhinein einsuggerieren kann. Besonders Kinder sind anfällig für Kryptomnesien, also Erinnerungen an Ereignissse, die gar nicht stattgefunden haben. Der Mechanismus, durch den eine phantasierte oder dem Kind suggerierte Begebenheit ins Inventar des Gedächtnisses gelangt, kann so ablaufen, dass fiktive Erlebnisse, die intensiv und wiederholt vorgestellt werden, dadurch in die vertraute Reihe der ‚echten' Erfahrungen einrücken. Die Kunst der unbewussten Selbsttäuschung besteht also darin, „die falsche Erinnerung mit ‚echten' Kindheitserlebnissen in Verbindung zu bringen – so dass die falsche Erinnerung in das Ensemble der wahren Erinnerungen importiert" wird (Welzer 2003; S. 190). Für das sich erinnernde Subjekt ist dann kein Unterschied zu ‚wahren' Geschehnissen feststellbar, so als habe es ein Fälscher verstanden, seine perfekt gefälschten ‚Blüten' in die Zentralbank einzuschmuggeln und von ihr ausgeben zu lassen. Autobiografische Erinnerungen haben kein Wasserzeichen, durch das ‚echte' und ‚fiktive' unterscheidbar würden. Aufgrund der größeren Suggestibilität von Kindern ist bei ihnen die (Auto-)Suggestion einer falschen Erinnerung, als wäre sie echt, noch deutlich ausgeprägter und Zweifeln weniger ausgesetzt als bei Erwachsenen. Auch Sebald (1995) wendet sich gegen den „Mythos der kindlichen Wahrhaftigkeit" und „kritisiert den unreflektierten Umgang mit kindlichen Erzählungen und Erinnerungen, wie er zuweilen in Gerichtsprozessen vorkomme" (referiert nach Fuhs 2000; S. 90).

Welzer hebt hervor – anknüpfend an eine eigene Monografie zum kommunikativen Gedächtnis (Welzer 2002) – „dass lebensgeschichtliche Erzählungen gemeinsame Konstruktionen zweier oder mehrerer Sprecher sind"; anders gesagt, „dass das autobiographische Gedächtnis sowohl hinsichtlich seiner Genese als auch seiner Praxis ein soziales Gedächtnis ist, das sich im Zusammensein mit Anderen bildet, aktualisiert und beständig verändert" (2003; S.199). Auch in dieser Hinsicht gilt es, sich von der Vorstellung zu verabschieden, dass autobiografische Erinnerungen und Berichte Reproduktionen wirklichen Lebens sind und bestimmten Lebensereignissen entsprechen, die vom Einzelnen nach ihrer Bedeutung ausgewählt werden: „Lebensgeschichtliche Erzählungen [...] geben [...] Auskunft darüber, wie jemand sich in der Gegenwart situiert und welche ‚Lehren' er aus seiner nach Maßgabe der Gegenwart figurierten Vergangenheit zieht, und nicht darüber, was er tatsächlich erlebt hat." (2003; S. 199 f.) „Jede erneute Erzählung biographischer Episoden bedeutet eine weitere Überschreibung der eigenen autobiographischen Erinnerung – Erinnerungen sind Ereignisse plus die Erinnerung an ihre Erinnerung [...]. Als Biographieforscher haben wir es stets nur mit der aktuellsten, obersten Schicht zu tun, und wir verwechseln diese allzu oft mit einer Linse, durch die hindurch sich auf das ‚wirkliche' Leben der Erzähler blicken ließe." (2003; S. 200) Auch Tschuggnall formuliert in diesem Sinne, Erinnerungen sollten „nicht länger als Fenster in die Vergangenheit betrachtet" werden, sondern eher „als Rekonstruktionen unter den Bedingungen der Gegenwart" (Tschuggnall; 2003; S. 173).

Gerade Kindheits-Autobiografien bleiben immer zweifelhafte Konstrukte. Das kann bis zur Pseudo-Authentizität einer selbsterfundenen Opferrolle gehen: „Meine frühen Kindheitserinnerungen gründen in erster Linie auf den exakten Bildern meines fotografischen Gedächtnisses und den dazu bewahrten Gefühlen – auch denen des Körpers." Das schreibt Binjamin Wilkomirski in dem Bestseller *Bruchstücke. Aus einer Kindheit 1939-1948* (1995). Aber der Autor heißt in Wirklichkeit Bruno Dössekker, und seine mit einem so hohen Echtheitsanspruch auftretende Autobiografie eines scheinbar knapp der Vernichtung Entronnenen ist in Wirklichkeit die Erfindung eines friedlich in der Schweiz aufgewachsenen Adoptivkindes (vgl. Welzer 2003; S. 191, dort auch das angeführte Zitat). Um so peinlicher, wenn ein Historiker auf die Fiktion hereinfällt: „Dieses fesselnde Buch belehrt auch die, die mit der Literatur über den Holocaust vertraut sind." (Goldhagen, zit. nach Welzer 2003, S. 191).

Wenn die referierten Ergebnisse der Forschungen zum autobiografischen Gedächtnis zutreffen, dann hat sich Biografiearbeit mit Kindern vor jeder Naivität zu hüten. Sie sollte die Geschichten in von ihr dokumentierten autobiografischen Erzählungen und ‚Lebensbüchern' keinesfalls mit der realen Geschichte, dem realen Leben der realen Personen verwechseln. Aktuelle Studien zur autobiografischen Erinnerung scheinen die Vorbehalte von Freud und anderen Analytikern gegenüber der Vertrauenswürdigkeit dieser Erinnerung zu bestätigen. Viele Ideen der „dynamischen Gedächtnistheorie" Freuds finden dabei „in der modernen Gehirn- und Gedächtnisforschung in Psychologie und Medizin erstaunliche Bestätigungen" (Rudlof 2003; S. 122).

Erinnerungen sind, so die Pointe von Welzers Argumentation, kein Privatbesitz, sondern sie bilden sich im Rahmen zwischenmenschlicher Beziehungen, in einem „intersubjektive(n) Raum" (Welzer 2003; S.200). Die „psychoanalytische Technik der Übertragungs- und Gegenübertragungsanalyse" habe das Potenzial, sich von der „traditionellen Fixierung der Psychologie auf das einzelne Subjekt lösen zu können", in Richtung einer „Psychoanalyse der Intersubjektivität". (2003; S. 200). Den sozialen Charakter von Erinnerungen hebt auch Rudlof hervor: „‚Lebenskonstruktionen' [...] sind eine Gemeinschaftsproduktion im Verlauf biographischer Zeit und sozialer Begegnungen." ((Rudlof 2003; S. 117, vgl. S.121) In einem autobiografischen Prozess stellen demnach Menschen ihre Identität überhaupt erst her, versichern sich ihrer und transformieren sie dabei fortlaufend. Bock macht darauf aufmerksam, dass nicht zuletzt

„in der Rekonstruktion ökonomischer Lebenslagen die programmatische Hintergrundkonstruktion liegen" dürfte, „mit der sich Kinder und Kindheiten bzw. Lebenslagenbeschreibungen von Kindern neu verorten lassen" (Bock 2006; S. 170).

Auch Bruder betont die Bedeutung von Übertragung und Gegenübertragung für die Frage nach der biografischen Wahrheit: „Die Frage nach der ‚Wahrheit' der Äußerung [...] ist immer gebunden an die der Übertragung. Sie ist abhängig von der Bedeutung der Interviewsituation für den Befragten." (Bruder 2003b; S. 17). Allerdings sei der Unterschied der settings von psychoanalytischer Therapie und biografischem Interview zu beachten. Bruder weist ausdrücklich auf dessen begrenzte Leistungsfähigkeit hin: „Das biographische Interview kann nicht die ‚Biographie' des Individuums erhalten. Das will es auch nicht. Es ist ja nicht als psychologische Methode gedacht bzw. entwickelt, sondern als soziologische" (2003b; S. 18). Die Herausbildung und Funktion der Methode des biografischen Interviews in Psychologie und Soziologie wird behandelt bei Thomae (1987a; S. 3 ff.) und Paul (1987; S. 26 ff.).

Näheres dazu findet sich in Abschnitt 7.

5   Zur autobiografischen Kompetenz von Kindern

Sind Kinder jüngerer Altersstufen zu autobiografischen Lebens(re)konstruktionen überhaupt in der Lage? Burkhard Fuhs (2000) kommt zu einem eher skeptischen Resümee: Mädchen und Kinder aus Familien mit höherem Sozialstatus tun sich zwar mit biografischen Erzählungen leichter, aber insgesamt „läßt sich als Projekterfahrung festhalten, dass es schwierig ist, mit Kindern, die noch jünger als 12 Jahre sind, biographische Interviews zu führen. Je jünger die Kinder sind, desto kürzer sollten somit die thematisierten Zeitspannen und desto konkreter sollten die erfragten Handlungen sein." (2000; S. 99) Tilmann Habermas und Christine Paha sind noch skeptischer; sie sprechen überhaupt erst Jugendlichen in der Adoleszenz autobiografische Kompetenz zu. Kinder hingegen seien noch keiner biografischen Perspektive fähig und nicht dazu in der Lage, die erforderlichen Kohärenzleistungen zu erbringen (Habermas/Paha 2001; S. 84-99). Ecarius berichtet von ihrer Irritation über die Verweigerung des 13-jährigen, durchaus intelligenten Gregor: „Auch weigerte er sich in gewisser Weise, eine biographische Erzählung zu liefern und gerade das macht seine Erzählung interessant, denn er kann und möchte nicht biographisch erzählen." (1999, S. 140) „Er liefert keine narrativen und argumentativen Passagen, bilanziert sein Leben nicht und weigert sich auch, über sein zukünftiges Leben nachzudenken."

(1999; S. 142) An den vorigen Tag könne er sich erinnern, aber nicht an das, was schon weiter zurückliege.

Jüngere Kinder leben eher in der Gegenwart als in der Vergangenheit. Sie haben kaum reflexive Distanz zu sich selbst; sie haben keine Vorstellung von ihrem gesamten Leben als einer Ganzheit. Sie gewinnen Identität in unmittelbaren Lebensvollzügen, nicht in erinnerndem Nachsinnen. Sie haben kein kontinuitätsbewusstes und ausgeprägtes autobiografisches Gedächtnis; sie unterliegen häufiger Fehlerinnerungen und Erinnerungs-Suggestionen als Erwachsene. Kinder haben keine nennenswerte Selbstdistanz; sie können sich in Bezug auf andere nicht realistisch einschätzen. Sie sind noch nicht fähig zur vollen reziproken Übernahme der Perspektive anderer und konsequentermaßen auch nicht zu einer Perspektive, in der sich ihnen ihr eigenes Leben darstellt, als wäre es das eines andern. Es wird ihnen schwer, zwischen subjektiven und objektiven Faktoren, zwischen eigenen Phantasien, Träumen, Wünschen und der nüchternen Wirklichkeit zu unterscheiden. Man könnte ketzerisch fragen, wie qualifiziert man mit Kindern vor dem Alter von acht Jahren überhaupt schon biografisch arbeiten kann. Oft antworten sie eher unpräzise, stark an der Person des Fragenden orientiert und auf ihre Beziehung zu ihm bezogen, kompetent nur bei Fragen nach jüngst Vergangenem in ihrem Leben. Erzeugen sie dadurch nicht eher den Schein einer autobiografischen Kompetenz, als dass sie diese hätten? Oder lassen sich durch besondere methodische Veranstaltungen, durch behutsame Fragestellung, aktives Zuhören, nichtdirektive Kommentare diese Schranken überwinden? Man kann jedenfalls mit Kindern jüngeren Alters nicht in der gleichen Weise biografisch arbeiten wie mit Erwachsenen oder Jugendlichen. Ihre große Suggestibilität verführt sie leicht dazu, das zu sagen, was die Erwachsenen hören wollen. Ihre Phantasie ersetzt nicht selten die Erinnerung oder schmückt die (scheinbar) erinnerte Wirklichkeit reicher aus.

Im Strafprozessrecht gilt für ihre Aussagefähigkeit vor Gericht: „Kinder unter 4½ Jahren werden aber selten aussagetüchtig sein." (Meyer-Goßner 2004; Vor § 48, Randnr. 13) Auch noch bei älteren Kindern besteht die Gefahr, dass sie genau das produzieren, was ihre BefragerInnen hören wollen bzw. in sie hineinprojizieren. Sebald (1995) hat das am Beispiel von Hexenprozessen der frühen Neuzeit belegt, in denen Kinder in aller Aufrichtigkeit naturgesetzlich unmögliche Anschuldigungen bezeugten (referiert nach Fuhs 2000; S. 90). Grundsätzlich obliegt in unserer Rechtsordnung dem Richter die Beurteilung der Aussagefähigkeit von Kindern und die entsprechende Würdigung ihrer Aussagen. Es gibt keine generelle Altersgrenze, unterhalb deren kindliche Aussagen von einem Gericht nicht mehr herangezogen werden dürften. Aber nicht selten wird es in Prozessen, in denen Aussagen von Kindern eine wichtige Rolle spielen, erforderlich, Gutachten zu ihrer psychologischen Glaubwürdigkeiten einzuholen. Denn die kindlichen Konzepte von Lüge und Wahrheit sind mit denen Erwachsener nicht ohne weiteres kompatibel. Verwirrende Fragen oder starke Emotionen wie Angst können ihre Aussagen verfälschen (vgl. Fuhs 2000; S. 91). Die Grenzen zwischen Erlebtem einerseits, Phantasien, Wünschen, Tagträumen und Träumen andererseits sind gerade für jüngere Kinder fließend. „Warum willst du denn nicht in den Kindergarten? – Och, ich hab heute nacht vom Kindergarten geträumt, und da war es mir ganz langweilig." (Markus, 4 J., zit. nach Doehlemann 2001; S. 211)

6 Biografisches Verstehen von Kindern psychisch kranker Eltern und von traumatisierten Kindern

Schone und Wagenblass geben Hinweise auf das Erleben von Kindern psychisch kranker Eltern (2002; S. 13 ff.). Sie plädieren für einen angemessen(er)en Umgang der häufig nicht sehr gut koordinierten Hilfesysteme Jugendhilfe und Psychiatrie mit diesen Kindern und geben entsprechende Handlungsempfehlungen (S. 203 ff.). Ihr Band enthält auch einige biografische Erzählungen von inzwischen erwachsenen Kindern psychisch erkrankter Eltern über ihre frühere Lebenssituation und über besondere Erfahrungen und Belastungen in ihrer Kindheit (S.155 ff.).

Senada Marjanović hat Gespräche mit 20 Mädchen und Jungen zwischen 5 und 15 Jahren geführt, die – meist mit ihren Müttern – aus den Kriegsgebieten des früheren Jugoslawien geflüchtet sind. Diese Kinder hatten während dieses Krieges verstörende Gewaltexzesse erlebt, bis hin zur Ermordung von Familienangehörigen vor ihren Augen. Senada Marjanović hat sich der Anstrengung unterzogen, diese Flüchtlingskinder zu befragen und ihre unverarbeiteten Erlebnisse mit ihnen durchzusprechen. In ihren Äußerungen gegenüber den Kindern fällt allerdings hin und wieder eine beschwichtigende Tendenz auf. Nicht immer sind ihre Fragen und Bemerkungen für die Kinder verständlich. Ein Beispiel dafür aus dem Gespräch mit Amela, 5 Jahre: Interviewerin: „Vielleicht ist Mutti nur unglücklich ohne deinen Vater? – Amela: Vielleicht, aber sie hat einen Kerl. – Interviewerin: Sie hat es bestimmt schwer. – Amela: Aber wir haben doch gar nichts Schweres. Nur was in eine Plastiktüte reingeht." (Marjanović 1994, S.17)

Kinder mit extremen Erlebnissen, vertriebene Kinder, Kinder, die die Erniedrigung und Ermordung von Familienangehörigen haben mit ansehen müssen, Kinder mit posttraumatischen Belastungsstörungen können offenbar davon profitieren, wenn sie erzählen dürfen, was sie gesehen haben und was ihnen geschehen ist. Ein behutsames biografisches Arbeiten mit solchen Kindern – z.B. in Form von narrativen Interviews – kann hilfreich sein. Der Versuch, geschädigte und traumatisierte Kinder zu Wort kommen zu lassen, sie Ausdruck für etwas finden zu lassen, was im Kern unaussprechbar sein mag, ist aller Ehren wert. Er bleibt aber in vielen Fällen sehr schwierig, weil gerade diese Kinder oft extrem verletzlich, sehr zurückgezogen, misstrauisch gegenüber Erwachsenen und abgrundtief enttäuscht von ihnen sind. So sagt etwa der zwölfjährige Mario: „Die Erwachsenen verstehen uns Kinder nicht. Sie sagen, dass sie Kinder gern haben – und arbeiten doch gegen sie." (Marjanović 1994; S. 96)

7   Zur Methodik biografischen Verstehens

Thomae betont als eine Grundregel psychologischer Biografik: „Erstes Gebot ist hier, jede Aussage so, wie sie gegeben wurde, hinzunehmen und sie weder zu hinterfragen" noch „sofort zu interpretieren. So wie ein historisches Dokument, eine literarische Produktion […] zunächst einmal in ihrer originalen Gestalt zu analysieren sind, so ist auch jede Äußerung in einem Gespräch als ‚persönliches Dokument' anzusehen, das weder umgedeutet noch hinterfragt werden sollte." (Thomae 1987b, S. 113) Für Thomae geht es in der biographischen Exploration darum, das Individuum in seiner Welt zu erfassen. Eine „unvoreingenommene und verstehende Anschauung der Biographie" sei dazu erforderlich (Kruse 1987, S. 124).

Lenz stellt – im Anschluss an Völzke (1997) – „eine spezifisch biografisch-narrativ angelegte Gesprächsführungstechnik" vor, mit der sich ein altersangemessener Zugang zu Perspektiven von Kindern (z.B. von psychisch kranken Eltern) und ihren narrativen Strukturen gewinnen lasse (2008; S. 138). Er stellt folgende Regeln auf: Aktives Zuhören nach der Eröffnung durch einen gezielten Erzählstimulus, Aufrechterhaltung und Strukturierung des narrativen Gesprächs durch Zugewandtheit und gegebenenfalls Verständnisfragen. Pausen sollten zunächst ausgehalten werden. Gezieltes Nachfragen kann aber hilfreich sein. Wichtig ist die weitgehende Zurückhaltung des Zuhörers in Bezug auf „Bewertungen, Deutungen, Interpretationen sowie Schlussfolgerungen und Verbalisierungen emotionaler Inhalte" (S. 140). „Der professionelle Helfer übernimmt in diesem dialogischen Geschehen die Rolle eines Prozesswächters, der Erzählimpulse setzt und durch sein intensives, aktives Zuhören sowie durch sein vorsichtiges, nicht deutendes oder nicht interpretierendes Nachfragen den Erzählfluss in Gang hält." (S. 140)

Fuhs zieht zur Frage der Interviewmethoden folgendes Fazit: „In den letzten Jahren [seien] eine Vielzahl von unterschiedlichen qualitativen Interviewmethoden in der Kindheitsforschung entwickelt" worden, die aber „noch nicht genügend diskutiert und systematisiert worden sind." Einigkeit bestehe darüber, „daß das qualitative Interview mit Kindern mit besonderer Sorgfalt eingesetzt werden muß." Rahmenbedingungen, Alter und Kompetenzen der Kinder seien zu berücksichtigen, nötig sei eine „besonders einfühlsame Interviewführung" (Fuhs 2000; S.100). Schwerpunkte und Methoden der erziehungswissenschaftlichen Biografieforschung sind zusammengestellt im Handbuch von Krüger/Marotzki (1999).

8   Fazit

Man sollte sich keine Illusionen über die Reichweite ‚biografischen Arbeitens' mit Kindern machen. Kinder unter 8 Jahren haben noch kaum eine autobiografische Kompetenz. Sie können auf Fragen antworten, Aspekte von Geschehenem erzählen, auch ein belastendes Erlebnis nachspielen. Hierin liegt vielleicht sogar ihre eigentliche Erinnerungsfähigkeit, in der nachahmenden Wiederholung von Geschehenem. Kinder können agieren, spielerisch eine Angst- oder Verlusterfahrung nachstellen.

Zur Vergewisserung über die eigene Identität und zur Klärung der Konsistenz des Erlebten ist ein „autobiographisches Gedächtnis" erforderlich (Tschuggnall 2003; Welzel 2002; 2003). Kinder unter acht Jahren aber haben ein solches Gedächtnis nur in Ansätzen. Ihre Biografie ist in ihrem Bewusstsein nicht dauerhaft und fest verankert, sie hat sich sozusagen noch nicht auskristallisiert. Ihr autobiografisches Gedächtnis ist unzuverlässig, leicht zu täuschen und zu verwirren, es unterliegt Suggestionen und Idealisierungen (vgl. Strube/Weinert 1987, S. 151 ff.; Rudlof 2003; S. 117 ff.). Freuds Verdikt gegen Biografen (Freud/Zweig 1984; S. 137) lässt sich auch als Warnung gegen ein unreflektiertes biografisches Arbeiten mit Kindern verstehen, wobei die Versuchung „zur Lüge, zur Verheimlichung, Heuchelei, Schönfärberei" auf Seiten des autobiografisch Erzählenden, die Versuchung „zur Verhehlung seines Unverständnisses" auf Seiten des Zuhörers oder kommentierenden Betreuers liegt.

Biografiearbeit mit Kindern ist eine Methode, die sich immer noch in einem experimentellen Stadium, in einer Phase des Erprobtwerdens befindet. Ob die bisherigen Erfahrungen schon ausreichen, wirklich „für alle Kinder, die besondere Lebensereignisse zu bewältigen haben, uneingeschränkt Biografiearbeit zu empfehlen", wie es Lattschar/Wiemann tun (2007; S. 26), könnte bezweifelt werden. Experimentelle Belege für positive Effekte oder Wirkungsforschungen im Vergleich mit unbehandelten oder anders behandelten Gruppen stehen noch aus. Darauf weisen Lattschar/Wiemann selbst hin: „Leider gibt es derzeit ausschließlich Praxiserfahrung und keine Forschungen über die Auswirkung von Biografiearbeit auf junge Menschen" (2007; S. 26).

Verstehen von Kindern ist ein hochkomplexer und oft mühevoller Prozess. Das von Kindern Gesagte muss nicht das Gemeinte sein, das Erinnerte nicht das Erlebte. Der gute Wille zum Verstehen beim Erwachsenen garantiert noch kein Verständnis. Ein erster Schritt zum genaueren Verstehen kann es für den erwachsenen Zuhörer sein, sich die Fremdheit des kindlichen Gegenüber und seiner Vorstellungswelten und Verarbeitungsweisen einzugestehen. Verstehende Biografiearbeit kann möglicherweise eine wertvolle, ergiebige und potentiell hilfreiche Methode sein. Sie scheint bei fremdplatzierten Kindern, bei Kindern von psychisch kranken Eltern, bei traumatisierten Kindern wichtige Hilfen zur Integration des Erlebten in die eigene Identität geben zu können, so dass es nicht abgekapselt oder verdrängt werden muss. Biografiearbeit kann allerdings auch eine problematische Form der Hilfe sein, etwa wenn sie zum Tummelplatz esoterischer Spekulationen wird (so bei Göpfert u.a. 2003), wenn BetreuerInnen Suggestivfragen stellen und Antworten quasi vorgeben, wenn es an Respekt, Wertschätzung, Achtung und Empathie für dieses je besondere Kind und seine besondere Eigenart und Problematik mangelt. „Wenn ich der liebe Gott wäre, würde ich Menschen zu Stein werden lassen. Nicht Tiere und Kinder, nur Erwachsene. Dann haben Tiere und Kinder ihre Ruhe." (Heike, zit. nach Doehlemann 2001; S. 171)

Literatur

Benjamin, Walter (1970): Berliner Chronik. Frankfurt am Main.

Bock, Karin: Kindheitserinnerungen im intergenerativen Vergleich. Oder: Welchen Beitrag können biographische Studien für eine sozialpädagogische Theoriebildung zu Kindern und Kindheiten leisten? In: Andresen, Sabine/Diehm, Isabell (2006) (Hrsg.): Kinder, Kindheiten, Konstruktionen. Erziehungswissenschaftliche Perspektiven und sozialpädagogische Verortungen. Wiesbaden, S. 147-171.

Bruder, Klaus-Jürgen (2003a) (Hrsg.): „Die biographische Wahrheit ist nicht zu haben". Psychoanalyse und Biographieforschung. Gießen.

Bruder, Klaus Jürgen (2003b): „Die biographische Wahrheit ist nicht zu haben" – für wen? Psychoanalyse, biographisches Interview und historische (Re-)Konstruktion. In: Bruder, K.-J. (2003a) (Hrsg.), S. 9-37.

Chopich, Erika J./Paul, Margaret (2005): Das Arbeitsbuch zur Aussöhnung mit dem inneren Kind. Deutsch von Tatjana Kruse. Berlin.

Doehlemann, Martin (2001): Die Kreativität der Kinder. Anregungen für Erwachsene. Mit einem Beitrag von Rath, Norbert. Münster usw.

Ecarius, Jutta (1999): „Kinder ernst nehmen". Methodologische Überlegungen zur Aussagekraft biographischer Reflexionen 12jähriger. In: Honig u.a. (1999) (Hrsg.), S. 133-151.

Freud, Sigmund (1999): Gesammelte Werke. Chronologisch geordnet, hrsg. von Freud, Anna, u.a. London 1940 ff., Neuausgabe Frankfurt am Main 1999.

Freud, Sigmund/Zweig, Arnold (1984): Briefwechsel, hrsg. von Freud, E. L. Frankfurt am Main.

Fuhs, Burkhard (1999): Die Generationenproblematik in der Kindheitsforschung. Zur methodischen Relevanz von Erwachsenen-Kind-Verhältnissen. In: Honig u.a. (1999) (Hrsg.), S. 153-161.

Fuhs, Burkhard (2000): Qualitative Interviews mit Kindern. Überlegungen zu einer schwierigen Methode. In: Heinzle, Friederike (2000) (Hrsg.): Methoden der Kindheitsforschung. Ein Überblick über Forschungszugänge zur kindlichen Perspektive. Weinheim und München, S. 87-103.

Göpfert, Christoph, u.a.: Biographiearbeit. Flensburger Hefte 31. Flensburg.

Goethe, Johann Wolfgang von (1977): Aus meinem Leben – Dichtung und Wahrheit (11811, 1833). In: Sämtliche Werke in 18 Bänden. Artemis-Gedenkausgabe, hrsg von Beutler, E., u.a.. Zürich - München, Bd. 10.

Habermas, Jürgen (1970): Erkenntnis und Interesse. Frankfurt am Main.

Habermas, Jürgen (1981): Theorie des kommuniikativen Handelns. Bd. 1: Handlungsrationalität und gesellschaftliche Rationalisierung. Frankfurt am Main.

Habermas, Tilmann/Paha, Christine (2001): Frühe Kindheitserinnerung und die Entwicklung biographischen Verstehens in der Adoleszenz. In: Behnken, Imbke/Zinnecker, Jürgen (2001) (Hrsg.): Kinder – Kindheit – Lebensgeschichte. Ein Handbuch. Seelze, S. 84-99.

Hardach-Pinke, Irene/Hardach, Gerd (1981): Einleitung: Einer Sozialgeschichte der Kindheit entgegen. In: Hardach-Pinke, I./Hardach, G. (1981) (Hrsg.): Kinderalltag. Deutsche Kindheiten in Selbstzeugnissen 1700-1900. Reinbek bei Hamburg (11978), S. 9-75.

Honig, Michael-Sebastian/Lange, Andreas/Leu, Hans Rudolf (1999) (Hrsg.): Aus der Perspektive von Kindern? Zur Methodologie der Kindheitsforschung. Weinheim und München (zit. als Honig u.a. (1999)).

Jones, Ernest (1984): Sigmund Freud. Leben und Werk, deutsch von Meili-Dworetzki, München, 3 Bände.

Jüttemann, Gerd/Thomae, Hans (1987) (Hrsg.): Biographie und Psychologie, Berlin - Heidelberg usw.

Kafka, Franz (1966): Brief an den Vater. In: Er. Prosa von Franz Kafka, hrsg. von Walser, Martin. Frankfurt am Main.

Krüger, Heinz-Hermann/Marotzki, Winfried (1999) (Hrsg.): Handbuch erziehungswissenschaftliche Biographieforschung. Opladen.

Kruse, A.: Biographische Methode und Exploration. In: Jüttemann, Gerd/Thomae, Hans (1987) (Hrsg.), S. 119-137.

Lattschar, Birgit/Wiemann, Irmela (2007): Mädchen und Jungen entdecken ihre Geschichte. Grundlagen und Praxis der Biografiearbeit. Weinheim und München.

Lenz, Albert (2008): Interventionen bei Kindern psychisch kranker Eltern. Grundlagen, Diagnostik und therapeutische Maßnahmen. Göttingen – Bern usw.

Lorenzer, Alfred (1973): Sprachzerstörung und Rekonstruktion. Vorarbeiten zu einer Metatheorie der Psychoanalyse. Frankfurt am Main.

Marjanović, Senada (1994): „Herzschmerzen". Gespräche vom Krieg mit Kindern aus dem ehemaligen Jugoslawien. Vorwort von Grotzky, Johannes. München – Zürich.

Meyer-Goßner, Lutz (2004): Strafprozessordnung. 47. Auflage. München.

Miller, Alice (1994): Das Drama des begabten Kindes und die Suche nach dem wahren Selbst. Eine Um- und Fortschreibung. Frankfurt am Main.

Moritz, Karl Philipp (1987): Anton Reiser. Ein psychologischer Roman (11794). Die Schriften in 30 Bänden, Bd. XV (= I. Teil) und XVI (= II. Teil), hrsg. von Nettelbeck, P. und U., Nördlingen.

Paul, S. (1987): Die Entstehung der biographischen Methode in der Soziologie, in: Jüttemann/Thomae (1987) (Hrsg.) 1987, S. 26-35.

Piaget, Jean (1980): Das Weltbild des Kindes, Stuttgart.

Rath, Norbert (2003): „Wer Biograph wird, verpflichtet sich zur Lüge". Skepsis gegen Biographen bei Friedrich Nietzsche, Sigmund Freud und Lou Andreas-Salomé. In: Bruder (2003a) (Hrsg.), S. 295-319.

Rowling, Joanne K. (2007): Harry Potter and the Deathly Hallows. London.

Rudlof, Matthias (2003): „Ich weiß, dass ich jetzt bestimmt die Kindheit verkläre" – Autobiographische Erzählungen zwischen kommunikativer Identitätsarbeit und reflexiver Biographisierung des Subjekts. In: Bruder (2003a) (Hrsg.), S. 117-138.

Schone, Reinhold/Wagenblass, Sabine (2002): Wenn Eltern psychisch krank sind … Kindliche Lebenswelten und institutionelle Handlungsmuster. Münster.

Sebald, Hans (1995): Hexenkinder. Der Mythos der kindlichen Wahrhaftigkeit. In: Bayerische Blätter für Volkskunde. Jg. 22. H. 3, S. 129-143.

Strube, G./Weinert, F. E. (1987): Autobiographisches Gedächtnis: Mentale Repräsentation der individuellen Biographie. In: Jüttemann/Thomae (1987) (Hrsg.), S. 151-167.

Thomae, Hans 1987a: Zur Geschichte der Anwendung biographischer Methoden in der Psychologie, in: Jüttemann/Thomae (1987) (Hrsg.), S. 3-25.

Thomae, Hans 1987b: Psychologische Biographik als Synthese idiographischer und nomothetischer Forschung. In: Jüttemann, Gerd/Thomae, Hans (1987) (Hrsg.), S. 108-116.

Tschuggnall, Karoline: Favourite bits – Autobiographische Erinnerungen im Gespräch. In: Bruder (2003a), S. 163-182.

Völzke, R. (1997): Biographisches Erzählen im beruflichen Alltag. Das sozialpädagogische Konzept der biographisch-narrativen Gesprächsführung. In: Jakob, G./von Wensierski, H.-J. (1997) (Hrsg.): Rekonstruktive Sozialpädagogik. Konzepte und Methoden sozialpädagogischen Verstehens in Forschung und Praxis. Weinheim – München, S. 271-287.

Welzer, Harald (2002): Das kommunikative Gedächtnis. Eine Theorie der Erinnerung. München.

Welzer, Harald: Was ist autobiographische Wahrheit? Anmerkungen aus Sicht der Erinnerungsforschung. In: Bruder (2003a) (Hrsg.), S. 183-202.

Empfohlene Literatur

Psychoanalyse und Biografieforschung:

Bruder, Klaus-Jürgen (2003) (Hrsg.): „Die biographische Wahrheit ist nicht zu haben". Psychoanalyse und Biographieforschung. Gießen.

Handbuch zur Biografiearbeit in der Erziehungswissenschaft

Krüger, Heinz-Hermann/Marotzki, Winfried (1999) (Hrsg.): Handbuch erziehungswissenschaftliche Biographieforschung. Opladen.

Irmela Wiemann

Biografiearbeit mit Adoptiv- und Pflegekindern

Viele Kinder, die ihre leiblichen Familien verlassen mussten, empfinden Verwirrung und unspezifischen Schmerz über ihre Vorgeschichte. Natürlich ist es ein grundlegender Unterschied, ob ein Kind in einer Pflegefamilie oder in einer Adoptivfamilie lebt. Für das adoptierte Kind tragen die emotional-sozialen Eltern auch die rechtliche und ökonomische Verantwortung. Das Kind ist erbberechtigt. Laut Gesetz sind die verwandtschaftlichen Verhältnisse zur Herkunftsfamilie erloschen, was aber nicht der psychischen Realität von Adoptivkind, Adoptiveltern und leiblichen Eltern entspricht. Kontakte zur Herkunftsfamilie sind auch heute noch, trotz der oftmals praktizierten offenen Adoption, beim Adoptivkind die Ausnahme.

Während die Adoptivfamilie eine Privatfamilie ist und gesetzlich anderen Familien gleichgestellt ist, erfüllen Pflegeeltern einen öffentlichen Auftrag und erbringen eine *Hilfe zur Erziehung* für die Herkunftseltern und das sie beauftragende Jugendamt. Sie erhalten Unterhalt für das Kind und ein kleines Honorar für ihre pädagogischen Leistungen. Es gibt eine große Bandbreite von Formen der Familienpflege. Am einen Ende des Spektrums haben wir adoptionsähnliche Dauerpflegeverhältnisse. Wenn das Kind jung in die Pflegefamilie kam, erhält es elterliche Bezugs- und Bindungspersonen. Am anderen Ende des Spektrums gibt es Pflegeverhältnisse auf Zeit: Das Kind soll in einem absehbaren Zeitraum wieder in seine Herkunftsfamilie zurückkehren.

Trotz aller struktureller Unterschiede gibt es aber auch Gemeinsamkeiten von Pflege- und Adoptivkindern. Alle Pflege- und Adoptivkinder leben in komplizierteren Familienrealitäten. Manche können ihre Beziehungen und ihre Gefühle zur seelisch-sozialen Familie einerseits und zur Herkunftsfamilie andererseits nicht immer gut ordnen. Auch ein Kind, das in den ersten Lebenstagen angenommen wurde, hat zwei Familien: die Adoptiv- oder Pflegefamilie, als deren Kind es sich fühlt, zu der es gehört und die Herkunftsfamilie, für die es Neugierde und Interesse empfindet. Adoptiv- und Pflegekinder können sich dann wertvoll und seelisch komplett fühlen, wenn ihre Herkunftsfamilie in ihrem aktuellen Leben einen emotionalen Platz erhält. Viele Pflege- und Adoptivkinder sind von Identitäts- und Loyalitätskonflikten betroffen. Sie tragen so manche auch unausgesprochene Frage in sich: Weshalb wurde ich fortgegeben? Bin ich schuld daran? Habe ich etwas falsch gemacht? Sind meine Eltern schlimm? Warum wollten mich meine Eltern nicht? Wer bin ich? Wo komme ich her? Wem gleiche ich?

Für all diese Kinder ist früh im Leben einsetzende Biografiearbeit hilfreich, um sich orientieren zu können. Biografiearbeit beinhaltet für sie die Chance, ihre besondere Familiensituation und die Gründe der Trennung von der eigenen Familie zu verstehen und diese Realität schrittweise anzunehmen. Dies setzt seelische Energie frei, die für die Weiterentwicklung genutzt werden kann. Fachkräfte in Adoptions- und Pflegekinderdiensten haben in Deutschland keinen gesetzlichen Auftrag, mit den von ihnen vermittelten Kindern Biografiearbeit anzuregen und zu gestalten. Biografiearbeit sollte jedoch längst auch bei uns – ähnlich wie in Großbritannien (vgl. Artikel von Magnus Frampton in diesem Buch) – zu den Standards der Jugendhilfe gehören. Erst seit wenigen Jahren wird im deutschsprachigen Raum die Bedeutung von Biografiearbeit für von ihrer Familie getrennt lebende Kinder stärker gewürdigt und entsprechende vorgefertigte Lebensbücher wurden entwickelt. (Sehr empfehlenswert ist hier: Karin Mohr und Klaus ter Horst: Mein Lebensbuch. Herausgegeben vom Eylarduswerk e.V.: Bad Bentheim, 2004, www.das-lebensbuch.de) Dennoch erhält derzeit nur ein Bruchteil von Pflege- und Adoptivkindern diese eigentlich unverzichtbare wertvolle Hilfestellung.

Spezifische Lebensthemen von Pflege- und Adoptivkindern

Verlust und Bindung

Wenn Kinder ihre Mutter und/oder ihren Vater durch Tod verloren haben, ist dies ein tiefer Verlust und ein bleibendes Lebensthema. Doch meist leben diese Kinder bei nahen Verwandten. Sie teilen ihre Trauer mit Menschen, die ihren Eltern nahe waren und diese achteten. Meist haben diese Waisen Fotos und Erinnerungsstücke an ihre Eltern. Sie bleiben mit ihren verstorbenen Eltern in Verbindung. Pflege- und Adoptivkinder müssen sich mit einer anderen Dimension von Schmerz auseinandersetzen: Sie wissen, meine Eltern gibt es irgendwo auf dieser Welt, aber sie konnten, wollten oder durften nicht mit dem Kind zusammenleben. Das Kind fühlt sich oftmals von ihnen verlassen, verstoßen.

Die Trennung von den leiblichen Eltern ist immer ein belastendes Lebensereignis. Nach Aussage des Neurobiologen Gerald Hüther erzeugt „nichts so viel unspezifische Erregung im Gehirn eines Kleinkindes, wie das plötzliche Verschwinden der Mutter" (Heinrich, 2008, S. 18). Selbst Säuglinge, die kurz nach der Geburt von ihren Müttern getrennt wurden, registrieren dies. Neugeborene erkennen ihre Mütter am Geruch, an der Stimme, am Herzschlag, an den Geräuschen in Magen und Darm. Kind und Mutter hatten neun Monate einen gemeinsamen Kreislauf. Das vorgeburtliche Kind war physiologisch und psychisch aufs engste mit der Mutter verbunden (vgl. Hüther/Krenz 2005).

Häufige spätere Reaktionen auf den frühen Bruch im Leben sind Trauer über den Verlust der leiblichen Eltern, Angst, auch von anderen Menschen nicht geliebt oder wieder verlassen zu werden. Die Folge sind häufig Gefühle von Einsamkeit und Nichtdazugehören im sozialen Kontext, das Gefühl, nicht in Ordnung zu sein. Bei kleinster Kritik fühlen sich manche Pflege- und Adoptivkinder in ihren Grundfesten erschüttert. Das große Nein am Anfang des Lebens führt zu Ohnmachtsgefühlen, Selbstzweifeln, Autoaggression, Aggression, Wut, manchmal: Scham, Depression, Suizidgefahr (vgl. Hjern et. al.2002).

Glücklicherweise verfügen alle Menschen über ein genetisch vorprogrammiertes Bindungssystem. Das Grundbedürfnis, sich an die Bezugspersonen wie an Mutter und Vater zu binden, die für das Kind täglich sorgen, ist immens stark. Zugleich leben so manche Pflege- und Adoptivkinder eine von Urmisstrauen, Kampf oder Flucht und dem Abspalten von Gefühlen geprägte Beziehung zu ihren Bindungspersonen (vgl. Rech-Simon/Simon 2008). In das tiefe Bedürfnis nach Bindungssicherheit, mischt sich durch die frühen Verlusterfahrungen ein Bindungsmisstrauen. Das unbewusste Programm heißt oft: Werde ich noch einmal fortgegeben? Konflikte werden inszeniert, um immer wieder zu prüfen, ob die neuen Eltern das Kind auch behalten. Die Familie des Kindes wurde schon einmal ausgetauscht, weshalb nicht wieder? Wie sicher ist nun die neue Elternschaft? Einem Kind mit früh erworbenen Bindungsstörungen Sicherheit zu geben und ihm zu ermöglichen, ein Stück Vertrauen aufzubauen, gelingt nur Bezugspersonen mit besonders hoher Stressresistenz und Bereitschaft, sich von den „Angriffen" des Kindes auf das Bindungssystem nicht verletzen zu lassen. „Wichtig ist, dass Sie auf die Seite des Kindes gehen und die von ihm gezeigten Gefühle als berechtigt anerkennen – auch wenn Sie die damit verbundenen Handlungskonsequenzen nicht akzeptieren." (Rech-Simon/Simon, 2008, S. 80). Biografiearbeit kann das Vertrauen zu den Bindungspersonen stärken und beim Bindungsaufbau außerordentlich förderlich sein.

Identitätsfragen

Der Wortstamm von Identität kommt aus dem lateinischen Idem: derselbe. Unter Identität verstehen wir unsere Einmaligkeit, unsere Unverwechselbarkeit, die Kontinuität des Ich. „Das Gefühl der Ichidentität ist also die angesammelte Zuversicht des Individuums, dass der inneren Gleichheit und Kontinuität auch die Gleichheit und Kontinuität seines Wesens in den Augen anderer entspricht."

(Erikson, 1968, S. 256). Außerdem entwickeln wir unsere Identität, indem wir uns mit unseren Bindungspersonen identifizieren und nach Übereinstimmungen suchen.

Kinder erhalten von ihrem sozialen Umfeld von klein an Zuschreibungen: „Deine Augen gleichen denen deiner Mama." „Dein Temperament hast du von deinem Papa." Kinder, die in Familien leben, mit denen sie nicht verwandt sind, erhalten diese Zuschreibungen meist nicht. Dennoch sind auch sie von ihrer Einmaligkeit und der Kontinuität ihres Ich überzeugt. Auch ihre Identität bildet sich von klein an heraus, weil sie ihre elterlichen Bindungspersonen nachahmen, sie in sich aufnehmen (vgl. Anna Freud 1973). Hinzu kommt bei Pflege- und Adoptivkindern eine zweite Identität. Sie definieren sich offen oder unbewusst über ihre leiblichen Eltern. Sie fragen sich: Bin ich so, wie meine Mutter und/oder mein Vater? Wer bin ich, wem gleiche ich? Wer gab mir meine Bausteine, meine genetischen Dispositionen?

Der Kummer oder die Scham, von der Mutter, vom Vater getrennt, verlassen, verstoßen worden zu sein, verbindet sich häufig mit dem fehlenden Wissen um Aussehen, charakterliche Bausteine und genetische Faktoren. Adoptierte und Pflegekinder tragen oft schon früh ein inneres Bild von ihrer Mutter, später auch von ihrem Vater in sich und gehen davon aus, dass sie ihren Eltern gleichen. Das innere Bild von den leiblichen Eltern prägt ihre Identität und das Bild von sich selbst. Es besteht einerseits aus Phantasien, andererseits aus Informationen und Gefühlen, die die Adoptiv- oder Pflegeeltern und das soziale Umfeld an das Kind senden. Dieses innere Bild wird auch beeinflusst von gesellschaftlichen Haltungen und Regelwerken: *Eine gute Mutter gibt ihr Kind nicht fort. Also ist meine Mutter keine gute Mutter. Bin ich als Teil von ihr schlecht? Mein Vater ist ein dunkles Kapitel in meinem Leben. Werde ich so wie er?* Viele von ihren Eltern getrennt lebende Kinder gehen unbewusst oder bewusst davon aus, ihre Eltern seien „böse", „wertlos" und sie hätten keine andere Wahl, als in deren Fußstapfen zu treten. Ein 15-jähriger ist kein Einzelfall, der zu seinen sozial erfolgreichen Adoptiveltern sagt: „So wie Ihr, kann ich nie werden. Mein Vater ist ein Penner. Ich bin wie er." So finden wir bei Pflege- und Adoptivkindern oftmals eine negative Identifikation mit ihren Elternteilen: In der Biografiearbeit wird mit diesen Kindern daran gearbeitet, welche positiven Eigenschaften, welche Kräfte, welche Begabungen sie in sich tragen.

Schwerpunkte biografischen Arbeitens mit Pflege- und Adoptivkindern. Inhalte und Methoden.

In der Biografiearbeit mit Adoptiv- und Pflegekindern soll immer ein konkretes Ergebnis, eine Dokumentation, ein Produkt entstehen: ein Lebensbuch (Life Story Book), ein Bilderbuch, ein Schnellhefter mit Urkunden, Briefen, Fotos, gemalte Bilder, Listen mit persönlichen Eigenschaften und Fähigkeiten, schönen Erinnerungen usw. Gespräche können wieder verloren gehen, werden vom Kind verdrängt, vergessen oder umgedeutet. Was einmal dokumentiert ist, hat eine andere Verbindlichkeit und Gültigkeit. Biografiearbeit soll eingebettet werden in stabilisierende und niedrigschwellige Übungen: Positive Erfahrungen und Ressourcen des Kindes sollten zu schmerzlichen Erfahrungen in einem ausgewogenen Verhältnis stehen.

Gestaltung einer persönlichen Lebensgeschichte des Kindes

Für sehr junge Kinder ist die beste Methode, dem Kind ein persönliches Bilderbuch zu gestalten. Hier werden seine Geschichte und die seiner leiblichen Familie in Worten und Bildern im Zusammenhang dargestellt. Auf dem Titelblatt kann ein aktuelles Foto des Kindes abgebildet sein. Auch diese Geschichte kann niedrigschwellig in einer Art kleinem Vorspann, z.B. einem Steckbrief des Kindes, beginnen, der seine Fähigkeiten und Ressourcen hervorhebt. Ziel der Geschichte ist es, dem Kind nahe zu bringen, dass es leibliche und seelisch soziale Eltern hat und dass beide zu seinem Leben dazugehören. Diese bebilderte Geschichte kann z.B. folgendermaßen beginnen:

„Damit ein Baby entsteht, braucht es immer einen Mann und eine Frau. Das Baby wächst im Bauch der Frau und macht den Mann zum Vater und die Frau zur Mutter. Du hast einen ersten Vater Michael und eine erste Mutter Diana. Die haben dir dein Leben geschenkt. Sie wussten, dass sie für ihr Kind nicht jeden Tag und jede Nacht genug Kraft hatten. So haben sie dafür gesorgt, dass du uns als Mama und Papa bekommen hast, obwohl wir dich nicht geboren haben. Du bist in unseren Herzen festgewachsen. Dein Leben, deine Kraft, deine Liebe zum Leben hast du von deinen leiblichen Eltern. Und du hast uns, Mama und Papa, die wir jeden Tag für dich da sind und dich hegen und pflegen, deine Möglichkeiten stärken und vermehren."

Hilfreich ist auch, für das Kind darzustellen, wem es ähnelt, was es alles kann, welche Fähigkeiten und Stärken es von seinen leiblichen Eltern mit ins Leben bekommen hat und was es von den annehmenden Eltern alles bekommen und gelernt hat. Fotos der leiblichen Eltern und der Adoptiveltern können die Geschichte ergänzen. Gibt es keine Fotos der Herkunftsfamilie, so sind gemalte Bilder hilfreich. Kinder lieben es, wenn ihre leibliche Mutter als Schwangere gemalt oder gezeichnet wird. Der schriftliche Kommentar kann z.b. lauten:

„Leider haben wir keine Fotos von deiner ersten Mutter und deinem ersten Vater. So stellen wir uns vor, könnte deine Mutter ausgesehen haben, als du noch in ihrem Bauch warst."

Wichtige Informationen, die in dieser ersten Geschichte enthalten sein sollten: Namen von leiblicher Mutter und leiblichem Vater. Sind diese nicht bekannt, so können Phantasienamen – als solche erkennbar – gegeben werden. Wichtig sind der Geburtstag des Kindes und die Geschichte seines Vor- und Nachnamens. Auch die Gründe, weshalb es fort musste und neue Eltern bekam, können hier schon erläutert werden. Diese erste frühe Grundgeschichte kann dem Kind von klein an vorgelesen werden und dient (oft auch den Erwachsenen) als erste Basis, die ungewöhnliche Realität ins Leben zu integrieren. Ich kenne dreijährige Kinder, die das regelmäßige Vorlesen der Geschichte von ihren Adoptiveltern als Ritual einfordern: „Komm, Marias Geschichte vorlesen." Später können weitere konkrete Informationen ergänzt werden und die frühe Geschichte kann zusammen mit vielen anderen Dokumenten und Details in das umfassendere Lebensbuch eingeheftet werden.

Natürlich gibt es neben dem frühen Bilderbuch andere schöne Methoden, biografischen Arbeitens mit jungen Kindern: Anhand von einer Lebenskette, einem Lebensstrahl oder einem Lebensfluss, einer Lebenslinie können erste Etappen, unterschiedliche Aufenthalte usw. dargestellt werden sowie die Fertigkeiten Fähigkeiten und Entwicklungen des Kindes dokumentiert werden. Für alle Kinder, die schon selbst malen und zeichnen können, bieten sich vorstrukturierte Fragebögen, Leitfäden und Mappen an, die umfassend und kreativ alle Themen der Biografie behandeln. Aber es können auch individuelle Vorlagen zu einem persönlichen Lebensbuch entwickelt werden. Es können Sätze ergänzt oder Kollagen angefertigt werden. (vgl. Lattschar/Wiemann 2008).

Die Stärkung von Lebenszufriedenheit und Selbstwert

Biografiearbeit hat auch zum Ziel, das Leben bewusster wahrzunehmen und Lebensfreude zu vermehren. So können die Sinneswahrnehmungen des Kindes gestärkt werden: Tastsinn, Geruchssinn, Hören, Sehen. Elemente aus dem autogenen Training für Kinder können sehr gut in die Biografiearbeit integriert werden: *Stelle dir vor, du stehst im Wind. Was hörst du? Was spürst du?* Die Antworten können dokumentiert werden. *Stelle dir vor, du liegst am Meer in der Sonne: Was hörst du? was fühlst du? Was riechst du?*

Oder die in jedem Kinderleben täglich neuen Erfahrungen können ausgewertet und bewusster wahrgenommen werden: Was hast du in den letzten Tagen alles Neues gelernt? Ein Lied? Ein Gedicht? Eine Redewendung? Eine Geschichte? Neue Buchstaben, neue Begriffe? Etwas Neues zu malen, eine neue Turnübung? Ein neues Spiel? Etwas Neues beim Fahrradfahren? Dem Kind soll bewusst werden, wie reich das Leben an Erfahrungen ist und wie viel es in nur wenigen Stunden und Tagen immer wieder dazulernt.

Phantasiereisen können erfunden und danach aufgeschrieben oder aufgemalt werden: *Stelle dir vor, du bist ein Vogel. Was erlebst du? Was tust du alles? Was siehst du? Was hörst du? Wie fühlt sich das an?* (Vgl. Müller 2000).

Stabilisierung:
beglückende Lebensereignisse in den Vordergrund rücken

Nach Auffassung der modernen Traumatherapie umfasst die erfolgreiche Bewältigung eines traumatischen Erlebnisses drei Phasen: „eine Stabilisierungsphase, eine Phase der Begegnung mit dem Trauma und eine Phase der Integration." (Reddemann, 2001, S.13). Diese Aspekte können auf die Biografiearbeit direkt übertragen werden. Während des gesamten Prozesses des biografischen Arbeitens sollen positive und glückliche Erlebnisse und die Persönlichkeit stabilisierende Elemente eingebaut werden. Hierzu zählen z.B. Übungen der Selbstfürsorge: *Was tue ich jeden Tag, um zu mir selbst gut zu sein?* Oder: *Wann habe ich heute gut für mich gesorgt?* Oder es wird ein menschlicher Körper aufgemalt und mit der Überschrift versehen: *„Mein Körper, das Zuhause meiner Kraft und Lebendigkeit".* Oder: *„Was ich jeden Tag für meinen Körper Gutes tue."* Mit dem Kind kann zusammengetragen werden: *„Was tue ich jeden Tag immer wieder gern? Worüber freue ich mich täglich aufs Neue?"* Stabilisierend wirkt alles, was froh, leicht und vergnügt macht und was das Kind mit Erfolg bewältigt hat. Es können kleine Momente des Glücks des gestrigen Tages gesammelt werden. Das Kind soll diktieren, worüber es besonders gelacht hat, was ihm am gestrigen oder heutigen Tag besonders viel Spaß gemacht hat. Es können Lieblingswitze aufgeschrieben werden, Lieblingsgedichte oder eigene erfundene Reime.

Natürlich gehören auch die großen Glückserlebnisse der Vergangenheit in diese Sammlung sowie Erinnerungen an einen besonders schönen Ort, an dem sich das Kind besonders froh und glücklich gefühlt hat. Aber auch ein imaginativer glücklicher Ort, wie er in der modernen Traumabehandlung mit dem Klienten entwickelt wird, kann mit dem Kind herausgearbeitet oder gemalt werden und in Gedanken oder beim Blättern im Lebensbuch immer wieder aufgesucht werden. Diese Übungen sind nicht nur für Kinder sondern auch für Erwachsene und alte Menschen wertvoll und stärkend.

Sich selbst besser kennen lernen

Biografiearbeit mit Pflege- und Adoptivkindern hat auch zum Inhalt, genauer zu beschreiben und zu erfassen, wer man selber ist. Hierzu gehören das Aussehen, die Haarfarbe, Augenfarbe, Hautfarbe, Frisur, Gewicht, Größe und sonstige Beschreibungen der äußeren Persönlichkeit. Gesammelt werden auch Gewohnheiten, Hobbys, Interessen, Vorlieben, Eigenschaften des jungen Menschen. Das Kind kann aufzählen, was es an sich selbst liebenswert findet. Für Kinder mit Migrationshintergrund können Bilder, Informationen und Daten des Herkunftslandes eingefügt werden. Wichtig ist jedoch immer die Bestätigung, dass das Kind jetzt in diesem Land dazugehört und sich hier zu Hause fühlt.

Viele Items, die in sog. Freundschaftsbüchern enthalten sind, gehören in diesen Bereich: Lieblingsessen, LieblingsschauspielerInnen, Lieblingsfarbe, Lieblingstiere, Lieblingsmusik, Lieblingslied usw. Wir können eine Themenseite über die Zeit und das Zeitempfinden einrichten: *Wann wird dir die Zeit besonders lang? Wann vergeht sie besonders schnell?*(vgl. Damm 2007). Aber auch Themen wie Mädchen sein – Junge sein, Gesundheit und Krankheit, Religion und Glaube, Regeln und Normen, Einschlafen und Aufwachen, Träume, Sicherheit und Geborgenheit oder die Beschreibung eines Tages oder einer Woche im aktuellen Leben gehören in diesen Bereich. Der Kreativität von Biografiearbeit durchführenden Personen und Kindern sind hier keine Grenzen gesetzt.

Ein Kernpunkt jeden biografischen Arbeitens und in allen Vorlagen von Lebensbüchern enthalten sind die Gefühle des Kindes: Freude, Frohsein, Glücklichsein, Ängste, Wut, Ärger, Enttäuschung, Traurigkeit, Verzweiflung usw. Anhand von Gefühlskarten, Gefühlsbüchern, gezeichneten Gesichtern, an Fotos etc. können Gefühle dargestellt und wieder erkannt werden.

Aktuelle Verbindungen sichern, einordnen, stärken und definieren

Von großer Bedeutung in der Biografiearbeit sind die aktuellen familiären Beziehungen, der Lebensmittelpunkt in der Adoptivfamilie oder Pflegefamilie. Hierzu gehören auch seelisch-soziale bzw. leibliche Geschwister, Großeltern, Verwandte etc. Hier können Soziogramme, Genogramme etc. dargestellt werden. Auch Beziehungen zum sozialen Umfeld: Kindergarten, Schule, Hort, Freundinnen und Freunde, GegnerInnen, RivalInnen, LehrerInnen, KindergärtnerInnen, Mütter und Väter anderer Kinder, NachbarInnen etc. können hier Thema sein.

Ziel ist es, dem Kind zu ermöglichen, Klarheit zu gewinnen über Stellenwert, Rolle, Status und Auftragsverhältnis von emotional-sozialer Familie und Herkunftsfamilie. Eine gute Grundlage hierfür bietet das Schaubild *(siehe Abbildung 1)* der vier Dimensionen der Elternschaft (vgl. drei Elternschaften in Ryan/Walker, 2004, S. 85), das sehr schön die Besonderheiten einer Adoptiv- oder Pflegefamilie aufzeigt (aber auch die von Stief- oder Patchworkfamilien).

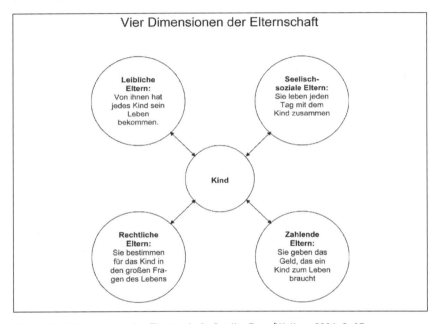

Abb.1: Vier Dimensionen der Elternschaft, Quelle: Ryan/Walker, 2004, S. 85

Eine Pflegemutter hatte die Idee, die vier Dimensionen von Elternschaft für ihr Pflegekind in einen Schmetterling einzuzeichnen: Der Schmetterling kann nur fliegen, wenn alle vier Flügelteile zusammenwirken!

Zur Bedeutung der leiblichen Elternschaft kann dem Kind gesagt werden:*„Deine Mutter und dein Vater haben dir das Leben gegeben und sie bleiben für immer deine leiblichen Eltern."* Über die soziale Elternschaft kann gesagt werden: *„Weil wir schon solange als Familie zusammengehören, ist unsere Jeden-Tag-Eltern-Kindschaft auch nicht mehr austauschbar. Die gelebten Jahre haben uns verbunden."* Über die rechtliche Elternschaft kann dem Kind von Adoptiveltern erklärt werden: *„Wir sind deine rechtlichen Eltern und entscheiden in wichtigen Sachen des Lebens, was mit dir geschieht."* Zur ökonomischen Elternschaft können Adoptiveltern sagen: *„Wir sind verpflichtet, für dich deinen Lebensunterhalt zu zahlen, bis du groß bist und dich selber versorgen kannst."*

Lebt das Kind in einer Pflegefamilie, so liegen die Rechte entweder bei den leiblichen Eltern („Deine leibliche Mama hat unterschrieben, dass du in der Pflegefamilie wohnen sollst") oder bei einem Vormund („Du hast einen Vormund. Dieser hat entschieden, dass du in der Pflegefamilie wohnst.") Das Auftragsverhältnis zwischen Herkunftsfamilie und Pflegefamilie sollte dem Kind schriftlich erläutert werden: *„Deine erste Mama und dein erster Papa haben dir das Leben gegeben. Aber sie können dir kein Zuhause geben. Wenn Eltern nicht selbst für ihr Kind da sein können, dann haben sie ein Recht darauf, dass ihnen jemand hilft. Das Jugendamt hat ihnen geholfen und hat deine Pflegeeltern gesucht. Und deine Pflegeeltern sind für deine Eltern eingesprungen und sind jetzt jeden Tag für dich da. Du hast Eltern, die dir das Leben gegeben haben und Pflegeeltern, die du so lieb hast, wie Eltern."*

Auch über die Bezahlung (zahlende Elternschaft) des Pflegeverhältnisses sollte ein Kind unterrichtet werden: *„Deine Pflegeeltern bekommen etwas Geld für dein Essen, deine Kleidung und deine Miete und dafür, dass sie immer für dich da sind. Gleichzeitig ist es unbezahlbar, als Familie zusammenzuleben und Tag und Nacht verbunden zu sein"* (vgl. Wiemann, 2001).

Hat das Pflege- oder Adoptivkind Kontakte zu seiner Herkunftsfamilie, so sind Definitionen hilfreich, wozu denn die Kontakte dienen. Hier ein Beispiel, wie eine Herkunftsmutter selbst ihrem Kind den Sinn der Kontakte erklärt. *„Ich bin deine Mama, die dir das Leben gegeben hat. Da wir uns nur so selten sehen, bleiben meine Besuchstage bei dir Ausnahmetage für uns beide. Ich komme, um zu schauen, wie du gewachsen bist und was du alles dazugelernt hast. Und du kannst schauen, wer ich bin und wie ich bin. Ich bin sehr glücklich, dass es dich gibt und stolz auf dich. Es ist gut, dass du Menschen hast, die dich lieb haben und zu denen du gehörst."* Natürlich können solche Definitionen auch von dritten für das Kind entwickelt werden oder im Hilfeplan festgehalten werden. Hier gibt es Schnittstellen zwischen Hilfeplanung und Biografiearbeit.

Verbindung schaffen zu verlorenen Menschen, Orten und Zeiten

Hat das Kind keine Kontakte zu seiner Herkunftsfamilie, so ist es Aufgabe der Biografiearbeit, für das Kind symbolische Verbindungen zu früheren Lebensabschnitten und wichtigen Menschen der Vergangenheit und zu seiner leiblichen Familie herzustellen. Kommentierte Fotoalben, Erinnerungsseiten im Lebensbuch, gemalte Bilder, Kommentare und Briefe von Bezugspersonen aus früheren Zeiten oder eine dokumentierte Reise in die Vergangenheit können hier hilfreich sein. Die Gründe, weshalb das Kind von seiner leiblichen Familie getrennt wurde, müssen hier aufrichtig und konstruktiv erläutert werden. Aber auch die Trauer des Kindes über die verlorenen Eltern bekommt im Lebensbuch einen Platz, ebenso Hilfen, wie mit dieser Trauer künftig gelebt werden kann (vgl. Weitze/Battut 2006).

Umgang mit besonders belastenden Lebensereignissen

Bevor die Bezugspersonen mit den Kindern belastende Themen bearbeiten können, müssen sie selbst eine innere Haltung zur Herkunftsfamilie gefunden haben, die von Balance und Aussöhnung gekennzeichnet ist. Im Interesse des Kindes sollten sie anstreben, die Herkunftseltern trotz ihrer Begrenzungen zu tolerieren, so wie sie sind und Wut in Trauer umwandeln. Das bedeutet, die leiblichen Eltern des Kindes nicht mit den eigenen Maßstäben zu messen und anzuerkennen, dass es Menschen gibt, die durch belastende Startbedingungen in ihrem Leben bestimmte Reifungs- und Wachstumsprozesse nicht leisten konnten. Das Kind benötigt eine erwachsene Bezugsperson, die ihm eine Erklärung („Übersetzung") des elterlichen Verhaltens anbietet, die die Begrenzung der leiblichen Eltern achtet und betrauert. Das sind oftmals langwierige intensive Prozesse, die ohne beraterische Hilfen nicht geleistet werden können. Hier ein Beispiel:

Die 10-jährige Hanna wusste aus der Zeit in ihrer Herkunftsfamilie, dass ihr leiblicher Vater ihre älteren Halbschwestern sexuell missbraucht hatte und deshalb im Gefängnis saß. Hanna trug Entsetzen und Abscheu über ihren leiblichen Vater in sich. Im Lebensbuch wurden zwei Themen-Seiten über Hannas Vater eingerichtet. Auf der ersten Seite wurden mit Hanna ihre negativen Gefühle und ihre Wut auf diesen Mann eingetragen. Es wurde ihr zugesichert, dass es etwas sehr Schmerzhaftes ist, solch einen Papa zu haben. Auf der zweiten Seite wurde eingetragen, dass der Vater nicht als der Täter und Missbraucher auf die Welt kam (er wurde durch eigene Gewalterfahrungen in der Kindheit zum Täter) und dass er als Mensch auch viele gute Eigenschaften in sich trägt. Es wurde aufgeschrieben, welche guten Eigenschaften oder Begabungen Hanna von ihm haben könnte. Auf einer dritten Seite wurde zum Ausdruck gebracht, wie schwer es für ein Kind ist, innerlich zusammenzubringen, dass der Vater eine schlimme, hässliche und eine freundliche, kluge Wesensseite hat. Auch dass er etwas Wertvolles vollbracht hat, indem er Hanna das Leben gab und dass ihre Mama sich in ihn verliebt hatte, wurde positiv hervorgehoben. Auf einer weiteren Themenseite wurde ihr bescheinigt, dass die hassenswerte Seite des Vaters durch seine Lebensumstände, nicht durch

Vererbung entstanden ist. Und dass Hanna eine neue Mischung aus Vater und Mutter ist, ein ganz eigener Mensch mit eigenen neuen Kräften und Fähigkeiten und dass jeder Mensch die Freiheit hat, sein Leben und seine Zukunft in gewissen Grenzen, die ihm gesetzt sind, selbst zu gestalten.

Lesetipp zum Weiterlesen: Wiemann, Irmela (2008): Wie viel Wahrheit braucht mein Kind? Von kleinen Lügen, großen Lasten und dem Mut zur Aufrichtigkeit in der Familie. Reinbek

Wenn Eltern völlig unbekannt sind

Wie kann Kindern mit fehlenden Informationen (Findelkinder, anonym geborene Kinder) und unbekannter Herkunft ein inneres Bild ihrer Wurzeln und ihrer Familie vermittelt werden? Auch hier müssen die Bindungspersonen des Kindes lernen, die Lücke und den Schmerz des Kindes anzuerkennen. Erwachsene können dem Kind ihre Einfühlung zeigen und seine Situation in konkrete, verstehbare Worte kleiden. Sie können dem Kind aber auch ermutigende Ideen und Gedanken nahe bringen, die von anderen Kindern mit einem ähnlichen Schicksal schon ausgesprochen wurden. Solche Aussagen, schriftlich zusammengetragen, geben dem Kind Anstöße, seine besondere Situation zu reflektieren. Hier zwei Listen, die von einer Gruppe von Adoptiveltern mit Findelkindern entwickelt wurden.

Teil 1: **Einfühlung zeigen, mit dem Kind trauern**
Wenn ich meine Mutter und meinen Vater nicht kennen würde ...
... dann würden mir wichtige Teile von mir selbst fehlen.
... dann wäre ich eifersüchtig auf alle Kinder, die ihre Eltern kennen.
... dann hätte ich eine große Unruhe in mir.
... dann würde ich eine tiefe Sehnsucht in mir spüren.
... dann würde ich mich verloren fühlen.
... dann könnte ich mir bestimmte Dinge in mir selbst nicht erklären.
... dann würde mir der Boden (die Erdung) fehlen.
... dann könnte ich ihnen begegnen und wüsste es nicht.
... dann wüsste ich unbedingt gern den Grund, warum ich weggegeben wurde.
... dann hätte ich manchmal Wut auf sie.
... dann wäre ich manchmal voller Trauer und Schmerz.

Teil 2: **Bewältigungsmöglichkeiten**
Wenn ich meine Mutter und meinen Vater nicht kennen würde ...
... dann würde ich mir woanders Halt suchen.

... dann würde ich meiner Mutter und meinem Vater einen Namen geben.

... dann würde ich ihnen in Gedanken von mir erzählen.

... dann würde ich ihnen einen Brief schreiben, wie ich mich fühle.

... dann würde ich mir vorstellen, was sie mir an Eigenschaften, Fähigkeiten und Energien mitgegeben haben.

... dann würde ich mich mit ihnen trotz allem verbunden fühlen.

... dann würde ich mir vorstellen, dass ich sie in mir trage.

... dann würde ich ihnen danken, dass es mich gibt.

... dann würde ich mir vorstellen, dass sie in meiner Nähe sind.

... dann würde ich denken: Wenn sie mich heute sehen könnten, dann würden sie sich über mich freuen und staunen, wie ich bin und was ich alles kann.

Solch eine Liste kann dem Kind in das Lebensbuch eingeheftet werden. Kinder und Jugendliche können auch selbst weitere Items und Aussagen sammeln, indem sie andere, schon ältere Findelkinder interviewen und deren Bewältigungsstrategien „übernehmen".

Aspekte der Zukunft

In jede Biografiearbeit mit Kindern und Jugendlichen gehört ein Blick auf die Zukunft. Alle vorgefertigten Lebensbücher enthalten entsprechende Vorlagen, die die Kinder inspirieren, sich mit ihrer Zukunft zu befassen. Es freut Pflege- und Adoptivkinder, die ohnehin ein erhöhtes Autonomiestreben haben, davon zu träumen, ein erwachsener (von der Macht der elterlichen Bezugspersonen unabhängiger) Mensch zu werden. Träume, Wünsche, Fantasien, wie das Kind als erwachsener Mensch einmal leben möchte, Berufswünsche, Wünsche nach Partnerschaft und Kindern, Lebensstandard und Lebenszielen, werden hier gesammelt, aufgezeichnet, als Kollage dargestellt usw. Bezugspersonen, die mit dem Kind arbeiten, sollen hierbei keine pädagogischen Absichten verknüpfen („Wenn du einmal Pilot werden willst, dann musst du dich in der Schule anstrengen"). Es geht vielmehr darum, beim Kind die Vorfreude auf das Erwachsenwerden und den Lebensmut zu fördern und die vielfältigen Möglichkeiten, Hoffnungen und Träume zu dokumentieren.

Hinweise zur Durchführung der Biografiearbeit

Biografiearbeit ist keine Psychotherapie. Sie zählt zu den soziotherapeutischen Methoden, ähnlich wie die Ergotherapie, kann jedoch gut in eine Kinderpsychotherapie integriert werden (vgl. Weinberger 2005). Durchführende Personen können soziale Fachkräfte, Fachkräfte in Erziehungsberatungsstellen, aber auch die Adoptiv- und Pflegeeltern selbst sein. Erwachsene, die Biografiearbeit durchführen, benötigen bestimmte Kompetenzen. Sie sollten sich in Fortbildungen und Kursen sorgfältig auf diese Arbeit vorbereiten. Sie benötigen eine ausgesöhnte innere Haltung gegenüber der Herkunftsfamilie des Kindes und den Geschehnissen, die zur Fremdplatzierung geführt haben.

Wer mit dem Kind biografisch arbeitet, muss verlässlich und einfühlsam sein. Er soll für das Kind verfügbar bleiben, und auch schmerzhafte Aspekte der Lebensgeschichte des Kindes mittragen, bis der gemeinsame Prozess zum Abschluss kommt.

Einige Übungen können punktuell und spielerisch angewendet werden, ohne in eine kontinuierliche Biografiearbeit eingebunden zu sein. Bei kontinuierlicher Arbeit genügt, eine halbe Stunde pro Woche fest einzurichten. Mit Geschwistergruppen kann auch gemeinsam gearbeitet werden, aber jedes Kind soll ein eigenes Lebensbuch oder eine eigene Dokumentenmappe bekommen. Es kann ein halbes bis zu einem Jahr brauchen, bis die Informationen gesucht, gesammelt, besprochen und dokumentiert worden sind. Ein gemütlicher Platz zum Arbeiten sowie eine geeignete Stelle zum Aufbewahren der Dokumente sind wichtige Rahmenbedingungen. Das Kind soll auch Hilfestellung erhalten, wem es seine Dokumentation zeigt und wem nicht.

Biografiearbeit kann auch in kleinen Gruppen für mehrere Kinder niedrig dosiert begonnen werden (z.B. 10 Sitzungen) und dann in Einzelarbeit vertieft werden. Konkrete Anleitungen für die Gruppen- und Einzelarbeit finden sich im Buch von Lattschar und Wiemann.

Empfehlung zum Weiterlesen: Lattschar, Birgit, Wiemann, Irmela (2008): Mädchen und Jungen entdecken ihre Geschichte. Grundlagen und Praxis der Biografiearbeit. Weinheim

Ausblick

Biografiearbeit ist eine wirkungsvolle Möglichkeit, bei Kindern und Jugendlichen ein positives Selbstkonzept zu fördern und somit zur psychischen Widerstandsfähigkeit (Resilienz) beizutragen. Kinder und Jugendliche können sich durch Biografiearbeit selbst besser kennen lernen, ihre ungewöhnliche Lebensgeschichte besser in ihr Leben integrieren und Lebensfreude auf ihre Zukunft entwickeln. Seelische Energien, die sonst in innere Kämpfe und Klärungsprozesse der oft verwirrenden Vorgeschichte des Kindes investiert werden müssen, stehen für die Weiterentwicklung und für die Entdeckung der Fähigkeiten und Kräfte zur Verfügung. Biografiearbeit befindet sich in den deutschsprachigen

Ländern erst in den Anfängen und müsste auch bei uns – ähnlich wie in Groß-britannien – institutionalisiert werden, d.h. von den Verantwortlichen der Jugendhilfe müssten personelle, finanzielle und fachliche Ressourcen bereitgestellt werden.

Literatur

Damm, Antje (2007): Alle Zeit der Welt. Frankfurt a. M.

Erikson, Erik H. (1968): Kindheit und Gesellschaft. Stuttgart

Freud, Anna (1973): Erziehung des Kleinkindes vom psychoanalytischen Standpunkt aus. In Meng, Heinrich (Hrsg.): Psychoanalytische Pädagogik des Kleinkindes, München, Basel

Heinrich, Christian (2008): Abgenabelt für immer. Welche Folgen es für Kinder hat, wenn sie früh von der Mutter getrennt werden. In: Süddeutsche Zeitung vom 22.07.2008, München

Hjern, Anders, Lindblad, Frank, Vinnerljung, Bo (2002): Suicide, psychiatric illness, and social maladjustment in intercountry adoptees in Sweden: A cohort study. In: The Lancet, Volume 360, 2002, S. 443-448, Stockholm

Hüther, Gerald, Krens Inge (2005): Das Geheimnis der ersten neun Monate. Unsere frühesten Prägungen. Düsseldorf

Lattschar, Birgit, Wiemann, Irmela (2008): Mädchen und Jungen entdecken ihre Geschichte. Grundlagen und Praxis der Biografiearbeit. Weinheim

Müller, Else (2000): Du spürst unter deinen Füßen das Gras. Autogenes Training in Phantasiereisen und Märchenreisen. Vorlesegeschichten. Frankfurt a. M.

Rech-Simon, Christel, Simon, Fritz B. (2008): Survival-Tipps für Adoptiveltern. Heidelberg

Reddemann, Luise (2001): Imagination als heilsame Kraft. Zur Behandlung von Traumafolgen mit ressourcenorientierten Verfahren. Stuttgart

Ryan, Tony, Walker, Rodger (2004): Wo gehöre ich hin? Biografiearbeit mit Kindern und Jugendlichen. Weinheim

Weinberger, Sabine (2005): Kindern spielend helfen. Weinheim

Weitze, Monika, Battut, Eric (2006): Wie der kleine rosa Elefant einmal sehr traurig war und wie es ihm wieder gut ging. Zürich

Wiemann, Irmela (2001): Familienpflege als Hilfe zur Erziehung – Möglichkeiten, Grenzen und Qualitätsanforderungen. Jugendhilfe Nr. 5/2001, Neuwied

Wiemann, Irmela (2008): Wie viel Wahrheit braucht mein Kind? Von kleinen Lügen, großen Lasten und dem Mut zur Aufrichtigkeit in der Familie. Reinbek

Magnus Frampton

Biografiearbeit in Großbritannien: Lebensbücher im Adoptionswesen

Jane (6) stellt mit ihrer Sozialarbeiterin Paula ein „life story book" zusammen. Es soll Jane auf eine Adoption vorbereiten und ist eine gesetzliche Verpflichtung der „Adoption Agency". Die Arbeit wird mehrere Monate dauern, Paula verfügt über eine breite Palette von Arbeitsmethoden. Zunächst wird sie gemeinsam mit Jane deren Leben recherchieren, Informationen aus Einzel- und Gruppeninterviews ergänzen vorhandene Fotos und Erinnerungsobjekte sowie die Geburtsurkunde. Paula führt Jane in der Einzelarbeit mit Spielen, gestalterischen Aktivitäten, Arbeit mit Medien sowie gemeinsamen Ausflügen an deren Vergangenheit heran. Sie dokumentiert diesen Prozess der Auseinandersetzung, aus dem Material entsteht Janes Lebensbuch. Am Ende der Arbeit werden die Adoptiveltern mit Janes Zustimmung die Möglichkeit haben, dieses Lebensbuch zu lesen.

Dieser exemplarische Fall beschreibt eine mögliche Anwendung von „life story work" (Biografiearbeit) in Großbritannien. Die Entwicklung der britischen Biografiearbeit spiegelt gesellschaftliche, wissenschaftliche, fachliche und rechtliche Strömungen wider. Da Biografiearbeit im englischen Sprachraum seit Jahrzehnten methodisch differenziert und zielgerichtet eingesetzt wird und im Adoptionswesen in England und Wales sogar gesetzlich vorgeschrieben ist, bietet die Auseinandersetzung mit der britischen Theorie und Praxis deutschen SozialarbeiterInnen wertvolle Anregungen zur Reflexion und Ergänzung eigener Konzepte und Methoden.

Biografiearbeit wird im britischen Sozial- und Gesundheitswesen in verschiedenen Settings praktiziert. Neben der Biografiearbeit mit Kindern zählen die Altenhilfe (Gibson 2006) und die Behindertenhilfe (Hewitt 2006) zu den bedeutendsten britischen Einsatzgebieten. Anwendungsbereiche wie die medizinische Rehabilitation (Jones/Lyons/Cunningham 2003) und die Arbeit mit psychisch Kranken sind weniger etabliert. Ungeachtet dessen, in welchem Setting britische Biografiearbeit stattfindet, ist ihr Einsatz oft mit einem Übergang verbunden: ein Übergang in neue Lebensumstände, Lebensphasen oder Lebensbeziehungen.

Die angelsächsische Literatur über Biografiearbeit ist für deutsche LeserInnen häufig unüberschaubar, da für den Begriff „Biografiearbeit" mehrere englische Termini existieren. Biografiearbeit mit Kindern wird oft als „life story work" bezeichnet. Da im Rahmen dieser Arbeit ein Lebensbuch entsteht, werden die Begriffe „life book" oder häufiger „life story book" nicht selten mit „life story work" synonym verwendet. Beide Begriffe können auch in der Arbeit mit Erwachsenen angewendet werden. In der Altenhilfe wird häufig der Begriff „reminiscence" benutzt. Biografiearbeit, die in einem medizinischen Kontext stattfindet, wird „life review" genannt. Andere Begriffe wie „biographical work", „biographical approaches", „life history work", „oral history" und „storytelling" beziehen sich auf Biografiearbeit im weiteren Sinne. Je nach Leitprofession (beispielsweise Soziale Arbeit, Heilpädagogik, Krankenpflege oder Psychotherapie) hat die Biografiearbeit andere Formen und Schwerpunkte. Nur wenige englischsprachige Autoren befassen sich interdisziplinär mit Biografiearbeit. Systematisch komparativ verfahrende Forschung über die verschiedenen Anwendungen der Methoden im angelsächsischen Sprachraum stellt daher ein Desiderat dar (McKeown/Clarke/Repper 2006; S. 246).

Im Folgenden wird exemplarisch die Biografiearbeit in Großbritanniens Adoptionswesen beschrieben, ein differenziertes Modell der Biografiearbeit mit Kindern. Da in Großbritannien immer weniger Kinder adoptiert werden (Briggs 2003; S. 31-32), finden die Methoden der Biografiearbeit auch im britischen Pflegekinderwesen Anwendung: Die Bereiche des Pflegekinder- und Adoptionswesens sind in Großbritannien eng miteinander verknüpft.

Das britische Modell ist gegenwarts- und zukunftsorientiert. Man verwendet eine standardisierte Methodenkonstellation und einen speziellen Arbeitsablauf, um ein mit Erinnerungsstücken illustriertes Lebensbuch zu erstellen, das die kindliche Auseinandersetzung mit Fakten, Erinnerungen und Emotionen dokumentiert. Das britische Modell beeinflusst auch die aktuelle Praxis in Deutschland und Österreich (z. B. Lattschar/Wiemann 2008; S. 207-213).

An die allgemeine Heranführung an das Thema und die Begrifflichkeit anschließend wird im folgenden Kapitel die Zielsetzung und historische Entwicklung der Biografiearbeitstheorie in Großbritannien geschildert und der Ablauf ihrer praktischen Anwendung als Teil der Vorbereitung für eine Adoption skizziert. Des Weiteren werden geläufige Methoden erläutert und die Grenzen sowie der Weiterentwicklungsbedarf britischer Biografiearbeit kritisch beleuchtet.

Die Entwicklung der britischen Biografiearbeit mit Kindern in ihrem gesellschaftlichen, wissenschaftlichen und gesetzlichen Kontext

Biografiearbeit mit Kindern in Großbritannien ist eine etablierte Methode der sozialen Arbeit, die im Adoptionswesen seit den achtziger Jahren des letzten Jahrhunderts stark an Bedeutung zugenommen hat. Die Ursprünge der britischen Biografiearbeit mit Kindern kann auf die amerikanische Praxis der sechziger Jahre zurückgeführt werden. Aust (1981; S. 536) nennt Mary R. Horn (The Children's Bureau of Los Angeles) als die amerikanische Gründerin der Biografiearbeit mit Kindern. Horn hat das Konzept in den sechziger Jahren entwickelt und angewandt. Eikenberry, ein Sozialarbeiter und Psychotherapeut hat zu dem Thema Biografiearbeit 1969 veröffentlicht (Eikenberry 1972). In seiner Fallstudie, „A story for Mary" beschreibt er, wie das Interesse des Kindes Mary an Büchern die Idee angeregt hat, ein Buch über dessen Leben zu schreiben und zu illustrieren (Eikenberry 1972; S. 34-35). Eikenberrys ursprüngliche Zielsetzung, durch Biografiearbeit eine bessere Beziehungsfähigkeit und eine positive zukünftige Entwicklung des Kindes durch die Einordnung von unglücklichen Lebensereignissen zu unterstützen (Eikenberry 1972; S. 33), gilt noch heute.

Das Interesse an der Methode des Lebensbuches war eng verbunden mit der neuen Zielsetzung amerikanischer FamiliensozialarbeiterInnen der sechziger Jahre, Kinder im Schulalter auf eine Adoption vorzubereiten. Da solche Adoptionen in Amerika und Großbritannien bislang quantitativ eher ein seltenes Phänomen waren, gab es während dieser Zeit zunehmend Untersuchungen über die Erfolgsfaktoren und -bedingungen für diese Adoptionen (Bell 1959, Sharrar 1970, Neilson 1972, Jones 1979). Aus diesem Diskurs hat sich das heute noch sehr aktuelle Konzept des „permanency planning" heraus kristallisiert. „Permanency planning" beschreibt den systematischen Einsatz von Methoden, die kontinuierliche und dauerhafte Fremdplatzierungen anstelle von häufigen Familien- oder Heimwechseln bezwecken. Der Begriff „permanency" steht hier für Lebensverhältnisse, die emotionale and praktische Stabilität fördern und wurde der Bindungsforschung zu Grunde gelegt. Biografiearbeit und „permanency planning" sind eng miteinander verflochten und teilen methodische Verfahrensweisen (Romaine/Turley/Tucky 2007; S. 113).

Parallel zu diesen Entwicklungen hat das Handlungsprinzip der Partizipation während der 1980er Jahre an Bedeutung gewonnen: Kinder sollten ihre Wünsche äußern dürfen und angehört werden. Diese Neubewertung der Mitbestimmung und Teilhabe von Kindern setzt eine funktionierende Kommunikation mit ihnen voraus. SozialarbeiterInnen, die früher nur distanziert mit Kindern arbeiteten, mussten systematisch Methoden der „direct" (pädagogischen) Arbeit mit Kindern entwickeln und erlernen (Hopkirk 1988).

Beide Entwicklungen, die des „permanency planning" sowie die der Partizipation von Kindern, sind heute zu Selbstverständlichkeiten geworden und wurden im Lauf der folgenden zwanzig Jahre in Großbritannien gesetzlich festgeschrieben. Der Children Act 1989 (seit 1991 in Kraft) etablierte den heutigen kindzentrierten Ablauf einer Adoption und schreibt die Partizipation der Kinder an Entscheidungen, die ihr Wohlergehen betreffen, vor (Children Act 1989 – Guidance and Regulations, 2.28). Der 2005 in Kraft getretene Adoption and Children Act 2002 betont diese Aspekte erneut. Der Adoption Agency (vergleichbar mit dem zuständigen deutschen Jugendamt beziehungsweise dem zuständigen freien Jugendhilfeträger) wurde außerdem eine gesetzliche Verpflichtung auferlegt, dem Kind altersgemäß Informationen über seine Herkunft und sein bisheriges Leben als Vorbereitung für seine Adoption zu vermitteln (Statutory Instrument 2005 No. 389, The Adoption Agencies Regulations 2005, Regulation 13). „Life story books" und „later life letters" werden explizit erwähnt (Statutory Instrument 2005 No. 389, The Adoption Agencies Regulations 2005, Regulation 35 (2)).

Ziele der britischen Biografiearbeit mit Kindern

Biografiearbeit mit Kindern bearbeitet die oft lückenhaft, verzerrt und angstbesetzt erlebte Vergangenheit des Kindes. Fachkräfte sammeln Fakten, Geschichten, Fotos und andere dokumentarische Gegenstände und besprechen diese sensiblen Daten mit dem Kind. Interpretationen der eigenen Vergangenheit werden bearbeitet, damit das Kind eine emotionale Entlastung erfährt. Die Arbeit hat die Intention, den Selbstwert und die Selbstachtung des Kindes zu stärken, um die Entwicklung einer stabileren Identität zu fördern.

Die britische Biografiearbeit mit Kindern muss jedoch auch im Rahmen der Vorbereitung einer Adoption (oder gegebenenfalls auch einer anderen Unterbringungsform) gesehen werden. Hier scheinen sich zunächst Ziel und Methode zu widersprechen: Genau zu der Zeit, in der ein Kind vorwärts schauen muss, wird es aufgefordert, zurückzublicken. Die Auseinandersetzung mit der eigenen Vergangenheit bedeutet jedoch nach dem Verständnis dieser Ansätze, ständig in Verbindung mit der Gegenwart (Identität, Gefühle, Beziehungen) und der Zukunft (Wünsche, Bedürfnisse) zu stehen. Das Kind soll für seinen bevorstehenden neuen Lebensabschnitt im Sinne von „permanency planning" vorbereitet werden. Britische Biografiearbeit zielt also auch auf die kindliche Ressourcenentfaltung: die Fähigkeit zur Selbstreflexion sowie die Verbesserung der Kommunikations- und Selbstbestimmungskompetenzen des Kindes. Diese Fähigkeiten wird das Kind in seiner neuen Lebensphase brauchen.

Ein weiteres Ziel ist die Sammlung von Informationen. Biografiearbeit mit Kindern bietet Fachkräften die Möglichkeit, Fakten über das Kind und sein bisheriges Leben zu sammeln. Die Einbeziehung diverser Themen in die Biografiearbeit bietet SozialarbeiterInnen formell Gelegenheit, den konkreten Förderbedarf des Kindes festzustellen, damit seine Unterstützung holistisch gestaltet werden kann. Nicht zuletzt sind die durch die Biografiearbeit gesammelten Informationen für die zukünftigen Adoptiveltern hilfreich, um das Kind in seinen Bedürfnissen besser verstehen zu können.

Die britische Biografiearbeit mit einem Kind im Kontext des Adoptionsverfahrens

Der Einsatz der Biografiearbeit mit Kindern ist im britischen Adoptionsverfahren chronologisch fest eingebettet. Ein Kind, das durch das Jugendamt außerhalb seiner Herkunftsfamilie untergebracht wird, kommt zunächst vorübergehend bei Verwandten, in einer Pflegefamilie oder in einer stationären Jugendhilfeeinrichtung unter. In der folgenden Zeit werden die bisherige und die aktuelle Situation der Herkunftsfamilie bewertet. Der Bedarf des Kindes steht dabei im Mittelpunkt der Überlegungen. Vier Monate nach Unterbringung des Kindes wird von den SozialarbeiterInnen ein formeller „permanency plan" erstellt. Dieser Plan empfiehlt entweder die Rückkehr des Kindes in seine Herkunftsfamilie oder eine andere langfristige Unterbringungsart. Der „permanency plan" listet die nötigen Vorbereitungen für die neue Lebensphase des Kindes auf, Biografiearbeit ist hierbei ein wichtiger Bestandteil.

Am ersten Tag der Unterbringung soll das Kind eine altersgemäße Begründung für seine Unterbringung bekommen. Ihm wird dabei erklärt, dass es keine Schuld an der Trennung von seiner Herkunftsfamilie hat. Die spätere Biografiearbeit baut auf dieser Erklärung auf und beginnt etwa drei Monate nach der vorübergehenden Unterbringung des Kindes, in einigen Fällen auch später. Der/die Sozialarbeiter/in des Kindes führt die Biografiearbeit entweder selbst durch oder delegiert sie an eine weitere Fachkraft, einige SozialarbeiterInnen in Großbritannien haben sich ausschließlich auf die Biografiearbeit mit schwer traumatisierten Kindern spezialisiert (Rose/Philpot 2005; S. 15). In einem nächsten Schritt werden Andenken und Fotos des Kindes gemeinsam gesichtet und bisherige Ereignisse schriftlich festgehalten. Manche Kinder bekommen eine „memory box": eine Kiste mit einer Einmalkamera, einem Album und Bastelmaterialien. Die vorübergehenden Betreuungspersonen des Kindes können zu einer fundierten Biografiearbeit erheblich beitragen, die Planung und Durchführung liegt jedoch in der Verantwortung der zuständigen Fachkraft.

Nach der Auswahl und Vorbereitung potentieller Adoptiveltern, wird oft ein „life appreciation day" (Biografietreffen) veranstaltet. Bei diesem Treffen kommen Fachkräfte aus dem Schul-, Gesundheits- und Sozialwesen zusammen, die mit dem Kind Kontakt haben oder hatten. Gegebenenfalls werden die potenziellen Adoptiveltern und die vorübergehenden Betreuungspersonen des Kindes eingeladen. Das Kind und die Herkunftseltern nehmen nicht an dem Treffen teil. Die Intention des Treffens ist das Zusammentragen von Informationen über das Leben des Kindes. Die Beteiligten werden gebeten, Erlebnisse und Ereignisse zu schildern, um den potentiellen Adoptiveltern (und auch dem/der Sozialarbeiter/in) ein persönliches Bild des Kindes zu vermitteln. Die vorhandenen Akten und Berichte werden durch den Austausch der Beteiligten des Biografietreffens vervollständigt. Der/die Sozialarbeiter/in kann die neu gewonnenen Informationen später in die Biografiearbeit mit dem Kind integrieren.

In Großbritannien wird eine geplante Adoption erst dann durchgeführt, wenn die Biografiearbeit des Kindes vollständig abgeschlossen ist. Das Kind darf sein Lebensbuch behalten. Wenn es seine neuen Adoptiveltern kennenlernt, kann es ihnen das Lebensbuch zeigen und mit ihnen besprechen.

Methoden der Biografiearbeit mit Kindern

Der genaue Ablauf der Biografiearbeit ist nicht konkret vorgeschrieben, sondern variiert je nach Erfahrung und Ausbildung der Fachkraft sowie den organisatorischen Richtlinien des zuständigen Jugendamts oder freien Trägers der Jugendhilfe. Vor allem aber bestimmen die Bedürfnisse des Kindes in seiner Lebenssituation die genaue Form der Biografiearbeit. Die hier beschriebenen Methoden lehnen sich an die häufig in der Praxis eingesetzte Methodenkonstellation von Ryan und Walker (2007a) an. Die Vorgehensweise ist mehr oder weniger chronologisch: die Geburt, das Leben in der Herkunftsfamilie, die aktuelle Unterbringung und das zukünftige Leben werden in dieser Reihenfolge besprochen und bearbeitet. Die diversen Methoden können je nach Alter und Förderungsbedarf des Kindes gegebenenfalls mit sensorisch orientierten Methoden wie Malen, Riechen, Spielen mit Sand oder Wasser parallel zu einer therapeutischen Behandlung ergänzt werden, um Ressourcen allmählich zu stärken (Redgrave 2000; S. 21-51). Die Biografiearbeit findet, wie bereits erwähnt, in einer für das Kind besonders unsicheren Übergangszeit statt.

Voraussetzung für qualitative Biografiearbeit ist eine tragfähige und vertrauensvolle Beziehung zwischen dem/der Sozialarbeiter/in und dem Kind. Spielerische und gestalterische Tätigkeiten unterstützen ein ungezwungenes Kennenlernen. Das Kind bekommt seinem Alter entsprechende Informationen über die Bedeutung und den Ablauf der bevorstehenden Biografiearbeit, entweder in Form von Infoheften (Shah/Argent 2006) oder in Form von Bilderbüchern (Foxon 2004, hier macht ein Eichhörnchen zusammen mit einem Dachs Biografiearbeit).

Der Ausgangspunkt der Biografiearbeit ist die Auseinandersetzung mit den Umständen der Geburt des Kindes. Fakten wie das Geburtsgewicht, die Geburtszeit, der Geburtsort und die Geburtshaarfarbe können nicht vorhandene Fotos oder Geschichten aus dieser Lebensphase ersetzen. Eine Kopie der Geburtsurkunde regt Fragen und Neugier an und repräsentiert für viele Kinder ein wichtiges Symbol ihrer Identität. Die Reaktionen des Kindes ermöglichen der Fachkraft einen ersten Einblick in die möglichen Ambivalenzen in dessen Beziehung zu sich selbst. Die von E. James Anthony entwickelte „Feeling Faces Cards" (Gefühlskarten) können Kinder befähigen, ihre eigenen Gefühle besser mitzuteilen (Fahlberg 1994; S. 345-348).

Die darauf folgende Erstellung eines Stammbaums schließt sich diesem ersten Schritt an. Der Stammbau kann Kindern mehr Klarheit und Orientierung geben, da sie die komplexen Verwandtschaftsverhältnisse ihrer Herkunftsfamilie häufig nicht überblicken können. Ein Stammbaum kann Familienverhältnisse transparenter machen, grafische Vereinfachungen und die Verwendung von Fotos sind vor allem für jüngere Kinder hilfreich, um die Familienmitglieder besser einzuordnen. Die Erstellung des Stammbaums kann malerisch oder piktografisch umgesetzt werden. Die Auseinandersetzung mit dem Stammbaum fördert eine Reflexion des Kindes über seinen bisherigen Lebenslauf. Weitere Möglichkeiten sind ein illustrierter Zeitstrahl, ein Ablaufdiagramm oder eine eher an Fakten orientierte Darstellung, beispielsweise ein „Life Graph", eine Art schriftliche Lebenstabelle (Ryan/Walker 2007a; S. 37-38), auf der jedes bekannte Ereignis im Leben des Kindes in einigen Stichworten zusammengefasst und chronologisch aufgelistet wird.

Verschiedene Lebensstationen des Kindes lassen sich auf einer Landkarte oder einem Stadtplan darstellen. Zu jedem Ort, an dem ein Kind gewohnt hat, besteht eine emotionale Verbindung. Ryan und Walker (2007a; S. 38-43) führen diese Idee einen Schritt weiter: nach gründlichen Vorbereitungen treten SozialarbeiterInnen mit dem Kind eine Reise zu Orten und Menschen seiner Vergangenheit an. Für ein Kind, das eventuell schlechte Erfahrungen an einem bestimmten Ort gemacht hat, kann ein solches Erlebnis überwältigend sein und muss verantwortungsvoll betreut werden. Die Einbeziehung positiv besetzter Personen aus der Vergangenheit kann dem Kind helfen, den Sinnzusammenhang neu einzuordnen.

Die Biografiearbeit sollte jedoch nicht nur die familiären Wurzeln des Kindes einbeziehen, sondern auch seinen kulturellen, sprachlichen und religiösen Hintergrund. In der pluralen britischen Gesellschaft gehört bei einem Kind mit

Migrationshintergrund auch das Kennenlernen dieser zweiten Kultur zum Arbeitsprozess (The Adoption Agencies Regulations 2005, Regulation 13 (1) (c) (ii)). Die Herkunft des Kindes kann zu Schwierigkeiten und zu einer Entfremdung führen, falls es zu einer Minderheit gehört, mit der es sich aufgrund negativer Vorstellungen nicht identifizieren möchte. Wenn möglich, sollten Fachkräfte, vorübergehende Betreuungspersonen und zukünftige Adoptiveltern gefunden werden, die den kulturellen Hintergrund des Kindes teilen, da ihr Wissen und ihre Erfahrungen von unschätzbarem Wert sind (Prevatt Goldstein/Spencer 2000; S. 6). Andernfalls könnten Fachkräfte durch Supervision von einem Mitglied dieser Bevölkerungsgruppe unterstützt werden, um die kulturellen Aspekte der Identität des Kindes besser zu verstehen. An dieser Stelle soll jedoch betont werden, dass die Konfrontation des Kindes mit seiner kulturellen Herkunft nicht unbedingt als problematisch verstanden werden muss. Die Erforschung dieser Identität kann durchaus Spaß machen: Singen, Kochen, Gebete und Fremdsprachen können dem Kind einen Zugang zu der Thematik eröffnen. Feste und Veranstaltungen bieten eine lebendige Gelegenheit, Kontakt zur eigenen Herkunftskultur zu knüpfen.

Die nächste Phase der Biografiearbeit besteht aus dem Einsatz von Techniken, die den besonders sensiblen Übergang von der vorübergehenden Unterbringung des Kindes zu einer langfristigen Lebensperspektive berücksichtigen sollen. Hier geht es darum, dass das Kind die Beziehungen zu verschiedenen Vertrauenspersonen der Vergangenheit, Gegenwart und Zukunft einordnen kann. Dem Kind soll es ermöglicht werden, die Rollen der Herkunftseltern, Pflegeeltern und zukünftigen Adoptiveltern in seinem Leben sowohl zu integrieren als auch zu differenzieren, auch dann, wenn es die zukünftigen Bezugspersonen möglicherweise noch gar nicht kennengelernt hat. Hier finden häufig amerikanische Techniken aus der Familientherapie Anwendung. Hartman (1995) hat in den siebziger Jahren „ecomaps" (Umweltkarten) entwickelt. Diese Darstellungen wurden entwickelt, um die Wahrnehmung einer Person gegenüber eigenen Familienbeziehungen zu verbessern. Hartman betont die holistische und integrative Natur des Systems (Hartman 1995; S. 117). Fahlberg (1994; S. 329-331) hat die Umweltkarten zu Arbeitsblättern mit Fragen und Bildern erweitert, die Kinder ausmalen, abzeichnen und ergänzen können. Diese detaillierte Form wird in Großbritannien dem Modell von Hartman, das eher die Qualität der Bindungen zwischen Systemelementen betont, vorgezogen. Fahlbergs Umweltkarte ist im Grunde wie ein Miniaturlebensbuch, in dem Bezugspersonen und Orte auf einer Seite grafisch präsentiert werden.

Das Kind hat oft Schwierigkeiten, die Rollen und Aufgaben seiner Herkunftseltern, der vorübergehenden Betreuungspersonen und der SozialarbeiterInnen richtig einzuordnen. Fahlbergs „drei Eltern" Modell (Fahlberg 1994; S. 149-

151) differenziert daher drei Aspekte des Elternseins: den biologischen, den rechtlichen und den sorgenden Aspekt. Dem Kind wird erklärt, dass nicht immer eine Person/ein Paar alle drei Rollen übernehmen muss, sondern dass beispielsweise die SozialarbeiterInnen die rechtliche Verantwortung übernehmen und die vorübergehenden Betreuungspersonen die tatsächliche Versorgung des Kindes. Redgrave (2000; S. 38-40) entwickelte aus der Grundidee von Fahlbergs Konzept ein Spiel, bei dem das Kind Karten mit Stichworten oder kurzen Sätzen den „drei Eltern" zuordnen kann, wie „Person, die entscheidet wo ich lebe" oder „Person, die sich um mich kümmert, wenn ich krank bin".

Claudia Jewett Jarretts „Kerzenritual" (Jewett 1978; S. 113-114), ist eine sehr etablierte amerikanische Methode für Kinder, die in der oft schweren Übergangsphase häufig eingesetzt wird (Foxon/Argent 2004; S. 8-10, Ryan/Roger 2007a; S. 46-47). Das Kind zündet eine Kerze an, die sein eigenes Leben repräsentiert. Der Akt des Anzündens symbolisiert die Geburt des Kindes. Daneben wird die Kerze der Herkunftsmutter angezündet. Weitere nachfolgende Kerzen stehen gegebenenfalls für die vorübergehenden Betreuungspersonen, für Verwandte oder Freunde, bei denen das Kind gewohnt hat. Das Kind kann wählen, wer dargestellt werden soll, seine Entscheidungen müssen nicht notwendigerweise kommentiert werden. Die Kerzen können umgeordnet werden, um das Kommen, Bleiben und Gehen von Bezugspersonen zu symbolisieren. Es soll dabei verdeutlicht werden, dass das Kind Liebe zu verschiedenen Personen haben darf, dass die Liebe, die das Kind seiner zukünftigen Familie schenken möchte, nicht die Loyalität mindern muss, die es für seine Herkunftseltern empfindet. Weitere Kerzen werden angezündet und keine darf vor Ende der Übung ausgeblasen werden. Unmittelbar vor der Adoption des Kindes können auch die zukünftigen Adoptiveltern dargestellt werden: das Spiel sollte dann mit der Kerze des Kindes neben den Kerzen der Adoptiveltern enden.

Abschließend sieht diese in etwa chronologische Vorgehensweise der Biografiearbeit die Besprechung der Zukunftserwartungen des Kindes (zum Beispiel Träume, Ambitionen, Frustrationen, Ängste und Erwartungen) vor. Eine spielerische Diskussion über materielle Wünsche führt schrittweise zu einer Reflexion emotionaler Bedürfnisse und Hoffnungen (Kahn 2003).

Das Lebensbuch wird von einer/m Sozialarbeiter/in der Adoption Agency mit einem „later life letter" ergänzt. Im Punkt 24, Adoption Guidance – Adoption and Children Act 2002, Annex B – Supplemental guidance for the Adoption Agencies Regulations 2005 (England und Wales) steht eine Erläuterung des vorgeschriebenen Inhalts und Zwecks des Briefes: „Ein/e Sozialarbeiter/in, vorzugsweise der/die des Kindes, sollte einen Brief für das Kind vorbereiten, der die Geschichte des Kindes von Geburt bis zu den Umständen der Adoption erklärt. Der Brief sollte ausführlich genug sein, so dass die/der Jugendliche oder

Heranwachsende in Zukunft mehr über seine/ihre Herkunftsfamilie und warum er/sie nicht mit ihr lebt und adoptiert worden ist, wissen wird. Die Herkunftseltern des Kindes könnten entweder von der Adoption Agency eingeladen werden, ihren eigenen Brief an das Kind zu schreiben oder zu einem Brief der Adoption Agency beitragen, wenn die Adoption Agency diese Möglichkeiten als angemessen betrachtet." (Übersetzung des Autors, M.F.).

Weiterentwicklung und Chancen

Biografiearbeit mit Kindern ist zeitaufwändig und erfordert ein intensives Engagement von erfahrenen und qualifizierten Fachkräften. Angesichts des heutigen Rationalisierungsdrucks im sozialen Bereich haben viele britische SozialarbeiterInnen nur unzureichende Ressourcen für eine solch aufwändige Arbeit, sie wird daher manchmal an Junior Fachkräfte oder sogar an Studierende weitergegeben (Rose/Philpot 2005; S. 104-105). Es ist fraglich, ob die Biografiearbeit unter solchen Umständen den Bedürfnissen der Kinder tatsächlich gerecht wird. Fachkräfte und AutorInnen berichten von Lebensbüchern sehr unterschiedlicher Qualität, die teilweise versuchen, eine übersimplifizierte und saubere Version der komplexen und schmerzvollen Vergangenheit darzustellen (Vaughan 2003; S. 160).

Weiterhin muss die Problematik von Subjektivität/Objektivität in der Biografiearbeit kritisch hinterfragt werden. Es ist unvermeidbar, dass sich im Laufe des Arbeitsprozesses eine Art Erzählung aus dem Rohstoff der Kinderbiografie bildet, oder auch von der Fachkraft gebildet wird. Anders als das Erzählte, das während der Aktenführung entstanden ist, stellt das Lebensbuch für das Kind eine Art endgültige, schriftlich fixierte Fassung seines bisherigen Lebens dar. Fakten aus der Geschichte des Kindes sind womöglich vereinfacht und subjektiv gedeutet worden, um diese Informationen gemäß den kognitiven Fähigkeiten des Kindes verständlich zu machen. Zudem können Äußerungen des Kindes nicht immer wörtlich aufgefasst werden, sondern bedürfen einer Interpretation, Ergänzung oder Erläuterung. Erzähltheorien der Sozialwissenschaften haben bislang einen überraschend geringen Stellenwert innerhalb des britischen und amerikanischen Sozialarbeitdiskurses (Riessman/Quinney 2005), könnten aber in diesem spezifischen Bereich Anwendung finden.

Der Aspekt der „Phantasie" in der Biografiearbeit ist ebenfalls reflexionsbedürftig (Treacher 2000). Nicht nur Kinder, sondern auch Fachkräfte müssen sich mit der Bedeutung ihrer „Phantasien" (im alltäglichen wie im Klein'schen Sinne) zu den Situationen, Vorgeschichten und zukünftigen Entwicklungen und deren interpretatorische Auswirkungen auseinandersetzen. Die während der Arbeit entstandenen Ambivalenzen zwischen Wirklichkeit und „Phantasie" und die Diskrepanz zwischen den faktischen Zusammenhängen und dem Erzählten könnten durch interdisziplinäre Zusammenarbeit und Supervision (zum Beispiel mit einem/er Psychotherapeuten/in) angesprochen werden.

Hewitt hat das Lebensbuchkonzept für die Arbeit mit Menschen mit geistigen Behinderungen überarbeitet und spricht dabei ethische Aspekte an, die auch für die Arbeit mit Kindern Relevanz haben: die Frage nach dem Einverständnis, der Vertraulichkeit und dem Umgang mit traumatischen Ereignissen (Hewitt 2006; S. 25-30). Nötigung und Druck in der Biografiearbeit sind problematisch, besonders wenn es im Arbeitsprozess zu Widerständen kommt. Britische SozialarbeiterInnen haben eine gesetzliche Verpflichtung, mit Kindern vor der Adoption Biografiearbeit durchzuführen, durch diese Verpflichtung besteht aber die Gefahr, der psychischen Verletzlichkeit der Kinder im Arbeitsprozess nicht in fachlich angemessener Weise zu begegnen.

Die Bedeutung der digitalen Medien in der Biografiearbeit wird sich im Laufe der nächsten Jahre ändern, dies hat Folgen für das Konzept des Lebensbuches. Manche Kinder und Jugendliche gewinnen einen einfacheren Zugang zur Biografiearbeit mit Hilfe eines Computers. Die CD-ROM von Betts und Ahmad (2003a) setzt die Lebensbuchidee digital um und wird in einigen britischen Jugendämtern eingesetzt. Calam, Cox, Glasgow, Jimmieson, und Groth Larsen (2000) haben mit Blick auf therapeutische und forensische Anwendungen ein computergestütztes Projekt, CAI, „In My Shoes" entwickelt, das Kindern hilft, über sensible und traumatische Erfahrungen zu sprechen. Hier wird es in Zukunft weiterführende Ideen geben, die nicht nur die optische und haptische Form des Lebensbuches verändern, sondern auch sein therapeutisches Potenzial steigern können.

Die britische Form der Biografiearbeit mit Kindern ist spätestens seit der deutschsprachigen Ausgabe des Klassikers „Life Story Work" (Ryan/Walker 2007b) in den 1990er Jahren in Deutschland bekannt. Das Interesse deutscher Fachkräfte an dem britischen Modell kann auf seine klare, vorwärts blickende, kommunikationsfördernde und holistische Zielsetzung, seine Methodenbreite und seine für das Kind nutzbaren Arbeitsergebnisse zurückgeführt werden. Biografiearbeit nach diesem Modell kann Kinder darin bestärken, sich mit ihrer Vergangenheit zu versöhnen und mit neuen Fähigkeiten und neu gewonnener Selbstachtung erste Schritte in die Zukunft zu wagen.

Literatur

Aust, Patricia H. (1981): Using the Life Story Book in Treatment of Children in Placement. In: Child Welfare, 60;8, S. 535-536, 553-560.

Bell, Velma (1959): Special Considerations in the Adoption of the Older Child. In: Social Casework, 40;7, S. 327-334.

Beste, Hilary M./Richardson, Rebecca G. (1981): Developing a Life Story Book Program for Foster Children. In: Child Welfare, 60;8, S. 529-534.

Betts, Bridget/Ahmad, Afshan (2003a): My Life Story – An interactive approach to life story work (CD-ROM). Orkney.

Betts, Bridget/Ahmad, Afshan (2003b): My Life Story – An interactive approach to life story work. Professional Help. Orkney.

Betts, Bridget (2004): Speak Easy – The interactive way of saying how you feel (CD-ROM). Orkney.

Briggs, Adrian (2003): Adoption and Permanence Today. In: Archer, Caroline/Burnell, Alan (2003) (Hrsg.): Trauma, Attachment and Family Permanence – Fear Can Stop You Loving. London und Philadelphia, S. 31-45.

Calam, Rachel/Cox, Antony/Glasgow, David/Jimmieson, Phil/Groth Larsen, Sheila (2000): Assessment and Therapy with Children: Can Computers Help? In: Clinical Child Psychology and Psychiatry, 5;3, S. 329-343.

Camis, Jean (2001a): My life and me. London.

Camis, Jean (2001b): My life and me – How to use this book. London.

Connor, Terry/Sclare, Irene/Dunbar, David/Elliffe, John (1985): Making a life story book. In: Adoption and Fostering, 9;2, S. 32-35, 46.

Eikenberry, Dennis D. (1972): A story for Mary. In: Holgate, Eileen (1972) (Hrsg.): Communicating with Children – Collected Papers. London, S. 33-40.

Fahlberg, Vera (1994): A Child's Journey through Placement – UK Edition. London

Foxon, Judith (2004): Nutmeg Gets a Little Help. London.

Foxon, Judith/Argent, Hedi (2004): Nutmeg Gets a Little Help – Practice Guidelines. London.

Gibson, Faith (2006): Reminiscence and Recall – A practical guide to reminiscence work, 3. Auflage. London.

Hartman, Ann (1995): Diagrammatic assessment of family relationships. In: Families in Society: The Journal of Contemporary Human Services, 76;2, S. 111-122.

Hewitt, Helen (2006): Life story books for people with learning disabilities – a practical guide. Kidderminster.

Hopkirk, Eve (1988): Introducing Direct Work with Children to Area Teams in Social Services Departments. In: Aldgate, Jane/Simmonds, John (1988) (Hrsg.): Direct Work with Children – A Guide for Social Work Practitioners. London, S. 111-121.

Jewett, Claudia L. (1978): Adopting the Older Child. Boston, Massachusetts.

Jones, Martha L. (1979): Preparing the School-Age Child for Adoption. In: Child Welfare, 58;1, S. 27-34.

Jones, Colin/Lyons, Christina/Cunningham, Cliff (2003): Life review following critical illness in young men. In: Nursing in Critical Care, 8;6, S. 256-263.

Kahn, Helen (2003): Tyler's Wishes. London.

Lattschar, Birgit/Wiemann, Irmela (2008): Mädchen und Jungen entdecken ihre Geschichte – Grundlagen und Praxis der Biografiearbeit, 2. Auflage. Weinheim und München.

McKeown, Jane/Clarke, Amanda/Repper, Julie (2006): Life story work in health and social care: systematic literature review. In: Journal of Advanced Nursing, 55;2, S. 237-247.

Neilson, Jaqueline (1972): Placing Older Children in Adoptive Homes. In: Children Today, 1;6, S. 7-13.

Prevatt Goldstein, Beverley/Spencer, Marcia (2000): „Race" and Ethnicity – A consideration of issues for black, minority ethnic and white children in family placement. London.

Redgrave, Ken (2000): Care-Therapy for Children – Direct Work in Counselling and Psychotherapy. London und New York.

Riessman, Catherine Kohler/Quinney, Lee (2005): Narrative in Social Work – A Critical Review. In: Qualitative Social Work, 4;4, S. 391-412.

Romaine, Mary/Turley, Tricia/Tucky, Non (2007): Preparing children for permanence – A guide to undertaking direct work for social workers, foster carers and adoptive parents. London.

Rose, Richard/Philpot, Terry (2005): The Child's Own Story – Life Story Work with Traumatized Children. London und Philadelphia.

Ryan, Tony/Walker, Rodger (2007a): Life Story Work – A practical guide to helping children to understand their past. London.

Ryan, Tony/Walker, Rodger (2007b): Wo gehöre ich hin? Biografiearbeit mit Kindern und Jugendlichen. Übersetzung und deutsche Bearbeitung, 4. Auflage. Weinheim und München.

Shah, Shaila/Argent, Hedi (2006): Life Story Work – What it is and what it means. A guide for children and young people. London.

Sharrar, Mary Lou (1970): Some Helpful Techniques When Placing Older Children for Adoption. In: Child Welfare, 49;8, S. 459-463.

Treacher, Amal (2000): Narrative and fantasy in Adoption – Towards a Different Theoretical Understanding. In: Treacher, Amal/Katz, Ilan (Hrsg.) (2000): The dynamics of adoption: social and personal perspectives. London, S. 11-26.

Vaughan, Jay (2003): Rationale for the Intensive Programme. In: Archer, Caroline/Burnell, Alan (Hrsg.) (2003): Trauma, Attachment and Family Permanence – Fear Can Stop You Loving. London und Philadelphia, S. 148-163.

Besondere Buchempfehlung:

Ryan, Tony/Walker, Rodger (2007): Wo gehöre ich hin? Biografiearbeit mit Kindern und Jugendlichen. Übersetzung und deutsche Bearbeitung, 4. Auflage. Weinheim und München.

Frauke Framing | Bernhard Brugger

Biografiearbeit mit Kindern psychisch kranker Eltern – ein kunsttherapeutischer Ansatz

Der folgende Beitrag gibt zunächst eine kurze Einführung in die besondere Situation von Kindern psychisch kranker Eltern (Abschnitt 1). Die vor allem in den letzten Jahren entstandenen Hilfen und spezifischen Unterstützungsangebote werden kurz vorgestellt (Abschnitt 2). Sie zielen nicht zuletzt darauf ab, die Ressourcen der betroffenen Kinder zu aktivieren und zu stärken. Diese Zielsetzung verfolgen ganz wesentlich auch kreative bzw. kunsttherapeutische Methoden (Abschnitt 3). Somit liegt es nahe, deren Potenziale gezielt für die Arbeit mit Kindern psychisch kranker Eltern zu nutzen. Ein entsprechendes Konzept wird im folgenden Abschnitt (4) skizziert. Ein kurzes Fazit rundet die Ausführungen ab (Abschnitt 5).

1 Kinder psychisch kranker Eltern – eine Situationsanalyse

Vor einigen Jahren galten sie noch als „vergessene Kinder", heute rücken sie – zumindest in der Fachöffentlichkeit – langsam in den Fokus des Interesses: die Kinder psychisch kranker Eltern. Die erhöhte Aufmerksamkeit ist dabei nicht zuletzt auf Studienergebnisse zurückzuführen, die belegen, dass die Kinder psychisch kranker Eltern großen Belastungen ausgesetzt sind und ein erhöhtes Risiko tragen, selbst psychische Auffälligkeiten zu entwickeln.

Die psychische Erkrankung eines Elternteils kann nicht nur eine Reihe von objektiven, unmittelbar beobachtbaren Belastungen für das Kind und seine Familie zur Folge haben (wie z. B. soziale Isolierung oder finanzielle Einbußen); sie kann das Kind auch an die Grenzen seiner subjektiven Belastbarkeit führen. Psychische Erkrankungen entwickeln sich oft schleichend und unmerklich. Die Kinder sind oft mit der Erkrankung aufgewachsen; sie kennen ihre Eltern nicht anders, gleichzeitig besitzen sie eine ausgeprägte „seismografische Sensibilität" (Staets & Hipp 2001; S. 572) und nehmen Frühwarnzeichen wie Einschränkungen oder auch Steigerungen in Mimik, Motorik, Affektivität und im Sprachgebrauch der Eltern feinfühlig wahr. Diese – für das Kind oft schwer verständlichen Verhaltensweisen – beunruhigen es und können es letztlich überfordern. Das Sicherheitsgefühl wird bedroht und Hilflosigkeit entsteht. Es kommt zu Angst, Loyalitätskonflikten, Isolation und Schuldgefühlen. Die häufige Tabuisierung der Krankheit fördert die Phantasie der Kinder. Des Weiteren entwickeln sich aus der psychischen Erkrankung der Eltern für die Kinder mittelbare Probleme wie Betreuungsdefizite, Zusatzbelastungen, Verantwortungsverschiebung (Parentifizierung) oder Abwertungserlebnisse. All diese Faktoren begründen das langfristig erhöhte Risiko der Kinder, selbst an einer psychischen Krankheit zu erkranken (vgl. u. a. Lenz 2005).

In dieser Situation besitzen Kinder oftmals personale Ressourcen, die sie widerstandfähiger machen und die es ihnen ermöglichen, trotz starker Belastungen keine nennenswerten Beeinträchtigungen zu erleben. Solche als Resilienz bezeichneten aktiven Bewältigungsstrategien liegen nach Ansicht verschiedener AutorInnen in kindzentrierten, familienzentrierten und umwelt- bzw. systemabhängigen Faktoren begründet. In der Literatur wird davon ausgegangen, dass bestimmte, die Resilienz stärkende Faktoren von außen beeinflussbar sind (vgl. u. a. Lenz 2005). Dies ermöglicht es, präventive Interventionsprogramme zu entwickeln, mit denen eine langfristige Möglichkeit zur Risikominimierung geboten werden kann. So zielen einige Hilfsmaßnahmen wie bspw. Gesprächs- und Kontaktgruppen, Patenschaften und Einzelbetreuungen explizit auf die Stärkung der Resilienzfaktoren ab.

Im Folgenden soll ein Weg zur Stärkung der Resilienz durch kunsttherapeutische Biografiearbeit mit Kindern psychisch kranker Eltern aufgezeigt werden. Dabei wird davon ausgegangen, dass kreative Tätigkeiten Kinder bei der Verarbeitung des Erlebten unterstützen und sie für die Dauer der Therapiesitzung ein Gegengewicht zu den Belastungen des Alltags schaffen. Biografiearbeit ermöglicht Kindern psychisch kranker Eltern eine Verknüpfung von Vergangenheit, Gegenwart und Zukunft, sowie ein besseres Verständnis für die spezifische Lebens- und Familiensituation, in der sie sich befinden.

Es wird zunächst dargestellt, an welcher Stelle Hilfsmaßnahmen für Kinder psychisch kranker Eltern ansetzen können, und es wird ein kurzer Überblick über bestehende Unterstützungsprojekte gegeben (Kapitel zwei). Darauf aufbauend werden in Kapitel drei die Potenziale kreativer Medien zur Ressourcenaktivierung aufgezeigt, und es werden die grundsätzlichen methodischen Möglichkeiten vorgestellt, die im Rahmen eines kunsttherapeutischen Settings bestehen. In Kapitel vier wird ein biografisch-kunsttherapeutisches Angebot für Kinder psychisch kranker Eltern skizziert und am Beispiel einer Sitzung konkretisiert.

2 Unterstützungsmöglichkeiten für Kinder psychisch kranker Eltern

In der einschlägigen Literatur existieren inzwischen mehrere Beiträge, die verschiedene Unterstützungsmöglichkeiten für Kinder psychisch kranker Eltern thematisieren. So fanden Küchenhoff (2001) und Lenz (2005) in Befragungen von Betroffenen heraus, dass diese sich mehr Aufklärung über die Erkrankung der Eltern wünschen, einen Austausch mit anderen betroffenen Kindern, Unterstützung in Haushalt und Schule, aber auch eine bessere Aufklärung der Öffentlichkeit über psychische Erkrankungen. Weiterhin wird in der Literatur der Aufbau einer möglichst dauerhaften und vertrauensvollen Beziehung zu einer außerfamiliären Bezugsperson, die eine stabilisierende und ausgleichende Funktion übernimmt, als sinnvoll erachtet (vgl. u. a. Pretis & Dimova 2005; Lenz 2005; Lenz 2008). Auch der Aspekt eines angemessenen und offenen Umgangs mit der Erkrankung – ob von Seiten der Eltern, von Angehörigen oder von Fachleuten – scheint eine große Rolle zu spielen, um der Tabuisierung entgegenzuwirken und so Verunsicherungen abbauen zu können. Insgesamt sollten Maßnahmen präventiv ansetzen, verschiedene Hilfssysteme vernetzen und möglichst niedrigschwellig sein, so dass Risiken vermindert und Schutzfunktionen gestärkt werden.

Mittlerweile existieren eine Reihe verschiedenartiger Hilfsangebote für Kinder psychisch kranker Eltern. Hierzu gehören bspw. AURYN-Gruppen (AURYN = das unbesiegbar machende Amulett aus der Unendlichen Geschichte von Michael Ende), welche mittlerweile in mehreren Städten angeboten werden – so beispielsweise in Freiburg (vgl. Leidner et al. 1997), in Frankfurt am Main (vgl. Buchwald 2004), in Hamburg (vgl. Dierks 2001) und in Münster (vgl. Brugger 2004). Es handelt sich um Gesprächs- und Kontaktgruppen für Kinder psychisch kranker Eltern, bei denen die kind- und altersgerechte Informationsvermittlung, die Kontaktherstellung zu anderen betroffenen Kindern, die Entwicklung von Identität, der Aufbau eines sozialen Netzwerkes und die Hilfe in Krisensituationen im Vordergrund stehen.

Dagegen ist das Projekt KIPKEL (KIPKEL = „Kinder psychisch kranker Eltern") als Einzelbetreuungsangebot für Kinder psychisch kranker Eltern konzipiert, bei dem die Kinder durch spielerisches Tun oder gestalterisches Arbeiten ihre Gefühle ohne Worte verarbeiten können (vgl. Hipp & Staets 2001). Langfristig wird in Familiengesprächen enttabuisierend und aufklärend gearbeitet und ein Unterstützungssystem für Krisensituationen installiert. Im Rahmen von Patenschaften wird durch den PFIFF e.V. in Hamburg für Kinder psychisch kranker Eltern, aber auch für die Mütter selbst, im Krisenfall ein kontinuierlicher Bezugspunkt gesichert (vgl. Lenz 2005; S. 173f.).

Trotzdem muss man konstatieren, dass ein Aufbau Ressourcen stärkender Unterstützungsmöglichkeiten für Kinder noch am Anfang steht. Viele Angebote beschränken sich zudem auf eine reine Krisenhilfe (vgl. u. a. Lenz 2008).

3 Potenziale kreativer Medien zur Ressourcenaktivierung

Der Einsatz kreativer, „künstlerischer" Medien wird oft mit „Kunsttherapie" gleichgesetzt. Diese Gleichsetzung findet sich auch in den folgenden Ausführungen. Hierbei steht „Kunsttherapie" für eine Vielfalt von Methoden im bildnerischen und handwerklichen Bereich und nicht für eine gesonderte therapeutische Ausrichtung (es sei denn, es wird ein ausdrücklicher Bezug hergestellt). Auch die Begriffe „TherapeutIn" oder „therapeutisch" beziehen sich in der Regel nicht auf spezifische Qualifikationen, sondern werden in einem allgemeinen Sinne verwendet. Allerdings wird davon ausgegangen, dass sich diejenigen, die mit Kindern psychisch kranker Eltern arbeiten, genauer mit deren Situation und auch der psychischen Erkrankung der Eltern vertraut gemacht haben. Im Kontext einer „Biografiearbeit mit kreativen Medien" bzw. eines „kunsttherapeutischen Ansatzes" im Rahmen von Biografiearbeit wird die inhaltliche Ausrichtung des Einsatzes kreativer Medien betont – auch und gerade bei Kindern mit psychisch kranken Eltern.

Grundsätzlich kann durch kreative Medien besonders bei Kindern die Kommunikation in Gang gesetzt und verbessert werden, da ihnen die Möglichkeit geboten wird, sich in einem Schutzraum nonverbal zu äußern, sozusagen eine „geheime Sprache" (Gramel 2005; S. 4) zu verwenden, die nicht eindeutig übersetzt werden kann. Es können Gefühle und Eindrücke dargestellt werden, so dass Erfahrungen (besser) verarbeitet werden können. In der Regel haben Kinder große Freude an kreativ-gestalterischen Tätigkeiten und gehen vorurteilsfreier an die Arbeit als viele Erwachsene. Verschiedene Materialien und Farben besitzen Aufforderungscharakter für Kinder, so dass diese – gerade in der Gruppenarbeit – neue Ideen verwirklichen können, ohne dem Zwang ausgesetzt zu sein, kreativ sein zu müssen. Das Gestalten stellt eine starke Selbstäußerung dar, die die Identität der Kinder stärken kann und somit fördernden Charakter hat. „Kunst [besitzt also] die Macht, beachtliche Energien für konstruktive und integrative Leistungen freizusetzen." (Kramer 2003; S. 40) Nach Schorer (2002; S. 114) ist kindliches Schaffen geeignet, „Wirklichkeitsbewältigung" zu erreichen.

Petzold et al. (1997; S. 404) stellen fest, dass es in der Erziehung und Therapie von Kindern vor allem um die Vermittlung von „alternativen emotionalen Erfahrungen" geht. Gerade das Potenzial des „unmittelbar-sinnliche[n]

Erleben[s]" kann mit den ästhetischen Medien der Kunst provoziert und somit genutzt werden (Gauda 1994; S. 96). Wertschätzung, Anerkennung und gegenseitige Akzeptanz im kunsttherapeutischen Setting unterstützen diesen Prozess (vgl. Schorer 2002). Aissen-Crewett (1997) erachtet Kunsttherapie als geeignet zum Abbau von psychischem Stau, zum Aufbau von positiver Selbsteinschätzung, zur Stärkung des Selbstwertgefühls, zum Abbau von Hemmschwellen, zur Aktivierung von Gefühlen und Erinnerungen und zur Wahrnehmungsschärfung. Ähnlich nennt auch Liebmann (1986) als allgemeine persönliche Ziele von Kunsttherapie unter anderem die Förderung der persönlichen Freiheit und Motivation, Selbstaufwertung und das Experimentieren bzw. Austesten von Ideen zur Förderung der Phantasie.

In der pädagogischen Kunsttherapie nach Richter-Reichenbach (2004) werden Autonomie, Gestaltungskompetenz, Ich-Stärkung, Vorbeugung und Korrektur psychischer Fehlentwicklungen sowie weitere Prozessziele formuliert. Weiterhin kann das Malen und Gestalten zu einer alltagsbegleitenden Bewältigungsmöglichkeit werden (vgl. Leutkart 2003a; Thomas 1996), die langfristig einen präventiven Nutzen hat. Durch die positiven Gefühle, die durch Kunsttherapie erreicht werden, erweitert sich das Gedanken- und Handlungsrepertoire, so dass flexibler und kreativer auf Belastungssituationen reagiert werden kann (vgl. Völker 2005). Dieser „Ressourcenaufbau", d.h. die Stärkung von Kompetenzen, Kreativität und Selbstbewusstsein, beinhaltet nach Neumann (2001; S. 176) eine Anleitung und Unterstützung beim „Finden von psychischen Ruhe- und Schutzräumen", um die Selbst-Integrationsfähigkeit zu fördern und Selbstheilungskräfte zu entwickeln. Eine angemessene Problembewältigung kann so angeregt und unterstützt werden.

Der Aufbau einer positiven Beziehung zu einem Erwachsenen, die Übernahme von Verantwortung, das Eröffnen von Möglichkeiten und die Teilnahme an Aktivitäten können durch Kunsttherapie unterstützt werden. Durch die Aufstellung von Regeln werden darüber hinaus Strukturen geschaffen, die Kinder psychisch kranker Eltern zu Hause häufig nicht erfahren. So kann eine „Insel der Normalität" (Pretis & Dimova 2004; S. 72) geschaffen werden, die geeignet ist, Stressfaktoren zu reduzieren.

Das Oberziel aller Maßnahmen liegt im Bewahren der psychischen Gesundheit von Kindern psychisch kranker Eltern. Psychische Gesundheit wird hierbei als Balance zwischen Anforderungen und Belastungen sowie Ressourcen und Schutzfaktoren gesehen (vgl. Dimova & Pretis 2005).

Im Rahmen des kunsttherapeutischen Settings gibt es eine Vielzahl an Methoden bzw. Übungen, die sich nach den angestrebten Zielen, aber auch nach den verwendeten Materialien und Werkzeugen gliedern lassen. Eine gute, praxisorientierte Übersicht über Methoden bzw. Übungen bieten Leutkart et al.

(2003), Aissen-Crewett (1997) und Trüg/Kersten (2002). So gibt es Übungen zur Förderung der Kontakt- und Kommunikationsfähigkeit, zur Förderung der Ausdrucksfähigkeit, zur Stressbewältigung, zur Förderung von Wahrnehmung, zur Förderung der Phantasie, zur Bearbeitung von Erlebnissen und zur Förderung der motorischen Reaktionen. An Methoden sind insbesondere das Zeichnen, Malen und Modellieren zu nennen, ferner bieten sich Sandarbeiten, die Fotografie, das Filzen, das Collagieren und andere materialabhängige Methoden an. Auch die Nutzung von Werkzeugen spielt bei der Methodenwahl eine Rolle. Einerseits ist die Art und Weise von Bedeutung, wie gearbeitet wird: An einer Malwand, an einer Staffelei, auf dem Tisch oder Boden. Andererseits ist relevant, ob „Urwerkzeuge" wie Pinsel, Stifte, Hammer oder Spatel, technische Geräte wie z. B. Töpferscheiben und Maschinen zum Hobeln, Sägen und Schneiden genutzt oder „lediglich" die Hände als Werkzeuge eingesetzt werden (vgl. Remschmidt & Theisen 2005; S. 443).

Schließlich bieten sich auch im gruppentherapeutischen Setting unterschiedliche Vorgehensweisen an. Nach Richter-Reichenbach (2004) ist es vorteilhaft, die Gruppe zunächst gemeinsam arbeiten zu lassen, dann Kleingruppen zu bilden, hiernach zur Partnerarbeit überzugehen und erst zuletzt Einzelarbeit zu nutzen. Ehlers hingegen erachtet Gruppenarbeit als vorteilhaft, und weist darauf hin, dass das Individuum in seiner Umwelt „besser [zu] funktionieren" lernt (Ehlers 1981; S 48).

Insgesamt findet sich eine methodische Vielfalt, die die Möglichkeit eröffnet, explizit auf jeden Teilnehmer und seine durch die Lebensgeschichte und aktuelle Lebenssituation geprägten Bedürfnisse einzugehen.

4 Konzeption eines kunsttherapeutischen Angebots für Kinder psychisch kranker Eltern

Für das folgende kunsttherapeutisch-biografische Angebot für Kinder psychisch kranker Eltern gilt es zunächst, Ängste und Unsicherheiten der betroffenen Eltern abzubauen, indem Fragen geklärt werden und ein vertrauensvoller Kontakt hergestellt wird. Den Eltern muss, ohne Schuldgefühle zu wecken oder zu verstärken, vermittelt werden, dass die Kinder Belastungen ausgesetzt sind, welche durch den kunsttherapeutischen Ansatz kompensiert werden können. Hierfür ist die Einsicht der Eltern in die psychische Erkrankung Voraussetzung (vgl. Brownrigg et al. 2004; Ebner & Raiss 2001; Leidner et al. 1997; Leidner 2001).

Bei der Zusammenstellung der Gruppe sollte von Altersgruppen zwischen 6-10 Jahren und 11-14 Jahren ausgegangen werden. Hierbei können die Kinder durch die Streuung von 3-4 Jahren in einer Gruppe voneinander profitieren. Des Weiteren spielt die Art der psychischen Erkrankung der Eltern eine untergeordnete Rolle, da zwar unterschiedliche Verläufe möglich sind, aber von ähnlichen Belastungen und Problemen für die Kinder ausgegangen wird.

Auch das Geschlecht der Kinder spielt eine untergeordnete Rolle, wobei darauf geachtet werden sollte, dass von jedem Geschlecht mindestens zwei Kinder einbezogen werden, um gruppendynamischen Prozessen gerecht zu werden.

Die Gruppengröße wird auf mindestens vier bis maximal acht Kinder festgelegt, um gute visuelle und verbale Kontakte, welche die Gruppenkohäsion fördern, zu ermöglichen; und um besser auf die Bedürfnisse der einzelnen Kinder achten zu können und sie vor Überforderung durch zu viele Kontakte zu schützen.

Zuletzt ist noch festzulegen, dass es sich um eine geschlossene Gruppe handeln sollte, da nur so konstante Verhältnisse erlebt werden, Vertrauen aufgebaut und ein Schutzraum entstehen kann, in dem Offenheit ermöglicht wird, welche im günstigsten Fall auch zu einer verbesserten Kommunikation zwischen Eltern und Kind führen kann (vgl. Aissen-Crewett 1997; Leidner et al. 1997; Leidner 2001; Neumann 2001).

Das Angebot sollte über einen Zeitraum von ca. 12 Wochen einmal wöchentlich stattfinden. Die Dauer der jeweiligen Sitzung sollte 90 Minuten betragen, da diese Zeit für die Arbeit mit gestalterischen Mitteln benötigt wird und durch die Strukturierung in Begrüßungs-, Gestaltungs- und Abschlussphase der zeitliche Rahmen für den kreativen Teil schon eingeschränkt ist. Durch die Begrüßungsphase wird den Kindern die Möglichkeit gegeben, sich allgemein über Erfahrungen der letzten Woche auszutauschen und dem Therapeuten Stimmungen und Bedürfnisse zu offenbaren, die dieser eventuell spontan aufgreifen und nutzen kann. Während der gestalterischen Phase sollte den Kindern möglichst viel Freiraum gelassen werden; nur wenn der Therapeut bemerkt, dass Hilfebedarf nötig ist, sollte eingegriffen und das Wissen um Material und Werkzeuge durch den Therapeuten weitergegeben werden. In der Abschlussphase sollten die Empfindungen der Kinder während und nach dem Gestalten thematisiert werden. Dabei müssen Bewertungen vermieden werden. So können die Kinder sich öffnen und durch „Ent"-Isolierung auch Scham abbauen und Zuversicht entwickeln (vgl. Sipos & Schweiger 2005).

Über den gesamten Zeitraum der kunsttherapeutischen Arbeit ist es wichtig, dass gewisse Regeln bestehen, die Orientierung und Sicherheit bieten, damit ein vertrauensvolles Gruppenverhältnis entstehen kann. Gerade Kinder psychisch kranker Eltern machen nur selten die Erfahrung der Existenz klarer Regeln und Strukturen (vgl. Pretis & Dimova 2004) und können in den Sitzungen diese Schutzfunktion als unterstützend empfinden. Es ist wichtig, dass keine gegenseitige Bewertung der Bilder stattfindet, welche die Kreativität und Offenheit der Kinder beeinflussen könnte. Außerdem sollten Regeln zur Kommunikation, bspw. ein freundlicher Umgang miteinander, festgelegt und jegliche Gewalt ausgeschlossen werden. Weitere Regeln sind gemeinsam mit den Kindern möglichst in der ersten Sitzung zu diskutieren und festzulegen, auch um den speziellen Bedürfnissen der Kinder gerecht zu werden. Hierbei ist darauf zu achten, dass nicht zu viele Regeln aufgestellt werden, da diese behindern können (vgl. Sipos & Schweiger 2005, S. 691).

In Bezug auf die zu nutzenden Materialien sollte auf eine große Bandbreite geachtet werden. Hierdurch erhalten die Kinder die Möglichkeit, verschiedene, teilweise bisher unbekannte Materialien kennen zu lernen und so möglichst vielfältige Wege des Ausdrucks und der Bewältigung zu finden. Da alle Materialien eine individuell verschiedene Wirkung auf Menschen haben, können so Vorlieben und Abneigungen festgestellt und für die Zukunft genutzt werden. Insgesamt sollten Materialien verwendet werden, die wenig technische Fertigkeiten verlangen, so dass sich möglichst rasch Erfolgserlebnisse einstellen und Enttäuschungen verhindert werden. So können im Rahmen des zweidimensionalen Arbeitens in der Fläche Fingerfarben, Ölkreiden, Gouache bzw. Temperafarbe, Materialien zum Collagieren, Keramik, Sand und Wolle zum Filzen verwendet werden. Materialien wie Blei- und Buntstifte oder Wasserfarben sollten eher keine Verwendung finden, da sie einerseits im Alltag häufig genutzt werden und andererseits der spontane Ausdruck bspw. mit Buntstiften eher schwierig ist. Eine besonders interessante Möglichkeit stellt das Bemalen von Keramik dar, welches in der gesichteten Literatur bislang keine Beachtung findet. Hierbei ergibt sich die Möglichkeit des Verbindens von Herstellungs- und Anwendungsprozess, was ein Gefühl von Sinnhaftigkeit und somit Selbstwert schafft (vgl. Martini 2004; S. 167 ff.). Die Besonderheit der kunsttherapeutischen Gruppe und des Zusammentreffens von Kindern von psychisch kranken Eltern soll durch die Wahl der besonderen Materialien verstärkt und so die Wertschätzung dem Kind gegenüber betont werden. Aus diesem Grund sollten auch dreidimensionale Verfahren wie das Arbeiten mit Ton, Papiermaché und Gips zur Anwendung kommen. Anregungen dazu finden sich u. a. bei Leutkart et al. (2003).

In Bezug auf die Art des Arbeitens sollten unterschiedliche Methoden zur Anwendung kommen. So bietet sich – ähnlich einem Malatelier – die Möglichkeit, an den Wänden Papier anzubringen und so die Erfahrung der „unbehinderten" Bewegung zu machen (Stern 2003; S. 15). Beim Arbeiten mit Ton kann auch die Möglichkeit des Arbeitens auf dem Boden genutzt werden. Töpferscheiben sind sehr schwierig zu handhaben und schränken zudem den freien Ausdruck sehr ein. Die meisten Arbeiten sollten am Tisch stattfinden, da diese Art des Arbeitens vertraut und so die Hemmschwelle gering ist. Werkzeuge sollten nur wenige benutzt werden, beispielsweise verschieden große Pinsel bei der Arbeit mit Farbe. Nach Möglichkeit sollte unmittelbar mit den Händen gearbeitet werden. Hierdurch erfahren die Kinder, dass diese ein „wesentliches Ausdrucksmittel des Menschen" sind (Schliehe 2002; S. 68) und sie mit ihnen Dinge „schaffen" können. Zudem bieten die Hände als Werkzeug den Vorteil, dass die Kinder ihre Erfahrungen besser in den Alltag umsetzen können und keine Werkzeuge brauchen, um sich kreativ auszudrücken. Je nach individuellen Bedürfnissen und Ausgangsbedingungen lassen sich aber auch weitere Werkzeuge verwenden, beispielsweise Messer oder Spachteln in der Arbeit mit Ton.

Zuletzt sollte in Bezug auf die Methode festgelegt werden, dass hauptsächlich von der Einzelarbeit in der Gruppe ausgegangen wird. So können biografische Erfahrungen der Kinder psychisch kranker Eltern individueller aufgegriffen und bearbeitet werden.

Exemplarisch für biografisch-kunsttherapeutisches Arbeiten wird hier nun eine Übung mit Filz vorgestellt. In der Begrüßungsphase geht es vorerst um Erfahrungen und Themen, die die Kinder in der letzten Woche beschäftigt haben. In der Übungsphase erhalten die Kinder, wahlweise aus verschiedenfarbigen Rohwollsträngen, Faserbüschel und legen diese in gleicher Richtung neben- und untereinander. Dieser Prozess erfolgt anschließend in entgegen gesetzter Richtung, so dass etwas sechs bis sieben Wollschichten eine Fläche ergeben. Hierauf wird in heißem Wasser aufgelöste Olivenseife vorsichtig, nur tropfenweise, von der Mitte aus auf die Wollfläche gegeben. Dann kann das Filzen durch Druck und Reibung der Wollfläche beginnen. Die Intensität und Dauer des Filzvorgangs bestimmt hierbei die Qualität des Filzes. Je nach Wunsch der Kinder können Formen und Muster aus dem Filz geschnitten werden, so dass z.B. Untersetzer entstehen. Schließlich wird der Filz mit Wasser ausgespült und dann getrocknet.

Da die Technik des Filzens ihnen meist völlig unbekannt ist, wird ihre Neugier geweckt. Das Material Wolle vermittelt ein Gefühl von Wärme, die Hülle und Schutz bietet, so dass positive Assoziationen mögliche Hemmschwellen herabsetzen. Durch das Zupfen der Wolle kommt es zu einer Sensibilisierung, so dass die Kinder ihre Stimmungen besser wahrnehmen können. Müller-Macco (2003) weist darauf hin, dass das Schichten der Wolle zu innerer Ordnung führen kann und durch das Verbinden von Wolle und Seifenlauge Bewegung und Wandlung in den Prozess kommen. Die Kinder stellen fest, dass diese Wandlung durch ihre eigene Körperkraft hervorgerufen wird und sie dazu in der Lage sind, den Zustand der Wolle zu verändern. Dies bestärkt sie im Erkennen ihrer eigenen Fähigkeiten und verbessert so ihr Selbstvertrauen. Die Gefahr etwas falsch zu machen, besteht beim Filzen nicht, so dass die Kinder ungehemmt und frei arbeiten können. Durch die Auswahl der Farben und die eigene Bestimmung der Größe und Form des Filzes werden die Kinder in ihrer Kreativität und Individualität gestärkt. Müller-Macco erläutert, dass die unterschiedlichen sinnlichen Qualitäten des Prozesses „bannend" auf die Kinder wirken. So ist das Wasser „überflutend", die Seife matschig, die Wolle hingegen „weich, fusselig und schwebend" (Müller-Macco 2003; S. 246). Diese verschiedenen Zustände zu erfahren bedeutet für die Kinder möglicherweise auch eine Konfrontation mit ihren eigenen unterschiedlichen Sinnes-Zuständen. So können sie eine Verbindung zwischen dem Material und den eigenen Empfindungen herstellen. Die Kinder machen grundlegende Erfahrungen, da sie den ganzen Prozess nur mit ihren eigenen Händen als Werkzeug durchführen. Die Hände sind ein wesentliches Ausdrucksmittel des Menschen und sprechen positiv beide Gehirnhälften an, so dass auch kognitive Kompetenzen gefördert werden.

Des Weiteren hat das Filzen auf die Gruppe eine kommunikative und sozialisierende Wirkung: Die allen gemeinsame Basis des Unbekannten erleichtert die Kontaktaufnahme untereinander. Zugleich fördert der Prozess des Filzens die Aufmerksamkeit. Unter Umständen wird je nach Gruppenkohäsion ein Austausch von Filzteilen und Materialien angeregt und die Kinder lernen sich gegenseitig zu unterstützen.

In der Durchführung und Begleitung der Übung sollte insbesondere auf ggf. notwendige Hilfen für einzelne Kinder und auf einen achtsamen Umgang der Kinder untereinander geachtet werden. In der abschließenden Auswertung sollten ferner die individuellen, auch die sinnlichen und haptischen Erfahrungen der Kinder im Umgang mit dem Material und dem fertigen „Produkt,, thematisiert werden. Wertende Aussagen sind zu vermeiden.

5   Fazit und Ausblick

Es wird deutlich, dass durch das kreative Arbeiten mit Kindern psychisch kranker Eltern Ressourcen der Kinder gestärkt werden können. Im Umgang mit den biografischen Erfahrungen der Kinder können kreative Materialien nonverbale Ausdrucksmöglichkeiten für Gefühle und Empfindungen bieten. Durch die „Kunstwerke", die aus der Arbeit entstehen, haben die Kinder anschließend eine „dokumentierte" Erinnerung an ihre Verarbeitungsprozesse und somit auch an auslösende Situationen. Hierdurch kann biografisches Verstehen und Bearbeiten bewirkt werden, so dass den Kindern mehr und mehr ein Verständnis und ein verbesserter Umgang mit der Situation ermöglicht wird. Das Ziel der Biografiearbeit mit Kindern psychisch kranker Eltern ist es, den Kindern einen Rahmen zu bieten, in dem sie ihre Erfahrungen verarbeiten und ihren Empfindungen diesbezüglich Raum geben können. Durch die Nutzung kreativer Medien und das kunsttherapeutische Setting erhalten die Kinder die Möglichkeit oben genannte Ressourcen zu stärken. Das Medium Sprache verliert an primärer Bedeutung und das spielerisch kreative Setting erleichtert eine Auseinandersetzung mit der schwierigen Situation und dem Erlebten. Hierdurch bekommt das Selbstbild klarere Konturen, die Identität wird gefestigt und durch das Wissen und die Bewusstmachung der eigenen Geschichte das Selbstbewusstsein gestärkt (vgl. auch Lattschar & Wiemann 2007).

Literatur

Aissen-Crewett, Meike (1997): Kunst und Therapie mit Gruppen. 4. Auflage, Dortmund

Beeck, Katja (2005): Netz und Boden. Unterstützung für Kinder psychisch kranker Eltern. Berlin

Bloch-Aupperle, Susanne (1999): Kunsttherapie mit Kindern. Pädagogische Chancen – Didaktik – Realisationsbeispiele. 2. überarbeitete Auflage, München

Brownrigg, Allen et al. (2004): Helping vulnerable children to become more resilient. In: International journal of child & family welfare, 1/2004, S. 14-25

Brugger, Bernhard (2004): Evaluation der AURYN-Gruppe Münster (Oktober 2003-Februar 2004), unveröffentlichter Kurzbericht

Buchwald, Andrea (2004): Auryn – Schutzraum für starke Mädchen und Jungen. In: pro-Jugend, 1/2004, S. 15-18

Dierks, Henrike (2001): Präventionsgruppen für Kinder psychisch kranker Eltern im Schulalter („Auryngruppen"). In: Praxis der Kinderpsychologie und Kinderpsychiatrie, Jahrgang 50, 7/2001, S. 560-568

Dimova, Aleksandra & Pretis, Manfred (2005): „... und sie sollen es nicht wissen". Möglichkeiten früher Förderung bei Kleinkindern psychisch kranker Eltern. In: Unsere Jugend, 2/05, S. 65-74

Ebner, Jürgen & Raiss, Susanne (2001): Kinderprojekt Mannheim: Kinder mit psychisch kranken Eltern – Hilfen für Eltern und Kinder, Vernetzung von Ressourcen. In: Institut für Soziale Arbeit e.V. (Hrsg.): Kinder psychisch kranker Eltern zwischen Jugendhilfe und Erwachsenenpsychiatrie. Soziale Praxis, Heft 21, Münster, S. 88-103

Ehlers, Beate (1981): Die personenzentrierte Gruppentherapie mit Kindern. In: Goetze, Herbert (Hrsg.): Personenzentrierte Spieltherapie. Göttingen u. a., S. 44-64

Gauda, Gudrun (1994): Therapie für Kinder. München

Gramel, Sabine (2005): Die Darstellung von guten und schlechten Beziehungen in Kinderzeichnungen. In: Praxis der Kinderpsychologie und Kinderpsychiatrie, Jahrgang 54, 1/2005, S. 3-19

Hipp, Michael & Staets, Susanne (2001): Kinder mit psychisch kranken Eltern. KIPKEL – Ein Präventionsprojekt für Kinder psychisch kranker Eltern. In: Sozialmagazin, Jahrgang 26, 7-8/2001, S. 21-28

Kramer, Edith (2003): Kindheit und Kunsttherapie. Theorie und Praxis. Graz

Küchenhoff, Bernhard (2001): Welche Hilfen werden gewünscht? Eine Befragung von Eltern, Kindern und Bezugspersonen. In: Mattejat, Fritz & Lisofsky, Beate (Hrsg.): ...nicht von schlechten Eltern. Kinder psychisch kranker Eltern. Bonn, S. 103-107

Lattschar, Birgit & Wiemann, Irmela (2007): Mädchen und Jungen entdecken ihre Geschichte. Grundlagen und Praxis der Biografiearbeit, Weinheim und München

Leidner, Martin et al. (1997): Kinderprojekt AURYN – Abschlussbericht. Stand Dezember 1997. Freiburg (unveröffentliches Manuskript)

Leidner, Martin (2001): Das Schweigen brechen, Die Kindergruppen des Modellprojektes AURYN. In: Mattejat, Fritz & Lisofsky, Beate (Hrsg.): ... nicht von schlechten Eltern. Kinder psychisch kranker Eltern. Bonn, S. 144-148

Lenz, Albert (2005): Kinder psychisch kranker Eltern. Göttingen u. a.

Lenz, Albert (2008): Interventionen bei Kindern psychisch kranker Eltern. Grundlagen, Diagnostik und therapeutische Maßnahmen. Göttingen u. a.

Leutkart, Christine et al. (2003): Kunsttherapie aus der Praxis für die Praxis. Dortmund

Leutkart, Christine (2003a): Vorüberlegungen zum Bereich Malerei/Zeichnen. In: Leutkart, Christine et al. (Hrsg.): Kunsttherapie aus der Praxis für die Praxis. Dortmund, S. 27-40

Liebmann, Marian (1986): Spiele mit Kunst und Gruppenstruktur. In: Dalley, Tessa (Hrsg.): Kunst als Therapie, Rheda-Wiedenbrück, S. 213-233

Martini, Ulrich (2004). Kunst und Werken. In: Hoffmann, Bernward et al.. Gestaltungspädagogik in der sozialen Arbeit. Paderborn u. a., S. 157-172

Mattejat, Fritz (2001): Kinder mit psychisch kranken Eltern. Was wir wissen, und was zu tun ist. In: Mattejat, Fritz. & Lisofsky, Beate (Hrsg.): ...nicht von schlechten Eltern. Kinder psychisch kranker Eltern. Bonn, S. 66-79

Müller-Macco, Kerstin (2003): Filzen. In: Leutkart, Christine et al. (Hrsg.): Kunsttherapie aus der Praxis für die Praxis. Dortmund, S. 245-248

Neumann, Eckhard (2001): Forschungsperspektive integrativer klinischer Kunsttherapie am Beispiel einer Borderlineproblematik. In: Zeitschrift für Musik-, Tanz- und Kunsttherapie. Jahrgang 12, 4/2001, S. 171-187

Petzold, Hilarion G. et al. (1997): Protektive Faktoren und Prozesse – die „positive" Perspektive in der longitudinalen, „klinischen Entwicklungspsychologie" und ihre Umsetzung in die Praxis der Integrativen Therapie. In: Petzold, Hilarion G. (Hrsg.): Frühe Schädigungen – späte Folgen? Psychotherapie und Babyforschung, Band 1, 2. Auflage. Paderborn, S. 345-499

Pretis, Manfred & Dimova, Aleksandra (2004): Frühförderung mit Kindern psychisch kranker Eltern. München

Remschmidt, Helmut & Theisen, Frank Michael (2005): Ergotherapie. In: Remschmidt, Helmut (Hrsg.): Kinder- und Jugendpsychiatrie. Eine praktische Einführung, 4. neu bearbeitete und erweiterte Auflage. Stuttgart, S. 441-447

Richter-Reichenbach, Karin S. (2004): Kunsttherapie. Münster

Sattler, Christine (2005): Kunsttherapie als Gruppentherapie für Kinder psychisch kranker Eltern. In: von Spreti, Flora et al. (Hrsg.): Kunsttherapie bei psychischen Störungen. München u. a., S. 257-268

Schliehe, Beate (2002): „Filzen mit Seelenpflegebedürftigen Kindern". Beispiele aus der Praxis. In: Kunst & Therapie, 31/2002, S. 67f.

Schorer, Michaela (2002): Was kann Kunsttherapie für die Sozialarbeit leisten? Linz

Sipos, Valerija & Schweiger, Ulrich (2005): Gruppentherapie. In: Petermann, Franz & Reinecker, Hans (Hrsg.): Handbuch der klinischen Psychologie und Psychotherapie, Handbuch der Psychologie. Göttingen u. a., S. 685-691

Staets, Susanne & Hipp, Michael (2001): KIPKEL – ein interdisziplinäres ambulantes Präventionsprojekt für Kinder mit psychisch kranken Eltern. In: Praxis der Kinderpsychologie und Kinderpsychiatrie, Jahrgang 50, 7/2001, S. 569-579

Stern, Arno (2003): Der Malort. 2. Auflage. Einsiedeln/Schweiz

Thomas, Christoph (1996): „Ich kann aber nicht malen..." Geschichte, Verfahren, Möglichkeiten und Grenzen der Kunsttherapie. In: Kraus, Werner (Hrsg.): Die Heilkraft des Malens. Einführung in die Kunsttherapie. München, S. 13-37

Trüg, Erich & Kersten, Marianne (2002): Praxis der Kunsttherapie. Arbeitsmaterialien und Techniken. Stuttgart

Völker, Sigrid (2005): Weltenwanderer – Handeln in Übergangssituationen. In: Titze, Doris (Hrsg.): Aus der Mitte. Dresden, S. 68-74

Wagenblass, Sabine (2002): „... wenn Kinder psychisch kranke Eltern haben." In: Institut für Soziale Arbeit (Hrsg.): Hauptsache Gesund? Soziale Praxis, Heft 23, Münster

Literatur zur Vertiefung:

Lenz, Albert (2008): Interventionen bei Kindern psychisch kranker Eltern. Grundlagen, Diagnostik und therapeutische Maßnahmen. Göttingen u. a.

Mattejat, Fritz & Lisofsky, Beate (Hrsg.) (2008). Nicht von schlechten Eltern. Kinder psychisch Kranker. Bonn; = Neuauflage von Mattejat, Fritz & Lisofsky, Beate (Hrsg.) (2001) ...nicht von schlechten Eltern. Kinder psychisch kranker Eltern. Bonn

Biografiearbeit mit Jugendlichen

Peter Schwab

Kohärenz- und Identitätsentwicklung durch biografische Arbeit mit kreativen Medien in der Adoleszenz

In den letzten Jahren haben eine Reihe wichtiger neurobiologischer Arbeiten zu einer veränderten Sicht auf die adoleszente Entwicklungsphase geführt (vgl. Romer & Walker 2006). Nach einem biologisch-teleologischen Exkurs sollen deshalb im Folgenden einige Ergebnisse zu den zentralnervösen Umbauvorgängen während der späten Kindheit und der Adoleszenz vorgestellt werden mit dem Ziel, diese als biologische Anlässe für psychologische Anpassungs- und Bewältigungsvorgänge in der Adoleszenz in Grundzügen nachvollziehbar zu machen.

Identität und Kohärenz werden an anderer Stelle eingehend behandelt (in diesem Band, C. Hölzle), so dass sich die Ausführungen im vorliegenden Kapitel auf einige kurze, zieldienliche Anmerkungen zu den Identitätskonzepten von George H. Mead (1913, 1980), Erik H. Erikson (1956, 1973) und Heiner Keupp (1997) beschränken können.

Die anschließenden Ausführungen zum psychopathologischen Risikoprofil der AdoleszentInnen leiten zu allgemeinen Überlegungen über Formen und Inhalte von Biografiearbeit mit kreativen Medien über, wie sie zur Konsolidierung von Kohärenz und Identität und damit zur Prävention juveniler Störungsbilder eingesetzt werden könnten.

Zunächst aber werden Pubertät und Adoleszenz begrifflich voneinander abzugrenzen und einige charakteristische Merkmale der Prä- und Frühadoleszenz vorzustellen sein.

1   Pubertät und Adoleszenz

Nach Auffassung der meisten AutorInnen beginnt die Adoleszenz mit dem 10. Lebensjahr. Für das Ende dieser Entwicklungsphase sind die Angaben nicht so eindeutig. Einige AutorInnen gehen davon aus, dass die Adoleszenz mit dem 20. Lebensjahr abschlösse (z.B. Gunnar 2007), andere nennen das 25. Lebensjahr (z.B. Andreae 2006).

Als praktikabel erweist sich die 5-fache Unterteilung der Gesamtdauer der Adoleszenz nach Fend (2001, S. 91):

- Präadoleszenz (10. - 12. Lebensjahr)
- Frühadoleszenz (13. - 15. Lebensjahr)
- Mittlere (eigentliche) Adoleszenz (15. - 17. Lebensjahr)
- Späte Adoleszenz (18. - 20. Lebensjahr) und der
- Postadoleszenz (21. - 25. Lebensjahr).

Da die typischen biologischen Veränderungen der Pubertät diesem rigiden Zeitraster natürlich nicht folgen, erscheint es sinnvoll, die Pubertät als eine eigenständige, zeitlich variable Phase innerhalb der Adoleszenz zu betrachten. Der Beginn der Pubertät ist anhand objektivierbarer, physiologisch-morphologischer Veränderungen eindeutig feststellbar. Derartige Veränderungen zeigen sich bei Mädchen etwa ab dem 11. und bei Jungen ab dem 12. bis 13. Lebensjahr. Für den Abschluss können keine vergleichbar eindeutigen, biologischen Kriterien genannt werden.

Neben den geschlechtsspezifischen Unterschieden bezüglich des Beginns und der Dauer der Pubertät zeigen sich innerhalb der beiden Geschlechtergruppen starke interindividuelle Schwankungen (vgl. Remschmidt 1992, Fend 2001, Rathus 2006, King 2004). Relativ zeitkontingent treten mit Beginn der biologischen Umwandlungsprozesse pubertätstypische, psychologische Veränderungen auf. Remschmidt (1992) beschreibt das Verhältnis von Biologie und Psychologie in der Adoleszenz wie folgt: „... biologisch gesehen umfasst Adoleszenz die Gesamtheit der somatischen Veränderungen, die sich am augenfälligsten in der körperlichen Entwicklung und der sexuellen Reifung zeigen ... psychologisch betrachtet, umfasst sie die Gesamtheit der individuellen Vorgänge, die mit dem Erleben, der Auseinandersetzung und der Bewältigung der somatischen Wandlungen sowie den sozialen Reaktionen auf diese verbunden sind" (S. 2 - 3).

1.1 Biologische Aspekte

Die in der Pubertät zu beobachtenden, gravierenden Veränderungen des körperlichen Erscheinungsbildes, der humoralen Steuerungsvorgänge, der Verhaltens- und Bewertungsschemata werden mittels eines zeitgesteuerten Mechanismus durch Aktivierung bestimmter Gene ausgelöst. Andreae (2006) spricht in diesem Zusammenhang von einer „biosexuellen Initialzündung" (S. 214). Alle Veränderungen zielen darauf ab, den jungen Menschen reproduktionsfähig, d.h. geschlechtsreif zu machen. Das geschieht dadurch, dass aktivierte Gene die

Herstellung gonadotropiner Hormone veranlassen, die ihrerseits die pubertäre Metamorphose einleiten und steuern. Die am meisten ins Auge stechende Veränderung betrifft das Größenwachstum. Die Wachstumsgeschwindigkeit wird in Zentimetern pro Jahr angegeben. Sie ist im 1. Lebensjahr am höchsten und verlangsamt sich dann in den nachfolgenden Jahren kontinuierlich, bis sie in der Latenzphase Werte um 5 cm/Jahr erreicht. In der präpubertären Phase ist dann eine erneute Beschleunigung der Wachstumsraten in der Größenordnung von 9,5 cm/Jahr bei Jungen und 8 cm/Jahr bei Mädchen zu beobachten. Doch ab dem 12. Lebensjahr bei Mädchen und ab dem 14. Lebensjahr bei Jungen verlangsamt sich das Wachstum wieder.

Nach Durchlaufen der pubertären Entwicklungsphase liegt eine völlig veränderte Situation vor: das bis dato zu versorgende Kind erfüllt so gut wie alle körperlichen Voraussetzungen zur Zeugung eigenen Nachwuchses. Körperbau und Muskelkraft entsprechen nahezu dem Erscheinungsbild Erwachsener.

Ein zentrales, evolutionsbiologisches Prinzip besteht in der Diversifizierung von Erbinformationen. Eine Zunahme der chromosomal verankerten Merkmalsvielfalt bedeutet evolutionsbiologisch gesehen u.a. Schutz vor erblich bedingten Erkrankungen und verbesserte Anpassungsfähigkeit (Bischof 1985). Viele uns bekannte Entwicklungsvorgänge dienen dem Ziel, die genetische Vielfalt zu vergrößern. Meiotische Zellteilungen (Produktion von Geschlechtszellen mit haploidem Chromosomensatz) sind im Gegensatz zu mitotischen Zellteilungen bereits auf Herstellung genetischer Merkmalsvielfalt ausgelegt, indem hier chromosomale Rekombinationen des väterlichen und mütterlichen Erbgutes stattfinden. Die Pubertät mit ihren biologischen Reifungsvorgängen und psychologischen Veränderungen von Motivations- und Bedürfnisstrukturen ist – evolutionistisch gesehen – auf die Zunahme genetischer Variabilität durch Verbreitung von Erbinformationen im außerfamiliären Raum ausgerichtet. In den „neuen" Zielen, denen AdoleszentInnen jetzt vehement entgegen streben, erkennt man unschwer die starke Dranghaftigkeit des biologischen Diversifizierungsprinzips, welches sich in einer räumlichen und geistigen Distanzierung von Eltern und Familie, der verstärkten Hinwendung zu interessenskonformen peer groups ebenso zeigen kann wie in den Versuchen, die bestehenden Ordnungen und Werte für überkommen und ungültig zu erklären.

Gesellschaftliche Normen stehen dabei nicht unbedingt im Widerspruch zu den biologischen Impulsen der AdoleszenInnen. Das in fast allen Kulturen anzutreffende Inzesttabu beispielsweise richtet sich eindeutig gegen genetische Konvergenz (vgl. Bischof 1985). Auch die weit verbreitete gesellschaftliche Erwartungshaltung, dass der/die Adoleszent/in sich aus der heimatlichen Umgebung lösen möge, um an entfernteren Orten neue Eindrücke und Erfahrungen zu sammeln sowie neue soziale Beziehungen zu knüpfen, konveniert mit den o. a.

biologischen Imperativen. Neben die Vergrößerung der genetischen Variabilität tritt die Erweiterung der kulturellen Basis, die den Individuen einer Sozietät ebenfalls einen selektiven Vorteil verschaffen kann. Erdheim (1988) weist in diesem Zusammenhang auf die Bedeutung der Adoleszenz für die Kulturentwicklung hin.

Die die Erwachsenenwelt repräsentierenden gesellschaftlichen Normen und Werte müssen vermittelt und erlernt werden. AdoleszentInnen sind aber im Umgang mit den entsprechenden normativen Vorgaben der Erwachsenenwelt unerfahren. Hinzu kommt ein zu diesem Zeitpunkt noch im Umbau begriffenes zentrales Nervensystem, welches noch keine reife Urteilsfähigkeit zur Verfügung stellen kann. Das Resultat ist eine erhöhte Verunsicherbarkeit und Verletzlichkeit – ausgerechnet in Zeiten des Umbruchs und der Neuorientierung.

1.2 Das adoleszente Gehirn

Die psychosozialen Veränderungen, die mit der Adoleszenz einhergehen, wurden früher als unmittelbare Folge der hormonellen Umstellungen gesehen. Von einer Umorganisation des adoleszenten Gehirns ging man nicht aus. Remschmidt schreibt noch 1992 in seinem Standardwerk zur Adoleszenz: „Alle ... strukturellen und funktionellen Veränderungen des Gehirns lassen sich unter dem Gesichtspunkt der Hirnreifung zusammenfassen. Sie sprechen übereinstimmend dafür, dass zum Zeitpunkt der Pubertät bzw. in den Jahren danach die funktionelle Hirnreifung weitgehend abgeschlossen ist" (S. 40).

Die Arbeiten von Elizabeth R. Sowell und Paul M. Thompson (University of California School of Medicine, Los Angeles) haben ebenso wie die von Jay N. Giedd, Judith L. Rapoport, Philip Shaw (National Institute of Mental Health, Bethesda) und vielen anderen gezeigt, dass das Gehirn von den somatischen Veränderungen während der Pubertät in einem vorher nicht für möglich gehaltenen Ausmaß betroffen ist (Giedd et al. 1996, 1999; Gogtay et al. 2004; Paus et al. 1999; Lenroot et al. 2007; Shaw et al. 2008; Sowell et al. 2003, 2007; Thompson et al. 2000). Zuvor galt ja noch die Doktrin von Ramon y Cajal, dass sich nach Abschluss der Entwicklung des Gehirns im frühen Kindesalter keine Neuronen mehr bilden könnten. Die Anzahl der Neuronen würde sich vielmehr stetig und unaufhaltsam verringern. Die als Plastizität bezeichnete Entwicklungsfähigkeit des Gehirns, die besonders bei der Kompensation von Hirnleistungsstörungen aufgrund von Läsionen in Erscheinung tritt, könne keinesfalls Folge neu entstehender Neuronen sein (Petermann et al. 2004, S. 110). Die viel zitierte Arbeit von Peter S. Eriksson und KollegInnen hat jedoch gezeigt, dass die in Tierversuchen beobachtete Neurogenese (mitotische Teilung von Nervenzellen) auch beim Menschen stattfindet (Eriksson et al. 1998, S. 1315).

Vor allem Jay N. Giedd wird im Bewusstsein der Öffentlichkeit mit dem Nachweis der Neurogenese in den Gehirnen Lebender in Verbindung gebracht (Wallis 2008). Für Wiederholungsmessungen an einer zunächst relativ kleinen Gruppe Heranwachsender verwendete er und sein Forscherteam das Magnetic-Resonance-Imaging-Verfahren (MRI), welches hierzulande auch unter der Bezeichnung Magnet-Resonanz-Tomographie (MRT) bekannt ist (Giedd et al. 1996).

Zur Überraschung der ForscherInnen zeigte sich etwa mit Beginn der Präadoleszenz zunächst eine Zunahme und anschließend – mit Beginn der Frühadoleszenz – eine deutliche Abnahme der grauen Substanz im Gehirn bei gleichzeitiger Zunahme der weißen Substanz. Die graue Hirnsubstanz besteht aus Nervenzellen und ihren Zellfortsätzen. Die weiße Hirnsubstanz besteht vornehmlich aus Myelin. Bis zu 50% aller Nervenzellfortsätze werden im Rahmen des Umbaus des menschlichen Gehirns mit diesem Myelin ummantelt, was Schutz vor Störreizen und Steigerung der Nervenleitgeschwindigkeit bedeutet. Doch das, was man heute zu Beginn der Präadoleszenz beobachtet, erinnert stark an die schon seit längerer Zeit bekannten, neurobiologischen Entwicklungsprozesse in der frühen Kindheit (Huttenlocher 1979).

Der frühkindliche Auf- und Umbau des Gehirns erfolgt dabei nach diesem phasenhaften Ablaufschema:

„Proliferation": Bereitstellung von Neuronen und neuronalen Verbindungen einschließlich Dendriten und Synapsen im Übermaß.

„Selektion und Adaptation": Auswahl von nervalen Verknüpfungen nach dem Kriterium, ob sie in der Individuum-Umwelt-Interaktion gebraucht wurden oder nicht.

„Stabilisierung": Reduktion der Störanfälligkeit und Beschleunigung der Nervenleitung durch Myelinisierung.

Die Untersuchungen der o. a. ForscherInnen zeigen nun, dass dieser soeben beschriebene Auf- und Umbau des Gehirns ein zweites Mal im Leben eines Menschen stattfindet und zwar mit Beginn der Adoleszenz. In dieser Zeit setzt in unterschiedlichen Hirnarealen und mit unterschiedlicher Geschwindigkeit erneut ein verstärktes neuronales Wachstum der grauen Substanz mit der Neubildung von Dendriten und Synapsen ein („Proliferation") . Wie der Bildhauer aus einem Marmorblock eine Skulptur meißelt, bilden sich aus dem Überangebot an nervalen Verbindungen die Verschaltungsstrukturen heraus, die der junge Mensch in seiner Auseinandersetzung mit der (Lern-)Umwelt benötigt („Selektion und Adaptation"). Das Fein-Tuning des Gehirns bzw. die „Feinverdrahtung der corticalen Areale" (Roth 2001, S. 333) findet dann unter Zunahme der weißen Substanz in der 3. Phase („Stabilisierung") statt.

Die neurostrukturelle Entwicklung des Gehirns in der Adoleszenz ist ein eindrucksvolles Beispiel für die ontogenetische Anpassungsfähigkeit des Menschen. Wie man jetzt weiß, findet die lernende Neuorientierung der Adoleszenz nicht nur auf der „software"-Ebene des Gehirns statt, sondern auch auf der „hardware"-Ebene (Paus et al. 1999; Casey et al. 2000; Dranganski et al. 2004; Sisk & Foster 2004; Shaw et al. 2006a, 2008; Boyke et al. 2008).

Der Umbau beginnt im hinteren Bereich des Gehirns, wo er dann auch am frühesten abschließt. Die Stirnlappen (präfrontaler Abschnitt des Gehirns) bleiben am längsten Baustelle. Dieser zu den tertiären Zonen des Kortex zählende Teil des Gehirns ist bei der Entstehung von Absichten und Programmen wie auch bei der Steuerung und Kontrolle komplexester Formen menschlichen Verhaltens entscheidend beteiligt. Er zählt zu den Strukturen, die für gegenwarts- und zukunftsbezogene Verhaltensorientierung zuständig sind. (Lurija 1992). Der präfrontale Kortex ist damit der Ort der höchsten Form der (menschlichen) Nerventätigkeit.

Evolutionsbiologisch gesehen sind die Parallelen der neuronalen Entwicklung von Kleinkind- und Adoleszentenalter gut nachvollziehbar. Dem Kleinkind muss es gelingen, sich nach der Geburt möglichst schnell und effizient an seine vorgefundene Lern- und Versorgungswelt anzupassen. Spielten in der kindlichen Lernwelt die Herstellung und Aufrechterhaltung von Bindungen zu liebenden und versorgenden Personen (Eltern und andere Bezugspersonen) eine zentrale Rolle, müssen in der Adoleszenz Eigenständigkeit, partnerschaftliche Bindungsfähigkeit, soziale Autarkie, Urteilsfähigkeit und vieles mehr in relativ kurzer Zeit erworben werden. Das zentrale Nervensystem der heranwachsenden Menschen schafft durch die beschriebenen Umbaumaßnahmen die Voraussetzungen für diese gewaltige Lernanforderung (vgl. Spear 2007).

2 Identität

Der junge Mensch muss im Sinne Erikson's (1973) in der Adoleszenz seine Identität weiterentwickeln, so dass er in der Lage ist, das Repertoire der sozialen Rollen Erwachsener in Anspruch zu nehmen. In dem Maße, wie ihm das gelingt, stellen sich Selbstvertrauen und Selbstsicherheit zusammen mit dem Gefühl ein, den neuen Anforderungen gewachsen zu sein und als sinnvoll erleben zu können. Gleichzeitig kann er erfolgreich als „identifizierbares", sozial zuordbares Mitglieder seiner Gesellschaft mit anderen „Identitäten" in soziale Interaktion treten. Erikson sieht in der Entwicklung von Identität eine der wichtigsten Aufgaben der Adoleszenz (vgl. auch Bohleber 1996, S. 9).

Der/die sich normal entwickelnde Heranwachsende ist sich der physischen, psychischen und sozialen Veränderungen seiner/ihrer Adoleszenz durchaus bewusst. Gleichwohl wird er/sie in der Regel den adoleszenten Identitätswandel nicht als solchen wahrnehmen und beschreiben können. Das zeigt, dass im subjektiven Erleben adoleszente Identitätsentwicklung nicht primär als ein abrupter Übergang sondern als kontinuierlicher Wandel erlebt wird, bei welchem aus dem Vorhandenen das Neue kohärent entsteht. Die Selbstgewissheit bleibt im Normalfall unberührt. Jedoch kann ein gänzlich fehlender Bezug zu den Vorformen der adoleszenten Identität ein hochgradiger Risikofaktor für das sein, was Erikson als „Identitätsdiffusion" bezeichnet.

2.1 Anmerkungen zu George H. Mead

In dem 1913 erschienenen Aufsatz „The Social Self" entwickelt George H. Mead in einem klassischen philosophischen Diskurs einen wegweisenden Identitätsbegriff, der sich von den sozialen und kommunikativen Möglichkeiten menschlichen Handelns herleitet. Identität ergibt sich seiner Meinung nach, wenn sich das Subjekt „Mensch" im reflexiven Umgang mit sich selbst als Objekt nimmt. Das immer nur als gegenwärtig gedachte Ich kann sich selbst nur dann als Objekt haben, wenn es sich als in der Vergangenheit handelnd und fühlend vorstellt, denn „ ... die Identität (kann) im Bewusstsein nicht als ein 'Ich' auftreten, sondern stets (nur als) ein Objekt ..., d.h. ein ‚Mich'..." (Mead 1980, S. 241). Zu der Identität begründenden Kongruenz von Subjekt und Objekt sagt er: „So findet man in der wiederhergestellten Identität des jeweils vergangenen Augenblicks sowohl ein Subjekt wie ein Objekt. Aber man stößt auf ein Subjekt, das jetzt zum Objekt der Beobachtung geworden ist und von gleicher Natur ist wie die Identität als Objekt, wie wir sie uns im Verkehr mit den Menschen unserer Umgebung vorstellen" (S. 241).

Allerdings darf man nicht übersehen, dass in seinem Ansatz an die Stelle des „Mich" jeder Zeit auch „der Andere" treten kann, ja muss (vgl. Joas 1980). In der Auseinandersetzung mit der Identität der Anderen können sich zwischenmenschliche Identitäten formal und funktional aufeinander abstimmen und so kommunikations- oder anschlussfähig werden bzw. bleiben. „Sich der Identität eines Anderen als einer Identität bewusst zu sein, bedeutet, dass wir seine Rolle oder die eines Anderen gespielt haben, mit dem wir ihn zu Zwecken des sozialen Umgangs identifiziert haben" (Mead 1980, S. 246).

Die interaktionistische Betrachtungsweise der Entstehung von Identität lässt sich somit in Verbindung bringen mit der Frage nach dem Funktions- und Wirksamkeitsprinzip sozialer Rollen. So wie sich Identitäten interaktiv im Gefolge von Präsentationen, Reaktionen und Redefinitionen bilden können, werden Rollen sozial relevant, wenn sie von dem Anderen verstanden und für bedeutsam gehalten werden. Gleichwohl ist Identität keine soziale Rolle, sondern eine Form des Selbst, die als Integrationsebene aller möglichen sozialen Rollen die Funktion der generellen, das Individuum charakterisierenden Rollenrepräsentanz übernimmt. Nach Bohleber (1996) wird von außen an den Adoleszenten die Anforderung gerichtet, „ … sich zu definieren (und) Rollen zu übernehmen … Identität stellt die Schnittstelle zwischen gesellschaftlichen Erwartungen an den einzelnen und dessen psychischer Einzigartigkeit dar, sie ist das Produkt der Vermittlung und eine dynamische Balance zwischen beiden Seiten" (S. 9). Damit wäre Identität aufzufassen als das Ergebnis von „Selbstidentifizierung" (Zaumseil et al. 1997 S. 148) und den rollenabhängigen, interaktiven Vergleichen mit anderen Identitäten.

2.2 Patchwork-Identität

Es lassen sich, anders als in Diskursen zur Salutogenese resp. Kohärenz, keine bruchfreien Entwicklungslinien zu einem Grundkonzept von Identität zurückverfolgen, woraus Heiner Keupp für sich die Freiheit abgeleitet haben mag, den bestehenden Identitätstheorien noch ein Patchwork-Konzept der Identität zur Seite zu stellen (Keupp 1997; Keupp & Höfer 1997).

Zaumseil (1997) weist darauf hin, dass viele AutorInnen „... den Vorgang der Individualisierung in den Mittelpunkt (stellen), mit dem die Herauslösung der Menschen aus traditionellen Sozialformen und Orientierungen beschrieben wird. Individualisierung führt dazu, dass Biographien und Identitäten nicht mehr weitgehend vorstrukturiert sind, sondern selbst entworfen werden müssen. Die Menschen sind darauf angewiesen, sich nach eigenem Gutdünken selbst zu 'verwirklichen', sich selbst artikulieren und darstellen zu müssen. Ihnen wird unterstellt, dass sie die Wahl zwischen unterschiedlichen Wegen haben und ihren Weg aufgrund persönlicher Entscheidungen gehen. Dies geschieht nicht unbedingt rational geplant, sondern autodidaktisch herumprobierend" (S. 152).

Dahinter verbirgt sich die Frage, ob Identität nicht selbst als flexibel und als im hohen Maße anpassungs- und wandlungsfähig zu konzipieren sei. Identität müsste sich dann nicht auf ein nach Homogenität strebendes Ganzes einer Persönlichkeit ausrichten. Täte sie das, verlöre sie die Affinität zu den Menschen unserer Zeit, die sich immer wieder neu mit vielfältigen, wandelbaren sozialen Bezügen arrangieren müssen.

Diese Vorstellung von einer Patchwork-Identität verlangt aber nach einem Kunstgriff, der schließlich zu Lasten eines brauchbaren Identitätskonzeptes gehen könnte. Wenn man davon ausgeht, dass ein bewusstes, planmäßiges und modifizierendes Handeln in Bezug auf die eigene Identität möglich sei, käme man nicht umhin, eine Ich-Instanz einzuführen, von der diese Handlungen vorgenommen werden könnten. Wie sähe diese aus? Mit welcher Form von Identität wäre sie in Verbindung zu bringen?

Unabhängig davon aber stellt sich auch die Frage nach dem Verhältnis von Sozialer Rolle auf der einen Seite und dem Konzept der Patchwork-Identität auf der anderen. Patchwork-Identität beschneidet die herkömmliche Identität (sensu Mead und Erikson) um eine zentrale Eigenschaft, nämlich um die der Konstanz, die ihrerseits wiederum zentrale Voraussetzung dafür ist, dass sich das Individuum als dauerhaft unverwechselbar und einmalig erleben kann. Auf dieser an Invarianz grenzenden Stabilität können unterschiedliche soziale Rollen „figurieren". Erst auf dem Hintergrund einer sicheren Identität kann das Individuum unbeschadet verschiedene soziale Rollen ausprobieren und gegebenenfalls modifizieren. Angesichts eines gut ausformulierten Rollenkonzeptes erscheint auf der Folie dieser Überlegungen eine Theorie der Patchwork-Identität entbehrlich, zumal einige AutorInnen die risikobehaftete, adoleszente Identitätskomplikation („Identitätsdiffusion" bei Erikson) mit Rollendiffusion (z.B. Gamper 1981. S. 453) gleichsetzen.

2.3   Kohärenz, Identität und soziale Rolle

Wollte man Kohärenz, Identität und Rolle in eine (hierarchische) Ordnung bringen, stünde an der Spitze „Kohärenz" als eine übergeordnete, auf Sinnhaftigkeit und Stabilität ausgerichtete, psychologische Grundhaltung, gefolgt von einer Einzigartigkeit und Konstanz repräsentierenden „Identität" und den wandlungs- und anpassungsfähigen „sozialen Rollen".

Antonovsky unterscheidet zwischen „... dem Konzept der Ich-Identität, die sich, wie er argumentiert, auf das Bild von einem Selbst richtet, während das Kohärenzgefühl sich auf das Bild richtet, was man von der Welt hat, das aber, wie er meint, das Selbst umschließt" (zit. nach Höfer 2000, S. 59). Damit wird Kohärenz als etwas Überdauerndes dargestellt, worauf das Selbst gerade dann zurückgreifen kann, wenn es sich im Wandel befindet. Kohärenz kann Schutz vor übereilter Anpassung, die in Identitätsdiffusion (Erikson 1973) umschlagen kann, bedeuten. Kohärenz ist gleichsam die Voraussetzung dafür, dass Identitätswandel als sinnvoll und nicht als biografische Last empfunden werden kann. Kohärenz ist eng mit dem assoziiert, was man den stabilen (invarianten) Kern von Identität nennen könnte. Sie ermöglicht es, dass der zeitweilig sehr zügig erfolgende, adoleszente Identitätswandel als gewollt und als zielgerichtet erlebt wird. Kohärenz bindet schließlich Ängste und minimiert – transaktional gesehen

– Stress. Die mit Kohärenz verbundenen Widerstandsressourcen sind für präventive Zwecke unentbehrlich (vgl. Schüffel et al. 1994).

Was hier zum Verhältnis von Kohärenz und Identität gesagt wird, trifft in
noch höherem Maße für die Beziehung von Kohärenz und sozialer Rolle zu. Anders als Identität können Rollen relativ leicht gewechselt werden. Es besteht also
die Chance, sich von erfolglosen, vielleicht sogar Angst induzierenden Rollen
zu verabschieden, indem man sie durch andere ersetzt. Gleichzeitig ist "Rolle"
allgegenwärtig. Ob sich Misserfolge, vielleicht sogar persönliche Kränkungen
an der jeweiligen Rolle relativieren und damit handhabbar bleiben oder aber
auf ein ungeschütztes Selbst treffen, hängt von der Qualität der Kohärenz im
Zusammenhang mit einer stabilen Identität ab.

3   Risiken

Einleitend sei darauf hingewiesen, dass die Adoleszenz mit ihren psychosexuel-
len, emotionalen und kulturellen Wandlungs- und Anpassungsvorgänge auch mit
Vorteilen für das Individuum verbunden sein kann. Hierauf macht Eissler (1966)
aufmerksam, der in der adoleszenten Entwicklungsphase eine zweite Chance
für das Individuum erblickt. Die adoleszenten, hirnorganischen Entwicklungen,
die Parallelen zur der in der frühen Kindheit aufweisen, lassen diese Auffassung
heute plausibel erscheinen. Das trifft auch für die Feststellung von Blos (1973)
zu: „Es ist noch wenig beachtet worden, dass die Adoleszenz nicht nur trotz,
sondern eher wegen ihres emotionalen Aufruhrs oft eine Spontanheilung für
schwächende Kindheitseinflüsse bietet und dem Individuum Gelegenheit gibt,
Kindheitserfahrungen, die seine fortschreitende Entwicklung bedroht haben, zu
modifizieren und zu korrigieren" (zit. n. Wölzl 1995, S. 85).

Die Risiken der Adoleszenz liegen einmal in der störanfälligen, aber unab-
wendbaren Synchronizität der biologischen und psychologischen Entwicklungen begründet, für die, einmal in Gang gesetzt, keine nennenswerten Pausen zur
Neuorientierung oder Revision vorgesehen sind. Zum Anderen sieht sich der/die
Adoleszent/in mit teilweise völlig neuen kulturellen Anforderungen konfrontiert, die darüber hinaus widersprüchlich sind und es ihm/ihr schwer machen,
die angemessene neue soziale Rolle zu finden und umzusetzen.

„Der Adoleszent kann und soll zwar die herrschende Kultur assimilieren,
modifizieren, innovieren und verändern. Er kann und soll in Werten, Wissen
und Widersprüchen zwischenmenschlicher, ökonomischer, politischer, religi-
öser Praktiken und Ideologien oszillieren und das aus einem Freiraum heraus
kritische und kreative Impulse setzen. Je mehr er das aber tut, desto mehr geht

er des unterstützenden Haltes sowohl der Familie wie der Gesellschaft verlustig und sieht sich gleichzeitig mit kontrollierendem Konformitäts- und Tabuisierungsdruck konfrontiert ... Ein Wechselspiel der freiheitlichen Selbstentwürfe und einer Sozialisierung im kollektiven Normierungsdruck belastet den innerpsychischen Transformationprozess der Identität- und Persönlichkeitsformung." (Andreae 2006, S. 215). Andreae sieht hierin das Klima, welches zu den typischen leichten und schweren Adoleszentenkrisen führen kann.

Gelungene und misslungene Identitäts- und Kohärenzentwicklungen werden oft ausschließlich als Folge einer fehlerhaften, unzureichenden Sozialisation aufgefasst, wobei „Sozialisation" als ein primär psychosoziales, gesellschaftlich vermitteltes Geschehen betrachtet wird. In dieser Einseitigkeit drückt sich die Annahme aus, die körperlichen Veränderungen, und hier vor allem die neuronale Entwicklung des ZNS, sei strukturell nicht beteiligt oder nur in einer Weise, dass die Beteiligung vernachlässigt werden könne. Die Ausführungen über das adoleszente Hirn aber zeigen, dass die Sozialisation in dieser Zeit prägenden Charakter haben kann auch bezüglich der anatomisch-morphologischen Hirnstruktur. Hier kann es zu störungsrelevanten und später weitgehend irreversiblen Strukturveränderungen des Gehirns kommen. Langzeiteffekte – im positiven wie im negativen Sinne – könnten somit in Abhängigkeit der adoleszenten Sozialisationsbedingungen auftreten. In diesem Zusammenhang müssen übrigens auch die Folgen von missbräuchlichem Konsum psychotroper Substanzen (vgl. Kumra 2007) und die Auswirkungen von chronischem Stress kritisch reflektiert werden (B. McClure & D. S. Pine 2006, S. 227). Stress gilt heute neben Heredität als einer der einflussreichsten ätiopathologischen Faktoren hinsichtlich der Entstehung von affektiven Psychosen (Förstl et al. 2006; Chang et al. 2007; Alloy et al. 2007).

Zahlreiche psychische Alterationen sind mit der Adoleszenz assoziiert. Die Anorexia nervosa beispielsweise wird als Pubertätsmagersucht bezeichnet. Schizophrene und affektive Psychosen (bipolare depressive Erkrankungen) haben ihre höchsten Inzidenzen und Prävalenzen in der Adoleszenz. Bekannt ist auch, dass Suchtentwicklungen, soziale Auffälligkeiten, Kriminalität etc. in der Pubertät ebenso ihren Ausgang nehmen können wie pathologische Persönlichkeitsveränderungen und eine nicht geringe Anzahl Adoleszenz spezifischer somatischer Erkrankungen. Letztere betreffen neben allgemeinen Entwicklungsstörungen auch orthopädische, urologische und endokrinologische Erkrankungen. Ausführlich werden die Risiken der Adoleszenz u.a. bei Remschmidt (1992), Fend (2001) und Rathus (2006) beschrieben.

Die Schizophrenie bzw. Hebephrenie stellt zweifelsfrei eine der schwersten Krisen der Adoleszenz dar. Die Erkrankung kann sich über einen ausgedehnten Zeitraum (Monate bis Jahre) langsam oder relativ schnell innerhalb weniger

Wochen und Tage entwickeln. Sie bedarf einer Behandlung (oft stationär), die Monate bis Jahre in Anspruch nehmen kann. Anders als noch vor wenigen Jahrzehnten wird die Schizophrenie heute nicht mehr als eine primär chronische, d.h. unheilbare Krankheit angesehen. Allerdings ist eine Heilung ohne residuale Symptomatik nur in ca 20-30% der Fälle zu erwarten. Ein Drittel der Betroffenen bleibt auffällig, wobei es zu episodenhaften Exazerbationen der Erkrankung kommen kann bei evtl. nur schwach ausgeprägter Residualsymptomatik. Ein weiteres Drittel zeigt einen ausgesprochen progredienten Verlauf mit häufigen Episoden und immer deutlicher in Erscheinung tretenden Residuen und Persönlichkeitsveränderungen.

Die beispielsweise bei schizophrenen Psychosen zu beobachtenden wechselnden Ich-Zustände, die ausgeprägten Denk-, Wahrnehmungs- und Gefühlsstörungen sind Ausdruck einer schweren Identitätsstörung, die bei einer Chronifizierung der Erkrankung auch die Pathognomik prägt.

Die adoleszenten, psychopathologischen Störungsbilder sind heute Gegenstand vieler Untersuchungen, in denen erfolgreich die Symptomatologie der jugendpsychiatrischen Krankheitsbilder mit den strukturellen, cerebralen Umbauvorgängen während der Adoleszenz in Beziehung gesetzt werden (Rapoport et la. 1999; Andreae 2006; Förstl et al. 2006; Shaw et al. 2006b; Kumra 2007; Sowell et al. 2007; Tucker & Moller 2007; Winters 2008).

4 Biografiearbeit mit kreativen Medien

4.1 Befähigung zur (intuitiven) Biografiearbeit

Die Art und Weise, wie Menschen sich täglich mit selbst- und fremdbiografischen Inhalten auseinander setzen, könnte man zum Zwecke der Abgrenzung von einer theoriegeleiteten, methodisch fundierten biografischen Vorgehensweise als intuitive Biografiearbeit bezeichnen. Sie gründet auf humane Reflexionsfähigkeit und stellt eine wichtige Kulturleistung und -übung dar. Man kann davon ausgehen, dass AdoleszentInnen die Techniken des biografischen Vergegenwärtigens durch Modelllernen und Einüben im Grundsatz beherrschen.

4.2 Strukturierte, methodische Biografiearbeit

Dieser „intuitiven" und durch alltägliche Wünsche und Absichten veranlassten Biografiearbeit ist eine andere Form der Biografiearbeit gegenüberzustellen, die von Lattschar & Wiemann (2008) beschrieben wird als „... eine strukturierte Methode in der pädagogischen und psychosozialen Arbeit, die Kindern, Jugendlichen, Erwachsenen und alten Menschen ermöglicht, frühere Erfahrungen, Fakten, Ereignisse des Lebens zusammen mit einer Person ihres Vertrauen, zu erinnern, zu dokumentieren, zu bewältigen und zu bewahren. Dieser Prozess ermöglicht Menschen, ihre Geschichte zu verstehen, ihre Gegenwart bewusster zu erleben und ihre Zukunft zielsicher zu planen" (S. 13)

In diesem Zitat wird deutlich, dass Biografiearbeit das Ziel verfolgt, eine Beziehung zur eigenen Geschichte zu entwickeln. In dem Maße, wie dieses gelingt, verbessern sich beispielsweise nach Lattschar & Wiemann (2008), Ryan et al.(2007) und Ruhe (2007) die Aussichten, dass Gegenwart und Zukunft von den KlientInnen verständlicher, handhabbarer und sinnvoller erlebt werden können.

Dass sich biografische Rückbesinnung und Vergegenwärtigung lebensgeschichtlich wichtiger Ereignisse sowie das Aufzeigen biografiekonformer Zukunftsperspektiven grundsätzlich förderlich auf Kohärenz- und Identitätsentwicklung auswirken können, belegen u.a. Arbeiten von Antonovsky (1997), Bengel et al. (1998) und Schiffer (2001).

Es ist hervorzuheben, dass die Ausführungen in dem vorliegenden Kapitel nicht auf adoleszente Krankheitsbilder orientiert sind, die nach einer medizinischen bzw. jugendpsychiatrischen Behandlung verlangen. Auch wenn Biografiearbeit hilfreich bei der Aufarbeitung und Bewältigung der Vergangenheit sein kann, wird sie hier nicht als eine sozio- oder psychotherapeutische Interventionsmethode vorgestellt. Es geht also nicht primär um die Thematisierung und Aufarbeitung von traumatischen life events. Die Adoleszenz ist vielmehr selbst das zu focussierende life event, welches nicht zum Trauma werden soll.

Das hier mit Biografiearbeit avisierte Ziel ist also „Verbesserung der externen und internen Entwicklungsbedingungen in einer für Adoleszenten vulnerablen Lebensphase". Es wäre schön, wenn sich die Umsetzung dieses Zieles mit der Prävention psychischer Krankheiten, Suchtentwicklungen und Persönlichkeitsstörungen verbinden ließe.

Die Wirksamkeit von Biografiearbeit ist evident und wird darüber hinaus durch viele Erfahrungsberichte belegt. Gegen den Einsatz dieser aus dem Kulturgut der Menschheit abgeleiteten, unterstützenden Methode können keine grundsätzlichen ethischen Bedenken ins Feld geführt werden. Obwohl Biografiearbeit als nebenwirkungsfreies Verfahren gelten kann, erscheinen mit Blick auf die Vulnerabilität der Jugendlichen auch Überlegungen zu möglichen negativen Effekten angebracht zu sein.

4.3 Rückblickfreie Biografiearbeit?

Biografiearbeit scheint vor allem eine Methode des strukturierten Zurückschauens zu sein, die sehr willkommen ist, wenn es beispielsweise gilt, einer Identitäts-/Kohärenzschwäche durch Rückbesinnung auf stabile und anschlussfähige (kindliche) Vorformen entgegenzuwirken. Erikson hat erkannt, dass die von AdoleszentInnen oft mit ostentativer Überlegenheit und Sicherheit präsentierte juvenile Identität sehr fragil sein kann. Die sich abzeichnende adoleszente Identität erscheint wie eine Brückenkonstruktion in Leichtbauweise, die einerseits Kühnheit und Explorationsfreudigkeit demonstrieren möchte, andererseits aber stets wegen Überlastung einzustürzen droht. In dieser schwierigen Situation kann Biografiearbeit äußerst hilfreich sein, wenn sie auf eine von den AdoleszentInnen akzeptierte Weise den Bezug zur kindlichen Kohärenz und Identität bewahrt oder gegebenenfalls wieder herstellt. Die Rekurrenz auf die gerade erst durchlaufene Kindheit ist damit eine der wenigen Möglichkeiten für den/die AdoleszentInnen, Stabilität, Kontinuität und Sinnhaftigkeit der eigenen Entwicklung zu sichern (vgl. Diephold 1990).

Doch die o.a. biologischen Impulse, der starke, nach vorne orientierte Wunsch, endlich der Erwachsenenwelt zugehörig zu sein, kann dazu führen, dass Adoleszenten/innen zur eigenen kindlichen Biografie auf Distanz gehen. Es ist also damit zu rechnen, dass das Biografieangebot bei den AdoleszentInnen zunächst einmal Widerstand hervorruft. Die Heranwachsenden richten ihren Blick lieber auf die aufregende Zukunft, in welcher sie eine bedeutende Rolle als Erwachsene zu spielen gedenken, und assoziieren mit der unmittelbaren Vergangenheit kindliche Unmündigkeit und Abhängigkeit, mangelnde Urteilsfähigkeit und fehlende Zugangsberechtigungen.

Biografiearbeit, die den Focus auf die sehr interessierenden adulten Lebensentwürfe und damit auf das zukünftige Selbst richtet, dürfte hingegen auf Zustimmung stoßen. Die Bezugnahme auf das „historische" Selbst erschiene den AdoleszentInnen in einem zukunftsorientierten Kontext wahrscheinlich plausibel und damit weniger bedrohlich.

Mit dem Einsatz kreativer Medien, wie er bei Lattschar & Wiemann (2008) beschrieben wird, scheinen die Voraussetzungen für eine nach vorne orientierte Biografiearbeit gegeben zu sein. Weitere Vorteile der Verwendung kreativer Medien in der Biografiearbeit sind unter anderem:

1. Die Abwehr des Zurückblickens selbst kann von Beginn an oder im Verlauf zum Gegenstand des biografischen Arbeitsprozesses mit kreativen Medien gemacht werden.

2. Kreative Medien eigenen sich als Projektionsfläche für subjektive Einstellungen (Normen, ethische und moralische Wertvorstellungen etc.), über die AdoleszentInnen temporär nicht sprechen wollen oder können.
3. Ein besonderes Merkmal biografischen Arbeitens mit kreativen Medien ist attraktive Gestaltungsfreiheit bei gleichzeitiger Regelverbindlichkeit.
4. Persönlich bedeutsame Symbole können bzw. sollen in die kreative Biografiearbeit eingebracht werden. Über Symbolisierungen wiederum lassen sich – behutsames und einfühlendes Vorgehen vorausgesetzt – ergänzende, biografische Gespräche führen.
5. Vor allem aber ist mit dem „künstlerischen" Schaffen eine Form von Selbstreferentialität gegeben, aus der ein motivationspsychologisch relevantes, selbstverstärkendes Verhalten resultiert. Dieses kann biografisches Arbeiten eigendynamisch in Gang halten.

Zusammenfassend lässt sich feststellen, dass Biografiearbeit mit kreativen Medien zukunftsorientiert ausgelegt sein kann, ohne dass dadurch der Bezug zur eigenen Geschichte verloren ginge. Ferner ist kreatives biografisches Arbeiten zwar keineswegs regellos, aber thematisch doch so wenig determiniert, dass stark abwehrbesetzte Inhalte jeder Zeit in Form von Symbolen oder stellvertretenden Inhalten Eingang in die Arbeit finden können. Dadurch stellt Biografiearbeit mit kreativen Medien im Vergleich zu ausschließlich verbaler Biografiearbeit effektivere Schutz- und Rückzugsbereiche zur Verfügung bei gleichzeitiger Vergrößerung der Artikulationsmöglichkeiten.

In der praktischen Umsetzung erscheint es sinnvoll, vor Beginn der eigentlichen (kreativen) Biografiearbeit nachfolgende Fragen im jeweils individuellen biografischen Kontext zu klären:

1. Welcher Themenkomplex soll im Rahmen des Biografie-Projektes bearbeitet werden?
2. Welches künstlerisch/kreative Genre soll zur Anwendung kommen (gestalterisch, schauspielerisch, musikalisch, literarisch etc.)?
3. Unter welchem Motto und mit welcher (globalen) Zielsetzung soll das Biografieprojekt gestartet werden?
4. Ist im Arbeitsprozess eine durchgängige Selbstreferentialität technisch gewährleistet (Wahrnehmen und Diskutieren der Zwischenergebnissen, Optimierungsmöglichkeiten, Umgang mit partiellen Erfolgen und Misserfolgen, Evaluationsformen, Perspektiven etc.)?
5. Wie sollen Teilerfolge und Endergebnisse präsentiert werden (Formen der Präsentation, Zielgruppe(n), Stellenwert, Außenwirkung, Wertschätzung etc.)?

6. Welche Bezüge lassen sich herstellen zwischen einerseits der (kreativen) Biografiearbeit und andererseits dem bisherigen Leben, der momentanen sozialen Situation und einer realistischen Zukunftsperspektive?

In Abhängigkeit von Alter, Geschlecht, Intention, Anlass etc. können Entscheidungshilfen bezüglich der inhaltlichen Ausrichtung des Biografieprojektes erforderlich sein. Im folgenden sind einige Beispiele für adoleszente Problemfelder aufgeführt, aus denen – nach Wunsch und Bedarf der adoleszenten ProjektteilnehmerInnen – globale Fragestellungen entwickelt werden könnten:

1. **Körperschema** (Akzeptanz/Ablehnung/Behinderung/Möglichkeiten, sich körperlichen Veränderungen gegenüber zu verhalten etc.)
2. **Geschlechtsreife** (Umgang mit sexueller Triebhaftigkeit in Bezug auf sich selbst und auf PartnerInnen/was bedeutet Familie etc.)
3. **Biologische Diversifikation** (Suche in der Fremde: Reisen, Abenteuer/Überwinden der „kindlichen" Häuslichkeit etc.)
4. **Normen und Werte** (Wirkung und Sinn geltender Normen/Wertvorstellungen/alternative Normen- und Wertvorstellungen/Formen des Protestes etc.)
5. **Soziale Rolle** (Auswahl/Einüben/Durchspielen von Rollen/erfolgreiche und erfolglose Rollen/Anlässe und Formen des Rollenwechsels ect.)
6. **Schule und Beruf** (Funktion von Schule und Beruf in der Gesellschaft/Prägung der Gesellschaft durch Schul- und Berufsformen/Individualität und Unterricht im Klassenverband/Ethik in Schule und Beruf etc.)
7. **Körper und Geist** (Begrenzung des Geistigen durch das Körperliche und v. v./körperliche und geistige Attraktivität/Sport und Bewegung etc.)
8. **Persönlichkeit** (persönlichkeitsabhängige Verhaltensattribute und Denkstile/Image/Echtheit und Fassade/Extra- und Introvertiertheit etc.)
9. **Sucht** (unmittelbare Suchtwirkungen/Entwicklung der Sucht/süchtig machende Substanzen und Verhaltensweisen/psychische und physische Gefahren/Persönlichkeitsentwicklung etc.)
10. **Psychische Krankheit** (das Normale der Schizophrenie und das Schizophrene der Normalität/Halluzination und Faszination/Euphorie und Trauer/Lust auf Leben/Tod und Sterben etc.)
11. **Stimmungswechsel** (Echtheit und Selbstkongruenz/Empathie/Rückzug, Beachtung, Bestrafung/Ausdrucksformen/Aufmerksamkeit etc.)
12. **Risiko und Gewalt** (Macht und Autarkie/Protestformen/Rivalität etc.)

4.4 Risiken und Chancen der Biografiearbeit

Eine Gefahr besteht darin, dass die Herstellung eines Anschlusses an „kindliche" Kohärenz und Identität durch Biografiearbeit im dem Sinne „erfolgreich" sein kann, dass sie einem Rückfall in die (bequeme) Kindlichkeit Vorschub leistete. Wenn nämlich der Effekt der Biografiearbeit in der Regression bestünde, könnte das für Adoleszenten/innen bedeuten, sich als phänotypisch Erwachsene mit kindlicher Identität in einem permanenten Rollenkonflikt, einem Zustand größter Diskrepanz zwischen Sollen und Wollen zu befinden.

Die notwendige Stabilisierung der Identität kann also nicht die Fixierung der kindlichen Identität bedeuten. Sie muss so ausgerichtet sein, dass der invariante Anteil Berücksichtigung findet. Invariant aber sind:

1. Der (zentrale) Kern von Identität als Kristallisationspunkt für alle Wandlungen
2. Das Wandlungsprinzip selbst

Wenn bei AdoleszentInnen die Rekurrenz auf diese „Invarianten" gestört ist, kann das die soziale Orientierung beeinträchtigen, was wiederum Hilflosigkeit und deren Kompensation in Form von (Pseudo-)Kompetenz hervorrufen kann. Gerade der übersteigert erscheinende Kompetenzanspruch Heranwachsender, der sich sehr wohl in der Biografiearbeit mit kreativen Medien zeigen kann, ist aber nichts, was mit allen pädagogischen und psychoedukativen Mitteln zu bekämpfen wäre. Auch wenn es den Bezugspersonen /Betreuenden schwer fällt, sollten sie zur Kenntnis nehmen, dass (Pseudo-)Kompetenz für AdoleszentInnen eine hilfreiche und Stabilität verleihende „Hilfe" sein kann, deren sie eventuell nur vorübergehend bedürfen.

Biografiearbeit hat das zu berücksichtigen und sollte darauf ausgerichtet sein, selbst in absurd erscheinenden Denk- und Verhaltensweisen den stabilen und entwicklungsfähigen Kern der Persönlichkeit herauszustellen, wahrnehmbar zu machen und zu festigen. Gleichzeitig sollte sie das Prinzip der Wandlung zum zentralen Gegenstand machen.

5 Schlussgedanken

Eine der wichtigsten Erkenntnisse besteht darin, dass die Zeit der Adoleszenz alles andere als eine Zeit der Wirrungen und Irrungen ist. Wie in der Kindheit besteht ein 2. Mal in der Biografie die Chance, intellektuelle und künstlerische

Fähigkeiten, soziale Umgangs- und Bewertungsformen, Beeindruckbarkeit und Außenwirksamkeit auszuprobieren und die Ergebnisse des Probehandelns so zu verinnerlichen, dass sie wie Prägungen vielleicht ein ganzes Leben lang „wirksam" bleiben. Dies ist dem Umstand zu verdanken, dass während der gesamten Adoleszenz in den unterschiedlichen Hirnarealen in Abhängigkeit der Lernwelt dauerhafte, neuroanatomische Strukturen entstehen können, die als fixe Vorgaben die weitere Anpassung erleichtern oder erschweren können (Dranganski 2004; Shaw et al. 2006a).

Der Wandel des biologischen „Auftrages" vom versorgten zum versorgenden Individuum geht mit gravierenden Veränderungen in den sozialen Bezügen einher. Das geschieht phylogenetisch mit Blick auf die Fortpflanzungsfähigkeit, die durch die geschlechtliche Reife in der Pubertät erreicht wird. In menschlichen Zivilisationen kommt es zu den bekannten Widersprüchen zwischen gesellschaftlich sanktionierten Ge- und Verboten und biologisch-triebhaften Impulsen. Der Umgang mit derartigen Widersprüchen verlangt gerade bei ungeübten Adoleszenten ein hohes Maß an Rationalität und Urteilskraft. Diese wird mit der nervalen Tätigkeit im präfrontalen Kortex in Verbindung gebracht. Diese Hirnregion ist in der Adoleszenz zwar nicht voll gebrauchsfähig, dafür aber extrem lernfähig.

Dem biologischen Diversifizierungspostulat steht eine normative „Erziehung" der Jugendlichen diametral entgegen. Frühere Erziehungspraktiken, die sich an einem vorgegebenen, mittels Disziplinierung und Sanktionierung zu erreichenden Erziehungsideal ausrichteten, verhinderten die Emergenz von Vielfalt. Biografiearbeit mit kreativen Medien ist dagegen ergebnisoffen und damit besser als traditionelle Erziehung geeignet, der komplexen, risikoreichen adoleszenten Identitätsentwicklung Rechnung zu tragen.

Literatur

Alloy, Lauren B./Abramson, Lyn Y. (2007): The Adolescent Surge in Depression and Emergence of Gender Differences. In: Romer, Daniel/Walker, Elaine F. (Eds.): Adolescent Psychopathology and the Developing Brain. New York: Oxford University Press, 284-312

Andreae, Andreas (2006): Psychogenetische und psychodynamische Aspekte von Störungen in der Adoleszenz. In: Schweizer Archiv für Neurologie und Psychiatrie. 157, 5, S. 212-220

Antonovsky, Aaron. (1997): Salutogenese – Zur Entmystifizierung der Gesundheit. Tübingen: dgvt-Verlag

Bischof, Norbert (1985): Das Rätsel Ödipus. München: Piper

Bengel, Jürgen/Strittmatter, Regine/Willmann, Hildegard (1998): Was erhält Menschen gesund? In: Forschung und Praxis der Gesundheitsförderung. Band 6. Köln: Bundeszentrale für gesundheitliche Aufklärung

Blos, Peter (1973): Adoleszenz – Eine psychoanalytische Interpretation. Stuttgart: Klett

Boyke, Janina/Driemeyer, Joenna/Gaser, Christian/Büchel, Christian/May, Arne (2008): Training-Induced Brain Structure Changes in the Elderly. The Journal of Neuroscience. 28 (28),7031-7035

Bohleber, Werner (1996): Einführung in die psychoanalytische Adoleszenzforschung. In: Bohleber, Werner (Hg.): Adoleszenz und Identität. Stuttgart: Verlag Internationale Psychoanalyse, 7-40

Casey, B. J./Giedd, Jay N./Thomas, Kathleen M. (2000): Structural and functional brain development and its relation to cognitive development. In: Biological Psychology 54, 241-257

Chang, Kiki/Gellelli, Kim/Howe, Meghan (2007): Early Identification and Prevention of Early-Onset Bipolar Disorder. In: Romer, Daniel/Walker, Elaine F. (Eds.): Adolescent Psychopathology and the Developing Brain. New York: Oxford University Press, 315-346

Draganski, Bogdan/Gaser, Christian/Busch, Volker/Schuierer, Gerhard/Bogdahn, Ulrich/May, Arne (2004): Neuroplasticity: Changes in grey matter induced by training. Nature 427, 311–312

Diephold, Barbara (1990): Ich-Identität bei Kindern und Jugendlichen. In: Praxis der Kinderpsychologie und Kinderpsychiatrie 39, Heft 6, 214-221

Erdheim, Mario (1988): Psychoanalyse und Unbewußtheit in der Kultur. Frankfurt a. M.: Suhrkamp

Erikson, Erik H. (1973): Identität und Lebenszyklus. Frankfurt a. M.: Suhrkamp

Erikson, Erik H. (1956): The Problem of Ego Identity. In: Journal of the American Psychoanalytic Association. p. 56-121

Eriksson, Peter. S./Perfilieva, Ekaterina/Björk-Eriksson, Thomas/Alborn, Ann-Marie/Nordborg, Claes/Peterson, Daniel A./Gage, Fred H. (1998): Neurogenesis in the adult human hippocampus. Nature Medicine. Vol 4, No 11, 1313-1317

Eissler, K. R. (1966): Bemerkungen zur Technik der psychoanalytischen Behandlung Pubertierender nebst einigen Überlegungen zum Problem der Perversion. In: Psyche 20, 837-872

Fend, Helmut (2001): Entwicklungspsychologie des Jugendalters. Opladen: UTB

Förstl, Hans/Hautzinger, Martin/Roth, Gerhard (2006) (Hrsg.): Neurobiologie psychischer Störungen. Heidelberg: Springer

Gamper, Valerie (1981): Werden der Persönlichkeit. In: Wendt, Herbert/Loacker, Norbert (1981) (Hrsg.): Die Sonderstellung des Menschen. Kindler Enzyklopädie Bd IV. Zürich: Kindler, 438-503

Giedd, Jay N./Snell, John W./Lange, Nicholas/Rajapakse, Jagath C./Casey, B. J./Kozuch, Patricia L./Viatuzis, A. Catherine/Vauss, Yolanda C./Hamburger, Susan D./Kaysen, Debra/Rapoport, Judith L. (1996): Quantitative magnetic resonance imaging of human brain development: ages 4-18. In: Cerebral Cortex, 6, 551-560

Giedd, Jay N./Blumenthal, Jonathan/Jeffries, Neal O./Castellanos, F. X./Liu, Hong/Zijdenbos, Alex/Paus, Tomas/Evans, Alan C./Rapoport, Judith L. (1999). Brain development during childhood and adolescence: A longitudinal MRI study. In: Nature Neuroscience, 2 (10), 861-863

Gogtay, Nitin/Giedd, Jay N./Lusk, Leslie/Hayashi, Kiralee M./Greenstein, Deanna/ Vaituzis, A. Catherine/Nugent III, Tom F./Herman, David H./Clasen, Liv S./Toga, Arthur W./Rapoport, Judith L./Thompson, Paul, M. (2004): Dynamic mapping of human cortical development during childhood through early adulthood. In: PNAS, Vol 101 (21), 8174-8179

Gunnar, Megan R. (2007): Stress Effects on the Developing Brain. In: Romer, Daniel/ Walker, Elaine F. (Eds.): Adolescent Psychopathology and the Developing Brain. New York: Oxford University Press

Höfer, Renate (2000): Kohärenzgefühl und Identitätsentwicklung. In: Wydler, Hans/Kolip, Petra. /Abel, Thomas (Hrsg.): Salutogenese und Kohärenzgefühl. Weinheim: Juventa, 57-69

Huttenlocher, Peter R. (1979): Synaptic density in human frontal cortex – developmental changes and effects of aging. Brain Research, 163 (2), 195-205

Joas, Hans (1980) (Hrsg.): George Herbert Mead – Gesammelte Aufsätze, Band I. Frankfurt a. M.: Suhrkamp

Keupp, Heiner/Höfer, Renate (1997) (Hrsg.): Identitätsarbeit heute. Frankfurt a. M.: Suhrkamp

Keupp, Heiner (1997): Diskursarena Identität: Lernprozesse in der Identitätsforschung. In: Keupp, Heiner/Höfer, Renate (1997) (Hrsg.): Identitätsarbeit heute. Frankfurt a. M.: Suhrkamp

King, Vera (2002): Die Entstehung des Neuen in der Adoleszenz. Wiesbaden: VS Verlag für Sozialwissenschaften

Kumra, Sanjiv (2007): Schiophrenia and cannabis use. In: Minnesota Medicine, January 2007

Lattschar, Birgit/Wiemann, Irmela (2008): Mädchen und Jungen entdecken ihre Geschichte – Grundlagen und Praxis der biografiearbeit. Weinheim und München: Juventa

Lenroot, Rhoshel K./Gogtay, Nitin/Greenstein, Deanna K. /Wells, Elizabeth Molloy/Wallace, Gregory L./Clasen, Liv S./Blumenthal, Jonathan D./Lerch, Jason/Zijdenbos, Alex P./Evans, Alan C./Thompson, Paul M./Giedd, Jay N. (2007): Sexual dimorphism of brain developmental trajectories during childhood and adolescence. In: NeuroImage 36, 1065-1073

Lurija, Alexander, R. (1992): Das Gehirn in Aktion – Einführung in die Neuropsychologie.Hamburg: Rowohlt.

McClure, Erin B./Pine, Daniel S. (2007): Social Stress, Affect, and Neural Function in Adolescence. In: Romer, Daniel/Walker, Elaine F. (Eds.): Adolescent Psychopathology and the Developing Brain. New York: Oxford University Press, 219-244

Mead, George H. (1980): Die soziale Identität. In: Joas Hans (Hrsg.): George Herbert Mead – Gesammelte Aufsätze, Band 1. Frankfurt a. M.: Suhrkamp, 241-249

Mead, George H. (1913): The Social Self. In: Journal of Philosophy, Psychology and Scientific Methods 10 (14), 374-380

Paus, Tomas/Zijdenbos, Alex/Worsley, Keith/Collis D. Louis/Blumenthal, Jonathan/ Giedd, Jay N./Rapoport, Judith L./Evans, Alan C. (1999): Structural maturation of neural pathways in children and adolescents: in vivo study. In: Science, Vol. 283 (5409), 1908-1911

Petermann, Franz/Niebank, Kay/Scheithauer, Herbert (2004): Entwicklungswissenschaft. Berlin: Springer Verlag

Rapoport, Judith L./Giedd, Jay N./Blumenthal, Jonathan D./Hamburger, S./Jeffries, N./ Fernandez , T./Nicolson, R./Bedwell, J./Lenane, M./Zijdenbos, Alex P./Paus, T. / Evans, A. (1999). Progressive cortical change during adolescence in childhood-onset schizophrenia. In: Archive of General Psychiatry, 56, 649-654

Rathus, Spencer A. (2006: Childhood and Adolescence. Belmont: Thomson Wadsworth

Remschmidt, Helmut (1992): Adoleszenz. Stuttgart, New York: Thieme

Romer, Daniel/Walker, Elaine F. (2007) (Eds.): Adolescent Psychopathology and the Developing Brain. New York: Oxford University Press

Roth, Gerhard (2001): Fühlen, Denken, Handeln – Wie das Gehirn unser Verhalten steuert. Frankfurt a. M.: Suhrkamp

Ruhe, Hans G. (2007): Methoden der Biografiearbeit – Lebensspuren entdecken und verstehen. Weinheim und München: Juventa

Ryan, Tony/Walker, Rodger (2007): Wo gehöre ich hin? Biografiearbeit mit Kindern und Jugendlichen. Weinheim und München: Juventa

Schiffer E. (2001): Wie Gesundheit entsteht. Weinheim: Beltz

Schnurre, Rainer (2008): Künstlerische Biografie-Arbeit – Ein kreativer Ansatz zum Lesen-Lernen der eigenen Biografie. Borchen: Möllmann

Schüffel, Wolfram/Brucks, Ursula/Johnen, Rolf/Köllner, Volker/Lamprecht, Friedhelm/ Schnyder, Ulrich (1994): Handbuch der Salutogenese – Konzept und Praxis. Wiesbaden: Ullstein Medical Verlagsgesellschaft

Shaw, Philip/Greenstein, Deanna K./Lerch, Jason P./Lenroot, Rhoshel K./Gogtay, Nitin/Evans, Alan/Rapoport, Judith L./Giedd, Jay N. (2006a): Intellectual ability and cortical development in children and adolescents. Nature, vol. 440 (30), 676-679

Shaw, Philip/Lerch, Jason P/Greenstein, Deanna K../Sharp, Wendy/Clasen, Liv//Evans, Alan/Giedd, Jay N./Castellanos, Xavier F./Rapoport, Judith L. (2006b): Longitudinal Mapping of Cortical Thickness and Clinical Outcome in Children and Adolescents With Attention-Deficit/Hyperactivity Disorder. In: (Reprinted) Arch Gen Psychiatry, Vol. 63 (May), 540-549

Shaw, Philip/Kabani, Noor J./Lerch, Jason P./Eckstrand, Kristen/Lenroot, Rhoshel/Gogtay, Nitin/Greenstein, Deanna/Clasen, Liv/Evans, Alan/Rapoport, Judith L./Giedd, Jay N./Wise, Steve P. (2008): Neurodevelopmental Trajectories of the Human Cerebral Cortex. In: The Journal of Neuroscience, 28 (14), 3586-3594

Sisk, Cheryl L./Foster, Douglas L. (2004): The neural basis of puberty and adolescence. In: Nature Neuroscience, Vol. 7 (10), 1040-1047

Sowell, Elizabeth R./Peterson, Bradley S./Thompson, Paul M./Welcome, Suzanne E./ Henkenius, Amy L./Toga, Arthur W. (2003): Mapping cortical change across the human life span. In: Nature Neuroscience, 3 (3), 309-315

Sowell, Elizabeth R./Thompson Paul M./Toga, Arthur W. (2007): Mapping Adolescent Brain Maturation Using Structural Magnetic Resonance Imaging. In: Romer, Daniel/Walker, Elaine F. (Eds.): Adolescent Psychopathology and the Developing Brain. New York: Oxford University Press, 55-84

Spear, Linda (2007): The Develpoing Brain and Adolescent-Typical Behavior Patterns – An Evolutionary Approach. In: Romer, Daniel/Walker, Elaine F. (Eds.): Adolescent Psychopathology and the Developing Brain. New York: Oxford University Press, 9-30

Thompson, Paul/Giedd, Jay N./Woods, Roger P./MacDonald, David/Evans, Alan C./Toga, Arthur W. (2000): Growth patterns in the developing human brain detected using continuum-mechanical tensor mapping. In: Nature, Vol 404, Issue 6774, 190-193

Tucker, Don M./Moller, Lyda (2007): The Metamorphosis Individuation of the adolescent Brain. In: Romer, Daniel/Walker, Elaine F. (Eds.): Adolescent Psychopathology and the Developing Brain. New York: Oxford University Press, 85-102

Wallis, Claudia (2008): What Makes Teens Tick. In: Time U.S., Friday, Sep. 26, 2008

Winters, Ken C. (2008): Adolescent Brain Development and Drug Abuse. In: The Mentor Foundation, June 2008

Wölzl, Stephan (1995): Adoleszenzkrisen. In: Zimprich, Hans: Kinderpsychosomatik. Stuttgart und New York: Thieme, 83-99

Zaumseil, Manfred/Leferink, Klaus (1997): Schizophrenie in der Moderne – Modernisierung der Schizophrenie. Bonn: Psychiatrie Verlag

Bernward Hoffmann

Fotografische Bilder als Medium in der Biografiearbeit

Dargestellt an einem Projekt im weiblichen Jugend-Strafvollzug

*„Wäre ich lediglich neugierig, dann wäre es schwierig, zu jemandem zu sagen:
‚Ich möchte Sie besuchen, damit Sie mit mir reden und mir Ihre Lebensgeschichte erzählen können.‘ Dann würden die Leute bestimmt sagen: ‚Sie sind ja verrückt!‘ Und sie würden sich äußerst vorsichtig verhalten. Aber die Kamera ist eine Art Freibrief. Es gibt eine Menge Leute, die sich eben diese Art Aufmerksamkeit wünschen, und das ist eine Aufmerksamkeit in vernünftigen Grenzen.“*

(Diane Arbus, zit. n. Sontag 1980, 180)

Biografieforschung und Biografiearbeit nehmen den konkreten Einzelfall ernst, aber betrachten ihn nicht als Ausnahme von der Regel, sondern als Besonderheit, in dem auch allgemeine Strukturen zum Ausdruck kommen. Entsprechend möchte ich im folgenden Beitrag den „Einzelfall" sozialpädagogische Fotoarbeit im Strafvollzug zum Ausgangspunkt nehmen, um daran einige allgemeine Möglichkeiten des Mediums Fotografie im Kontext von Biografiearbeit aufzuzeigen.

Biografie wird hier verstanden als persönliche soziale Konstruktion, Zuweisung von Bedeutung für das eigene Leben auf der Basis realen Geschehens. Man „hat" nicht einfach eine Biografie, sondern sie wird von mir selbst geschrieben und mir zugeschrieben. Insofern gibt es unterschiedliche Perspektiven auf ein Leben und Individuen haben Handlungsspielräume, innerhalb derer sie KonstrukteurInnen ihrer Lebensgeschichten sind. Biografiearbeit leistet Re-Konstruktionshilfe, macht entsprechende Konstruktionen bewusst bzw. anderen zugänglich und ermöglicht auch Neukonstruktionen.

Die Konstruktion der Biografie geschieht permanent im Alltag und dabei spielen fotografische (Ab-)Bilder eine Rolle. „Herausragende Ereignisse im Leben eines Mitglieds der Familie (oder einer anderen Gruppe) im Bild festzuhalten, war der erste weitverbreitete Gebrauch, der von der Fotografie gemacht wurde. Mindestens ein Jahrhundert lang war der Hochzeitsfotograf ebenso fester Bestandteil der Zeremonie wie die vorgeschriebenen verbalen Formeln. Kameras begleiten das Familienleben. (...) Keine Aufnahme von den Kindern zu machen – insbesondere wenn sie noch klein sind – gilt als Zeichen elterlicher

Gleichgültigkeit, wie es andererseits als Zeichen jugendlicher Auflehnung gilt, sich nicht für ein Examensfoto zur Verfügung zu stellen." (Susan Sontag 1980, 14)

Fotos sind für sich genommen äußere Bilder. „Innere Bilder" nennt man Vorstellungen und Muster, die wir in uns tragen, die unser Denken, Fühlen und Handeln bestimmen und mit Hilfe derer wir uns in der Welt zurechtfinden. Vielfach sind es solche inneren Bilder, die durch (bildliche) Erinnerungsimpulse von außen in uns wach gerufen werden. Jede Erinnerung verändert sich und uns ein wenig, wenn sie wieder bewusst wird. Wir schreiben unser Leben in kleinen Stückchen neu (vgl. die Herkunft des Wortes Biographie von den griechischen Worten „bios" = Leben und „graphein" = schreiben), wenn wir uns Fragmente bewusst machen; und Bewusstmachung geht fast immer mit ausdrücken einher, mit sprachlichem Erzählen oder anderen Formen des Ausdrucks. Fotografien können ein solcher Ausdruck eines Stücks unseres Selbst und unseres Lebenslaufes sein. Auch hier kann man an die griechischen Herkunftsworte erinnern: phos = Licht, graphein = schreiben, d.h. mit Licht schreiben. Wenn wir etwas ins Licht holen, festhalten und ausdrücken (ein Foto machen), dann ist das ein Stück Biografiearbeit.

Worte, gesprochene und geschriebene, sind sicher erstes Medium der Bewusstwerdung und Aktualisierung von Biografie. Aber sie sind nicht jedem gleichermaßen geläufig. Redewendungen wie „mir fehlen die Worte", „ein Bild sagt mehr als tausend Worte", „es hat mir die Sprache verschlagen", „über etwas im Bilde sein" weisen auf die Grenzen des Wortes und die Chancen der Bilder hin.

Biografiearbeit ist letztlich ein individueller Prozess (Selbst-Bildung), der aber im Gruppenkontext Anregungen erfahren kann: Neues über sich und andere in der Gruppe erfahren; seine Lebensgeschichte in kleinen Schritten „neu" rekonstruieren. Menschen konstruieren für sich und andere ihre Lebensgeschichte, indem sie sie erzählen. Dabei muss nicht alles gesagt, ausgesprochen werden; manches wird auch in „präsentativen Symbolen" jenseits der Sprache ausgedrückt; eine Lebensgeschichte spiegelt sich auch in symbolischen „Medien" wie Möbeln, Gegenständen, Kleidungsstücken, Fotografien, Medien …

Pädagogische Biografiearbeit im Gruppenkontext will das Allgemeine im Besonderen entdecken: sich in der Gruppe abgleichen, sich vergewissern, Ähnlichkeiten und Unterschiede in den Biografien entdecken. Darin steckt die Hoffnung, Neues über sich und die eigene Umwelt zu entdecken und neue Erfahrungen mit bisheriger Biografie zu verbinden. In diesem Sinn ist Biografiearbeit pädagogisch betrachtet immer (Selbst-) Bildungsarbeit. Solche Bildung ist nicht durch Techniken oder Methoden hervorrufbar, sondern das Subjekt bildet selbst. Dafür muss Pädagogik Räume und Impulse zur Verfügung stellen.

Das Fotoprojekt im „Knast"

Eine Justizvollzugsanstalt ist für die Gefangenen ein räumlich stark begrenzter Lebensraum, in der Regel auch zeitlich begrenzt. Gefängnis-Strafe ist ein Bruch in der Biografie, eine (hoffentlich vorläufige) Endstation eines Stücks Lebenswegs, der anders weiter gehen soll(te). Re-Sozialisierung schließt eine Re-Konstruktion der Biografie ein; der Bruch muss überwunden werden, Vergangenheit sollte aufgearbeitet werden und ein Anknüpfen an positive Stücke der eigenen Biografie sollte möglich werden. In Frageform: Wie und warum hat mein Weg hierher geführt? Welche Perspektiven habe ich? Woran kann und will ich anknüpfen nach dem Strafvollzug? Welche alten Verbindungen kann und muss ich abschneiden?

Ein Foto-Projekt im Knast kann nicht hauptamtliche sozialpädagogische und therapeutische Arbeit ersetzen, allenfalls bereichern, anregen oder ergänzen. Wir haben das Fotoprojekt mit Studierenden der Sozialarbeit/-pädagogik zwei Mal in einer Justizvollzugsanstalt für junge Frauen durchgeführt (und parallel in einer sozialtherapeutischen Station im Vollzug für Männer). Die Studierenden haben sich in einem Vorbereitungsblock mit dem „Sozialraum Knast" einerseits und mit dem Medium Fotografie und dessen methodischen Möglichkeiten andererseits auseinandergesetzt. Eine Teilnehmerin benannte sehr treffend für sich das Projekt als „Möglichkeit, Menschen in einer besonderen Umgebung kennen zu lernen und ihnen die Chance zu geben, ihre eigene Lebenssituation in einem anderen Licht zu betrachten."

An zwei Wochenenden im Abstand von etwa vier Wochen wurde in Schulungsräumen der JVA mit den Jugendlichen gearbeitet, die sich freiwillig für dieses Projekt gemeldet hatten. Ein drittes bzw. viertes Treffen diente jeweils als Ausstellungstermin in der JVA und in der Fachhochschule; auch zu einer Ausstellung in den Räumen der FH konnten einige beteiligte Mädchen in Begleitung von Justizvollzugsbeamten kommen. Das Verhältnis von Studierenden zu inhaftierten jungen Frauen war etwa 1 zu 1; dieses Verhältnis ermöglichte während des Blocks auch Phasen intensiver Einzelarbeit von zwei Personen. Auf keinen Fall sollten die Studierenden in der Überzahl sein. Als positiv zeigte sich, dass der Altersabstand zwischen den inhaftierten jungen Frauen und den Studierenden eher gering war. Die beiden Lehrenden (Prof. Dr. Irmgard Jansen; Prof. Dr. Bernward Hoffmann) haben sich ganz auf die Rolle der Vorbereitung und Anleitung, der Begleitung und Reflexion zurückgezogen; während der Projekttage in der JVA hatten wir eher die Rolle der RahmengestalterInnen.

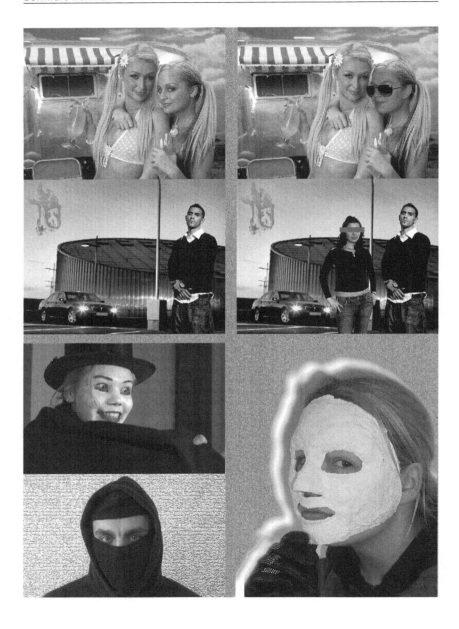

Einige Vorannahmen zur Projektarbeit

- Arbeit mit einem Alltagsmedium: Fotografien, Fotografieren und Fotografiert-Werden kennt jede(r).
- Das Medium hat einen motivierenden Reiz. Praktisch jeder traut sich zu, mit einer einfachen Kamera zu „knipsen"; also ist die Schwelle nicht so hoch wie sie es beispielsweise bei einem Angebot zum Malen oder anderen kreativen Techniken sein könnte.
- Fotoapparate sind im Knast Tabu. (Ein Experiment, zwischen den Blocktagen eine digitale Kamera im Knast zu lassen, war zwar zugelassen, hat aber nur bedingt funktioniert, da die Weitergabe jeweils über die JVA-Beamten geregelt werden musste.) Fotografien als eigener Besitz stehen, wenn überhaupt, den Inhaftierten während ihrer Haftzeit nur sehr beschränkt zur Verfügung.
- Mit dem Akzent auf digitale Fotos sind Ergebnisse im Prozess sofort sichtbar und können auch per Beamer für alle präsentiert werden. Gleichzeitig stehen viele Möglichkeiten der Weiterverarbeitung am Computer zur Verfügung. Somit bietet das Medium ein großes methodisches Spektrum.
- Das Medium und gemeinsame Gestaltungsaufgaben brechen schnell das Eis zwischen zunächst fremden Menschen: man hat ein gemeinsames Objekt der (Inter-)Aktion und des Experimentierens. Die Studierenden waren durch die Vorbereitung mit dem Medium (der Technik) vertraut. Trotzdem ermöglichte die leichte Handhabbarkeit der Kompaktkameras mit Automatikfunktion und direkter Kontrollmöglichkeit des Ergebnisses einen Wechsel der Rollen zwischen Fotografierendem und Fotografiertem.
- Man kann (und sollte im Verlauf des Prozesses) einen Akzent auf Person-Fotografie legen, aber es sind auch neutralere Fotoobjekte als Einstieg oder symbolischer Ausdruck möglich.

Die letzten beiden Punkte sollen etwas genauer reflektiert werden.

Personfotografie: Selbstbild und Portrait

Portraitfotos sind „Spiegel mit Erinnerung", wobei das Spiegelbild seitenverkehrt und flüchtig ist. Niemand kann eine Person so im Spiegel sehen, wie sie sich selber sieht. Bei einem Foto ist das aufgrund der subjektiven Wahrnehmung eigentlich genauso, aber uns nicht immer bewusst. Mit der Digitalfotografie ist ein Arrangement wie vor einem Spiegel denkbar: ich fotografiere mich selbst; die Kamera steht auf einem Stativ; entweder ist der kleine Monitor der Kamera drehbar oder ein Fernsehmonitor ist angeschlossen, so dass man das Bild kontrollieren kann. Per Fernauslöser wird die Kamera ausgelöst. Die Rollen von Fotograf und Fotografiertem fallen zusammen. Man kann in dieser intimen Fotosituation selbst bestimmen, ob und ggf. welches Bild auch andere zu sehen bekommen.

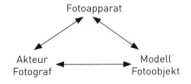

Mit diesem Vergleich wird deutlich, dass die normale Fotosituation von der Spiegelsituation entscheidend abweicht. Neben dem oder derjenigen, der/die fotografiert wird, ist eine weitere Person im Spiel, die fotografiert. Die Fotosituation ist eine Interaktion zwischen mindestens zwei Personen, in der das Medium bzw. unser Wissen über das Medium (Erfahrungen und Vorurteile) eine entscheidende Rolle spielen.

Die Fotosituation und teils Fotos selbst sind emotional aufgeladen. Bilder stehen häufig Emotionen näher als Worte. Gefühlsleben wird kommunizierbar gemacht. Fotografiert zu werden impliziert eine besondere emotionale Situation. Durch die Kamera wird ein kurzzeitiger Erregungszustand ausgelöst, als Disstress, also unangenehme Empfindungen, die überwunden werden sollte, aber auch als Eustress: Freude und Nervenkitzel, die den gemeinsamen Prozess vorantreiben. Die Art der Erregung ist vom Verhältnis zwischen Fotografierendem und Fotografiertem und von der Atmosphäre der Situation abhängig.

Wenn in Pädagogik und Therapie aktiv mit Person- bzw. Portraitfotografie gearbeitet wird, geht es letztlich immer um das Abbild zwischen Wunsch und Wirklichkeit. Der Akt des Fotografierens pendelt zwischen Dokumentation und Inszenierung. Folgende Teilaspekte sollten in der Aktion berücksichtigt werden:

- Lichtstimmung draußen oder im Raum (möglichst kein Blitzlicht verwenden!)
- Ausblenden weiterer visueller (und anderer störender) Reize
- Beziehung zum Fotografierenden (zu anderen anwesenden Personen)
- Hintergrund-Musik als positive Stimulanz
- „action": Fotografie aus der Bewegung heraus
- Die fotografischen Gestaltungsparameter: Licht und Schatten, Perspektive, Format, Bildausschnitt, Farbgebung, Filmempfindlichkeit, Brennweite des Objektivs, Blende, Zeitvorwahl sollten soweit möglich beachtet werden, was einige Routine verlangt.

Wenn in der sog. Sozialfotografie die Haltung des Fotografen betont wird, so gilt auch allgemein in der pädagogischen bzw. therapeutischen Arbeit mit Fotografie: Sach-, Selbst- und Sozialkompetenz sind erforderlich. Dabei sind zwei Phasen deutlich zu unterscheiden:

1. Akt des Fotografierens: Was geschieht während der Planung und Inszenierung des Fotos?
2. Akt der Rezeption: Was geschieht in der Präsentation bzw. Rezeption des fertigen Bildes?

Methodische Details aus dem Fotoprojekt in der JVA

Wir haben als Kennenlern- und Aufwärmphase ein gemeinsames Frühstück genutzt. Zum Einstieg in die Fotoarbeit ist eine Verkleidungskiste mit einfachen Utensilien (Brillen, Perücken, Schals, Hüte, Tücher, Handschuhe ...) hilfreich. Dies Material regt an, zu kramen und zu probieren. Erste Fotos mit Requisiten fallen leichter, als wenn gleich hintergründigere Übungen initiiert werden. Gerade mit den Jugendlichen hat es sich als lockernder und motivierender Einstieg erwiesen, eine Fotostory gemeinsam zu erstellen. Dieses Erzählprinzip ist den meisten Jugendlichen z.b. aus den Foto-Love-Stories der Bravo bekannt. Kurze Erklärungen reichen aus, damit die Fotos in der Nachbearbeitung mit Sprechblasen versehen werden können. Es war in mehreren Durchgängen des Projektes nie ein Problem, gemeinsam in der Gruppe schnell eine einfache Story zu entwickeln und diese dann mit viel Spaß in eine Fotoreihe umzusetzen. In allen Beispielfällen hatte diese Story bereits Berührungspunkte mit der Biografie der TeilnehmerInnen.

Wunschszenen: Ausgehend von der begrenzten Situation in einer Haftanstalt und der vielen Zeit, die Inhaftierte allein auf ihren „Hütten" (Haträumen) verbringen, wurde angenommen, dass es „innere Wunschbilder" gibt. In Zweiergruppen wurden Möglichkeiten der Fotomontage erläutert. Dann wurde im Gespräch über Wunschbilder festgelegt, welche Szenen als Fotomontage umgesetzt werden sollten: wo, in welcher Umgebung, mit wem ... wäre ich gern auf einem Bild?

Dabei war für die Studierenden das Risiko, eine entsprechende Vorlage (Strand, Berge, Meer, Autos, Stars ...) in frei zugänglichen Fotoarchiven oder allgemein über die Bildersuche im Internet zu finden, die dann für die Montage dienen konnte. Vor neutralem Hintergrund, der das Freistellen der Person für die Montage im Fotoprogramm erleichtert, wurden diverse Portraitfotos in entsprechender Pose gemacht.

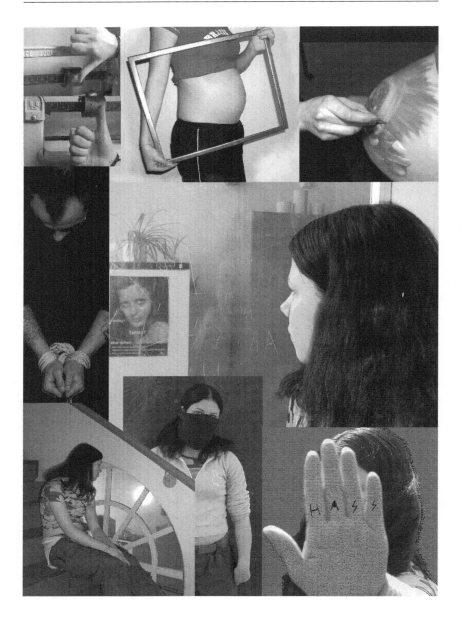

Neben der Fotoinszenierung war bei dieser Übung vor allem das Gespräch über die Wünsche und beim zweiten Block das Erleben beim Betrachten der Montage wichtig. Zu diesen Montagen wurden von einigen Teilnehmerinnen kurze Kommentare geschrieben.

Alltag im Foto-Spiegel: In Zweiergruppen wurde im Gespräch ein üblicher Tagesablauf zusammengestellt. Anschließend wurden markante Punkte des Tagesablaufs im Gefängnis und im Studium nachgestellt und wechselseitig fotografiert. Über die Aufgabe, markante Standbilder für einen Alltags-Ablauf zu finden, wurden die Routinen des Tages bewusst. Im Abgleich der Wahrnehmungen in der gesamten Gruppe wurden kleine Varianten und Alternativen deutlich.

Symbolische Gegenstände: Ein Gegenstand, der mir besonders wichtig ist, wird mitgebracht (was im Knast natürlich nur sehr eingeschränkt möglich ist) und ein Foto damit inszeniert. Manche Dinge haben für uns Menschen symbolischen Wert, weil Erinnerungen, Wünsche, Träume darin stecken. Über ein inszeniertes Foto wird dies mitgeteilt, in der Gruppe kommunizierbar und damit ein Stück Biografie greifbar.

Ein Bild für ... Bei dieser Übung ging es darum, ein Bild für jemand anderen oder auch für sich selbst, für die eigene biografische Sammlung zu erstellen. Wenn man sich Zeit für diese Aktion zu zweit nimmt, dann kommt dabei sehr viel Selbst- und Fremdwahrnehmung zur Sprache.

Die Entscheidung, welche der erstellten Fotos auch den anderen gezeigt wurden, lag grundsätzlich immer bei den Fotografierten; aber insgesamt wurden letztlich nur unvorteilhafte Person-Portraits aussortiert, die auch sonst kaum präsentiert worden wären. Ein Grundprinzip bei dieser Art Fotoarbeit sollte sein, dass niemand per Foto der Lächerlichkeit oder dem Spott der anderen ausgeliefert wird.

Zum Ausstellungstermin hat auch jede Teilnehmerin ein Päckchen Fotodrucke bzw. -abzüge von ihr selbst ausgewählter Fotos erhalten. Ob diese Fotos auch nach der Haft aufbewahrt werden und somit ein Stück Biografie in Bildern in ein hoffentlich neues Leben von den jungen Frauen mitgenommen wird, bleibt im Ungewissen. Aber auch das ist ein Stück der Biografiearbeit mit Fotos.

Anregungen zur Fotografie in der Biografiearbeit

Zwei methodische Elemente aus diesem Fotoprojekt sind unter dem Aspekt Biografiearbeit besonders hervorzuheben. Jedes Bild kann in gewissem Sinn als

„Text" verstanden werden. Im fotografischen Bild wird ein Augenblick festgehalten, eingefroren. Damit wird etwas als „Text" für einen Betrachter in einer möglicherweise anderen zeitlichen und räumlichen Umgebung objektiviert. Der Augenblick ist festgehalten, kann aufbewahrt und mitgenommen werden. Gleichzeitig ist das Foto ein „Beweis", dass es diese Situation gegeben hat. Die (Be-)Deutung des Fototextes aber geschieht durch den Kon-Text: eine Bildunterschrift, einen Zusammenhang, in dem das Foto erscheint, die Aussagen und Gedanken der Menschen, die das Foto zeigen und betrachten. Bemerkenswert war der Stolz und die Freizügigkeit, mit denen die beteiligten Mädchen ihre Fotos im Gefängnis selbst, aber auch bei der Ausstellung in der Fachhochschule präsentiert haben. Es waren „ihre" Produkte, hinter denen sie nicht zurücktraten, sondern auf denen sie sichtbar waren.

Bewegend und faszinierend waren die Traum-Fotos. Über das Mittel der Fotomontage konnten sich die Fotografierten aus der geschlossenen und in vielfältiger Weise reduzierten Situation im Knast in eine andere Situation versetzen und sich dies bildlich vor Augen führen. Natürlich entstehen dabei Klischeebilder, die wiederum von Medieneinflüssen geprägt sind: ich liege unter Palmen am Strand; ich sitze auf einem dicken Motorrad oder lehne an einem Sportwagen; ich stehe Arm in Arm neben einem Star … Aber es sind auch Traumbilder nah an einer künftigen Realität entstanden: z.B. eine junge Frau mit ihrem kleinen Kind im Arm, von dem sie derzeit getrennt leben muss; ein Selbstbild mit zwei Hunden, von denen der Knast sie getrennt hat.

Diese Traumfotos, so ist zu vermuten, werden auch nach der Haft behalten und bleiben ein Stück „versteckte" Erinnerung.

Dabei war neben den Traumbildern vor allem auch das subjektiv „schöne" Foto wichtig, das u.U. für eine bestimmte Person „draußen" gemacht wurde. Mit beiden Aktionen wird die Selbstwahrnehmung in der beengenden und bedrückenden Knastsituation geöffnet auf eine mögliche andere Zukunft. Solche Fotos in einer sozialen Aktion zu machen impliziert Identitätsarbeit als das Bemühen des Individuums, Einheitlichkeit und Kontinuität mit Perspektiven für sich zu (re-)konstruieren.

Fotos aus der eigenen Lebensgeschichte, die das Individuum selbst, andere Personen oder auch Orte und Gegenstände seiner Lebensgeschichte zeigen, können als gefrorene Ausschnitte von Biografie betrachtet und als Erinnerungsstütze in der Biografiearbeit aufgegriffen werden. Solche fotografischen Bilder bieten in der Regel einen Anlass zur biografischen Reflexion oder zum Erzählen. Fotografie bietet den Menschen Ausdrucksmöglichkeiten, ihre Perspektiven und ihnen wichtige Dinge zu zeigen. Einen solchen Gesprächsanlass können auch allgemeinere Fotos der Zeitgeschichte bieten. Solche Zeitstrecken in Bildern kann man aus der Literatur entnehmen (Jahrgangsbände) oder heute am PC digital leicht selbst zusammenstellen; wenn man z.b. bei der Google-Bildersuche eine Jahreszahl eingibt, erscheinen zahlreiche Fotos, die symbolisch für ein Jahr stehen können. Per rechtem Mausklick können die Fotos gespeichert und zumindest digital weiter verwendet werden; für einen Ausdruck ist die Qualität der Internet-Fotos meist zu schlecht.

Aus eigenen Fotos ggf. ergänzt durch allgemeine Zeitfotos kann für eine Person eine Fotobiografie – ein Lebenslauf in Bildern – erstellt werden. Dies muss nicht sehr detailliert sein, sondern kann sich z.b. auf alle fünf oder zehn Jahre oder zu wichtigen Knotenpunkten im Leben ein relevantes Bild beschränken. Eine solche Fotobiografie könnte auch in den Personunterlagen z.b. in der Pflege oder in der Arbeit mit alten Menschen ein wichtiges Hilfsmittel der Kommunikation sein.

Weitere methodische Anregungen zur Fotografie im Kontext von Biografiearbeit

- *Methoden der Fotosprache* (mit beliebigem Fotomaterial): aus einer Fotosammlung werden Fotos unter einer bestimmten Fragestellung herausgesucht und in der Gruppe besprochen. Gute Einstiegsmethode zu einem Einzel- oder Gruppengespräch.

- *Arbeit mit biografischen Fotos*: Ein Foto, auf dem ich mir gefalle; ein Foto, auf dem ich mir nicht gefalle, das mir nicht gefällt; Familienfotos; Erinnerungsfotos an schöne Situationen … Hintergrund: Fotos sind Erinnerungsstützen. Symbolische Rituale individueller Lebensphasen werden festgehalten. Die Kamera ist bei vielen Menschen ständiger Begleiter persönlich und kulturell wichtiger Anlässe. Fotografiert wird vor allem, was als schön und bedeutungsvoll empfunden wird.

- *Fotografische Gestaltungsmittel probieren*: Bildausschnitt; Liebe zum Detail; Nähe und Distanz; Brennweite des Objektivs; Perspektive; Schwarzweiß oder Farbe. – In der Portraitfotografie werden die (eher formalen) Experimente mit Gestaltungsmitteln zu möglichen Erfahrungen mit Aspekten der Selbst- und Fremdwahrnehmung.

- *Symbolische Vertretung*: einen oder mehrere Gegenstände fotografieren, die das eigene Selbst repräsentieren können. Als Vorübung kann das Teekesselspiel dienen: Was wäre die Person, wenn sie ein Vogel, ein Fisch, ein Möbelstück … wäre?

Übungen zum Selbst- und Fremdbild

- *Experimente mit Requisiten* sind gute Lockerungs- und Aufwärmübungen, aber zugleich kleine Experimente mit dem Selbstbild. Dieses kann man auch mit Montagen im Fotoprogramm fortführen: wie sehe ich denn mit einer ganz anderen Haarfarbe oder Frisur aus?

- *Unterschied der Gesichtshälften*: ein frontal aufgenommenes Porträtfoto wird zweifach abgezogen, dabei einmal seitenverkehrt (Negativ drehen). Das Gesicht wird horizontal in der Mitte geteilt, die beiden Fotohälften der seitenverkehrten Bilder werden zusammengesetzt. Bei keinem Menschen sind die beiden Gesichtshälften völlig gleich! Welche Hälfte von mir gefällt mir besser und warum?

- *Bilder mit Spiegel* („indirekte" Portraits). – Portraits im (Bilder-) Rahmen. – Dabei muss man die Lichtverhältnisse beachten; durch den Effekt von einem oder mehreren Spiegeln braucht die Aufnahme eine größere Tiefenschärfe; diese wird nur bei kleiner Blende erreicht und die braucht viel Licht. Eventuell die Filmempfindlichkeit auch bei digitalen Fotoapparaten erhöhen. Bei Spiegelfotos muss man unbedingt die manuelle Scharfstellung benutzen.

- *Körperteile fotografieren*, im Fotoprogramm einzeln ausschneiden und wieder zusammensetzen. Es erleichtert die Montage, wenn die Größenverhältnisse bei der Aufnahme bereits gleich bleiben. Dies kann man auch über mehrere Personen ausdehnen und entsprechende Körperteile mixen. – Variante: nur Gesichts-Portraits, möglichst in gleicher Anordnung; Nase, Augen, Mund, Frisuren ... vertauschen. Dies kann man in der Nachbereitung arrangieren. – Variante: entsprechende Portraits ausdrucken (im 1:1 Größenverhältnis), Augen, Nase o.ä. ausschneiden, dem eigenen Gesicht vorhalten und dies neu fotografieren.

- *Gesicht oder Körperteile mit fremden, verfremdenden Strukturen*: Fotos vom Gesicht oder mit heller Kleidung, wobei Gesicht und/oder Kleidung per Beamer oder Dia mit Strukturfoto angestrahlt werden. – Oder in der digitalen Nachbereitung: Überlagerung entsprechender Portraits mit Bildern z.B. der Elemente (Feuer, Wasser, Erde, Luft) oder anderer Strukturen; dazu sollte man den Maskierungsmodus im Fotoprogramm benutzen.

- *Unterschiedliche Selbstportraits* erstellen und nebeneinander präsentieren. Fremdbild: Welche Vorstellungen haben die anderen von mir? – Selbstbild: Wie sehe ich mich selbst? – Wunschbild: Wie möchte ich gern sein, mich gern sehen? – Traumbild: So sehe ich mich manchmal selbst im Traum. – Verkleidung: ich verwandle mich visuell in andere Rollen.

- *Selbstbild* (ich arrangiere mein Foto) und *Fremdbild* (ein anderer modelliert mich) nebeneinander kontrastieren.

- *„Wenn ich ein(e) andere(e) wäre…"* – Image verändern, Rollen probieren: Fotoserien einer Person in verschiedenen Rollen (Verkleidung, Requisite …), verschiedenen Maskeraden (Gesichtsmasken, Schminke …), verschiedenen Haltungen anfertigen.
- *Arbeit mit Masken.* Hintergrund: Masken erleichtern und intensivieren die Körpersprache. Sie verhüllen und enthüllen zugleich. Larvierungsmasken (Schutz, Verbergen); Masken der Offenbarung, Expressivmasken, offensiv bis aggressiv; Verwandlung, Metamorphose …
  Aufsetzbare Masken, neutrale oder Charaktermasken. – Bei der Schminkmaske schwindet die Trennung zwischen Ich und Maske durch das Auftragen auf die Haut; bei einer Ganzkörperschminkmaske fällt auch Kleidung weitgehend weg.
- Ein fototherapeutisches Methodenbeispiel: Die *Selbstportraitbox* (vgl. Schafiyha 1997, 205) muss man sich vorstellen wie einen quadratischen Karton, auf dessen Innenseiten sechs private und auf dessen Außenseiten sechs öffentliche Selbstportraits angebracht werden. Die jeweils sechs Portraits werden noch einmal unterteilt in das physische, das geistige, das familiäre, das emotionale, das psychische und das berufliche Selbstbild, so dass zu jedem privaten Bild ein öffentliches auf der entsprechenden Seite des Kartons zu sehen ist.
- *Kombinationsmöglichkeiten von Foto und Text*: bei der Aufnahme, als Bildunterschrift, als Kontrast …
- *Methoden der Verfremdung* (z.B. Doppelbelichtung o.ä.) nicht als Weg oder Methode künstlerischer Fotografie, sondern als pädagogisches Mittel: Distanz schaffen, genaueres Hinsehen erzwingen, den immer vorhandenen Inszenierungscharakter deutlich machen …
- *Fotofilm*: Fotografie steht traditionell für das Stillbild; sie friert Bewegung ein, hält einen Augenblick fest. Film dagegen steht für Bewegung und Organisation von Zeit. Unter Fotofilmen werden Filme verstanden, die auf Fotografien basieren. Eine Reihe prominenter, fotografierender Filmemacher und filmender Fotografen haben sich dieser Form bedient. In den letzten Jahren wenden sich verstärkt junge Filmemacher dieser Filmform zu. Das intermediale Arbeiten reizt und auch die Möglichkeit, seine künstlerischen Ideen ganz unmittelbar und direkt umzusetzen, ohne großes Filmteam. Nicht zuletzt drückt das Hybride, das Zwitterwesen von mehrerlei Herkunft, auch unsere Zeit aus.

Auch das Fotografieren als Prozess kann in der Biografiearbeit ein hilfreiches Kommunikations- und Ausdrucksmedium sein.

- Foto als Spiegel der Selbstwahrnehmung;
- als Akt der Selbstinszenierung, der Re-Konstruktion von Wirklichkeit;
- in der Interaktion zwischen Selbst- und Fremdwahrnehmung;
- zur Schulung der Wahrnehmung auch für Details, für kleine Dinge;
- zum Entdecken gestalterischer und kreativer Möglichkeiten: etwas zeigen, Bestätigung bekommen, Selbstvertrauen gewinnen; Anlass und Motivation zum Gespräch …

Die biografische Arbeit mit Fotos und der Aktion des Fotografierens hat eine Nähe zur „Fototherapie", die zumindest im amerikanischen Bereich eine gewisse Position hat. Allerdings ist der therapeutische Anspruch weiter gehend: basierend auf der Diagnose eines Krankheitsbildes wird das Medium Fotografie in einem therapeutisch geplanten Prozess eingesetzt, um eine positive Veränderung der Gedanken, Gefühle und des Verhaltens eines Klienten herbeizuführen. Fototherapie wird zumeist als eine Möglichkeit dem Bereich der Kunst- oder Kreativ-Therapie zugeordnet.

Fotografie im Gruppenprozess		
Pädagogik ← --- ---	--- ← → ---	--- --- → Therapie

Die Funktion des Mediums ist in der sozialpädagogischen und therapeutischen Arbeit graduell unterschiedlich, aber doch ähnlich:

- Blockadebrecher für verbale Hemmungen, Hilfe zur Versprachlichung.
- „Objekt" in der Auseinandersetzung um Selbst- und Fremdbilder; das Foto als Konfrontation mit dem Selbstbild bzw. Selbstkonzept.
- Bilder als Auslöser, sich mit Problemsituationen auseinanderzusetzen (z.B. Kinderbilder – eigene Kindheit).
- Erinnerung durch (historische) Fotografie bzw. „alte" Fotos der eigenen Lebensgeschichte.

In einem Fotoportrait werden Mimik und Gestik einer Person für einen Moment festgehalten. Im günstigen Fall kommt die Befindlichkeit des Menschen zum Ausdruck; Befindlichkeit und Ausdruck ändern sich in Abhängigkeit voneinander. Befindlichkeit kann sich aber über den Weg des Ausdrucks nur ändern, wenn Wandlungen der Gestik und des Ausdrucks probiert, im Spiegelbild erfahren und verinnerlicht werden. Fotos mit positiven Selbstassoziationen können bewirken, dass sich die Einstellung zum eigenen Körper, Körpergefühl, Selbstbild verändert. Für den Prozess der positiven Selbstbeurteilung sind (zumindest anfangs) negative oder verzerrende Fotos (Perspektiven, Verfremdungen ...) zu vermeiden. Eine pädagogische Variante dieses Ziels könnte heißen: die Eigenwahrnehmung des Selbstbildes zu erkennen, zu überprüfen und ggf. zu verändern. Da aktuell von jungen Menschen Web-Communities (wie SchülerVZ, StudiVZ, Facebook, Flickr als Fotocommunity, MySpace etc.) in einem sehr extensiven Maß genutzt werden und dort Fotos eine wichtige Rolle spielen, könnte künftig die Arbeit mit Fotografien in der Biografiearbeit noch andere Dimensionen bekommen. Möglicherweise haben viele Menschen in einigen Jahren neben einem biografischen Blog ihre Foto-Biografie im Netz schon vollständig präsent!?

Verwendete und weiterführende Literatur

Holzbrecher, Alfred/Oomen-Welke, Ingelore/Schmolling, Jan (Hg.) (2006): Foto + Text. Handbuch für die Bildungsarbeit, Wiesbaden (VS)

Holzbrecher, Alfred/Schmolling, Jan (Hg.) (2004): Imaging. Digitale Fotografie in Schule und Jugendarbeit, Wiesbaden (VS)

LAG Lokale Medienarbeit NRW (Hg.) (2007): Lebens(ver)läufe. Biografische Spurensuche als Weg zum respektvollen Miteinander (= Schriften zur Lokalen Medienarbeit 5), Duisburg

Marotzki, Winfried/Niesyto, Horst (Hg.) (2006): Bildinterpretation und Bildverstehen. Methodische Ansätze aus sozialwissenschaftlicher, kunst- und medienpädagogischer Perspektive, Wiesbaden (VS)

Schafiyha, Liliane (1997): Fotopädagogik und Fototherapie. Theorie, Methoden, Praxisbeispiele, Weinheim (Beltz)

Schuster, Martin (1996): Fotopsychologie, Heidelberg (Springer)

Sontag, Susan (1980): Über Fotografie, Frankfurt (Fischer)

Stiegler; Bernd (2006): Theoriegeschichte der Photographie, München (Fink)

Matthias Eichbauer

„Rap ist mein Leben" – Biografiearbeit mit Jungtätern

Bericht eines studentischen Projektes

1 Ein Hip-Hop-Kultur-Projekt mit Strafgefangenen

Das im Folgenden beschriebene Projekt fand im Wintersemester 2006/2007 im Rahmen eine Konzepte und Methoden Seminars am Fachbereich Sozialwesen der FH-Münster unter Leitung von Frau Prof. Dr. Irma Jansen statt und wurde in einer Justizvollzugsanstalt für männliche Jungtäter durchgeführt. Projektteilnehmer waren Inhaftierte des Jungtätervollzugs im Alter von 20 bis ca. 25 Jahren, die sich im geschlossenen Vollzug befanden. Diese jungen Männer standen bereits vor ihrer Haft der Hip-Hop-Kultur nahe und pflegten diese im Gefängnisalltag weiter. Die Voraussetzung einer bereits bestehenden Verbindung zur HIP-HOP Szene war sowohl bei den Teilnehmern als auch bei den durchführenden Studierenden aus folgenden Gründen zwingend erforderlich:

- Die kulturelle Ausrichtung der jungen Männer bildet eine biografische Konstante, die intensiv mit ihrem Identitätsempfinden verknüpft ist.
- Innerhalb der Szene findet Zuordnung, Heimat, Werteorientierung, Freizeitbeschäftigung statt.
- In dieser Hinsicht bietet das Medium Musik (hier HIP-HOP) einen kreativen Ansatzpunkt, eine Ausdrucksform die in besonderem Maße geeignet erscheint biografische Ereignisse und Empfindungen zu thematisieren.

Da zum besonderen Verständnis der Arbeit mit Jugendkulturen ein gewisses Szene-Wissen Vorrausetzung ist, soll im Folgenden zunächst kurz auf die Hip-Hop-Szene eingegangen werden.

1.1 Die Hip-Hop-Szene (auch im Rahmen der Inhaftierungssituation)

Die Vermischung der unfreiwilligen Subkultur des Haftalltags und der „freiwilligen" Hip-Hop-Kultur prägte das Projekt, weshalb im Weiteren beide zu unterschiedlichen Teilen beschrieben werden sollen. Im Sinne der Zielsetzung dieses

Projektberichtes wird allerdings stärker auf die Hip-Hop-Kultur eingegangen. In der strengen Reglementierung des Haftalltags konnte eine Zuspitzung dessen beobachtet werden, was Leißing interessanter Weise auch für jugendliches Leben in einer multioptionalen, von Leistung geprägten Gesellschaft festhält (vgl. Leißing 2003, S.84 ff): Die Tendenz, sich den erlebten Grenzen einer initiativen Lebensplanung temporär entziehen zu wollen. Diese Bewältigungsversuche schlugen sich bei den Häftlingen im Schreiben von eigenen (Lied-)Texten nieder und im Austausch über diese Texte mit anderen Gefangenen. Im Rahmen des Projektes wurde der Hip-Hop-Disziplin „Rap" am meisten Aufmerksamkeit gewidmet.

„Für Szenegänger geht es vor allem darum den eigenen Style (Stil) zu entwickeln und diesen anderen zu präsentieren. Hip-Hop sein bedeutet also vor allem kreative Selbstinszenierung, mit dem Ziel Lob und Anerkennung (‚props') von Mitstreitern zu bekommen und sich in der Szene einen Namen zu machen"(jugendszenen.com 2005).

Dies war auch im Rahmen des Projektes deutlich spürbar und wurde mit großem Engagement von den sieben Projektteilnehmern betrieben. „In der wortwörtlichen Übersetzung bedeutet ‚Rap' klopfen, schlagen oder pochen. Im Hip-Hop ist mit Rap der rhythmische Sprechgesang gemeint. Ein Rapper muss eine ausgefeilte Technik entwickeln um das Versmass und die Betonung seiner Texte mit der Musik in Einklang zu bringen. Viele Rapper bezeichnen sich daher auch als Künstler (…). Merkmale eines Rap-Stils können besonderer Wortwitz, Emotionen in der Stimme oder eine besonders hohe Geschwindigkeit beim Rappen sein. Ziel (…) ist es, einen harmonischen und kontinuierlichen Fluss der Stimme (‚flow') zu entwickeln" (ebenda).

Im Hip-Hop sind Frauen und Mädchen in aktiven Rollen unterrepräsentiert. Außerdem ist das Verhältnis der Geschlechter im Hip-Hop ein inner- und außerhalb der Szene vieldiskutiertes Thema. Die Rolle von Frauen wird von vielen AkteurInnen höchst unterschiedlich beurteilt, es ist jedoch bei einem gewissen Teil der Szene ein latenter Machismo feststellbar, der wiederum unterschiedlich interpretiert wird und zumindest teilweise auch ein gesamtgesellschaftliches Geschlechterverhältnis widerzuspiegeln scheint. Wie in anderen Jugendszenen auch spielt im Hip-Hop die Kontamination aller Lebensbereiche eine große Rolle, wobei ein Durchhalten des in der Szene fortlaufend aktualisierten und konstruierten Hip-Hop-Lifestyles eine große Bedeutung hat. Sich mit dem Tragen von szenespezifischer Kleidung und szenespezifischen Symbolen als Szenegänger in möglichst allen Lebensbezügen erkennen zu geben, wird, genauso wie erkennbare Ehrlichkeit in der Präsentation, als ein Zeichen für Authentizität

(„Realness") gesehen. Diese Realness scheidet in den Augen der Aktiven den echten Hip-Hop(-per) vom „Poser". An diesem Punkt gibt es klare Parallelen zu anderen Jugendkulturen, die im Sinne von Distinktion, um die Frage kreisen, wer nun Teil der Szene ist und wer nicht. In den verschiedenen Popularitätsschüben der Hip-Hop Kultur, die, wie Baer/Wichmann (2005) beschreiben, doppelt so alt ist wie vermutlich das Gros ihrer momentanen Fans, spielte die „Poser/ Realness-Frage" eine besonders große Rolle. Aber auch im pädagogisch-reflektiven Arbeiten mit dieser Kultur ist sie von nicht zu unterschätzender Bedeutung. Schließlich weisen viele AutorInnen (vgl. z.B. Baer/Wiechmann 2005) darauf hin, dass gerade Jugendliche, die nicht eine bürgerlich geprägte Musikerziehung erlebten durch den Charakter von Rap-Musik die Möglichkeit erhalten, musikalisch kreativ zu sein. Notenlesen, das Beherrschen klassischer Instrumente, Harmoniekunde und ähnliches, sind im Zeichen von Sampling und Scratching keine Grundvoraussetzungen um aktiv zu werden[1] oder Lob zu ernten. Es zählt hauptsächlich die originelle und authentische Präsentation.

1.2 Projektentstehung

Vor dem Hintergrund der Projektidee, Hip-Hop als Medium biografischer Begleitung im Strafvollzug zu nutzen, gab es eine Ausschreibung dieses Projektes in der Strafanstalt. Gesucht wurde eine Gruppe von bis zu 15 Inhaftierten, die bereits mit Hip Hop vertraut waren und Interesse daran haben, mit der Unterstützung durch erfahrene Studierende und entsprechendes technisches Equipment, Lieder zu erstellen, die sich in Tonqualität und der Qualität des Arrangements dafür eignen könnten, sie bei Plattenfirmen als Bewerbung vorzulegen („Demo-Tape"). Die SozialarbeiterInnen der JVA sowie die Gefängnisseelsorge waren mit der Begleitung dieses Projektes betraut worden. Es meldeten sich 7 junge Männer, die Haftstrafen zwischen 2 und 5 Jahren verbüßten und die sich teilweise nicht das erste mal in Haft befanden. In einem ersten Vorstellungs- und Planungstreffen wurden grundlegende Arbeitsvereinbarungen geklärt und auf die Besonderheiten der Inhaftierungssituation hingewiesen (z.B. Schließpflicht der Türen, das Tragen von Geräten zur persönlichen Sicherheitsüberwachung, Hinweise zu Modi der subkulturellen Rangfolgen u.s.w.). Die Projektarbeit (d.h. die Aufnahme des Rapgesangs und die gemeinsame musikalische Arbeit) fand in einem besonderen Trakt außerhalb des Hauptgebäudes (Zellentrakt) statt und war durch fehlende Zwischentüren und große räumliche Ressourcen für dieses Projekt sehr geeignet. Die Arbeit sollte in einer geschlossenen Gruppe statt-

---

1   Wobei ein rudimentäres Verständnis von Tontechnik aber auf jeden Fall hilfreich sein kann. Dies wird aber im Rahmen der Szenesozialisation auch von den meisten recht schnell erlernt.

finden, mit der (Sanktions-)Möglichkeit, einzelne Gruppenmitglieder aus der Gruppe wieder auszuschließen, wenn sie nicht regelmäßig erscheinen sollten.[2] Diese Vereinbarung erschien den ProjektleiterInnen insofern als wichtig, da es im Rahmen des Projektes insbesondere auch um die Aufrechterhaltung von „Gruppenintimität" ging, durch die Offenheit und Vertrauen ermöglichen sollte. Gleichzeitig sollte es von vorne herein klar sein, dass es sich beim Erstellen eines Demo Tapes auch um einen Produktionszusammenhang handelt, der eine gewisse Disziplin von jedem Teilnehmer erfordern würde um in einem begrenzten Zeitraum ein angemessenes Produkt zu erstellen.

1.3 Leitgedanken

Die in der Beengung der „totalen Institution" (vgl. Goffmann 1981) lebenden Gefangenen konnten im Beibehalten ihres Hip-Hop- Stiles, so scheint es, gewisse Ressourcen mobilisieren, die ihnen zum einen den Haftalltag erleichterten und zum anderen eine Möglichkeit darstellt Individualität aufrecht zu erhalten. Darüber hinaus bot die Arbeit mit Texten ein Ausdrucksmedium, da ihre Texte überwiegend von dem Erleben des Gefängnisalltags, von Hoffungen, Ungewissheiten, Aggressionen, Schuldgedanken und Sehnsüchten handelten. Diese wurden später bei der Aufnahme des Sprechgesangs in „unverblümter" Sprache geäußert und zum Besten gegeben. Das durchführende studentische Team, konnte bei dieser Nähe zur Hip-Hop Kultur ansetzen (der sie selbst nahe stehen) und diese in verschiedener Art und Weise nutzen. In den Texten der Teilnehmer spielte eine Reflexion des konkret erlebten Gefängnisalltags ebenso eine Rolle, wie der Blick auf die eigene Lebensgeschichte. In diesem Zusammenhang tauchten immer wieder Identitätsfragen auf: „wer bin ich", „wer war ich", „was fühle ich", „wie fühle ich mich", „wie sehe ich mich", „wie sehen mich die Anderen". Die durchführenden Studierenden erlebten dabei eine quasi „therapeutische" Seite von Raptexten. Durch die „Pflicht" zu reimen (sich aufeinander reimende Textpassagen zu schreiben) traten dabei zum Teil auch verdrängte Bewusstseinsinhalte an die Oberfläche und konnten zum Ausdruck gebracht werden.[3]

Als Subgenre von Rapgesang erwies sich das „story-telling" als passender Zugang.

---

2 Eine Besorgnis die sich später eher in das Gegenteil verkehren sollte.
3 Wiederum um ein vielfaches deutlicher ist dies oft beim Freestyle-Rap, dem Texten aus dem Stegreif, zu beobachten.

1.4 Umsetzung

An vier aufeinander folgenden Wochenenden im Frühsommer 2007 wurden mit den Gefangenen gerappte Textpassagen aufgezeichnet, die sie im Vorfeld angefertigt hatten. Das Engagement, die Energie und die Durchhaltebereitschaft der Teilnehmer beeindruckten alle Beteiligten und übertrafen bei weitem die Erwartungen. Die Fülle an Texten (bis zu 80 handgeschriebene Seiten pro Teilnehmer) konnten unmöglich im gesetzten Zeitrahmen aufgenommen werden. Eine klare Grenzziehung war des Öfteren notwendig, um die Rolle der Studierenden im Prozess zu festigen (dies wurde deutlich an Sätzen wie: „Wir sind nicht hier, um mit Euch Hits zu produzieren, sondern um etwas über Euer Leben zu erfahren und Euch als Musiker zu unterstützen"). Parallel zur Aufnahme der Musikstücke wurde der gesamte Arbeitsverlauf auf Video dokumentiert. Aus diesem Rohmaterial konnte später ein Musikvideo, sowie eine ca. einstündige Dokumentation produziert werden. Da das Erstellen der Lieder im Arbeitsprozess immer nur jeweils von einem Teil der Gefangenen weiter vorangetrieben werden konnte, entstanden häufig „Wartezeiten", die die Teilnehmer nutzten, um Textpassagen zu üben, thematische Absprachen zu treffen sowie überwiegend zum persönlichen Gespräch mit den Studierenden. Manchmal wurde dies aber erheblich durch den Drang einiger Gefangener erschwert, möglichst viele eigene Texte aufzunehmen. So bestand die moderierende Aufgabe nicht (wie eigentlich erwartet) in der Motivationsarbeit, sondern eher im Zügeln und Ordnen verschiedenen Ideen – was manchmal zwar sehr Kraft zehrend war, von den Projektteilnehmern aber durchgehend als positiv und sinnvoll bewertet wurde. Letztlich mündeten diese Gespräche darin, Videoaufzeichnungen von Einzelgesprächen anzufertigen, die einen Hauptteil der späteren Dokumentation ausmachen sollten. Im Rahmen der musikalischen Arbeit mit Hip-Hop wurden lebensgeschichtliche Themen oft ganz „unverkrampft" zu Gesprächsinhalten. Interessant war hierbei der Hip-Hop kulturell geprägte Zeichenvorrat, den die Studierenden und die Gefangenen gleichermaßen beherrschten, was den „Kontakt" zu ihnen von Anfang an sehr intensiv gestaltete und eine gewisse gemeinsame Vertrauensbasis schuf, die ohne Hip-Hop wahrscheinlich mit ungleich mehr Anstrengung hätte hergestellt werden müssen.

Es bildete sich so gleichsam eine kulturelle Brücke, die verschiedene soziale und biografische Klüfte überspannte (beispielsweise hatten die meisten Teilnehmer – im Gegensatz zu den Studierenden – Migrationserfahrung und kamen aus marginalisierten Umfeldern). Im Projekt konnte ressourcenorientiertes Arbeiten mit jugendkulturellem Schwerpunkt umgesetzt werden. Dabei kam es zu einem Zusammenspiel der fachtheoretisch reflektierten Seite von Jugend- und Sozialer Arbeit und einer spezifischen Kenntnis der jugendkulturellen Szene. Professionelle der Sozialen Arbeit sollten sich bewusst sein, dass der zweite Aspekt (spezifische Kenntnis der jugendkulturellen Szene) nicht mit einem geringen Zeitaufwand „erlernt" bzw. „erlesen" werden kann. Die vielfältigen Modi von Distinktion und lebensgeschichtlicher Prägung sind grundsätzlich in Konzeption und Durchführung jugendkulturellen Projekte mitzudenken. Im Rahmen dieses Projektes konnten in dieser Hinsicht auf mehreren Ebenen Erfolge erzielt werden:

- Die Gefangenen erhielten Freiraum für ihre Ideen und Lebensgeschichten.
- Sie wurden als kreativ Schaffende ernst genommen und konnten nach dem Ende des Projektes auf etwa selbst Produziertes blicken.
- Der Prozessverlauf wurde von den Teilnehmern als produktiv empfunden.
- Die Einzelinterviews wurden von den Teilnehmern auch als entlastende Chance genutzt über die eigene Biografie zu erzählen.

Für den Abschluss des Projektes war eine Präsentation vor der Gefängnisöffentlichkeit und den Angehörigen der Teilnehmer geplant sowie das Aushändigen des Produktes (eine CD mit den Liedern und eine zweite mit dem Musikvideo). Dies konnte leider nicht stattfinden, da die Anstaltsleitung Bedenken bezüglich der Textinhalte äußerte und eine „schlechte Presse" fürchtete. Das hinterließ vor allem bei den Inhaftierten große Enttäuschung. Gerade die Authentizität der Aussagen in den Texten (von uns ausdrücklich gewünscht und nur geringfügig „zensiert") erwies sich als Stolperstein. Die Darstellung der Spezifika des Genres „Hip Hop" sowie der Sinn von politisch nicht korrekten Aussagen in diesem Rahmen, konnte dem Sicherheitsdienst der Vollzugsanstalt leider nicht verdeutlicht werden. Um den Inhaftierten in dieser Hinsicht frustrierende Erlebnisse zu ersparen, sollten Absprachen bezgl. der Veröffentlichung von Texten (insbesondere dem Umgang mit bestimmten Inhalten wie z.B. von Gewalt) rechtzeitig abgesprochen und transparent gemacht werden.

1.5   Reflexion

Vor dem ersten Treffen mit den Inhaftierten in der Justizvollzugsanstalt waren wir unsicher bezüglich des zu erwartenden Arbeitsverhaltens der Teilnehmer. Wir hatten uns aufgrund von Vorerfahrungen mit ähnlichen Projekten außerhalb des Strafvollzugs darauf eingestellt, dass es evtl. eine euphorische, produktive Anfangsphase gäbe, gefolgt von rasch nachlassendem Engagement. Dies war nicht der Fall. Bereits im ersten, vorbereitenden Treffen schienen die Gefangenen äußerst motiviert und durchhaltebereit, was sich im Verlauf des Projektes nicht ändern sollte. Auch die Hip-Hop-Kultur, als gemeinsame Erfahrung der

Häftlinge und der Studierenden wirkte sich bereits beim ersten Treffen als eine Brücke zwischen den unterschiedlichen Lebenswelten und -geschichten aus. Die Gruppe der Teilnehmer kannte sich bereits vorher, so dass spezielle gruppenbildende Maßnahmen nicht durchgeführt werden mussten. In den ersten beiden Treffen wurden die Aufnahmepausen genutzt um mit den inhaftierten Männern über den Haftalltag, ihre Biografie und ihr Befinden zu sprechen.

Die gute Qualität der Prosa erstaunte uns Studierende. Der Inhalt der Texte schwankte zwischen Reue, Schuldbewusstsein, kritische Auseinandersetzung mit dem Haftalltag und der eigenen Vergangenheit einerseits sowie Wut, Frustration, Aufbegehren, Potenzgehabe und der Pflege traditionell männlicher Stärkeklischees andererseits. Den Aussagen der Projektteilnehmer zufolge ist dies kennzeichnend für die Gefühlslage vieler Mithäftlinge. Gerade Texte aus dem erstgenannten Themenkreis wirkten meist sehr ehrlich und berührten uns und viele Teilnehmer. Die textlichen Äußerungen der zweiten Kategorie wurden von uns als „Kehrseite der Medaille" akzeptiert. Der in der Hip-Hop-Kultur hoch angesehene Wert der Authentizität war ausschlaggebend, hier nicht auf durchgängig „politisch korrekte" Aussagen zu pochen. Bei einem Lied allerdings, das hauptsächlich aus sexistischen und Gewalt verherrlichenden Aussagen bestand, erhoben wir Einspruch, und erklärten, dies nicht zu publizieren. Bei einem weiteren mussten zwei Passagen unkenntlich gemacht werden, was der Qualität jedoch keinen Abbruch tat. Diese regelnden Interventionen wurden von den Gefangenen akzeptiert, und es ergaben sich gerade daraus interessante Gespräche über die Inhalte und ihre Bedeutung für den jeweiligen Verfasser. Insbesondere bei den Einzelinterviews wurde am Ende des Projektes noch einmal die Spannbreite der Emotionen innerhalb der Haftsituation deutlich und das Bemühen der Teilnehmer diese Spannung zu verarbeiten. Vielen Texten wurde durch die Musiker eine entlastende, selbsttherapeutische Komponente zugesprochen. Insgesamt kann die Atmosphäre im Prozess als engagiert bis freudig ausgelassen bezeichnet werden. Den Aussagen zufolge stellte das Projekt für alle Gefangene eine Möglichkeit dar, in der eigenen musikalischen Entwicklung Fortschritte zu machen. Hieran knüpften sich allerdings bei einigen Teilnehmern auch unrealistische Erwartungen bezüglich des Erfolges ihres Schaffens und diverse Erfolgs- und Größenphantasien.

1.6 Hinweise für eine Umsetzung in der Praxis

- Einer Biografiearbeit mit jugendkulturell geprägten Ressourcen sollte eine Erforschung der Präferenzen der AdressatInnengruppe vorausgehen.
- Hierbei sind auch Interviews mit den entsprechenden Personen (im Stile wertschätzender Gesprächsführung) von großem Wert.

- Erst danach sollten organisatorische Fragen des Projektes geklärt werden, wobei im offenen Jugendbereich eine Vernetzung mit den lokal relevanten Szenestrukturen und -akteurInnen sinnvoll ist.
- Auf den Internetseiten „jugendszenen.com" und „jugendkulturen.de" finden sich brauchbare und wissenschaftlich fundierte Raster, mit deren Hilfe man sich als professionell Handelnder ein Grundwissen über Szenen aneignen kann.

Eine ausführlich beschriebene Übungsanleitung zum Thema Rap-Workshop befindet sich im Teil III.

Literatur

Baer, Silke/Wiechmann, Peer (2005): Culture on the Road; Jugendkulturen als Ansatz politischer Bildungsarbeit; In: Deutscher Bundesjugendring (Hrsg.): Deutsche Jugend; Zeitschrift für Jugendfragen und Jugendarbeit; 53. Jahrgang; Heft 10; Weinheim

George, Nelson: XXX; Drei Jahrzehnte HipHop; 2002; Orange Press; Freiburg

Goffmann, Erving (1981): Asyle. Über die soziale Situation psychiatrischer Patienten und anderer Insassen; Suhrkamp Verlag; Frankfurt am Main

Jugendszenen.com (2005): Hip Hop; Intro; auf: http://www.jugendszenen.com/hiphop/index.php?rubric=10; vom 18.05.2005

Leißing, Thorsten (2003): Bedeutung der HipHop – Szene für die gegenwärtige Jugendkultur und als Medium für die offene Jugendarbeit; Diplomarbeit an der FH Münster, Fachbereich Sozialwesen, eingestellt Bibliothek

Mührel, Eric (2005): Strafvollzug; in: Otto, H.-W.; Thiersch, H. (Hrsg.): Handbuch Sozialarbeit, Sozialpädagogik; 3. Auflage; Reinhardt Verlag; München; Basel

Katharina Barth | Nadja Tumbrink

Biografiearbeit mit benachteiligten Mädchen

Bericht einer studentischen Projektarbeit

1 Bezugspunkte biografisch orientierter Projektarbeit mit Jugendlichen

Ressourcenorientiertes, biografisches Arbeiten mit Mädchen in problembelasteten Lebenskonstellationen geht davon aus, dass Ressourcen den Prozess der Identitätsfindung entscheidend beeinflussen. Doch eben jene Mädchen haben häufig einen geringeren Zugang zu ihren Ressourcen. Dies hat zur Folge, dass ihr Lebenslauf oftmals von vielerlei biografischen Brüchen gekennzeichnet ist. Diese Brüche gilt es in der Biografiearbeit aufzugreifen, Vergangenes zu beleuchten, den Entwicklungsprozess zu verstehen und wiederkehrende Strukturen zu erkennen, um Anschlussmöglichkeiten für die weitere Identitätsgestaltung zu finden. Dies ist essentiell, da die gelungene Gestaltung der Biografie eines Menschen an seine Identität gebunden ist (vgl. Raabe 2004; S. 10).

Vor diesem Hintergrund gilt es zentrale Entwicklungsaufgaben zu benennen, die in der Biografiearbeit aufgegriffen und kreativ didaktisiert werden, um einen besseren Zugang zu ermöglichen. Das Projekt hat sich dabei – ausgehend von dem Modell der 5 Säulen der Identität (vgl. Petzold) – an den Bereichen: Leiblichkeit, Werte, Soziale Beziehungen, Ausbildung-Beruf und materielle Sicherheit orientiert.

Bezugspunkt Leiblichkeit/Körper

In der Arbeit mit Mädchen in prekären Lebenslagen gewinnt z.B. die Bewertung des eigenen Körpers einen hohen Stellenwert. Oftmals wird dieser auch eingesetzt, um dem Bedürfnis nach sozialer Anerkennung nachzukommen (vgl. Fend 2005; S. 230).

Die Integration der Sexualität in das Selbst und ihre Verbindung mit der sozialen Umwelt, ist ein Prozess, den Jugendliche selbst aktiv mitgestalten. Dabei gilt es, die Bedürfnisse nicht „einfach" zu befriedigen, sondern einen verantwortlichen Umgang mit Sexualität zu entwickeln und die normative Regulierung von

Sexualität und die Erarbeitung einer Sexualmoral in das Selbst zu integrieren. „Die Fähigkeit, mit der eigenen Triebhaftigkeit selbstverständlich umzugehen, ist beim Menschen kein angeborenes Talent, sondern muß unter Mühen erlernt werden." (Bopp 1985; S. 67). Das sexuelle Verhalten und der Umgang damit, ist ein langjähriger Prozess, der mit den Erfahrungen des Jugendlichen in seiner Herkunftsfamilie und der Herauslösung aus ihr, als auch mit dem Eingang von sozialen Beziehungen Gleichaltriger und später dann mit den ersten Erfahrungen mit SexualpartnerInnen zusammenhängt.

Zu beachten ist insbesondere ein psychologisches Risiko, welches dann besteht, wenn bei Jugendlichen eine Differenz zwischen ihrem Verhalten und ihren tatsächlichen Wünschen entsteht. (vgl. Flammer, Alsaker 2002; S. 218). Zu diesen Risikofaktoren kommt ein gesellschaftlicher Trend erschwerend hinzu, denn durch die Individualisierungsprozesse und eine zunehmende Entpersönlichung der Gesellschaft, suchen die Jugendlichen zunehmend nach mehr Vertrautheit und persönlicher Nähe. Dabei wachsen die Erwartungen an Liebe und Sexualität in einem Maße, dem die Realität nicht standhalten kann. „Je unpersönlicher die soziale Welt wird, desto heftiger wird der Wunsch nach warmen, sinnlichen, offenen, spontanen Erfahrungen im Privatleben. Die Erfahrung der gesamtgesellschaftlichen Fremdheit soll durch die Erfahrung zwischenmenschlicher Vertrautheit erträglicher gemacht werden. (…) Ihre Adoleszenzkrise wird durch die Erfahrung der gesellschaftlichen Entfremdung, die sie in einer besonders sensiblen Lebensphase erfahren, noch verschärft. Liebe und Sexualität werden in einem Maß mit Erwartungen überfrachtet, die sie auf die Dauer nicht einlösen können." (Bopp 1985; S. 78). Aufgrund dieser Bedingungen zeigt sich die Wichtigkeit einer pädagogischen Begleitung und Unterstützung dieses Prozesses in der empfindlichen und risikoreichen Jugendphase. Dabei gilt es, die Reflektiertheit des Jugendlichen zu unterstützen und zu fördern (vgl. Fend 2005; S. 268).

Bezugspunkt: Soziale Beziehungen

Der Aufbau von Freundschaften und Beziehungen, als weitere Entwicklungsaufgabe, unterstützt den schwierigen Prozess der Loslösung vom Elternhaus. „Ohne Freunde und Freundinnen aufzuwachsen ist unter heutigen modernen Lebensbedingungen ein Hinweis auf belastete Entwicklungswege zum Erwachsenen." (Fend 2005; S. 304) Die Peers erfüllen „auch schon vor der Adoleszenz zentrale Funktionen und sind, parallel zu den Eltern bedeutsame Sozialisationsagenten." (Flammer, Alsaker 2002; S. 194) Die Beziehungen zu den Gleichaltrigen dienen im Prinzip den gleichen Zwecken, wie denen der Beziehung zu den Erwachsenen. Es gilt eigene Erfahrungen zu machen um ein Selbstkonzept und damit auch

Identität zu erlangen. Darüber hinaus müssen soziale Kompetenzen erlernt und eigenständig erprobt werden. (vgl. Flammer, Alsaker 2002; S. 195).

Bezugspunkt: Bildung-Ausbildung-Beruf

Stark verunsicherte Jugendliche, also solche, die nicht wissen, wie sie ihre Zukunft gestalten sollen, sind großen Belastungen ausgesetzt. „Solche Mädchen und Jungen sind in ihrem schulischen Engagement auch eher desorganisiert. Diese Desorganisation erstreckt sich zusätzlich auf ihr außerschulisches soziales Engagement. Damit muss diese Gruppe deutlich als Risikogruppe angesehen werden." (Fend 2005; S. 376) Jugendarbeitslosigkeit hat starke Auswirkungen auf die Persönlichkeit der Jugendlichen und belastet sie. Ohne berufliche Orientierung und Perspektiven ist es für die Heranwachsenden nicht möglich, die normative Entwicklungsaufgabe einer beruflichen Identität zu erwerben (vgl. Flammer, Alsaker 2002; S. 262). Die pädagogischen Konsequenzen daraus sollten den Jugendlichen viele Unterstützungsangebote in dieser schwierigen, risikoreichen Lebensphase zu machen und ihnen Möglichkeitsräume aufzuzeigen. Konzeptuell sollte Biografiearbeit eben diese wichtigen Entwicklungsbereiche aufgreifen und thematisieren. Wichtig hierbei ist vor allem, aufgrund der Heterogenität der Klientel, die biografischen Settings individuell anzupassen und derart zu gestalten, dass es den jeweiligen geschlechts- und altersspezifischen Anforderungen gerecht wird. Im Folgenden soll insbesondere Weiblichkeit in den Blick genommen werden. Anschließend wird eine Methode der Biografiearbeit vorgestellt. Dieses Konzept wurde eigens für Mädchen in einer stationären Einrichtung der Jugendhilfe erstellt.

2   Weiblichkeit in prekären Lebenslagen

Das Einsetzen der Pubertät hat für das Mädchen besondere Bedeutung und enthält „ein besonderes Konfliktpotenzial" (Ziehlke 1992; S. 33). Im Unterschied zu Jungen ergibt sich für Mädchen in der Entwicklung der Geschlechterrolle eine zusätzliche Entwicklungsaufgabe. Es gilt eine Balance herzustellen und zu halten, zwischen dem gesellschaftlich Akzeptierten und den eigenen erotischen Bedürfnissen. Es besteht dabei insbesondere für Mädchen aus bildungsfernen Milieus ein Widerspruch zwischen der Macht, die ihnen ihre weibliche Attraktivität verleiht und der Tatsache, dass sie erst durch ihre Unterwerfungsbereitschaft erotisch reizvoll werden. Diese widersprüchlichen Anforderungen spiegeln sich gerade in der Pubertät in ihren schulischen Leistungen wieder.

Sexuelle Attraktivität rückt in den Mittelpunkt und Intellektualität gehört nicht mehr zu „den typischen Wertorientierungen des weiblichen Rollenleitbildes" (Ziehlke 1992; S. 33). Das von den Medien suggerierte sexualisierte Idealbild drängt sich den Mädchen unweigerlich auf und hat Einfluss auf die Gestaltung ihrer Weiblichkeit. Dieses sexualisierte Idealbild führt in der Entwicklung der Sexualmoral der Mädchen zu einem Konflikt. Einerseits werden sie als „Objekt der Begierde" (Trauernicht 1989; S. 117f zitiert nach Ziehlke 1992; S. 34) gesehen, andererseits laufen sie Gefahr als „Hure" stigmatisiert zu werden. Der Druck Sexualität zu erleben, ist zu einem Bestandteil der weiblichen Identitätsentwicklung geworden. Sie müssen die Balance zwischen „Sinnlichkeit und Sittlichkeit" (Ziehlke 1992; S. 33) finden und sich unterschiedlichen Rollenanforderungen stellen. Die gesellschaftlichen Leistungserwartungen gehen einher mit den Anforderungen einer „erotischen Kultur" an die Körperlichkeit von Frauen und Mädchen.

Sich in diesem Spannungsfeld zu verorten, stellt besonders Mädchen und Frauen aus prekären Lebenslagen, vor besondere Schwierigkeiten. Sie sind in ihren Lebenskontexten „oft rigiden Geschlechtsrollensteretypien ausgesetzt" (Ziehlke 1992; S. 34). Durch sexuelle Attraktivität und Unterwerfung sichern sie ihre Position, die allerdings nur „für die sexuelle Befriedigung von Männern" (Ziehlke 1992; S. 34) da zu sein scheint. Eine eigene Existenzsicherung durch Beruf und Ausbildung ist vor dem Hintergrund fehlender schulischer Abschlüsse selten, so dass die Vermarktung des Körpers auch als Bewältigungsstrategie dieser Verhältnisse aufscheint (vgl. Ziehlke 1992; S. 34).

Andererseits stellt (obwohl Frauen und Mädchen bei Gewaltdelikten unterrepräsentiert sind) Gewalthandeln dennoch für einige auch „ein durchaus akzeptiertes und notweniges Mittel der Alltagbewältigung dar" (Jansen 2006; S. 276). Gewalt wird in diesem Kontext als Entlastung von einem problematischen Alltag gesehen und ebenso als Strategie, sich den widersprüchlichen und vielfältigen gesellschaftlichen Anforderungen zu stellen. Die Vereinbarkeit des Widerspruchs einerseits stark, erfolgreich und selbstbewusst zu sein und andererseits weiblich, im Sinne sexueller Attraktivität, lässt sich von diesen Mädchen kaum auf anderen Wegen erreichen. Sie versuchen daher mittels Gewalt diese Widersprüchlichkeiten aufzuheben, da ihnen Ressourcen für alternative Lösungen fehlen (vgl. Jansen 2006; S. 278f).

Widersprüchliche Rollenanforderungen zu bewältigen, sind auch Ansatzpunkte von Erklärungsansätzen zur Rechtsorientierung von Frauen und Mädchen. In diesem Zusammenhang wird beschrieben, dass für jene sich nicht nur die Frauenrolle, sondern auch die Berufsrolle schwierig darstellt. Mangelnde Ressourcen aufgrund der Lebenslagen verhindern, dass junge Frauen diese Rollenanforderungen bewältigen. Sie suchen daher „eine ‚ausweichende' Antwort"

(Zander 2006; S. 208) auf diese Anforderungen, indem sie sich an traditionellen weiblichen Rollenvorgaben innerhalb eines rechtsextremen Milieus orientieren. Der Dominanztheorie-Ansatz weist vor diesem Hintergrund auf einen weiteren wichtigen Zusammenhang hin. Rassistische Positionen nicht vor dem Hintergrund von Schwäche, sondern auch von Stärke einzunehmen, ist eine wichtige Annahme dieses Ansatzes. Frauen können demnach durch Orientierung an rechtsextremen Gruppen, eigene Benachteiligung kompensieren und an der Dominanzkultur teilhaben. Hierbei werden starre Geschlechterverhältnisse als Ausgangspunkt gesehen. Männliches Verhalten ist dominantes Verhalten und unterwerfendes Verhalten ist für Weiblichkeit konstitutiv. So erfordert diese hierarchische Geschlechterordnung, dass weibliche Aggression ausschließlich gegen Frauen zu richten ist. Hier schließt dieser Ansatz an der Widersprüchlichkeit weiblicher Rollenvorgaben an, in dem so für rechtsextreme Frauen „ ‚Mütterlichkeit und Fürsorge' (für die eigene Familie, die eigene Clique)" (Zander 2006; S. 209f), als weibliches Rollenverhalten und gleichzeitig die Demonstration von Stärke möglich wird.

Zusammenfassend lässt sich feststellen, dass Mädchen und junge Frauen mit widersprüchlichen Rollenanforderungen konfrontiert sind. Strikt weibliche Rollenstereotype korrelieren mit den gesellschaftlichen Anforderungen nach Stärke und Selbstbewusstsein. In diesem Spannungsfeld ein Bild von Weiblichkeit und ein spezifisches Rollenverständnis, das beide Anforderungsdimensionen vereint, zu konstruieren gestaltet sich schwierig. Besonders unter der Berücksichtigung mangelnder Ressourcen und belasteter Entwicklung zeigt sich, dass Abweichendes Verhalten im Rahmen von Bewältigung und Identitätskonstruktionen verstanden werden kann, die Frauen und Mädchen aus benachteiligten Kontexten auf tradierte Rollen festlegen (vgl. Jansen 2006; S. 281).

3 Warum Biografiearbeit mit benachteiligten Jugendlichen?

Biografiearbeit in der Benachteiligtenförderung „beinhaltet Entwicklung der Fähigkeit zur subjektiven Aneignung der Umwelt und darüber hinaus die Fähigkeit zur Gestaltung von Gestaltungsprozessen" (Raabe 2004; S. 15). Biografie in der Benachteiligtenförderung ist somit als Förderungsprozess zu verstehen. Menschen in benachteiligten Lebenssituationen sind von Misserfolgserlebnissen geprägt. Gerade die Jugend ist von Individualisierungstendenzen und einer damit verbundenen Unübersichtlichkeit der Lebensplanung besonders betroffen, da sie sich in einer Phase befinden, die Orientierung und Sicherheit sucht und braucht.

Deshalb gewinnt das Konzept des biografischen Arbeitens an Bedeutung, denn der „Biografieträger ist Organisator und Interpret des eigenen Lebens und steht als solcher in der Freiheit aber auch der Notwendigkeit, als Akteur sein Leben zu gestalten" (Raabe 2004; S. 16). Sich seine Biografie „zusammenzubasteln", gestaltet sich aber gerade für jene Menschen als besonders schwierig, denen es an Ressourcen fehlt. Ressourcen sind jedoch der Schlüssel für eine gelingende Identität. „Ein offenes Identitätsprojekt, in dem neue Lebensformen erprobt werden, bedarf materieller und sozialer Ressourcen" (Keupp 1990; S. 31).

Eine zunehmende Orientierungslosigkeit jedoch führt dazu, dass das Individuum in Bezug auf seine Biografie einerseits freigesetzt wird, anderseits dem Zwange ausgesetzt wird, Biografie eigenständig zu gestalten. Dies ist unablässig, da die Wahrung biografischer Kontinuität essentiell für die Sicherung personaler Identität ist. Das Merkmal zunehmender Orientierungslosigkeit in unserer spätkapitalistischen Moderne verlangt individuelle Förderung. Biografiearbeit muss an dieser Stelle versuchen, den Anschluss zwischen Biografie und Identität herzustellen (vgl. Raabe 2004; S. 13f).

So viele Ressourcen Biografiearbeit auch aktiv unterstützt und entdecken hilft, so hat sie doch auch ihre Grenzen. Die Chancen ergeben sich in der Eröffnung neuer Sichtweisen in der Arbeit mit Menschen. Wer Bedeutung von Handlungsweisen begriffen und akzeptiert hat, dem eröffnen sich neue Perspektiven seiner Biografie. So hilft Biografiearbeit bei der Neustrukturierung vergangener Lebensereignisse. Gleichzeitig kann sie jedoch die Vergangenheit nicht Ungeschehen machen. Sie hilft bei Persönlichkeitsentwicklung und Entfaltungsprozessen und unterstützt das „Hier- und Jetzt- Sein" (Raabe 2004; S. 18).

Dadurch eröffnet sie Handlungspotenziale, wobei die Umsetzung aber außerhalb ihrer Reichweite liegt. Daraus folgt, dass Biografiearbeit nur dann möglich ist, wenn auch biografische Selbstreflexion möglich ist. Die Entscheidungen des Einzelnen sind und bleiben ihm selbst überlassen. Bei Erinnerungen und Erlebnissen „die nicht mehr aufzulösen sind, die nicht mehr durch bewusste Prozesse in die Biografie integriert werden können" (Raabe 2004; S. 18), stößt Biografiearbeit an ihre Grenzen und die Therapie sollte an dieser Stelle ansetzen. Biografiearbeit will vielmehr dazu befähigen, „Lösungen und Handlungsoptionen, die in der Biografie bereits enthalten sind" (Raabe 2004; S. 13) zu entdecken.

Doch vor dem Hintergrund moderner Umbruchsprozesse und einer Entkopplung von System- und Sozialintegration, gestalten sich diese Prozesse im Hinblick auf die gesellschaftliche Integration als schwierig. Systemintegration kann immer seltener gelingen. Die sekundäre Systemintegration wird für immer mehr Menschen zum Lebensentwurf. Für Jugendliche bedeuten diese Entwicklungen, dass die traditionellen Sozialisationsverläufe, gebunden an die Sozialisationsinstanzen, zwar noch weiter bestehen, aber zunehmend brüchig werden. Es geht um die Herstellung der Balance zwischen gesellschaftlichen Anforderungen und denen ihrer Lebenswelt. „Die Kunst und Kompetenz der Lebensbewältigung Kinder und Jugendlicher heute besteht nun darin, dass die unterschiedlichen Sozialisationswelten miteinander vermittelt werden müssen" (Böhnisch 1992; S. 86).

Die Lebenslage der Jugendlichen bildet somit den Ansatzpunkt „für die Wahrnehmung sozialer Chancen aber auch ihre Blockierungen" (Böhnisch 1992; S. 92f). Aus dieser Lebensweltorientierung heraus ergibt sich für das biografische Arbeiten gerade mit Jugendlichen die Notwendigkeit der Herstellung biografischer Kontinuität. Dies meint Sozialisation mit dem Ziel eines gelingenden Alltags. „Gelungene Sozialisation erweist sich auch in den Fähigkeiten, situative Chancen außerhalb der konventionellen Karrieremuster und Statuspassagen zu nutzen, Ansprüche aufrechtzuerhalten, um überhaupt ‚über die Runden zu kommen' " (Böhnisch 1992; S. 85).

Diese sekundäre Integration beschreibt Menschen, die sich parallel zur gesellschaftlichen Normalbiografie biografische Kontinuität sichern, die auch akzeptiert wird. Für Jugendliche in prekären Lebenslagen ist selbst diese Form der Integration akut gefährdet, Alltag droht zu scheitern. Das „über die Runden kommen" gelingt in zahlreichen Lebensbereichen nicht mehr. Mangelnde ökonomische, kulturelle und soziale Ressourcen verhindern den Aufbau einer gesicherten Identität und Biografie.

Deshalb muss Biografiearbeit bei Jugendlichen ressourcenorientiert ansetzen, um sekundäre Integration zu gewährleisten. Da aufgrund der vielfachen Belastungen nicht von der normorientierten Sozialintegration ausgegangen werden kann, gilt es, biografische Kontinuität in der jeweiligen Lebenswelt herzustellen. Perspektive der Biografiearbeit mit Jugendlichen ist demnach die Hilfestellung bei der Bewältigung von Entwicklungsaufgaben. Ziel ist es z.B. durch das Aufdecken von lebensweltlichen Ressourcen Identitätskonstruktionen zu sichern und zu unterstützen.

Hier setzt Biografiearbeit nicht nur als Methode, sondern auch als Hintergrundkonzept im Sinne einer professionellen Haltung an. Das Konzept der Biografiearbeit sieht seinen Klienten ganzheitlich und vor dem Hintergrund seiner Lebenswelt. Sie versucht mithilfe verschiedenster Methoden Hilfestellungen zu geben, um die Biografie des Klienten zu strukturieren, verstehen zu lernen und sinnhaft in seinen Lebenskontext zu integrieren.

4   Kreative Biografiearbeit mit Mädchen

Im Folgenden soll ein Projekt zur Biografiearbeit mit kreativen Medien skizziert werden, welches die oben genannten Themenschwerpunkte aufgreift. Dieses Projekt wurde für jugendliche Mädchen in prekären Lebenslagen konzipiert, die kurzfristig in einer stationären Kriseneinrichtung untergebracht waren. Das Projekt wurde über einen fünfwöchigen Zeitraum, jeweils einmal wöchentlich durchgeführt.

Zu dem Titel **„Hauptdarsteller des eigenen Lebens – ich dreh' meinen eigenen Film"**, wurde vor dem Hintergrund eines handlungstheoretischen Ansatzes, der Jugendliche als Akteur seines Selbst betrachtet, einen Prozess angeregt, in dem die Mädchen dabei unterstützt wurden, vorhandene Ressourcen zu entdecken und nutzbar zu machen.

Wie der Titel des Projektes bereits andeutet, ging es hierbei vor allem darum, den Mädchen ins Bewusstsein zu rücken, dass sie Gestalter ihres eigenen Lebens sind und Handlungsmöglichkeiten besitzen. Ziel der einzelnen Sitzungen war es, die für die Mädchen zentralen Entwicklungsaufgaben aufzugreifen.

Daher stand im Mittelpunkt der ersten Sitzung mit dem Titel **„ Starportrait – die Hauptrolle in meinem Leben spiele ich"** die Auseinandersetzung mit der eigenen Person, insbesondere den eigenen Interessensgebieten, Vorlieben, Vorbildern, Berufswünschen. Um diesen gedanklichen Prozess anschaulich zu gestalten, wurden hierfür Collagen aus Jugendzeitschriften angefertigt. Dies diente in erster Linie zunächst der Kontakt – und Beziehungsaufnahme, um ein Setting zu schaffen, in welchem es zu einem späteren Zeitpunkt möglich sein sollte auf vertrauensvoller und geschützter Basis miteinander zu arbeiten und zu kommunizieren.

Weiter ging es in der zweiten Sitzung mit dem Titel **„Nebendarsteller – kleine Helden meines Alltags"** thematisch um die sozialen Kontakte und Netzwerke der Mädchen. In dieser Sitzung war das Ziel die guten und tragfähigen Beziehungen herauszustellen und bewusst zu machen. Die Entwicklungsaufgabe des Umbaus der sozialen Beziehungen und der Loslösung aus dem Elternhaus wurde somit aufgegriffen, was besonders für jene Mädchen von hoher Bedeutung ist, deren emotionale Beziehungen von Brüchen gekennzeichnet sind. Da ihr Biografieverlauf von vielerlei schwierigen und schmerzhaften Beziehungen geprägt ist, gewinnt die Betonung und Suche der doch vorhandenen positiven Beziehungen an Bedeutung. So wurde in dieser Sitzung eine so genannte Netzwerkkarte erstellt, auf der die prägnantesten und für die jungen Menschen bedeutsamsten und hilfreichsten Kontakte gekennzeichnet werden sollten. Für diese Methode besonders essentiell ist die Betonung auf die ausschließlich positiven Beziehungen zu legen und nur diese herauszuarbeiten.

In der dritten Übungseinheit ging es um die Rollenvielfalt im Leben der Mädchen. **„Ich habe viele Gesichter – die Regie in meinem Leben führe ich"**, unter diesem Titel sollten sich die Mädchen mit der Rollenvielfalt in ihrem Leben auseinandersetzen. Dies ist ein besonders wichtiges Thema, da die Klientel oftmals aus Lebenslagen kommt, in denen Weiblichkeit auf besondere Stereotype festgelegt ist. Die eigenen Handlungskompetenzen in den Mittelpunkt zu rücken und die Veränderbarkeit und Vielfalt von Rollen aufzuzeigen, sollte mithilfe von kleinen Rollenspielen erreicht werden.

„Szenenwahl – Orte, die eine entscheidende Rolle spielen", unter diesem Titel gestaltete sich die vierte Sitzung mit der Klientel. Hierbei sollten insbesondere die Orte benannt und in Erinnerung gerufen werden, in denen sich die Mädchen geborgen, glücklich und verstanden fühlten. Der zentrale Aspekt hierbei ist nicht nur die Erinnerung und das Bewusstwerden der positiven Emotionen, sondern insbesondere der Versuch eben jene Orte zu visualisieren und in die Gegenwart und Zukunft zu übertragen. In einer fragmentierten Umwelt hilft ein sicherer, kontinuierlicher Bezugspunkt einen Anker zu bilden.

Zur Identitätsbildung in der Jugendphase gehört die Entwicklung von Werten und Weltbildern. Der Jugendliche konstruiert seinen eigenen Blick auf die Welt. Daher wurde in der fünften und abschließenden Sitzung mit dem Titel **„Happyend"** das Thema Werte in den Mittelpunkt gestellt. Es wurde der Frage nachgegangen, was die Mädchen von ihren Mitmenschen erwarten, aber auch welche Haltungen sie ihnen entgegenbringen.

Abschließend ist festzuhalten, dass es in der Biografiearbeit mit benachteiligten Mädchen nicht darum gehen kann, den gesamten Identitätsprozess aufzuarbeiten. Vielmehr soll sie helfen, einen Prozess in Gang zu bringen, welcher identitätsstiftende Elemente beinhaltet. In dieser Konsequenz bedeutet dies, Entwicklungsaufgaben thematisch-kreativ aufzugreifen. Unter der Prämisse, dass die Vergangenheit nicht nur die Gegenwart, sondern auch die Zukunft beeinflusst, sollte es Ziel sein, die Gestaltbarkeit von Biografie für die Mädchen spürbar werden zu lassen. Daher ist eine Ressourcenorientierung unabdingbar, ohne gleichzeitig belastete Erlebnisse systematisch auszublenden. Solche Lebensereignisse werden aus anderen Blickwinkeln thematisiert und erhalten so die Chance, biografisch integriert zu werden. Damit geht es also auch darum, insbesondere in der Arbeit mit Benachteiligten Mädchen, sie entlang ihrer Brüche zu begleiten, Kontinuitäten aufzugreifen und dabei zu unterstützen, diese zukünftig zu sichern.

Eine ausführlich beschriebene Anleitung zu den 4 Übungen „Ich drehe meinen eigenen Film" befindet sich in Teil III.

Literatur

Bopp, Jörg (1985): Jugend. Umworben und doch unverstanden, Frankfurt am Main: Fischer Taschenbuchverlag GmbH

Böhnisch, Lothar (1992): Sozialpädagogik des Kindes- und Jugendalters. Eine Einführung., Weinheim/München: Juventa Verlag

Fend, Helmut(2003) : Entwicklungspsychologie des Jugendalters. 2005, Nachdruck der 3., durchgesehene Auflage, Wiesbaden: Verlag für Sozialwissenschaften/GWV Fachverlage GmbH

Flammer, August/Alsaker, Francoise (2002): Entwicklungspsychologie der Adoleszenz. Die Erschließung innerer und äußerer Welten im Jugendalter, Bern/Göttingen/Toronto/Seattle: Verlag Hans Huber

Jansen, Irma (2006): „Der Frauenknast" – Entmystifizierung einer Organisation. In: Zander, M., Hartwig, L., Jansen, I. (Hrsg.): Geschlecht Nebensache? Zur Aktualität einer Gender- Perspektive in der Sozialen Arbeit., Wiesbaden: VS Verlag für Sozialwissenschaften, S. 271-290

Keupp, Heiner (2006): Identitätskonstruktionen. Das Patchwork der Identitäten in der Spätmoderne., 3. Auflage, Reinbek bei Hamburg, Rowohlt Taschen buch Verlag

Keupp, Heiner (1990): Lebensbewältigung im Jugendalter aus der Perspektive der Gemeindepsychologie. Förderung präventiver Netzwerkressourcen und Empowermentstrategien. In: Keupp u.a., Sachverständigenkommission 8. Jugendbericht (Hrsg.): Risiken des Heranwachsens. Probleme der Lebensbewältigung im Jugendalter, Weinheim und München: Juventa Verlag

Raabe, Wolfgang (2004) : Biografiearbeit in der Benachteiligtenförderung., 1. Auflage, Heidelberg: Heidelberger Institut Beruf und Arbeit, hiba GmbH Verlag

Zander, Margherita (2006): Geschlechterdifferenzierende Aspekte- Soziale Arbeit mit rechtsorientierten Mädchen und Jungen. In: Zander, M., Hartwig, L., Jansen, I.(Hrsg.): Geschlecht Nebensache? Zur Aktualität einer Gender-Perspektive in der Sozialen Arbeit, Wiesbaden: VS Verlag für Sozialwissenschaften, S. 195-217

Ziehlke, Brigitte (1992) : „Fehlgeleitete Machos" und „frühreife Lolitas" – Geschlechtstypische Unterschiede der Jugenddevianz. In: Tillmann, K.-J. (Hrsg.): Jugend weiblich – Jugend männlich. Sozialisation, Geschlecht, Identität, Opladen: Leske+Buderich, S. 28-39

Biografiearbeit mit Erwachsenen und alten Menschen

Brigitte Bauer

Das narrative Interview als Weg zum biografischen Verstehen studierender MigrantInnen am Beispiel eines Projektstudienangebots

1 Einleitung und Zielsetzung

Projektstudien zu Biografiearbeit und Biografieforschung im Rahmen des Studienganges Soziale Arbeit an der Fachhochschule Münster, Fachbereich Sozialwesen (1), bilden die Basis für die Diskussion, ob und wie das narrative Interview für ein methodengeleitetes biografisches Verstehen genutzt werden könnte. In einem der Projektseminare, „Biografiearbeit und Biografieforschung mit studierenden MigrantInnen" (2), ging es bevorzugt darum, das narrative Interview zum Verstehen biografischer Erzählungen von Studierenden mit und ohne „Migrationshintergrund" einzuüben und anzuwenden.

In den Seminarveranstaltungen des Studienganges Soziale Arbeit findet sich, wie in vielen anderen Studiengängen auch, eine beträchtliche Anzahl von Studierenden, deren Muttersprache nicht Deutsch ist (3) und die von ihren Erfahrungen, aber auch Schwierigkeiten erzählten, den Studienanforderungen zu entsprechen. Dadurch wurde das Interesse geweckt, näher mit Studierenden, die zu der Gruppe „mit Migrationshintergrund" gehören, ins Gespräch zu kommen.

Das Anliegen dieses Aufsatzes ist ein Plädoyer dafür, Kompetenzen in der Durchführung und Auswertung des narrativen Interviews im Studiengang Soziale Arbeit zu vermitteln. Es ist hingegen nicht Anliegen, zum einen die sehr umfangreichen Ergebnisse des Projektseminars in Form einer kleinen Untersuchung zu präsentieren und zum anderen in eine vertiefte Diskussion zur Lebenswirklichkeit studierender MigrantInnen einzusteigen.

2 Das narrative Interview als Methode des biografischen Verstehens

2.1 Was kennzeichnet eigentlich das narrative Interview?

Die Methode des narrativen Interviews, ein Königsweg der qualitativen empirischen Sozialforschung, ist in der einschlägigen Literatur umfassend dargestellt

(Küsters 2006; Lamnek 2005; Mayring 1999; Schaffer 2002). Deshalb wird im Folgenden das narrative Interview als Methode nur so weit skizziert, dass es in seinen Besonderheiten speziell für die Biografiearbeit und Biografieforschung, die häufig miteinander verknüpft sind, deutlich wird. Das narrative Interview, eine interaktive Methode, die maßgeblich von dem Bielefelder Soziologen Schütz (1977) entwickelt wurde, ist die Kernmethode der Biografiearbeit und Biografieforschung, die momentan in den Sozialwissenschaften und in der Sozialen Arbeit eine große Bedeutung haben.

„Erzählen ist eine alltagsweltliche „Methode", mit der Subjekte sich selbst und ihre Welt konstruieren, sich reflektieren, sich entwerfen, sich anderen mitteilen und mit anderen einen Ausschnitt sozialer Wirklichkeit teilen." (Dausien 2005, S. 8).

Durch ein narratives Interview sollen *Erzählungen über das eigene Leben, Narrationen*(4)*,* angeregt werden. Hier handelt es sich um Erzählungen über solche Ausschnitte des individuellen Lebens, die für die befragten Personen existentiell bedeutsam sind. Dabei geht es nicht um das bei Befragungen sonst übliche „Frage – Antwort – Schema", vielmehr besteht der Hauptteil aus der ausführlichen *Erzählung selbst erlebter Ereignisse*. Dabei ist das Ziel, dass sich der Erzählprozess frei fließend entwickeln kann, ohne durch Zwischenfragen des Interviewers beeinflussend kanalisiert zu werden. Wenn das narrative Interview „glückt", wird der Erzählprozess in hohem Maße von den angesprochenen Gefühlen und szenischen Erinnerungen der befragten Person getragen. Aufgabe des Interviewers ist es zunächst, die befragte Person dazu zu bewegen, eine zusammenhängende Geschichte der für sie relevanten Ereignisse von Anfang bis Ende zu erzählen.

Beispiele für die Stimulierung einer Erzählung: Erzähle mir doch bitte deine Lebensgeschichte. Mich interessiert alles, was du erzählst und erzähle so ausführlich wie du magst, das was dir wichtig ist im Moment. Ich werde einfach nur gut zuhören und keine Zwischenfragen stellen.

Damit ein narratives Interview „glücken kann", ist eine lebensnahe Situation eine geradezu unverzichtbare Voraussetzung. Deshalb sollten die Interviews, wenn möglich, auch in der natürlichen Umgebung durchgeführt und eine „Narration" im Sinne einer „Stehgreiferzählung", einer spontanen Erzählung aus einem günstigen Moment heraus, angeregt werden. Dabei handelt es sich jedoch trotz aller angestrebten Alltagsnähe um eine asymmetrische Beziehung, wie bei allen Formen des Interviews, da der Interviewer sich mit eigenen persönlichen Gesprächsanteilen und auch in seinen nonverbalen Kommentaren sehr zurück hält und vor allem interessierter Zuhörer ist, dessen Aufgabe darin besteht, zunächst eine den Gesprächsprozess stimulierende Anfangsfrage zu stellen. Der rote Faden des Gespräches wird durch angemessene, d.h. einfühlsame Zwischenfragen aufrechterhalten. Erst nach Abschluss des Gespräches sollte der Interviewer nachfragen „in Richtung der intendierten subjektiven Bedeutungsstruktur" (Mayring 1999, S.56). Diese Aufgaben sind für den Interviewer durchaus nicht einfach.

Wie aus den wenigen Ausführungen schon deutlich geworden sein dürfte, erfordern die Durchführung und die Auswertung eines narrativen Interviews geschulte professionelle Kompetenzen und folglich eine intensive Einübung.

Die erzählten Texte werden Wort für Wort transkribiert und anschließend nach Kategorien ausgewertet, die zum einen für die Themenstellung des narrativen Interviews zentral sein können und die zum anderen häufig auch „am Text entlang" erarbeitet werden. Hierbei kommt es vor allem auf eine angemessene Interpretation des erzählten Textes an, die der subjektiven Sinnstruktur des erzählenden Subjektes gerecht wird. Werden die angesprochenen Gefühle erfasst, die szenischen Erinnerungen aufgeschlüsselt, unterschiedliche Passagen des Textes miteinander in Beziehung gesetzt? Das erfordert eine methodische Versiertheit in Form einer Deutungskompetenz, die zumeist in Gruppen von den Interviewern eingeübt und auch durchgeführt werden sollte, wodurch so etwas wie eine gegenseitige „Validierung" der Interpretationen stattfinden kann. Ziel ist es hier, die eigenen Deutungsschemata zu reflektieren, die bei der Auswertung und Interpretation der erzählten Texte angesprochen werden, was Selbstreflexion und Introspektionsfähigkeit erfordert.

2.2 Die Chancen des narrativen Interviews: Methodengeleitetes biografisches Verstehen

Wie die Einführung in die Methode des narrativen Interviews vielleicht schon nahe gelegt hat, könnte sich das narrative Interview als ein viel versprechender Weg zu einem *methodengeleiteten biografischen Verstehen* und als ein idealer Lehrmeister auch für die Soziale Arbeit erweisen. Über die Methode des narrativen Interviews könnten professionelle Kompetenzen vermittelt werden, die auch auf andere Zusammenhänge der Sozialen Arbeit übertragbar sind.

Denn biografisches Verstehen vollzieht sich anhand einer Momentaufnahme eines kleinen erzählten Ausschnittes der Biografie eines Anderen. Diese Momentaufnahme wurde in der „narrativen Situation" gewonnen, die sowohl durch das professionelle Können des Interviewers als auch durch die befragte Person miteinander aufgebaut wurde. Das macht für den Interviewer einen hohen Anteil an selbsterfahrener Reflexion notwendig. Biografisches Verstehen könnte eine „schwebende Leichtigkeit" nahe legen in dem Wissen, dass die erzählten Geschichten zu biografisch bedeutsamen Themen immer nur Momentaufnahmen sind, die eine fremde Subjektivität, die Andersartigkeit eines Individuums durchscheinen lassen.

Für das Erlernen dieser professionellen Kompetenzen sind folglich grundlegende Voraussetzungen notwendig, die zeitintensive Übungen in kleinen Gruppen mit einem hohen Anteil an Selbstreflexion notwendig machen. Wird das Lernziel erreicht, so könnten daraus Kompetenzen erwachsen, die nicht nur in der Biografiearbeit und Biografieforschung, sondern auch in der Sozialen Arbeit unverzichtbar sind.

2.3 Einzelfallanalyse

Das narrative Interview bedient methodisch den *Einzelfallapproach*, wozu auch Biografiearbeit und Biografieforschung zu rechnen sind.

„Statt uns auf immer abstraktere Generalisierungen zu konzentrieren, die wir mit immer größeren Datenerhebungen zu finden hoffen, sollen wir versuchen, in intensiven Fallstudien Material zu sammeln, das Aussagen über konkrete Wirklichkeit und Wahrnehmungen dieser Wirklichkeit durch konkrete Personen zulässt" (Abels 1975, S.230, zitiert in: Lamnek 2005, S.693).

Bei der Auswertung von transkribierten biografischen Texten im Rahmen der Einzelfallanalyse steht die Zielvorstellung im Mittelpunkt:

„Nachvollzug der individuellen Lebensgeschichte bei gleichzeitiger Herausarbeitung der zugrunde liegenden sozialen Muster. Die eingesetzten Methoden der Einzelfallanalyse sind qualitativ und bestehen zumeist aus Formen des Interviews, z.B. narratives bzw. Leitfadeninterview" (Lamnek 2005, S. 697). „Im Einzelfallapproach geschieht die Auswertung des erhobenen Materials im Verlauf der Interpretation. Die Interpretation hat nichts mit frei schwebender Spekulation über die Bedeutung von Äußerungen und Handlungen zu tun. Vielmehr handelt es sich um ein zweistufiges Verfahren: Nachvollzug der individuellen Lebensgeschichte, d.h. Rekonstruktion der Ereignisse und deren Bedeutung für den Handelnden, und die Rekonstruktion von Mustern, die aus den individuellen Ausformungen der Lebensgeschichte abgeleitet werden." (a.a.O., S. 699).

2.4 Auswertungskategorien im Sinne einer Einzelfallanalyse

In einem der Projektseminare zur Biografiearbeit (Bauer/Zenker 2005/06 und 2006) wurden gemeinsam mit den Studierenden bei der interpretativen Auswertung von Transkripten narrativer Interviews folgende *Kategorien* erarbeitet, die sich aufgrund der Rückmeldungen durch die Studierenden als sehr hilfreich für die Auswertung der biografischen Materialien erwiesen haben.

- **Lebensbeschreibung:** Wie beschreibt die befragte Person ihr Leben? Wie ist die Sprache? Welche Begriffe fallen auf, charakteristische Redewendungen? Welche Besonderheiten in den Darstellungen fallen auf?
- **Gefühlswelt:** Welche Gefühle der befragten Person können durch die Schilderungen indirekt erschlossen werden oder werden sogar von der befragten Person benannt? Wie geht sie mit ihren Gefühlen um? Lassen sich bestimmte Strategien im Umgang mit dem eigenen Erleben erschließen (z.B. Verleugnung von Gefühlen; Versachlichung; Dramatisierung; Empathie etc.)? Welche Gefühle und welche Art und Weise des Erlebens werden von der befragten Person bei den bedeutsamen Personen des eigenen Lebens in welcher Form wahrgenommen und wie werden diese geschildert?
- **Beziehungen zu anderen Menschen:** Welche Beziehungen zu welchen Menschen erscheinen besonders wichtig? Wie werden die Beziehungen geschildert? Welche Qualität der Beziehung wird erschlossen? Bedeutung der Beziehungen für die befragte Person?
- **Selbstbild/Selbstkonzept:** Welche charakteristischen Sätze oder Eigenschaften finden sich, die auf das Selbstkonzept schließen lassen?
- **Belastungen:** Welche Problemstellungen, Schwierigkeiten, Belastungen werden wie geschildert? Wie wird diesen begegnet und wie werden diese erlebt? Welche „Copingstrategien" werden deutlich?
- **Werte und Normen:** Welche Werte und Normen lassen sich eruieren, die für die befragte Person für ihre Lebensgestaltung, Gestaltung von Beziehungen, Beruf etc. zentral sind?
- **Zukunftsperspektive:** Welche Zielvorstellungen hat die befragte Person für ihr eigenes Leben. Wie bezieht sie die nähere oder fernere Zukunft in ihr Leben mit ein? Welche Pläne für das weitere Leben werden benannt oder können erschlossen werden?
- **Sinnperspektive:** Wird das eigene Leben als sinnvoll/bzw. als sinnlos erlebt? Was gibt dem eigenen Leben Sinn? Woraus bezieht die befragte Person Anerkennung? Welche Personen werden in dieser Hinsicht als besonders bedeutsam erlebt? Wer gibt in welcher Form Anerkennung/Wertschätzung oder gar Abwertung (Nähe zur Kategorie Beziehung)?

Diese Kategorien können selbstverständlich noch erweitert werden. Sie sind auch nicht „trennscharf", d.h. sie fließen ineinander. Außerdem sind sie nicht immer bei jeder Einzelfallanalyse in gleicher Weise relevant. Für die Auswertung der narrativen Interviews mit studierenden MigrantInnen wurden noch einige Kategorien hinzugenommen (s.S.10).

2.5 Biografiearbeit – Biografieforschung

Die Arbeit an und mit der Biografie vollzieht sich in einem „sehr weiten Feld", das von etlichen methodischen Zugängen erschlossen werden kann, wie ja die Aufsätze des vorliegenden Readers sehr konkret zeigen.

Die Arbeit mit der individuellen Biografie im Sinne der Einzelfallanalyse kann methodisch den Weg zur *Biografieforschung* ebnen, indem die narrativen Interviews auch Zusammenhänge *zwischen* unterschiedlichen Biografien erschließen können. Methodisch wird ein *induktiver Weg* beschritten. Die erschlossenen Zusammenhänge können theoretische Begriffe und Erklärungszusammenhänge nahe legen, die wiederum deutlich machen, dass jede individuelle Biografie in ihren subjektiven Wirklichkeitskonstruktionen Teil einer gesellschaftlichen Wirklichkeit ist, die „sich biografisch niederschlägt."

Dieser Weg zeichnete sich auch in dem Projektseminar „Biografiearbeit und Biografieforschung mit studierenden MigrantInnen" ab.

3 Beispiele aus dem Projektseminar

Das Plädoyer für das narrative Interview als ein Weg zu einem methodengeleiteten biografischen Verstehen wird nun konkretisiert und illustriert anhand von Beispielen aus dem Projektseminar „Biografieforschung und Biografiearbeit mit MigrantInnen", an dem 17 Studierende des Diplomstudienganges Soziale Arbeit teilgenommen haben (5). Einige von ihnen gehören ebenfalls zur „Gruppe mit Migrationshintergrund."

3.1 Der Rahmen des Projektseminars

Im ersten Teil des Projektseminars im Sommersemester 2006 ging es darum, das narrative Interview theoretisch und insbesondere in der praktischen Durchführung durch intensives Üben in Kleingruppen und in Zweiergesprächen kennen zu lernen. Der grundlegende Anteil an Selbsterfahrung und Selbstreflexion war auch für die teilnehmenden Studierenden schnell erkennbar, und speziell in den Kleingruppen war die Bereitschaft für Gespräche, die Raum ließen für biografische Erzählungen, bei den meisten TeilnehmerInnen des Projektseminars erfreulich hoch. Von etlichen Studierenden wurde sehr bald bemerkt, dass die Durchführung eines narrativen Interviews an Kompetenzen anschließt, die viele von ihnen bereits in anderen Lehrveranstaltungen als Basisvariablen der Gesprächsführung kennen gelernt haben. Bei den Übungen zum narrativen Interview griffen einige der Studierenden dann auch auf ihre Erfahrungen mit „dem einfühlenden Verstehen" zurück, was sich als sehr hilfreich erwies.

Ein Probeinterview mit einer zu befragenden Person gehörte ebenfalls zu den Aufgaben des ersten Teils. Dieses Probeinterview wurde aufgenommen, transkribiert, „vorläufig" ausgewertet und im Plenum vorgestellt.

Die Zielvorstellung des zweiten Teils des Projektseminars wurde so formuliert, dass narrative Interviews mit Studierenden *mit und ohne* Migrationshintergrund durchgeführt werden sollten, basierend auf allen „methodischen Stationen" bis hin zur sorgfältigen Auswertung anhand gemeinsam erarbeiteter Kategorien.

„Welche Aspekte die Spezifik des Erfahrungszusammenhanges von Migration ganz generell ausmachen und inwiefern biographische Konstruktionen in ihrer gesellschaftsspezifischen Ausprägung prinzipiell von dieser Erfahrung berührt werden, kann erst durch den Vergleich zwischen Migrationsbiographien und Biographien ohne externe Migrationserfahrung weiter geklärt werden. Dies ist, soweit ich sehe, bisher noch nicht geschehen." (Breckner 2005, S. 403)

Es war noch ein zweiter Schritt geplant, in weiterführenden Leitfadeninterviews Zusammenhänge *zwischen* den einzelnen Biografieauswertungen herzustellen. Zu diesem weiterführenden Schritt war das Wintersemester 2006/07 leider viel zu kurz!

3.2 Ausgewählte theoretische Perspektiven zur Lebenssituation studierender MigrantInnen

Das biografische Verstehen von Individuen, die gesellschaftlich bedeutsamen sozialen Gruppen angehören, wie beispielsweise „studierende MigrantInnen", macht das Einbeziehen einer gesellschaftswissenschaftlichen theoretischen Perspektive „auf den individuellen Fall" erforderlich. Diese Perspektive wurde anhand ausgewählter Artikel in Referaten vorgestellt und diskutiert. (Datta 2005, S. 69-81; Karakasoglu-Aydin 2005, S. 101-128; Mecheril in Datta, 2005, S. 27

-48; Polat in: Attia; Marburger 2000, S. 11-25; Sievers in: Datta 2005, S. 165-181).

3.2.1 Die soziale Identität

Wer bin ich? Und wer bin ich im Vergleich mit anderen? Diese Fragen dürften Kernfragen sein beim biografischen Verstehen, beim Verstehen des eigenen Selbst und beim Verstehen des Anderen (Petzold 2003, S. 187/3 ff.). Narrative Interviews regen die erzählende Person dazu an, sich Gedanken darüber zu machen „Wer bin ich eigentlich?", d.h. die Identitätsfrage stimuliert auch den Erzählprozess in hohem Maße. Und einen Zuhörer zu haben, ruft auch die „Selbstdarstellung auf die Bühne", die auf das Selbstbild verweist.

Die „Soziale Identitätstheorie" (Vgl. Gollwitzer; Schmitt 2006, S. 65-77) hebt besonders hervor, dass das Individuum seine *soziale Identität* als einen Teil seines *Selbstkonzeptes* aus der Zugehörigkeit zu seinen wichtigen Bezugsgruppen ableitet. Eine Grundannahme der „Sozialen Identitätstheorie" postuliert ein grundlegendes *existentielles Bedürfnis nach Anerkennung*, das insbesondere durch die Zugehörigkeit zu emotional bedeutsamen Gruppen genährt werde. Ein *Bedürfnis nach Aufwertung der Selbsteinschätzung* könne insbesondere dann virulent werden, wenn der eigene soziale Status durch die Zugehörigkeit zu den Bezugsgruppen, die im Vergleich mit anderen Gruppen „schlecht abschneiden", gefährdet erscheine. Dieses könne zur Konsequenz haben, dass zur Selbstaufwertung Überlegenheitsgefühle über Menschen dienen, die abgewertet werden.

Die „Soziale Identitätstheorie" legt die Auseinandersetzung mit den unterschiedlichen emotional bedeutsamen Bezugsgruppen nahe.

3.2.2 Der Kulturvergleich

Kultur wurde definiert als „Lebensform einer größeren Menschengruppe, die mentale, soziale und materielle Faktoren mit einschließt" (Mecheril 1999, S. 56).

Ein geradezu habituelles Vergleichen unterschiedlicher Kulturen erscheint unausweichlich in der Lebenssituation eines studierenden Migranten vorprogrammiert. Welche kulturelle Bezugsgruppe wird die emotional „nährende", wie sehen die Kulturvergleiche aus? Was kann das Leben in zwei unterschiedlichen Kulturen bewirken? *„Ich bin beides und trotzdem beiden gegenüber doch anders"* (Badawia 2002, S. 336). Welche Folgen könnte dieses „Zwischen zwei Stühlen Sitzen" für das eigene Selbstbild und die Soziale Identität haben? „B-Kulturalität"? In der Weise, dass eine Synthese aus zwei sozialen und kulturellen Gruppen angestrebt und auch gelebt wird? (Vgl. Polat 2000, S. 11-25).

Oder *„Hybridität"* (Mecheril 2003) als Auflösung des *Zwischen*-den-Kulturen, als eine neu komponierte Mischung aus Kulturen, die ursprünglich als unvereinbar angesehen wurden? Eine kreative Kultur des Vermischens, bei der *„Hybridität auf „Flexibilität, Veränderlichkeit und innere Heterogenität verweist"* (Zamojski 2004, S. 74), ein weiter Sprung in die Postmoderne, ein Vorauseilen in moderne Lebensformen einer multikulturellen Welt?

Die Frage nach der Identität und danach, wie mit dem „Zwischen-zwei-Kulturen-Stehen" umgegangen und wie es erlebt wird, wurde für die geplanten narrativen Interviews als ein Kernanliegen herausgestellt. Für die Auswertung der narrativen Interviews wurde die *Kategorie „Kulturvergleich"* mit aufgenommen. Geben die von den Studierenden des Projektseminars durchgeführten narrativen Interviews hierauf Antworten?

3.3 Einige ausgewählte Ergebnisse der narrativen Interviews

Im Folgenden werden zur Illustration und Konkretisierung einige ausgewählte Passagen aus den teilweise sehr gut gelungenen Abschlussarbeiten der Studierenden des Projektseminars vorgestellt. Eine sorgfältige detaillierte Auswertung in der Zusammenstellung aller Transkripte wäre lohnend gewesen.

3.3.1 Reflexion der „narrativen Situation" durch die InterviewerInnen

„Im Nachhinein muss ich sagen, dass mir das narrative Interview sehr viel Spaß gemacht hat und ich während der Interpretation immer wieder inspiriert worden bin, mich mit der Biographiearbeit auseinanderzusetzen... Vor dem Interview hätte ich nicht gedacht, dass diese Form des narrativen Interviews so eine „befreiende" Wirkung auf mein Gegenüber haben könnte. Zitat aus dem Interview: „Ich fühle mich das, ich fühle mich das jetzt, das jetzt aber, dass ich jetzt ein bischen freier bin und ich mit Dir so reden kann. Ohne, ohne Geheimnisse, ohne Grenze, ganz einfach so". Ich würde diese Interviewsituation und auch den Verlauf nahezu als „Idealzustand beschreiben ..." (Klocke 2007, S. 40).

„Zum Abschluss dieser Arbeit kann ich sagen, dass ich positiv überrascht bin, wie viel Inhalt ich aus diesem Interview ziehen konnte. Schon beim Transkribieren waren mir viele Einzelheiten aufgefallen, die ich während des Interviews gar nicht wahrgenommen hatte. Bei der näheren Beschäftigung mit dem Transkript und der Interpretation des Interviews wurden mir noch mehr interessante Einzelheiten bewusst. Ich kann mir vorstellen, weiterhin diese Methode anzuwenden." (Steinau 2007, S. 46).

„Das erste, was mich an der narrativen Erzählform beeindruckt hat, war, was ein Mensch offenbart, wenn er die Möglichkeit und den Raum zum Reden erhält, zumal es sich bei ... für gewöhnlich nicht um einen „Plauderer" handelt. Bei dem Interview selber fiel es mir schwer zu erkennen, wann ich die Pausen mit neuen Erzählanstößen durchbrechen sollte. Pausen, bzw. Schweigen wird normalerweise etwas unangenehm empfunden, können aber an manchen Stellen sehr wertvoll sein. Stellte ich dann intuitiv die Fragen, war ich bemüht, den roten Faden im Auge zu behalten und sie offen und trotzdem „stimulierend" zu stellen. Große Worte, aber in der Praxis schwer umzusetzen. So habe ich den Eindruck, dass ich das Interview doch mehr beeinflusst habe als beabsichtigt ... Die Auswertung machte mir erst Sorge, doch als ich erst einmal begonnen habe, war ich beeindruckt, wie offen und vielschichtig sich einem ein Mensch darstellt..." (Gruß 2007, S. 9).

„... Die Interpretation hat mir im Laufe meiner Arbeit tatsächlich Vergnügen bereitet. Festzustellen, dass meine Interpretation mehr über mich als über Frau B. aussagt, ist schon eine spannende und in dieser Form neue Erfahrung" (Jaber 2007, S. 18).

3.3.2 Ausgewählte Ergebnisse zur Identität und zum Kulturvergleich

Die meisten Studierenden haben narrative Interviews mit der Gruppe der Studierenden „mit Migrationshintergrund" durchgeführt, zumeist mit Bildungsausländern (Vgl. Anmerkung (3)). Insgesamt waren die Auswertungen recht ergiebig auch im Hinblick auf die Kategorien „Kulturvergleich" und „Identität". Es werden einige „Kostproben" aus zwei Auswertungen vorgestellt.

Zunächst ein kleiner Auszug aus einer insgesamt sehr ausführlichen Auswertung (Steinau 2007), in der differenziert die ambivalente Gefühlslage einer studierenden Migrantin aus Weißrussland „zwischen den Kulturen" herausgearbeitet wurde:

„Ambivalenz im Kulturvergleich: ... ausgiebig betont, sie sei immer unzufrieden gewesen in Weißrussland, habe dort nicht leben wollen und die Lebensbedingungen seien unvorteilhaft gewesen. Es scheint, als wolle sie diese Ausführungen wieder in ein anderes Licht rücken. (Belege S. und Zeilen ...) ... es scheint ihr wichtig zu sein, dass in Weißrussland doch nicht alles so schlecht sei und bestimmt Dinge auch wieder besser als in Deutschland seien. ... scheint sie die Menschen in Weißrussland auch in Schutz zu nehmen, indem sie sagt, man könne unter den Bedingungen auch gar keine andere Mentalität entwickeln. Sie scheint sich in W. auch wohl zu fühlen … In Bezug auf Deutschland fallen auch Ambivalenzen auf. Einerseits sagt sie, sie habe hier ein besseres Leben, sei glücklicher (Belege…) und zufriedener (Belege..). Andererseits – ihr gefiele hier auch nicht alles und es sei nicht alles perfekt (Belege…) … sie fühle sich „komischerweise in D. wohl", wisse aber nicht warum (Belege). Sie scheint meiner Meinung nach zwischen den Stühlen zu stehen und innerlich unentschieden zu sein." (a.a.O, S. 43-44) „Selbstkonzept: Sie scheint nicht stolz auf ihre Rolle als Ausländerin in D. zu sein (Belege…) und sich klar von Weißrussen und Russen abzugrenzen (Belege…) sowie von Migranten in D. allgemein. Sie beschreibt sich als eine westlich denkende Person (Belege…) und vergleicht sich mit den Deutschen." (a.a.O. S. 45) „(…) scheint sehr negative Gefühle zu ihrer Herkunft und ihrer Vergangenheit in sich zu tragen (sehr viele Belege werden angeführt). (…) im Zusammenhang mit ihren Erfahrungen unter den Studierenden scheint sie sich unwohl gefühlt zu haben. Sie beschreibt, wie schwierig es für sie war, ernst genommen zu werden …" (a.a.o. S.44).

In der sehr umfangreichen, detaillierten Auswertung eines narrativen Interviews mit einem studierenden Migranten aus Nordafrika wird auch die Frage des kulturellen Vergleichs ausführlich angesprochen (Klocke 2007). Dazu einige kleine Auszüge:

„Er erstellt gedankliche Konstruktionen wie zum Beispiel, ob zwei sehr unterschiedliche Kulturen nebeneinander existieren könnten … Er scheint die Kulturen nicht nur verstehen zu wollen, sondern versucht zu erkennen, welche Teile der Gesellschaft ihm zusagen, um diese dann in sein Leben, in seine Identität zu integrieren … wörtliches Zitat aus dem Interview: „war auch in Spanien, war ich in Italien, ich habe immer, ich versuche immer bestimmte Komponenten; Merkmalen aus jedem Land raus, raus zu, rauszufinden, oder rauszusuchen und zu vergleichen, oder nebeneinander zu stellen um zu verstehen (S. 16, Z. 25 -27)". „Kleinigkeiten, ob sie sehr wichtig für einen Menschen, als für mich als Ausländer, danach zu suchen, zu recherchieren … hm … was bedeutet das für mich, oder sage ich, gut, das gehört dieser Kultur an (S. 6, Z. 20-23)" (a.a.O. S. 26). „Was seine Identität als Ausländer in D. betrifft, macht er einen eher zwiespältigen Eindruck. Erst fragt er sich selbst, ob er noch Nomade sei oder ob er mittlerweile schon Teil der deutschen Gesellschaft ist. Es erweckt den Eindruck, als sei der Unterschied zwischen den beiden „Identitäten" sehr groß und dass sich beides nur bedingt miteinander verknüpfen lässt. Es schwingt eine gewisse Unsicherheit seiner kulturellen Identität mit ... es entsteht ein Bild, das er sich unsicher ist ..., diese Zwiegespaltenheit wird noch deutlicher, denn er sagt, dass er sich selbst nie als Ausländer gefühlt habe ..." (a.a.O., S. 28)

Die Frage nach der Auflösung des „Kultur-Dilemmas", vor dem studierende MigrantInnen häufig zu stehen scheinen, wurde in zwei Diplomarbeiten von TeilnehmerInnen des Projektseminars mit qualitativen Interviewmethoden, so auch mit dem narrativen Interview, bearbeitet, was zu interessanten Ergebnissen und Diskussionen im Rahmen der beiden Arbeiten führte (Siegele 2007; Steinau 2007).

4 Das narrative Interview als Weg zum biografischen Verstehen studierender MigrantInnen?

Wird Bilanz gezogen aus den Erfahrungen mit dem Projektseminar, in dem das narrative Interview als Medium zum biografischen Verstehen diente, so dürfte ein zentraler Punkt ins Zentrum gerückt worden sein: Die Ambivalenz des „Zwischen-den-Kulturen" als eine mögliche chronische Lebensbefindlichkeit. Das heißt, die besondere Lebenswirklichkeit studierender MigrantInnen nicht aus dem Blick zu verlieren, ihnen das biografische Verstehen nicht zu versagen. Eine der möglichen Auflösungen des „Zwischen-den-Kulturen-Stehens" könnte auch ein zukunftsweisender Weg für Studierende sein, deren Muttersprache Deutsch ist: Das kreative Entfalten neuer kultureller Muster, die zu einer Erweiterung des Horizontes führen, könnte enge stereotype Vorstellungen, die mit verzerrenden Zuschreibungen für Angehörige anderer ethnischer Gruppen einhergehen können, dahin schmelzen lassen. Dieser Weg lässt sich nur gemeinsam gehen, beispielsweise in Lehrveranstaltungen zum biografischen Verstehen.

Anmerkungen

(1)   Bauer/Jansen/Zenker: Projektstudium „Biografiearbeit". Wintersemester 2003/04 und Sommersemester 2004. Bauer/Zenker: Projektstudium „Biografiearbeit". Sommersemester 2005 und Wintersemester 2005/06

(2)   Bauer: Projektstudium „Biografiearbeit und Biografieforschung mit studierenden MigrantInnen", Sommersemester 2006 und Wintersemester 2006/07

(3)   Eine Statistik über den Anteil von „Bildungsausländern" und „Bildungsinländern" sowie von deutschen Studierenden in den einzelnen Fachbereichen der FH-Müns-

ter sowie eine Statistik über die Herkunftsländer der Bildungsausländer findet sich unter dem link:https://www.fh-muenster.de/internationaloffice/incomings/statistiken. php?p=2,6.
Im WS 06/07 wurden in dieser Statistik des International Office der FH Münster von insgesamt 1.100 Studierenden des Fachbereiches Sozialwesen ca. 7,5 % als „Bildungsausländer und Bildungsinländer" und die übrigen ca. 92 % als „Deutsche Studierende" aufgeführt. Zu den Bildungsausländern werden Studierende gerechnet, die ihre Hochschulzugangsberechtigung (HZB) im Ausland erworben haben, wohingegen zu den Bildungsinländern Studierende nicht deutscher Nationalität gerechnet werden, die ihre HZB in Deutschland erworben haben.
(4)   Narrare (lateinisch) bedeutet erzählen.
(5)   Einen herzlichen Dank an Philipp Klocke und Mareille Steinau für die konstruktiven Rückmeldungen zum Manuskript.

Literatur

Attia, Iman; Marburger, Helga (Hrsg.) (2000): Alltag und Lebenswelten von Migrantenjugendlichen. Frankfurt und London
Badawia, Tarek (2002): „Der dritte Stuhl". Eine Grounded-theory-Studie zum kreativen Umgang mit kultureller Differenz. Frankfurt
Breckner, Roswitha (2005): Migrationserfahrung – Fremdheit – Biografie. Zum Umgang mit polarisierten Welten in Ost-West-Europa. Wiesbaden
Datta, Asit (Hrsg.) (2005): Transkulturalität und Identität. Bildungsprozesse zwischen Exklusion und Inklusion. Frankfurt und London
Datta, Asit (2005): Kulturelle Identität in der Migration. In: Datta, A. (Hrsg.): Kulturelle Identität in der Migration, Frankfurt und London, S.69-82
Dausien, Bettina (2005): Biografieorientierung in der Sozialen Arbeit. In: sozial extra, Heft 11, S. 6-11
Gollwitzer, Mario; Schmitt, Manfred (2006): Sozialpsychologie. Workbook. Weinheim, Kap. 6: Soziale Identitätstheorie, S. 65-77
Griese, Birgit: Grieshop, Hedwig Rosa. (2007): Biographische Fallarbeit. Wiesbaden
Gruß, Martina (2007), Hausarbeit zum Projektstudium Biografiearbeit-Biografieforschung mit studierenden MigrantInnen. Fachhochschule Münster
Jaber, Chitam (2007): Hausarbeit zum Projektstudium Biografiearbeit-Biografieforschung. mit studierenden MigrantInnen. Fachhochschule Münster
Karakasoglu-Aydin, Yasemin (2000): Studentinnen türkischer Herkunft an deutschen Universitäten unter besonderer Berücksichtigung der Studierenden pädagogischer Fächer. In: Attia, I.; Marburger, H. (Hrsg.), S. 101-126
Klocke, Philipp (2007): Hausarbeit zum Projektstudium Biografiearbeit – Biografieforschung. mit studierenden MigrantInnen.Fachhochschule Münster
Küsters, Ivonne (2006): Narrative Interviews. Grundlagen und Anwendung. Wiesbaden

Lamnek, Siegfried. (2005): Qualitative Sozialforschung. Lehrbuch. München und Weinheim:

Mayring, Philipp. (1999): Einführung in die qualitative Sozialforschung. München

Mecheril, Paul (1999): Kulturkonflikt oder Multistabilität? Zugehörigkeitsphänomene im Kontext von Bikulturalität. In: Dollase, Rainer; Kliche, Thomas; Moser, Helmuth (Hrsg.): Psychologie der Fremdenfeindlichkeit. Opfer. Täter, Mittäter. Weinheim, S. 37-60

Mecheril, Paul (2000): Zugehörigkeitsmanagement. Aspekte der Lebensführung von Anderen Deutschen. In: Attia, I.; Marburger, H. (Hrsg.): Alltag und Lebenswelten von Migrantenjugendlichen. Frankfurt und London, S. 27-47

Mecheril, Paul (2003): Politik der Unreinheit. Ein Essay über Hybridität. Wien

Petzold, Hilarion (Hrsg.) (2002): Biographiearbeit, Narrative Therapie & Identität. Zeitschrift für Integrative Therapie,H.3-4, Paderborn, S.187/3- 189/5.

Polat, Ülger (2000): Zwischen Integration und Desintegration. Positionen türkischstämmiger Jugendlicher in Deutschland. In: Attia, I; Marburger, H. (Hrsg.): Alltag und Lebenswelten von Migrantenjugendlichen. Frankfurt und London, S. 11-25

Schaffer, Hanne Isabell (2002): Empirische Sozialforschung für die Soziale Arbeit. Eine Einführung. Freiburg/Br.

Siegele, Olena (2007): Migranten und Migrantinnen – Leben zwischen zwei Kulturen. Diplomarbeit im Studiengang Soziale Arbeit, Fachhochschule Münster

Sievers, Isabel Maria (2005): Eine transkulturelle Perspektive in der Migrationsforschung. In: Datta, A. (Hrsg.): Transkulturalität und Identität. Frankfurt und London, S. 165-181

Schmidt-Grunert, Marianne (Hrsg.) (1999): Sozialarbeitsforschung konkret. Problemzentrierte Interviews als qualitative Erhebungsmethode. Freiburg/Br.

Steinau, Mareille (2007): Hausarbeit zum Projektstudium Biografiearbeit-Biografieforschung mit studierenden MigrantInnen. Fachhochschule Münster

Steinau, Mareille (2007): Frauen und Männer der zweiten Migrantengeneration zwischen Deutschland und dem Heimatland ihrer Eltern. Diplomarbeit im Studiengang Soziale Arbeit, Fachhochschule Münster (kann in der Bibliothek Hüfferstift eingesehen werden).

Swietlik, Gabriele (2000): „Als ob man zwei Köpfe hätte ..." – Religiöse Sozialisation zwischen Islam und Christentum. In: Attia, I. Marburger, H. (Hrsg.): Alltag und Lebenswelten von Migrantenjugendlichen. Frankfurt und London, S. 139-155

Zamojski, Eva-Katharina (2004): Hybridität und Identitätsbildung. Die Asymmetrie der Anerkennung von Vermischungsprozessen im westlichen Diskurs der kulturellen Differenz. Stuttgart

Günther Rebel

Biografiearbeit mit Bewegung und Tanz –
Der Körper erinnert sich

Einleitung

Drei Beispiele:
Eine alte schwer hörbehinderte Dame erzählte: „Ich habe versucht, mich an alte geliebte Liedtexte zu erinnern, um mein Gehirn „fit" zu halten. Da ich meine eigene Stimme nur noch verzerrt höre, kam ich zunächst gar nicht auf die Idee, die Texte laut zu sprechen. Mein Leben lang habe ich aber gerne gesungen. Ich stellte mich in das Zimmer, sang vor mich hin und fing an, mich im Rhythmus des Liedes zu bewegen. Die Texte fielen mir plötzlich alle wieder ein und ich war sehr glücklich darüber."

Eine Bewegungs- und Tanzstunde mit Kindern. Zuerst wurden den Kindern die Schritte nur gezeigt, erklärt und die Musik- und Bewegungsphrasen ausgezählt. Es dauerte lange, bis die Kinder die Schrittfolge gelernt hatten. In der zweiten Stunde wurden die Kinder ermutigt, alle Schritte zu benennen und gleichzeitig im Rhythmus mitzusprechen. Die neue Schrittfolge von ähnlichem Schwierigkeitsgrad wurde viel schneller im Gedächtnis abgespeichert. Das teilweise witzig klingende Mitsprechen sowie das Erfolgserlebnis des schnellen Lernens führten dazu, dass diese Schrittfolge auch lieber getanzt wurde.

Tanzkurs mit Menschen mit geistiger Behinderung. Nach einer halbjährigen Kurspause traf sich die Gruppe erstmalig wieder. Zu Beginn der Tanzstunde wurde der „Afrikanische Namenskettentanz" getanzt (siehe Übung I) Alle TeilnehmerInnen erinnerten sich im Moment des Tanzens an ihre damaligen Bewegungen und an die Namen der anderen KursteilnehmerInnen. Da auch die übrigen Tänze (wie bei den Kindern) durch Mitsprechen erlernt wurden (auch von den sprachgestörten TeilnehmerInnen, die für die Begriffe ihre eigenen Laute fanden), wurden die alten Tänze mit Begeisterung wiederholt. Der Kursleiter und besonders die TeilnehmerInnen waren hocherfreut und stolz auf ihr gutes Gedächtnis. Kleines Fazit: Lernen mit allen Sinnen und mit dem ganzen Körper macht Sinn und Spaß.

Biografiearbeit mit Bewegung und Tanz –
Konzepte und Methoden

Bei der Erarbeitung dieses Themas stellte sich schnell heraus, dass es zahlreiche Schnittstellen zwischen Biopsychologie, Körpertherapie, Neurowissenschaft, Experimenteller Psychologie und Bewegungspädagogik gibt. Denn, wie es der Titel einer Wissenschaftssendung formuliert: „Der Körper drückt das Fühlen aus – wie Hirnforscher und Körperpsychotherapie voneinander lernen" (SWR2 Sendung, 21.02. 2007, 8.30 Uhr SWR2).

Ein konkretes Beispiel hierzu:
Die Psychologin Bettina Bläsing von der Universität Bielefeld, nahm als Vortragende und als Kursteilnehmerin an den „Internationalen Sommer-tanzwochen Bregenz 2008" teil. Nach einer Tanztheaterkursstunde sagte sie zu dem Tanzpädagogen: „Du machst genau das, was ich in meinen Vorträgen aus der Sicht der Neurowissenschaft den Studierenden emp-fehle. In deinem Kurs werden alle Sinne stimuliert und durch das Mit-sprechen der Bewegungsabläufe, werden diese den SchülerInnen viel bewusster. Damit wird auch deren körperlicher Ausdruck authentischer. Die Bewegungen wirken organisch und nicht „aufgesetzt", wie es häufig bei reinen Bewegungseinstudierungen der Fall ist."

Die Lehre soll das Lernen unterstützen. Je mehr Sinnesorgane und je mehr po-sitive Erinnerungen damit verbunden sind, umso größer ist der Langzeiteffekt. Lernen, so haben HirnforscherInnen herausgefunden, funktioniert immer dann am besten, wenn:

- Die Aufmerksamkeit hinreichend geweckt ist,
- die Lerninhalte unter Einbeziehung möglichst vieler Sinneskanäle vermittelt werden,
- ein unmittelbares Feedback erfolgt und die Lernleistung durch positive Emotionen und Belohnungen unterstützt wird,
- das Gelernte auch persönliche Bedeutung besitzt, nützlich und anwendbar ist,
- der Lernstoff einerseits neu genug ist, andererseits aber auch gut an bereits vorhandenes Wissen angeknüpft werden kann,
- keine Überreizung stattfindet und kein Druck herrscht, ausreichende Wieder-holungen stattfinden (Hüther, 2006, Embodiment, Seite 94).

Diesem Erfolgsrezept widerspricht die gegenwärtige Lernsituation an Schulen und Hochschulen. Im Computerzeitalter wird mittels Technik und Symbolsystemen besonders das kognitive Lernen gefördert. Durch die neuen Medien steht in immer kürzerer Zeit immer mehr Lehrstoff zur Verfügung, der auch verstanden werden muss. Alle dadurch eintretenden Erleichterungen verschaffen nur einen kurzzeitigen Spielraum, denn jedes Wissen erzeugt neues Wissen. Durch die Erfolge der Neurobiologie einerseits und durch die Sackgasse, in die die Bildungspolitik andererseits geraten ist, wächst der gesellschaftliche Druck, etwas zu verändern. Es entsteht langsam die Erkenntnis, dass auch die „Entkörperung" des Lernens, durch die überwiegend kognitiv und digital vermittelten Lehrstoffe (z.B. in Schulen durch zu langes Sitzen und teilweise stundenlangen Vorlesungen an Hochschulen), neben diversen anderen Mängeln, eine Teilschuld an den Bildungsdefiziten hat. Langsam steuern die Schulministerien dieser Misere entgegen indem sie Kunst, Musik und Tanzprojekte in Schulen fördern. Selbst Wirtschaftsunternehmen erkennen, welche Ressourcen in ihren MitarbeiterInnen schlummern, wenn sie sie nicht nur durch Fachseminare sondern auch durch Seminare zur Persönlichkeitsentwicklung unterstützen. Der Dichter Günter Eich sagte einmal zum Thema Veränderungen: „Der Mensch ändert erst etwas, wenn er es nicht mehr aushält". Biografiearbeit mit Bewegung und Tanz ist im Sinne der oben genannten Lernthesen von Gerald Hüther, eine der vielen Möglichkeiten ganzheitlichen Lernens.

Biografiearbeit, „geronnene Erfahrungen ... Wegweiser zu neuen Lebenskräften..." (Hartogh, Wickel, 2004, S. 223) heißt leben (bios) schreiben (graphein) (Harthog, Wickel, 2008, S. 37). Choreographie (griech. Choreos = Tanz und grapho = Schrift) bedeutet, mittels Bewegung (movere, Motorik) Leben in den Raum schreiben. Sie ist außerdem intra- und interpersonales Biofeedback. Einerseits eine Bewusstmachung von Körperbefindlichkeiten, Gefühlen, Möglichkeiten und Grenzen aus dem eigenen Körper heraus und andererseits durch die Beobachtung, dem Spüren und Austausch mit Anderen ein bewusstes sich Einfühlen in den Anderen. Da jede Bewegung eine neue Kaskade von Bewegungen und Erregungen erzeugt, bleibt sie ein lebenslanges „Perpetuum Mobile", dem aber wie jedem „Mobil" ausreichende und sinnvolle Energie zugeführt werden muss.

Biografiearbeit heißt auch im Tanz zunächst Fragen stellen. Obwohl die Choreographin Pina Bausch ihre Stücke nie Biografiearbeit genannt hat, ist jedes ihrer Stücke, wie jedes andere aus sich heraus geschaffene Kunstwerk (Musik, Literatur, Malerei etc.) auch, ein Stück Biografiearbeit. Zu Beginn ihrer Weltkarriere schockierte sie die damalige Ballettwelt mit dem Ausspruch: „Mich interessiert was den Menschen bewegt, weniger, wie er sich bewegt". Und so beginnt ihre Arbeit in den ersten Proben zumeist mit Fragen an ihre TänzerInnen. Die folgenden Fragen, Themen und Stichworte sind entnommen aus den Proben zu „Ahnen" – Stück von Pina Bausch aus dem Programmheft vom 12. Juli 1987 und könnten auch heute noch Fragebeispiele für die Biografiearbeit in jeder Form sein. Hier eine kleine Auswahl:

Götterverehrung von früher/Ein Zeichen, das mit Gesundheit zu tun hat/Eine Offenbarung/Eine schwere Arbeit mit Lust tun/Eine unglaubliche tolle Mitteilung/Eine vertrauliche Rede/Gezwungenermaßen sexy/Etwas auf dem Teppich tun/Jemand aufs Kreuz legen/Abschied von etwas nehmen/Mit zwei Fingern etwas durch den Raum tragen/Momente, wo man sich ganz schön fühlte/Aus Sehnsucht entstanden/Gute Ratschläge ...

Biografiearbeit mit Bewegung und Tanz ist Embodiment (engl. Verkörperung – These aus der neueren Kognitionswissenschaft) (Storch, Cantieni, Hüther, Tschacher, 2006, S. 130). „Das Konzept Embodiment: unter Embodiment verstehen wir, dass der Geist (also: Verstand, Denken, das kognitive System, die Psyche) mitsamt seinem Organ, dem Gehirn, immer in Bezug zum gesamten Körper steht. Geist/Gehirn und Körper wiederum sind in die restliche Umwelt eingebettet. Das Konzept Embodiment behauptet, dass ohne diese zweifache Einbettung der Geist/das Gehirn nicht intelligent arbeiten kann. Entsprechend kann ohne Würdigung dieser Einbettung der Geist/das Gehirn nicht verstanden werden." (Storch, Cantieni, Hüther, Tschacher, 2006, S. 14). Der Bezug der Bewegungspädagogik zu dieser These ist in dem nachfolgenden Modell zu erkennen.

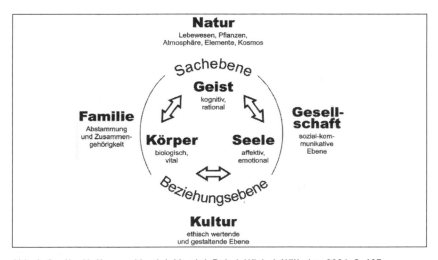

Abb. 1: Quelle: Hoffmann, Martini, Martini, Rebel, Wickel, Wilhelm, 2004, S. 135

Alle 7 Bereiche sind untrennbar miteinander verbunden und beeinflussen sich fortwährend gegenseitig. Durch die Bewusstmachung und das Erkennen der Zusammenhänge dieser Bereiche, können in der Körperbiografiearbeit unendlich viele Themen entwickelt werden. Aktiviert werden folgende Bereiche:

- **Primäre Erfahrungen** (Körperbewusstsein)
  Übungsbeispiel: Betrachte deine Hände. Jeder Finger, jede noch so kleine Narbe erzählt dir eine Geschichte aus deinem Leben. – Persönlichkeitsentwicklung (Kongruenz zwischen Fühlen, Denken, Handeln)
  Übungsbeispiel: Begebe dich in eine aufrechte Haltung, öffne deine Arme und spreche die Gedanken und Gefühle aus, die in dir, in dieser Haltung entstehen.
- **Ausdrucksfähigkeit** (kommunikative Kompetenz)
  Übungsbeispiel: Gebe unterschiedlichen Gefühlen einen körperlichen und danach einen sprachlichen Ausdruck. – Stabilisierung (Selbstbewusstsein, Selbstwertgefühl) Übungsbeispiel z.b. mit Kindern: „Mutbarometer": Hebt Euere Arme in die Höhe, von der ihr glaubt, das ist die Grenze dessen, was ihr euch in der folgende Herausforderung zutraut, z.B. gleichzeitig singen und tanzen. – Kreativität (Gestaltungsfähigkeit)
  Übungsbeispiel: Erinnere dich an ein schönes Ereignis und stelle alleine, mit Partner, oder einer Gruppe eine Skulptur dar, die dieses Ereignis versinnbildlicht.
- **Soziabilität** (Empathie, Verantwortung)
  Übungsbeispiel: Tanze mit einem Partner, der die Augen geschlossen hat, zu einer Musik die er ausgewählt hat, durch den Raum.
- **Kritikfähigkeit** (Selbst- und Fremdbeurteilung).
  Übungsbeispiel: Tanze deine Erinnerungen und schaue sie dir im Spiegel oder in einem Video an oder beobachte eine Präsentation von anderen und gebe präzise nur deine Sinneseindrücke (Sehen, Hören, Spüren) wieder (vgl. Rebel, Bewegungspädagogik im Sozialwesen, 1999, S. 15).

Weitere Möglichkeiten ergeben sich in der Körperbiografiearbeit für diejenigen, die die Methoden des NLP's (neurolinguistisches Programmieren) kennen. NLP macht Verhaltens- und Kommunikationsmuster, die eher unbewusst ablaufen bewusst und bietet dadurch verstärkte Wahrnehmungs- und Kommunikationsmöglichkeiten. Z.B. durch das Kalibrieren (sich bewusst auf den Anderen einstellen), was im Alltag eher unbewusst geschieht, werden besonders die körpersprachlichen Äußerungen, aber auch Stimme und Wortwahl trainiert und damit der Kontakt erleichtert (siehe Übungen I). Neurophysiologische Untersuchungen ergaben, dass, wenn zwischen PartnerInnen nonverbal eine große Synchronität stattfindet, auch eine Synchronität der Gehirnstromwellen eintreten kann, wenn sprichwörtlich gesagt: „Die Chemie stimmt" (vgl. Egon R. Sawizki, 1996, S. 83).

Lernen und Erinnern mit und durch Bewegung und Tanz

Lernen und Erinnern bilden eine Einheit wie Körper und Geist. Das Gehirn ist die sich stets an die Bedürfnisse des Besitzers anpassende „Festplatte" auf der alle Erlebnisse und Erfahrungen gespeichert werden. „Seit zehn Jahren arbeiten schweizer Forscher daran, die Hirnfunktionen einer Ratte im Computer zu simulieren. Doch selbst das Rattenhirn ist äußerst komplex. Deshalb beschränken sich die Forscher zunächst auf einen Verbund von 10.000 Nervenzellen. Das entspricht einem halben Millimeter Rattenhirn. Dazu brauchen die Forscher schon einen der weltweit schnellsten Computer mit 8.192 Prozessoren. Für das menschliche Gehirn wäre ein Rechner mit mindestens 10 Milliarden Prozessoren nötig." (Grillparzer, 2007, S. 32). Der Körper, mit all seinen Funktionen und Wahrnehmungsmöglichkeiten ist die „Software", die die Signale von innerhalb und außerhalb des Körpers aufnimmt. „100 Milliarden Neuronen veranstalten pro Millisekunde im Gehirn ein gigantisches Konzert, bei dem jeder der Milliarden Musiker auch ohne Dirigenten weiß, was zu tun ist (vgl. Blanke, 2008, Bildungskanon Nr. 24). Alle Daten, die über das Rückenmark zur Filterung (Thalamus) und Bewertung (Hypothalamus) an die affektiv-somatische, unbewusste und bewusste Verarbeitung weitergeleitet werden, inszenieren immer neue Bewegungsmuster mit immer neuen einmaligen Rhythmen. Beispiele: Jedes Wort, auch wenn es mehrfach wiederholt wird hat immer wieder eigene Rhythmen und Akzente und jede Bewegung ist einmalig und unwiederholbar. Die meisten Daten, die mittels der 70 Billionen Zellen, untergliedert in 220 Zelltypen für die jeweils unterschiedlichen Funktionen von Nerven, Muskeln, Blut, Knochen, Immunsystem etc. empfangen werden, werden entweder sofort gelöscht, oder im Zwischenspeicher (Hippocampus) zum späteren Erinnern oder Vergessen abgelegt. Das Vergessen ist einerseits ein Schutzmechanismus, der dafür sorgt, dass das ganze System nicht „abstürzt" und andererseits eine Körperinstallation die z.B. durch Biografiearbeit mit künstlerischen Medien verlangsamt werden kann, wenn der Hippocampus durch Alzheimer oder Demenz zerstört wird. Wer nicht vergessen kann, wird krank und wer sich nicht mehr erinnern kann, leidet ebenfalls, denn das Gehirn ist ein „soziales" Organ (vgl. Singer, 2008, S.39) dessen wichtigste Aufgabe darin besteht, soziale Beziehungen herzustellen, aufrechtzuerhalten und zu gestalten. Dass der Körper dabei nicht immer das tut, was der „freie Wille" will, fand Benjamin Liber bereits in den 70er Jahren heraus. Das Gehirn wird schon 0,3 Sek. vor einer bewussten Entscheidung aktiv. Aufgrund seiner funktionellen Architektur, die sich im Laufe der Evolution verfeinert hat, bringt es dieses zusätzliche Wissen in die Auswertung mit ein: „Die Handlung beginnt zwar unbewusst – aber es bleibt immer noch Zeit, sie vor der Ausführung zu stoppen" (vgl. Liber, 2008, S. 39).

Wahrnehmung und Bewegung

Wahrnehmung ist Lernen durch Bewegung über Bewegung zur Bewegung. Die Intensität eines Ausdrucks ist von der Intensität des Eindrucks und der Wahrnehmungsfähigkeit abhängig. Bewegungslernen ist zumeist aktives Lernen am Modell. Das können Personen aber auch Videoclips oder andere materielle oder immaterielle Vorbilder sein. Die wichtigsten Sinnesorgane sind die Augen, die Haut (ohne Berührung kann der Mensch nicht überleben), die Ohren sowie die propriozeptive Wahrnehmung des Körpers. (Multisensorische Integration der Informationen der efferenten Nervenbahnen von Rezeptoren der Haut, Gelenken, Muskeln (Tiefensensibilität) dem Gleichgewicht herstellen, (dem Zusammenspiel von Auge und Innenohr etc. an das Gehirn) sprich: Lagesinn. In Form eines Dominoeffektes erreicht in diesem Falle nicht der Reiz an sich das Gehirn, sondern das Reaktionsmuster des aktivierten Neuronenensembles. Bewegungslernen bedeutet zugleich immer Aktivierung der Spiegelneuronen. Z.B. werden Tanzbewegungen beobachtet, das Einfühlungsvermögen wird aktiviert,(imitieren um zu verstehen), innere Bilder erarbeitet (Imagination), darüber wird ein emotionalen Zugang gefunden, die Tanzbewegung wird benannt und bewertet und in die eigene Bewegung umgesetzt. Wenn z.B. ZuschauerInnen während einer Tanzaufführung „mitgehen, mitgerissen werden, sich angesteckt fühlen", es bei ihnen ebenfalls in den Beinen kribbelt", sind die Spiegelneuronen im Gehirn am Werk. Bei einer authentischen Bewegungsausführung werden nämlich beim Betrachter dieselben Gehirnregionen aktiviert, wie beim Ausführenden – und dies nicht nur bei Bewegungen, sondern beispielsweise: atmen wir auch im selben Rhythmus wie unsere GesprächspartnerInnen, spüren mit unseren Kinohelden die Freude oder Trauer, lassen uns vom Gähnen und Lachen anstecken. Vorausgesetzt, die eigenen Neuronen haben jemals eine Verknüpfung zu vergleichbaren Erlebnissen herstellen können.

Ist dies nicht der Fall, reagieren die somatischen Marker sofort negativ und bewerten den Tanz als unsinniges Gezappel oder eine Mozartsinfonie als nervendes Geräusch. Die stärkste Empfindung von Bewegung entsteht dann, wenn die Vorhersage des Gehirns versagt, wir „überrascht" sind. Die Intensität der neuronalen Erregung hat also nichts mit der Intensität der ästhetischen Erfahrung zu tun. Diese wiederum ist eine subjektive Zusammenfassung und Auswertung aller objektiv stattgefunden Ereignisse, die wiederum subjektiv wahrgenommen wurden. Die Grenzen der ästhetischen und aller anderen Kommunikationsmöglichkeiten werden durch die Grenzen der Wahrnehmungsfähigkeit, sprich: der Grenze des Einfühlungsvermögens gesetzt. Um andere Menschen und Situationen besser wahrnehmen zu können ist es deshalb notwendig, die Selbstwahrnehmung durch Bewegung zu trainieren, weil auf diese Weise die meisten Gehirnareale aktiviert werden: „Die Beobachtung des eigenen Körpers spielt eine wichtige Rolle für das Verständnis anderer Personen" (Kaysers, 2007, O-Ton 16). Oder wie es Stefan Zweig prosaisch verdeutlicht: „Wer einmal sich selbst gefunden, kann nichts auf dieser Welt mehr verlieren. Und wer einmal den Menschen in sich begriffen, der begreift alle Menschen" (Zweig, 2000, S. 243) (siehe dazu Übungen in Übungen I und Übungen II). In diesem Zusammenhang von Bewegungslernen sei darauf hingewiesen, dass die Annahme, es gäbe ein „muscle memory", ein Muskelgedächtnis, ein Irrtum ist. Er wird davon abgeleitet, dass die über das Gedächtnis „einverleibten" Bewegungsabläufe dermaßen abgespeichert sind, dass z.b. der Tänzer, Schwimmer oder Radfahrer glaubt, allein die Muskeln würden sich erinnern. Allerdings, auf demselben Wege auf dem die Informationen in das Gehirn gelangten, können sie aber auch wieder abgerufen werden. Der Schwimmer, der z.b. unvorhergesehen ins Wasser fällt, macht sofort wieder Schwimmbewegungen, der Radfahrer balanciert und der Tänzer macht „automatisch" die Bewegungen, die er einmal zu dieser bestimmten Musik getanzt hat. Das Gehirn ist keine Einbahnstraße. Wenn wir z.B. traurig sind, nehmen wir eine traurige Haltung ein. Wenn wir eine traurige Haltung einnehmen, kommen wir auch in eine traurige Stimmung. Ist diese Haltung aber eine künstlerisch entwickelte Metapher für dahinter liegende Bedeutungen, kann damit z.B. künstlerisch darstellerisch gearbeitet werden und trotzdem beim Betrachter tiefe Gefühle erzeugen.

Gefühle, Emotionen, Gemüts-Bewegungen

„Emotionen gehören zur Grundausstattung fürs Überleben" (Damasio 2002, S. 72) – Antonio R. Damasio und andere ForscherInnen schlagen eine sprachliche Trennung vor. Emotionen sind eher die unbewussten Regungen diverser Affekte und somatischer Marker, während das Gefühl ein mit Begriffen versehener Zustand ist. Tanz verstehen heißt zunächst, mit den Emotionen „sehen" und hinter den Bildern (Metaphern) die Beziehungsebene erkennen. Lernen ohne Emotionen ist in allen Lehr- und Lerngebieten (egal ob Tanz oder Jura) fast nutzlos, denn nur ein geringer Teil der Informationen gelangt auf diese Weise in das Gedächtnis. Millionen von Unterrichtsstunden könnten jährlich, mit geringem Mehraufwand, in der Lehre und im Unterricht sinnvoller genutzt werden, wenn es ProfessorInnen, DozentInnen und LehrerInnen gelänge, den Unterrichtsstoff mit positiven Emotionen und Gefühlen zu besetzen. Je positiver die ankommende Information von dem kleinen Mandelkern, der Amygdala, im Limbischen System bewertet wird, umso länger ist das „Haltbarkeitsdatum" im Gedächtnis. Tanz und Bewegung sind in der Biografiearbeit meist mit positiven Erlebnissen besetzt. Die Erinnerungen, Gedanken werden spürbar, können somit wieder aktiviert werden und zum gegenwärtigen Wohlbefinden beitragen. Wichtig dabei ist, dass schon früher die Bewegungen und Emotionen übereinstimmten, authentisch waren. Wenn beispielsweise beim Erinnern an eine Choreografie Lücken auftauchen, kommt es vor, dass sich die TänzerInnen und auch die ChoreografInnen erinnern, dass schon bei der Ersteinstudierung an dieser Stelle „unorganische" oder zum Lückenfüller degradierte Bewegungen eingebaut waren. Das kann bei einfachen Volkstänzen genauso passieren wie bei Bühnentanzformen. Der Bewegungsfluss und -rhythmus war unterbrochen, was auch zur Unterbrechung der Abspeicherung im Gehirn führte. Fazit: Je mehr der Körper authentisch und mit positiven Gefühlen verbunden am Lernprozess beteiligt wird, umso größer werden die Speicher und Erinnerungskapazitäten des Gehirns.

Kognitives Lernen durch Bewegung und Tanz

Lernen heißt: Verstärkung von Nervenkontakten durch häufiges Benutzen. Aufmerksamkeit ist die Voraussetzung für bewusstes Wahrnehmen und Lernen. Die biomechanischen Reaktionen stärken die Synapsen, die bis ins hohe Alter hinein ausgebaut werden können – aber, bei Nichtgebrauch vom Hippocampus wieder gelöscht werden. Dieser Gedächtnismanager entscheidet darüber was aufgenommen, erinnert, reproduziert oder transferiert und in der Großhirnrinde programmiert wird. Erhalten bleiben die Eindrücke, die immer wieder gebraucht und geübt wurden „learning by doing". Denn: „einmal ist keinmal" und es sollte geübt werden, „bis man es im Schlaf" kann.

„Das Gedächtnis" gibt es für diese Speicherprozesse nicht. In der pädagogischen Biografiearbeit kann es von Nutzen sein, wenn der Pädagoge weiß, dass es vier Gedächtnistypen gibt, die durch entsprechende Fragen und Übungen separat stimuliert oder miteinander in Verbindungen gebracht und durch entsprechende Fragen und Übungen stimuliert werden können:

- **das episodische (autobiografische) Gedächtnis**: es speichert persönliche Erinnerungen;
- **das Wissenssytem**: es speichert Wörter und Zahlen;
- **das prozedurale Gedächtnis**: es speichert mit Hilfe des Kleinhirns und der Basalganglien komplexe Bewegungsabläufe, die teilweise unbewusst „automatisch" abgerufen werden;

- **das Priming**: es speichert immer wiederkehrende Muster teilweise unbewusst (z.b. Bilder, die erst wieder ins Bewusstsein rücken, wenn sich daran etwas verändert hat – beispielsweise ein Gegenstand steht nicht mehr dort steht, wo er sonst immer stand) (vgl. Kautzmann, 1999, S. 95).

In der Kunst werden oft Methoden angewandt, diesen Gedächtnisbereich zu stimulieren, um das Bewusstsein für bestimmte Sehgewohnheiten, Sprachmuster und Verhaltensweisen zu schärfen. Das kann z.b. durch das Weglassen von erwarteten Details in Bild, Ton oder Bewegung geschehen.

Tanz und Sprache

Alles, was im nichtsprachlichen Bereich unseres Geistes vor sich geht, wird umgehend in Wörter oder Sätze übersetzt. Wenn uns ein Stein auf den Fuß fällt denken wir „AUA". Wenn wir nichts denken wollen, denken wir NICHTS. Wenn wir jemand nach dem Weg fragen, sagt sein Körper, noch bevor der Mund spricht, ob der Angesprochene den Weg weiß oder nicht. „Man lügt wohl mit dem Munde, aber mit dem Maule das man dabei macht, sagt man doch die Wahrheit" (Friedrich Nietzsche in: Jenseits von Gut und Böse).

„Alles was wir vom Körper wissen beruht auf Sprache" – so der Choreograf Jéróme Bel (Bel, 2000, S.38). Dieser Aspekt lässt sich in der Biografiearbeit durch Übungen wie „Tanz sprechen" besonders nutzen (siehe Übungen II). (Taubstumm oder taubblind geborenen Menschen ist dieser Zugang allerdings nur sehr schwer oder gar nicht möglich). Tanz ist zwar ein Bereich der Körpersprache, aber er ist keine Sprache. Er ist stets eine Metapher (griechisch: metaphorá, übertragener bildlicher Ausdruck). Es gibt keine Grammatik oder ein Lexikon dieser Körpersprache. Selbst die beste Beschreibung von Bewegung und Tanz bleibt nur ein Kürzel dessen was er wirklich ist. Jede Bewegung ist augenblicksgebunden und unwiederholbar. Tanz beginnt dort, wo die Sprache aufhört und, der Mensch tanzt, noch bevor er sprechen kann. In der neurowissenschaftlichen Literatur ist häufig von einem „Feuerwerk der Neuronen" die Rede. Dieses Bild läst sich gut auf den Tanz und jede Bewegung übertragen. Er leuchtet im Augenblick des Entstehens und hinterlässt doch Spuren im Gedächtnis. Durch die Biografiearbeit mit Bewegung und Tanz werden diese Erinnerungen wieder abgerufen. Die Körpersprache Tanz macht „Sinn", weil sie ganzheitlich erlebt und dank der Spiegelneuronen weltweit verstanden werden kann. Tanz und Bewegung ist deshalb ein universelles und sehr wirksames Kommunikationsmedium, weil seine Ebene die Beziehungsebene ist. In jeder Kommunikation ist letztlich die Wirkung das Entscheidende – und dieses Wesentliche liegt unter der sichtbaren Oberfläche und wird doch verstanden.

Übungen I – Lernen trainieren

Was im Alltag überwiegend unbewusst geschieht, sich dem Anderen anpassen, wird in den folgenden Übungen bewusst eingesetzt, um das Einfühlungsvermögen zu trainieren.

„Bestimmte körperliche Zeichen für Emotionen werden ... im Sinne einer Imitationsübung eingeübt, weil wir durch neurobiologische Studien wissen, dass das Imitieren eines emotionalen Zustandes tatsächlich die Emotionszentren in den Partien in denen Emotionen hergestellt und reguliert werden aktiviert" (Bauer, 2007, O-Ton 17).

Werden in der Körperbiographiearbeit Erinnerungsfragen gestellt, die alle Sinnen ansprechen, erhält der Kursleiter bereits über die Körpersprache der Teilnehmer darüber Informationen, wie sie positive aber auch negative Erlebnisse abgespeichert haben. Parallel dazu trainiert er sein eigenes Einfühlungsvermögen. „Die Selbstwahrnehmung und Fremdwahrnehmung ... gehen stets miteinander her. In der Begegnung mit dem Du erkennen wir das Ich, im Kontext mit der Umwelt, erleben wir uns selbst" (Otterstedt, 2005, S. 164).

Übungen II – der Körper erinnert sich

„Die Grenzen meiner Sprache bedeuten die Grenzen meiner Welt." (Wittgenstein, 1921, Tractus logico-philosophicus, Tractus 5.6)

Anregungen, die individuell für alle Ziel- und Altersgruppen bearbeitet werden können.
Fragen, die in Sprache, Bewegung/Tanz, Musik, Malerei umgesetzt werden können:
1. wie ich mich gerne bewege (Vergangenheit, Gegenwart, Zukunft)
2. wo
3. wann
4. warum
5. wer mich bewegte (Vergangenheit, Gegenwart, Zukunft)
6. mit wem ich mich gerne bewege
7. was mich bewegte
8. was ich gerne bewege
9. wodurch ich bewegt werde

Handlungen

„Der Körper ist der Übersetzer der Seele ins Sichtbare" (Christian Morgenstern in: Stufen, Weltbild, Tagebuch eines Mystikers).

Somatische Anker aktivieren.
Der Körper wird betrachtet, gespürt und befragt:
1. Befühle mit der Zunge deine Zähne, verweile bei den Einzelnen und erinnere dich, was sie dir erzählen.
2. Betrachte deine einzelnen Finger, deine Narben und erinnere dich an ihre Geschichten.
3. „Begreife" (betaste) deinen Körper, verweile an verschiedenen Körperpartien und spüre, welche Erinnerungen auftauchen.
4. Wecke deine sinnlichen Ressourcen
   visuell – Fotos, Postkarten, Objekte, Filme
   auditiv – Geräusche, Stimmen, Worte, Musik
   kinästhetisch – was spüre ich in mir und außer mir
   olfaktorisch – Gerüche, Düfte von Personen, Landschaften, Räumen
   gustatorisch – was schmecke ich, wenn ich z.B. jetzt an eine Zitrone denke

Bewegungsgestaltungen

„Wovon man nicht sprechen kann, darüber muss man schweigen." (Wittgenstein, 1921, Tractus 7)

Übersetze Sprichwörter in Körperskulpturen, Pantomime oder Tanz und lote mit dem Körper aus, was es bedeutet „himmelhochjauchzend zu sein", oder „Schiffbruch zu erleiden"

Tanze in Form eines Reigens Dein Leben: Geburt – Kindheit – Jugend – Alter – Tod. Lege z.B. im Raum auf Plakaten diese Stichworte in Kreisform aus und bewege dich ohne oder mit Musik deiner Wahl von einem Lebensabschnitt zum anderen und spüre deinem Leben in der Vergangenheit, Gegenwart und Zukunft nach, wie es war, wie es ist, wie du dir wünschst wie es sein soll.

Eine ausführlich beschriebene Übungsanleitung zum Thema Bewegungsgestaltung befindet sich in Teil III

Literatur

Bel, Jéróme (2000): Ballett International, S. 38, Berlin

Damasio, Antonio R. (2000): Ich fühle, also bin ich, München

Grillparzer, Marion (2007): Körperwissen, München

Hartogh, Theo/Wickel, Hans Hermann (2004) Handbuch Musik in der Sozialen Arbeit, Weinheim

Hartogh, Theo/Wickel, Hans Hermann (2008): Musizieren im Alter, Mainz

Hoffmann, Bernward/Martini, Heidrun/Martini, Ulrich/Rebel, Günther/Wickel, Hans Hermann/Wilhelm, Edgar: Gestaltungspädagogik in der Sozialen Arbeit, Paderborn

Kautzmann, Gabriele (1999): Das Wunder im Kopf, München

Rebel, Günther (1999): Bewegungspädagogik im Sozialwesen, Münster

Sawizki, Egon R. (1996): NLP im Alltag, Offenbach

Storch, Maja/Cantieni, Benita/Hüther, Gerald/Tschacher, Wolfgang (2006): Embodiment, Bern

Südwestrundfunk, SWR2 Wissen – Manuskriptdienst (2007): Der Körper drückt das Fühlen aus – Wie Hirnforschung und Körperpsychotherapie voneinander lernen, Stuttgart

Wuppertaler Bühnen (1987): Ahnen – ein Stück von Pina Bausch, Wuppertal

ZEIT, Bildungskanon Nr. 24 (2008): Im Labyrinth des Denkens, Frankfurt

Zweig, Stefan (2000): Phantastische Nacht, München

Norbert Erlemeier

Lebensqualität und Wohlbefinden unter erschwerten Bedingungen

Förderung von Ressourcen und Potenzialen im Alter

1   Altern im Spannungsfeld von Gewinnen und Verlusten

Alter und Altern zeigen bei genauer Betrachtung ein Doppelgesicht. Auf der einen Seite bieten sich Chancen und Entwicklungspotenziale, die für die späten Jahre eine Perspektive eröffnen und sinnvoll genutzt werden können. Auf der anderen Seite sind Abbauerscheinungen, Einschränkungen und Verluste im körperlichen und sozialen Bereich nicht zu vermeiden. Altwerden ist, je mehr es dem Lebensende zugeht, oft belastend und schwer zu ertragen. Das Doppelgesicht des Alters, das auch als Spannungsfeld zwischen Gewinnen und Verlusten gesehen werden kann, verbietet deshalb eine einseitige Betonung der positiven auf der einen oder der negativen, belastenden Merkmale auf der anderen Seite. Vor allem durch die Werbung verbreitete Altersbilder übersehen oft bewusst die Kehrseite des Alters und zeichnen die Illusion ewiger Jugend durch Kosmetik, Schönheitschirurgie oder Anti-Aging-Produkte. Medien tragen aber auch dazu bei, durch einseitige Berichterstattung Ängste vor Leistungsabfall und sozialer Vernachlässigung im Alter zu wecken. Skandalfälle in Pflegeheimen z.B. erregen größere Aufmerksamkeit als gute und engagierte Arbeit, die tagtäglich in der Pflege und Betreuung alter Menschen geleistet wird.

Ein überholtes Defizitmodell des Alters ist genau so wenig wie ein überzogenes Kompetenzmodell geeignet, die Mehrschichtigkeit und Bandbreite des Alterns angemessen und realistisch abzubilden. Gerade der Begriff des *differenziellen Alterns* betont sowohl die großen individuellen Unterschiede in Verlauf und Ausprägung des Alternsprozesses als auch die Mehrschichtigkeit und unterschiedliche Gerichtetheit dieses Prozesses in der zweiten Lebenshälfte (Lehr/Thomae 1987, Wahl/Heyl 2004). Im Alternsprozess selbst durchläuft der Mensch heute wegen der hohen durchschnittlichen Lebenserwartung verschiedene Phasen, die ihn durch eine relativ lange Zeit des gesunden Alterns führen. In der Phase der Hochaltrigkeit, die die Zeit über 80 umfasst, wird dann das Leben immer stärker durch Krankheit, Funktionsverlust und Einbußen an Selbstständigkeit gekennzeichnet. GerontologInnen sprechen, um diese Altersphasen zu unterscheiden, vom dritten und vierten Lebensalter (Baltes 2001).

Tatsache ist: Mit dem Alter nimmt die Krankheitshäufigkeit, körperlich wie psychisch, zu. Behinderungen in der Alltagsbewältigung erschweren das normale Leben. Hilfe- und Pflegebedürftigkeit werden wahrscheinlicher (Steinhagen-Thiessen/Borchelt 1996, Ding-Greiner/Lang 2004, Weyerer/Bickel 2007). Es kommt zum Nachlassen geistiger Fähigkeiten, soziale Beziehungsgeflechte werden brüchiger, Verluste sind zu verkraften. Für manche Alte kann das Dasein so zur Last werden, dass sie nicht mehr leben wollen. Was bleibt dann von der „späten Freiheit" (Rosenmayr), so ist kritisch zu fragen, wenn Menschen im Alter und am Alter leiden? Wie werden sie überhaupt damit fertig? Darauf ist keine pauschale Antwort zu geben. Untersuchungen zeigen, dass der Umgang mit Belastungen, psychosomatische Beschwerden und Indikatoren des subjektiven Wohlbefindens im Alter von biografischen Vorerfahrungen beeinflusst werden, die vor allem mit der Verarbeitung von belastenden, aber auch fördernden Ereignissen in früheren Lebensabschnitten zu tun haben. Diese führen zu unterschiedlichen Formen des subjektiven Alternserlebens und der Auseinandersetzung mit kritischen Lebensereignissen, z.B. chronischen Erkrankungen (Kruse 1987). Nach der ELDERMEN-Studie gaben z.B. die Älteren die positivsten Selbstauskünfte, „die in *einer* Lebensphase subjektiv mehr Belastung als Förderung erlebt haben" (Heuft/Kruse/Radebold 2000, S. 35). Durch Verarbeitung dieser Belastungen hat sich möglicherweise eine Kompetenz aufgebaut, die sich bei der Bewältigung späterer Belastungen als hilfreich erwiesen hat. Treten mehr Belastungen als Förderungen dagegen in *mehreren* Lebensphasen auf, wird die Auseinandersetzung mit somatischen, psychischen und sozialen Altersanforderungen erschwert. Die Verarbeitungsressourcen stoßen an ihre Grenzen. Immer stärker treten dann Altersbeschwerden auf, die das Wohlbefinden beeinträchtigen. Die Studie zeigt auch, dass das *subjektive* Erleben von Belastungen stärker zu Altersbeschwerden beiträgt als externe Einschätzungen des *objektiven* Belastungsgrads (Staudinger et al. 1996, Kruse/Schmitt 2002).

Dieser Befund steht in Einklang mit zahlreichen anderen Studien in der Gerontologie. Trotz ihrer Altersbeschwerden führen viele Menschen bis ins hohe Alter auf Grund ihrer psychischen Verarbeitungskapazitäten ein weitgehend selbstständiges Leben. Sie sind offenbar in der Lage, psychische und soziale Reserven zu mobilisieren, um körperlichen Abbau in Grenzen zu kompensieren. Nachweisbar sind diese lebenspraktischen Kompetenzen trotz der Altersprobleme bei vielen Personen, die ihr Leben im Privathaushalt recht gut und eigenhändig organisieren. Diese positive Anpassungsleistung wird der „psychischen Widerstandsfähigkeit" (Resilienz) zugeschrieben. Gemeint ist damit das Vermögen, sich von widrigen Lebensumständen nicht niederdrücken zu lassen, sondern das Beste daraus zu machen. Zahlreiche Studien belegen, dass viele alte Menschen ihr Lebensumfeld so einrichten können, dass Selbstwertgefühl und Wohlbefinden keinen großen Schaden nehmen. Die Leistungen, die viele dabei erbringen, müssen auf ihre Art *produktiv* genannt werden (Staudinger 2000).

In der Gerontologie hat sich ein Modell durchgesetzt, das diesen Anpassungsprozess gut veranschaulicht. Es nennt sich *„selektive Optimierung mit Kompensation"* und wurde von Paul Baltes und seinem Arbeitskreis entwickelt und in zahlreichen Studien empirisch überprüft (Baltes/Baltes 1989, Freund 2004). Gemeint ist die Strategie, sich bei zunehmenden Alterseinbußen auf wesentliche Lebensinhalte konzentrieren zu können *(Selektion)*, in diese unter Einsatz vorhandener Ressourcen vermehrt zu investieren *(Optimierung)* und das Schwinden dieser Mittel, z.b. im körperlichen Bereich, durch andere oder zusätzliche Hilfsquellen zu kompensieren *(Kompensation)*. Hinter diesem Modell wird das allgemein menschliche (psychoökonomische) Streben sichtbar, eine möglichst positive Lebensbilanz zu ziehen, d. h. Gewinne möglichst zu mehren und Verluste möglichst gering zu halten. Dieser Anpassungsprozess gestaltet sich im hohen Alter deshalb besonders schwierig, weil es gilt, zunehmend mehr Verluste hinzunehmen und so zu verarbeiten, dass das psychische Gleichgewicht dadurch nicht auf Dauer erschüttert wird. Von Vorteil hat sich für diese Verarbeitung ein Bewältigungsstil erwiesen, der auf unvermeidliche Altersbeschwerden und -einschränkungen mit „akkommodativer Flexibilität" reagiert. Damit ist die Fähigkeit und Bereitschaft gemeint, *„Ziele und Ansprüche veränderten Handlungsressourcen flexibel anzupassen"* (Rothermund/Brandtstädter, 1998; S. 90). Offenbar gelingt es einem Großteil alter Menschen, diesen Bewältigungsstil zu praktizieren und ihr Wohlbefinden in Grenzen aufrecht zu erhalten, auch wenn sich die objektiven Altersbedingungen, z.B. im gesundheitlichen Befinden, verschlechtert haben.

Dieses Zurechtkommen mit Altersbeschwerden erfordert psychischen Kräfteeinsatz und die Fähigkeit, die verschiedensten Hilfsquellen zu nutzen, erfordert dabei oft aber auch die Hilfe anderer anzunehmen. Auf ihre Weise sind alte und sehr alte Menschen, die sich dem biologischen Altern nicht widerstandslos ergeben, produktiv zu nennen (Staudinger, 1998). Sie nutzen ihre Ressourcen, auch wenn es beschwerlich wird, Lebenspläne und -ansprüche zu verwirklichen. Selbst in Krankheit und Gebrechlichkeit können alte Menschen noch eine positive Grundhaltung und einen Lebenswillen ausstrahlen, der für andere beispielhaft sein kann. In ihrer äußeren Abhängigkeit zeigen sie oft eine innere Souveränität, die in Erstaunen versetzt. In der Art, wie sie ihr gefährdetes Leben meistern, können sie Modell sein für andere, zum Nachdenken über das eigene Altern anregen und Hoffnung machen, dass Altern nicht in Selbstmitleid, Mutlosigkeit und Verzweiflung enden muss.

Alte Menschen müssen in der häuslichen Versorgung, aber auch in den Heimen bei ihrem Bemühen unterstützt werden, ihre persönliche Integrität aufrecht zu erhalten. Am stärksten bedroht sind Wohlbefinden und Lebenswille, wenn alte Menschen diese sozial-emotionale Unterstützung nicht erfahren, diese durch ihr Verhalten gefährden oder sich aufgeben. Wer dagegen die typischen Verluste und Belastungen des Alters mit Unterstützung seiner Umwelt verarbeiten kann, hat zur Erhaltung seines Selbstwertgefühls sehr viel Produktives geleistet. Das wird auch seine Beziehungen zu anderen, zur Familie, zu Freunden und Pflegepersonen entlasten und Raum schaffen für neue Erfahrungen. Es gibt Formen der Produktivität im Alter, die nachweislich nicht nur dem Einzelnen, seinem persönlichen Wohlbefinden, sondern auch anderen und der Gesellschaft zugute kommen (5. Altenbericht der Bundesregierung 2006).

2 Lebensqualität und Wohlbefinden unter erschwerten Bedingungen

Zu den Leitbildern der gerontologischen Forschung, der praktischen Altenarbeit sowie der Sozial- und Gesundheitspolitik gehören die Förderung und weitgehende Erhaltung von Lebensqualität und Wohlbefinden im Alter, auch und gerade unter erschwerten Bedingungen. Diese Konzepte, einschließlich des Konzepts der Lebenszufriedenheit, werden in der Gerontologie gerne dem Oberbegriff des *erfolgreichen Alterns* zugeordnet. Eine trennscharfe Unterscheidung, die die inhaltliche Bedeutung der Begriffe Lebensqualität, Wohlbefinden und Lebenszufriedenheit genau bestimmt, kann nicht geleistet werden. Dafür überschneiden sich die Begriffe in ihrem Bedeutungsgehalt zu sehr. Sie können wie im Folgenden nur akzentuierend differenziert werden.

Lebensqualität und Wohlbefinden dienen erstens als Kriterien für die Wirksamkeit gesellschaftlicher Wohlfahrtsproduktion in bestimmten Lebensbereichen wie der materiellen Sicherung, Gesundheit, Wohnsituation und der sozialen Integration *(politische Zielrichtung)*. Zweitens richtet sich sozial-psychologisch der Blick auf die individuellen und sozialen Bedingungen für Lebensqualität und Wohlbefinden, vor allem auf Verhaltensmuster bei der Verarbeitung von Belastungen und kritischen Lebensereignissen, die zur Aufrechterhaltung von Lebensqualität und Wohlbefinden beitragen *(sozial- und verhaltenswissenschaftliche Zielrichtung)*. Drittens verweisen Lebensqualität und Wohlbefinden auf die subjektive Bedeutsamkeit bestimmter Lebensziele, Wertorientierungen, persönlicher Standards und Erfahrungen in der Lebensführung *(subjektiv-biografische Zielrichtung)*.

Der bereits eingeführte, umfassende Begriff des *erfolgreichen Alterns* dient als Ausdruck einer gelungenen Anpassung an Veränderungen, die mit dem Altern einhergehen. Diese Anpassung wiederum kann als Gleichgewichtszustand zwischen den Bedürfnissen und Strebungen des alternden Individuums und den inneren und äußeren Anforderungen der Lebenssituation im Alter verstanden werden. Nach Baltes/Baltes (1989) wird er durch fünf Indikatoren genauer bestimmt. Dazu gehören: *Ein langes Leben, körperliche und seelische Gesundheit, psychosoziale Funktionstüchtigkeit (Kompetenz), Gefühle der Selbstwirksamkeit und Lebenszufriedenheit.* Die Grundvoraussetzung für erfolgreiches Altern ist nach diesem Konzept zwar ein hohes Alter, hinzukommen müssen jedoch *qualitative* Indikatoren, die dem langen Leben Inhalt und Sinn verleihen. Verkürzt kann von *Lebenslänge plus Lebensqualität* als Ausdruck erfolgreichen Alterns gesprochen werden. Mit den Worten von Tesch-Römer (2002, S. 165): *„Ein langes Leben zu erreichen ist das Ziel der meisten Menschen, doch sollte dieses Leben auch und gerade im fortgeschrittenen Alter ein gutes Leben sein".* Dieses „gute Leben" im Alter ist immer nur aus dem Zusammenwirken von Person- und Umweltressourcen zu verwirklichen. Dazu kommen günstige Gelegenheiten, die als Wendepunkte das Leben beeinflussen können (Thomae 2002).

Als Voraussetzung und zugleich als Folge erfolgreichen Alterns können Lebensqualität, Wohlbefinden und Lebenszufriedenheit angesehen werden. *Lebensqualität* gilt als übergreifendes Konstrukt, aus dem sich die beiden anderen Konstrukte ableiten lassen. Bei der Betrachtung von Lebensqualität müssen *objektive Lebensbedingungen* und *subjektive Bewertungen* dieser Lebensbedingungen ins Kalkül gezogen werden. Zu den objektiven Bedingungen zählen als Ressourcen vor allem die gesundheitliche Verfassung und körperlichen Leistungsfähigkeit, die Einkommens- und Wohnsituation sowie die Qualität und Stabilität sozialer Netzwerke. Ebenso wichtig wie die objektiven Bedingungen sind die subjektiven Bewertungen, die die individuelle Bedürfnis- und Zielstruktur sowie emotionale Aspekte wie Zufriedenheit mit dem bisherigen Leben, Hoffnungen, Erwartungen, aber auch Sorgen und Befürchtungen widerspiegeln. In der Definition von Lebensqualität der Weltgesundheitsorganisation (WHO o. J.) wird vor allem diese subjektive Seite betont: *„Lebensqualität ist die subjektive Wahrnehmung einer Person über ihre Stellung im Leben in Relation zur Kultur und den Wertsystemen, in denen sie lebt und in Bezug auf ihre Ziele, Standards und Anliegen".* Die Erhaltung von Lebensqualität auch unter den erschwerten Bedingungen des Alters ist somit von objektiver Seite wie von Seiten subjektiver Bewertungen und Einflussnahmen anzustreben. Objektiv gesehen muss z.B. bei Pflegebedürftigkeit eine qualifizierte Pflegeinfrastruktur vorgehalten werden, aus subjektiver Sicht sind die Erhaltung bestmöglicher Selbstständigkeit in und Zufriedenheit mit der Pflegesituation anzustreben.

Der Begriff *Wohlbefinden* wird häufig als *subjektive* Komponente unter dem Oberbegriff Lebensqualität subsumiert. Er hat in der Wohlfahrtsforschung jedoch einen eigenen und spezifischen Bedeutungsgehalt. Allgemeines Einverständnis herrscht darüber, dass Wohlbefinden zwei Hauptfaktoren einschließt: Erstens einen *emotionalen Faktor*, der Aspekte wie das Vorhandensein positiver und als Gegenpol das geringe Auftreten negativer Gefühlszustände sowie längerfristige Glücksgefühle umfasst, und zweitens einen *kognitiv-evaluativen Faktor* mit den Aspekten der allgemeinen und bereichsspezifischen Lebenszufriedenheit (Mayring 1991). Häufig wird in der Literatur ähnlich wie bei der Lebensqualität auch nach objektiven und subjektiven Bedingungen des Wohlbefindens gefragt. Zu den *objektiven* Bedingungen gehören z.B. die materiellen Lebensumstände, der Gesundheitszustand, das soziale Lebensumfeld, die Wohnsituation sowie gesellschaftliche und politische Strukturen, zu den *subjektiven* Bedingungen Handlungs- und Sozialkompetenzen, Gefühle der Selbstwirksamkeit, effektives Kontrollerleben und ein stabiles Selbstwertgefühl. Wohlbefinden stellt sich nicht ohne eigenes Zutun ein, sondern ist das Ergebnis aktiver Auseinandersetzung mit Anforderungen des Lebens, die im sehr hohen Alter immer beschwerlicher wird.

Ein großes Anliegen der Forschung ist die Untersuchung von materiellen, sozialen und psychischen *Korrelaten* von Lebensqualität und Wohlbefinden. Deren Bedingungsgefüge stellt sich als sehr komplex und wechselseitig heraus. Sowohl allgemeine wie bereichsspezifische Faktoren wirken sich auf die Qualität von Lebensqualität und Wohlbefinden aus. Zu ihnen gehören soziodemografische Merkmale (z.B. Alter, Geschlecht), Indikatoren der Lebenslage (z.B. Bildungsstand, Gesundheit, Sozialkontakte) und psychische Ressourcen (z.B. Kontrollerleben, Zuversichtlichkeit, Kompetenzen). Lebensqualität und Wohlbefinden sind nur aus dem *dynamischen Zusammenwirken* innerer und äußerer Bedingungen zu verstehen, unter denen die *subjektiven Bewertungen* der äußeren Lebensumstände eine zentrale Rolle spielen. Lebensqualität und Wohlbefinden resultieren im biografischen Zeitverlauf aus der kognitiven und emotionalen Verarbeitung äußerer Gegebenheiten und Lebensumstände. Umgekehrt tragen objektive Basissicherheiten und Gelegenheitsstrukturen zu mehr Lebenszufriedenheit, einem stärkeren Selbstwertgefühl und stabileren positiven Bewertungskonzepten und Selbstzuschreibungen bei. Wie hellsichtig schon Schopenhauer diesen psychischen Mechanismus erkannt hat, belegt folgendes Zitat aus den „Aphorismen zur Lebensweisheit" (o. J., S. 13): *„Daß für unser Glück und unsern Genuß das Subjektive ungleich wesentlicher als das Objektive sei, bestätigt sich in allem"*.

Einige neuere Studien sollen exemplarisch Auskunft geben über das mehrdimensionale Bedingungsgefüge von Lebensqualität und Wohlbefinden im Alter.

Es soll auch der Frage nachgegangen werden, wie stark das *„Subjektive"*, hier die subjektiven Bewertungen von inneren und äußeren Veränderungen im Alter empirisch zum Ausdruck kommen. Als erstes Beispiel dient die Berliner Altersstudie (BASE) bei Hochbetagten, in der u. a. das subjektive Wohlbefinden der TeilnehmerInnen erfasst wurde (Smith et al. 1996). Ein Einflussfeld sind soziodemografische Daten wie Alter, Geschlecht, Familienstand und Wohnsituation, ein anderes objektive Lebensbedingungen wie Gesundheitszustand, Mobilität, Finanzen, soziale Netzwerke und Aktivitäten. Ein drittes Einflussfeld umfasst die subjektiven Bewertungen der oben genannten Lebensbereiche. Erstens ergab sich ein beachtlicher Grad an subjektivem Wohlbefinden. Über 60 Prozent der Befragten waren mit ihrem gegenwärtigen, vergangenen und zukünftigen Leben zufrieden. Bei den Altersgruppen von 70 bis 100 Jahren nahm der Zufriedenheitsgrad allerdings ab. Zweites Hauptergebnis: Im großen und ganzen trugen die sozio-demografischen Indikatoren wenig zum Wohlbefinden bei. Viel einflussreicher waren die *subjektiven Bewertungen* einzelner Lebensbereiche, insbesondere des Gesundheitszustandes.

Dieser Befund zieht sich wie ein roter Faden durch weitere Untersuchungen hindurch. Bestätigt wird er u. a. durch Ergebnisse des Alterssurveys für Deutschland, das 1996 und 2002 bei repräsentativen Stichroben dreier Altersklassen durchgeführt wurde (Tesch-Römer/Wurm 2006). Die objektiven Indikatoren für Lebenszusammenhänge klären direkt nur einen relativ geringen Anteil der Varianz in den Dimensionen des Wohlbefindens (Lebenszufriedenheit, positive emotionale Befindlichkeit, negative emotionale Befindlichkeit) auf. Psychische Ressourcen wie Zuversichtlichkeit und Kontrollerleben sowie bereichsspezifische Bewertungen sind dagegen von größerem Gewicht bei der Aufklärung der Unterschiede im Wohlbefinden innerhalb der Altersgruppen. In dieser und anderen Studien erweisen sich der *selbst eingeschätzte Gesundheitszustand* und die *Art und Qualität der Partnerschaft* als wichtige Indikatoren für Wohlbefinden und Lebenszufriedenheit im Alter. Verständlich wird deren Übergewicht durch die mit dem Alter immer stärker werdende Focussierung des Erlebens auf Körperlichkeit und Gesundheitszustand sowie die Qualität sozialer Bindungen im Sinne der sozioemotionalen Selektivitätstheorie von Carstensen (Erlemeier 2002, S.180-182).

Die Berliner Altersstudie und weitere Untersuchungen liefern den Beweis für das so genannte *„Zufriedenheits-Paradox"* (Staudinger 2000). Obgleich objektive Verschlechterungen in der Lebenssituation alter Menschen nachzuweisen sind, bleibt das subjektive Wohlbefinden bis ins hohe Alter relativ stabil. Mit den Worten von Smith et. al. (1996, S. 518): *„Objektive Lebensbedingungen wirken sich hauptsächlich indirekt auf das subjektive Wohlbefinden aus. Selbst wenn objektive Bedingungen sich tatsächlich verändern, werden die Auswirkungen* *auf das subjektive Wohlbefinden durch interne selbstregulative Prozesse aufgefangen und moduliert"*.

Alte Menschen sind offenbar in der Lage, mit Hilfe psychischer Ressourcen und Regulationsprozesse ihr inneres Gleichgewicht und Selbstwertgefühl trotz sich verschlechternder äußerer Umstände relativ stabil zu halten, zumindest so lange wie ihre Kapazitätsreserven, mit denen sie sich an Altersveränderungen anpassen können, nicht überfordert werden. Wohlbefinden und Lebenszufriedenheit sind immer nur in Relation zu dieser Anpassungsleistung zu sehen, die mit Zunahme von Altersbeschwerden und biologischem Abbau immer schwieriger zu erbringen ist. Die Biologie ist, wie Baltes meint, eben nicht die Freundin des Alters. Das vierte Lebensalter stellt die Auseinandersetzung mit Altern und nahendem Lebensende auf eine harte Probe, nicht selten so hart, dass das Leben zur Last werden kann und krisenhaft erlebt wird. Biografische Explorationen bei alten Menschen, die von Thomae und seinem Arbeitskreis durchgeführt wurden, kamen zu dem Ergebnis, das ca. Zweidrittel der berichteten einschneidenden Ereignisse (Wendepunkte), die das spätere Leben mitprägten, als belastend bis krisenhaft erlebt wurden (Thomae 2002).

3 Krisen und Krisenintervention im Alter

Kritische Lebensereignisse, die sich zu Krisen zuspitzen können, gehören zum Leben. Zu denken ist z.B. an eine schwere Erkrankung mit schlechten Heilungsaussichten, den Verlust eines geliebten Angehörigen oder die Aufgabe der eigenen Wohnung, weil die Pflege und Versorgung dort nicht mehr sichergestellt werden kann. Eine krisenhafte Entwicklung spitzt sich zu, wenn es in einer stark belastenden Lebenssituation nicht mehr gelingt, sie mit eigenen verfügbaren Mitteln, d. h. Bewältigungsressourcen, die sich in der Vergangenheit bewährt haben, zum Besseren zu wenden. Das psychische Gleichgewicht zwischen den Bewältigungskapazitäten und den überstarken Handlungsanforderungen ist gestört. Bezogen auf das hohe Alter kann sowohl von *Lebensveränderungskrisen* als auch von *traumatischen Krisen* gesprochen werden, eine Unterscheidung, die auf Cullberg zurückgeht (Sonneck 2000). Kritische Übergänge wie das Ausscheiden aus dem Berufsleben oder der Umzug in ein Pflegeheim können als Lebensveränderungskrisen, eine akute Erkrankung oder der plötzliche Partnerverlust als traumatische Krise erlebt werden.

Den meisten Menschen gelingt es zwar, bis ins hohe Alter mit eigenen Ressourcen und mit sozialer Unterstützung Krisen zu bestehen oder sogar an ihnen zu wachsen. Sind diese personalen und sozialen Ressourcen jedoch so geschwächt, dass die Probleme, die in die Krise geführt haben, nicht gelöst werden können, ist professionelle Hilfe angezeigt. Gefühle der Überforderung, Niedergedrücktheit, Verlassenheit und Hoffnungslosigkeit bis hin zu suizidalen Gedanken lassen subjektiv keinen Ausweg aus der Krise mehr erkennen. Kontakte mit GesprächspartnerInnen, die zuhören und die Problematik verstehen können, schaffen Entlastung und zeigen Möglichkeiten auf, wie eine Verschärfung der Krise verhütet werden kann. Professionelle Hilfen in solchen Krisen, in denen von Betroffenen akut kein Ausweg mehr gesehen wird, gehören in den Zuständigkeitsbereich der *Krisenintervention*. Diese umfasst Maßnahmen zur Linderung akuter psychischer Beschwerden und Leidenszustände, die zur Krise angewachsen sind, und zur Verhütung ihrer sozialen und psychischen Folgen und Risiken. Das Ziel der Krisenintervention ist nach Sonneck (2000, S. 62) *„die Unterstützung der eigenen Fähigkeiten des Betroffenen und seiner Umgebung, sich selber zu helfen"*, sowie die Ermutigung durch einfühlendes Verstehen des Helfers, auch belastende Gefühle wie Enttäuschung, Schmerz, Wut, Aggression und Trauer zuzulassen und auszusprechen. Krisenintervention ist dann angezeigt, wenn es um akute, sich zuspitzende, nicht selten suizidal aufgeladene Krisen geht. Chronische und tief liegende Persönlichkeitsprobleme gehören dagegen in den Anwendungsbereich psychotherapeutischer Verfahren (Peters 2006).

Einrichtungen und Dienste der Krisenintervention sind unverzichtbar, um gerade jene Menschen, die sich in akuten Lebenskrisen überfordert fühlen, möglichst in ihrem sozialen Umfeld zu erreichen, sie zu entlasten und gemeinsam mit ihnen nach Lösungswegen aus der Krise zu suchen. Dass diese Einrichtungen mit ihrem geschulten Personal von Nöten sind, zeigen die jährlichen Suizidzahlen mit knapp 10.000 Toten in Deutschland. Menschen, die sich selbst töten oder es versuchen, sehen in einer äußerst zugespitzten Krisensituation, in denen ein Weiterleben für sie nicht mehr sinnvoll ist, keinen anderen Ausweg mehr. Die Zahl der Suizidversuche wird mindestens auf das Zehnfache der Suizidzahlen geschätzt, das sind mehr als 100.000 im Jahr. Alte Menschen, besonders Männer im hohen Alter, sind vom Suizid besonders betroffen; bei jungen Menschen kommt es häufiger zu Suizidversuchen. Suizide und Suizidversuche sind ein gravierendes Problem, auf das die Gesundheits- und Präventionspolitik immer noch nicht angemessen reagiert. Diese Zahlen zeigen, wie stark der Bedarf an präventiven Maßnahmen und Hilfen in Lebenskrisen ist, damit es gelingt, einer suizidalen Entwicklung und Zuspitzung, die immer ein Zeichen von Hoffnungslosigkeit und extremer Einengung ist, zuvorzukommen. Die Angebote der Krisen- und Lebenshilfe reichen häufig nicht weit genug, um Menschen in schweren Krisen, die das Lebensgefüge erschüttern und ein Weiterleben sinnlos erscheinen lassen, in ihrem engeren Lebensumfeld zu erreichen.

In vielen Fällen werden diese Angebote auch nicht gesucht und angenommen. Dieses Zugangsproblem trifft besonders auf alte Menschen zu, die mit weniger als 10 Prozent an der Klientel von Krisenhilfeeinrichtungen beteiligt sind, obwohl sie von allen Altersgruppen am stärksten suizidgefährdet sind (Erlemeier 2004, 2005). Nach wie vor wird die Suizidproblematik jedoch unterschätzt und in der Öffentlichkeit weitgehend tabuisiert. Aktualität gewinnt sie dagegen immer dann, wenn es um Beihilfe zum Suizid als organisierte Sterbehilfe geht.

Diese Thematik bewegt seit Jahren viele Menschen, die angesichts der technischen Möglichkeiten der Medizin, das Leben zu verlängern, selbst über Umstände und Zeitpunkt ihres Sterbens entscheiden möchten.

Die Deutsche Gesellschaft für Suizidprävention (DGS) hat 2002 das *Nationale Suizidpräventionsprogramm für Deutschland* (NaSPro) ins Leben gerufen, das mittlerweile national und international große Beachtung findet. Diese Initiative fußt stark auf dem ehrenamtlichen Engagement von Verbänden, Einrichtungen und Einzelpersonen aus Wissenschaft und Praxis. Vertreter aus Politik, Religionsgemeinschaften, Wohlfahrtsverbänden, öffentlichen Diensten und Medien sind ebenfalls beteiligt. Zahlreiche Arbeitsgruppen organisieren Fortbildung, leisten Informationstransfer und knüpfen Kontakte zu Praxiseinrichtungen und Schlüsselpersonen (Multiplikatoren). Exemplarisch soll auf die Arbeitsgruppe Alte Menschen im NaSPro verwiesen werden, die Informationsmaterial zur Suizidalität und Suizidprävention im Alter vorgelegt hat (Broschüre „Wenn das Altwerden zur Last wird – Suizidprävention im Alter") und Fortbildungsprojekte für Berufe im Sozial- und Gesundheitswesen vorbereitet und durchführt. Die Arbeitsgruppe setzt mit ihren Bemühungen auf vier Handlungsebenen der Suizidprävention an, die Lebenskrisen und Suizidalität im Alter nicht isoliert betrachten, sondern einen weiten Bogen spannen von existenziellen Fragen am Lebensende bis zur psychosozialen und gesundheitlichen Versorgungs- und Wohlfahrtspolitik.

Es gilt erstens, *existenzielle Fragen am Lebensende* offen in Gesprächen, Treffpunkten und Begegnungen mit alten Menschen zu thematisieren. Dazu gehören stichwortartig: Der Umgang mit Krankheiten und Autonomieeinbußen, mit Sterben und Tod, mit Verlustverarbeitung und Lebensbilanzierung. Jeder muss sich im schwierigen Konfliktfeld von Bindungs- und Autonomiebedürfnissen diesen Fragen stellen. Anzusprechen sind auch Fragen der Sterbebegleitung und Sterbehilfe sowie die Möglichkeiten von Palliativmedizin und Hospizeinrichtungen, die zur Erhaltung von Lebensqualität bei sterbenskranken Menschen beitragen.

Auf der Ebene der *Sozial- und Altenhilfepolitik* gilt es zweitens, die Rahmenbedingungen zu verbessern. Stichworte sind u. a. Maßnahmen gegen Altersdiskriminierung in Arbeitswelt und Gesundheitswesen, Verbesserung von Hilfe- und Versorgungsstrukturen, hier besonders die Vernetzung der ambulanten Krisenhilfe mit Diensten und Einrichtungen der Altenhilfe vor Ort, ferner die Organisation zugehender Besuchsdienste im Stadtteil, auch mit Unterstützung älterer HelferInnen und BeraterInnen. Es geht hier vor allem um ehrenamtliches Engagement als wichtige soziale Ressource, auf die in Beratung und Krisenhilfe nicht verzichtet werden kann.

Die dritte Ebene bezieht sich auf *gesundheitsrelevante Fragen.* Gemeint sind alle Ansätze der Suizidprävention bei alten Menschen mit somatischen und psychischen Leiden. An erster Stelle stehen die frühzeitige Diagnostik und Behandlung depressiver Störungen, oft in Verbindung mit körperlichen Leiden und sozialen Defiziten des Alters. Häufig sind es auch psychosomatische Beschwerden in Verbindung mit Anpassungsproblemen, Zukunftsängsten und Anzeichen von Lebensmüdigkeit. Hier sind vor allem HausärztInnen, gerontopsychiatrische Einrichtungen und Pflegeheime mit ihrem Personal und ihren Sozialdiensten angesprochen.

Auf der vierten Ebene geht es um *Information, Aufklärung und Edukation* zum Zwecke der Einstellungs- und Verhaltensänderung in der Bevölkerung sowie in Fachkreisen. Es geht hier nicht nur um Aus- und Weiterbildung der Berufsgruppen, die mit Krisenbelastung und Suizidalität alter Menschen in Berührung kommen, sondern auch um Aufklärung weiterer Bevölkerungskreise, vor allem auch von Angehörigen alter Menschen, die oft vor Alters- und Versorgungsproblemen stehen, die nur schwer zu bewältigen sind.

Es muss ein besonderes Anliegen der Suizidprävention sein, die Suizidalität alter Menschen nicht als ein isoliertes Gesundheitsproblem abzuschieben, sondern sie im weiteren Kontext von Lebenskrisen, Lebensbilanzierung, Sterbebegleitung und Sterbehilfe zu verstehen. Letztlich geht es um *Sinnfragen am Lebensende.* Suizidprävention im Alter muss weit ausgreifen und unter dem Stichwort *Erhaltung von Lebensqualität unter erschwerten Bedingungen* die Gestaltung von humanen und altersgerechten Lebensbedingungen zum Ziel haben. Auf den Einzelnen bezogen gehört zu ihr auch die frühzeitige Auseinandersetzung mit dem eigenen Altern, insbesondere die Realisierung, dass Altern unausweichlich die Akzeptanz von Hilfebedürftigkeit, Verlust und Abhängigkeit mit sich bringt.

4   Förderung von Ressourcen und Potenzialen

Was verbirgt sich hinter dem Begriff der Potenziale? Potenziale sind schwer vom Begriff der Ressourcen abzugrenzen. Der 5. Altenbericht der Bundesregierung

(2006, 16) unterscheidet eine individuelle und gesellschaftliche Perspektive. Bei der individuellen Perspektive geht es primär um „die Verwirklichung persönlicher Ziel- und Wertvorstellungen", bei der gesellschaftlichen Perspektive vor allem um die Frage, inwieweit alte Menschen einerseits in ihren Potenzialen von der Gesellschaft unterstützt werden und andererseits in der Lage sind, einen Beitrag zum Wohl der Solidargemeinschaft zu leisten. Potenziale bedürfen zu ihrer Entwicklung, Förderung und Aktualisierung folglich bestimmter Rahmenbedingungen, von den Sozialbeziehungen im Mikrobereich bis zu den politischen Gelegenheitsstrukturen auf der Makroebene.

Potenziale im Alter können also von zwei Seiten betrachtet und empirisch belegt werden: Aus der *Innensicht* des Individuums und der *Außensicht* von gesellschaftlichen Interessengruppen. Im ersten Falle geht es um psychische Potenziale des persönlichen Wachstums, um Fähigkeiten und Antriebskräfte (Fliege/Filipp 2000), im zweiten um soziale, kulturelle und ökonomische Potenziale, die gesellschaftlich nachgefragt und genutzt werden. Im Interesse beider Seiten liegt es, wenn sich diese Sichtweisen ergänzen (Kruse/Schmitt 2002).

Potenziale des Alters müssen genauer beschrieben werden, um sie nicht in einem nebulösen Optimismus verschwinden zu lassen. Nachweisbar sind nach neueren Studien die folgenden: Kognitive Fähigkeiten wie Erfahrungswissen und Expertise in Lebensfragen, die als Kriterien für „Weisheit" in die Forschung eingeführt wurden (Staudinger/Baltes 1996), der hohe Grad an Selbsthilfefähigkeit (Alltagskompetenz), Formen des intergenerativen Austausches (Tesch-Römer/ Wurm 2006), konstruktive Bewältigungsstile im Umgang mit Belastungen (Filipp/Ferring 2002), psychische Widerstandsfähigkeit und Lebenszufriedenheit als Ausdruck gelungener Anpassung (Wentura/Grewe 2000), alles Potenziale, die uns bereits begegnet sind. Kurz: Aus psychologischer Sicht stellt sich Altern als ein vielschichtiger Prozess dar, den das Individuum mit seinen Fähigkeiten, Ressourcen und Potenzialen weitgehend mitgestaltet.

Potenziale des Alters stehen in der gegenwärtigen Sozial- und Gesellschaftspolitik hoch im Kurs. „Alter ist ein Aktivposten", „Alter ist Motor für Innovation", heißt es von Seiten der PolitikerInnen. Ihr hoher Kurswert ist zu verstehen vor dem Hintergrund des demografischen Wandels, der in ökonomischer Verkürzung als Zerreißprobe für die Sozialsysteme und den Generationenvertrag wahrgenommen wird und Zukunftsängste weckt. Als Gegenpol zu Szenarien der „Alterslast" und des „belasteten Alters" werden die Potenziale einer alternden Gesellschaft, in der ihre BürgerInnen häufig, wenn sie eine bestimmte Altersgrenze erreicht haben, ausgegliedert und funktionslos werden, geradezu beschworen. Diese Potenziale, auf die man setzt, drohen auf Dauer zu verkümmern, wenn sie nicht angesprochen, entwickelt und zum persönlichen Wohl und zum Wohle anderer eingesetzt werden (5. Altenbericht der Bundesregierung 2006). Ihre Überbetonung wiederum birgt die Gefahr, das „belastete Alter" auszublenden. Wie eingangs bereits betont, wird das Doppelgesicht des Alters oft einseitig nach der einen wie der anderen Seite hin verzerrt wahrgenommen. Angemessen ist ein Altersbild, das deutlich beide Seiten, die Chancen wie die Risiken, die Gewinn- wie die Verlustseite, zeigt. Empirische Befunde sprechen für ein erhebliches Ausmaß an Potenzialen besonders der *„jungen Alten"* in verschiedenen Lebensbereichen wie Bildung, Freizeit, soziales und politisches Engagement, die ihnen selbst oder der Gemeinschaft zugute kommen. Diese sollten geweckt und genutzt werden. Nehmen wir dagegen die *Hochbetagten* in den Blick, ändert sich das Bild. Die Waage neigt sich dann zur Seite der Belastungen und Verluste des Alters, die oft kompensatorisch verarbeitet werden müssen. Dazu reichen die Potenziale und persönlichen Ressourcen oft nicht aus. Die Förderung von Potenzialen ist ein wichtiges persönliches und soziales Ziel, wenn zugleich bedacht wird, dass Altern für eine beträchtliche Anzahl Betroffener nicht ohne Krisen abläuft, die so lebensbedrohlich sein können, dass sie darüber nachdenken, ihrem Leben ein Ende zu setzen, oder es auch tatsächlich tun. Die eigenen Kapazitäten, die zur Bewältigung ihrer Probleme notwendig sind, reichen nicht mehr aus, um tief greifenden Krisen zu begegnen. Worauf es dann ankommt, ist die Verfügbarkeit von Ressourcen, Potenzialen und Kompetenzen auf der Helferseite (Montada 1998). Die in diesen Fällen notwendige Krisenhilfe lebt von der Qualität eines raschen Beziehungsaufbaus, von der Focussierung auf das Krisenereignis und die Reduzierung der starken emotionalen Belastung, die vor allem zur Ausweglosigkeit geführt hat.

Unter den Potenzialen des Alters nimmt der *Gesundheitszustand*, vor allem in der Selbstwahrnehmung alter Menschen, einen hohen Rang ein (Fliege/Filipp 2000). Er hat sich in den letzten Jahrzehnten durchschnittlich verbessert. Ältere von heute berichten weniger Erkrankungen als Ältere, die vor Jahren befragt wurden. Auch andere Studien sprechen dafür, dass die gewonnenen Jahre auch gesündere Jahre sind. Die heute 70-Jährigen sind in ihrem Gesundheitszustand mit den 65-Jährigen von vor drei Jahrzehnten zu vergleichen (Kruse 2006). Langlebigkeit bedeutet für die meisten heute Zunahme gesünderer Lebenszeit, verbunden allerdings mit dem Risiko für Krankheitsanfälligkeit und Behandlungsbedarf im höchsten, dem Vierten Lebensalter. Über 75-Jährige nennen häufiger schwere Krankheiten und Funktionseinbußen bei der Bewältigung des Alltags als Jüngere. Das Risiko, pflegebedürftig zu werden, steigt ebenfalls an (Schneekloth 2006, Wurm/Tesch-Römer 2006).

Soziale Potenziale des Alters liegen in der Bereitschaft zum Engagement für gemeinschaftliche Aufgaben, für bürgerschaftliches Engagement und politische Teilhabe. Ehrenamtliche Tätigkeit findet sich nach dem Altersurvey (Künemund 2006) besonders bei „jungen Alten". Männer sind insgesamt häufiger ehrenamtlich tätig, traditionell in Vereinen und Verbänden. Frauen übernehmen dagegen bekanntlich mehr Aufgaben in Pflege und Betreuung von Angehörigen, mit Ausnahme der Altersgruppe über 70, in der sich auch Männer stärker in Pflege und Betreuung ihrer Partnerinnen engagieren. Soziale Potenziale werden außerdem in der Enkelkinderbetreuung genutzt. Wie oben unterschieden, wird bei den sozialen Potenzialen die gesellschaftliche Perspektive angesprochen, hier das Engagement Älterer für die Gemeinschaft. Um dieses zu fördern und zu unterstützen, bedarf es bestimmter Rahmenbedingungen, an erster Stelle nach Zeman (2008) eines grundsätzlichen politischen Interesses, Ältere nicht nur als EmpfängerInnen von Sozialleistungen zu behandeln, sondern als AkteurInnen und ExpertInnen in eigener Sache ernst zu nehmen. Zeman spricht von einer „Verantwortungsrolle für das Alter" (S. 3). Weitere Förderbedingungen sind Alters- und Leitbilder, die von sozialer und politischer Partizipation Älterer zeugen.

Es ist trivial zu sagen, dass Potenziale nicht in den Schoß fallen oder in den Genen angelegt sind. Sie müssen im Verlauf des Lebens entwickelt, gepflegt, gefördert, unterstützt, genutzt und im Alter oft auch wieder entdeckt werden. Irreführend ist das Bild der Schatztruhe, in der Potenziale schlummern und darauf warten, gehoben zu werden. Potenziale sind nur denkbar im Wechselspiel mit anregenden und fördernden Umweltbedingungen. Dieser Interaktionsprozess ist Agens der Entwicklung, damit auch lebenslang entwickelter und gepflegter Potenziale. Förderer dieser lebenslangen Entwicklung sind Bildung und lebenslanges Lernen, körperlich-seelische Gesundheit, materielle Absicherung, sozial-emotionale Unterstützung und Persönlichkeitsmerkmale wie Offenheit für neue Erfahrungen, Selbstkongruenz und Selbstwirksamkeit. Potenziale bedürfen folglich der Abstimmung von persönlichen Zielen und Fähigkeiten mit fördernden Anreizen und Umweltbedingungen (Staudinger/Baumert 2006). Bei aller Potenzial-Euphorie dürfen aber auf der anderen Seite Altersbelastungen, Altersrisiken und -krisen nicht aus dem Blickfeld verschwinden. Diese Seite des Alters ruft erstens unverzichtbare staatliche Sicherungs- und Versorgungsleistungen auf den Plan, sie ist zweitens aber ebenso angewiesen auf früh angelegte Präventionsstrategien und Hilfen in kritischen Lebenslagen. Drittens ist bei aller Fremdhilfe, wenn immer möglich, an die Eigenverantwortung und Selbsthilfefähigkeit von Betroffenen als Elemente persönlicher Lebensführung zu appellieren.

Der demografische Wandel stellt den Einzelnen, Politik und Gesellschaft vor einschneidende Veränderungen und große Herausforderungen. Auch die *Soziale Arbeit* hat sich darauf einzustellen. Sie hat es mit heterogenen Altersgruppen zu tun, die sich in Lebenslage, Lebensstil und Bedürfnisstruktur sehr unterscheiden. Entsprechend heterogen sind die Aufgaben und Handlungsfelder Sozialer

Arbeit. Der Bogen spannt sich von den gesunden, aktiven „jungen Alten", die Soziale Arbeit kaum nachfragen, zu den pflegebedürftigen, psychisch kranken HeimbewohnerInnen und Hochbetagten, die der Intensivpflege und persönlichen Betreuung bedürfen. Soziale Arbeit weckt und fördert wenn möglich Potenziale und Ressourcen; sie hat es aber auch mit den Schwächen und Schwachen im Alter zu tun. Für eine altersfreundliche Gesellschaftspolitik und Soziale Arbeit mit alten Menschen leiten sich aus den Ausführungen eine Reihe vordringlicher Aufgaben ab, die als *Forderungen* umgemünzt, den folgenden Rahmen umspannen.

- Ein differenziertes Altersbild kommunizieren und umsetzen
- Sinnstiftende Rollen und Betätigungsfelder *mit* Älteren finden und ausbauen
- In frühzeitige Prävention und Gesundheitsförderung investieren
- Eigeninitiative und Selbstorganisation Älterer stärken
- Potenziale Älterer wahrnehmen, fördern und gemeinschaftlich nutzen
- Menschen in Krisen unterstützen und gemeinsam Auswege aus der Krise suchen

Konkrete Aufgabenbereiche der Sozialen Arbeit zur Förderung von Ressourcen und Potenzialen im Alter stellen sich in der Prävention (z.b. Gesundheitsberatung und Gesundheitsförderung), in der Beratung in praktischen Lebensfragen (z.b. Wohnberatung), in den Sozialdiensten im Pflegeheim und in der Pflegeberatung. Wichtige Aufgaben für die Soziale Arbeit gibt es auch in Einrichtungen der Krisenhilfe und in ambulanten gerontopsychiatrischen Diensten, in der betrieblichen Sozialarbeit (z.b. innerbetriebliche Fortbildung älterer Arbeitnehmer), in der Arbeit mit Ehrenamtlichen (z.b. Freiwilligen-Agenturen), bei der Unterstützung von Selbsthilfegruppen z.b. pflegender Angehöriger, bei Angeboten für ältere MigrantInnen als Integrationshilfe, bei der Mitwirkung im Bildungsbereich (z.b. Gesprächskreise zu Lebens- und Altersfragen) und bei generationsübergreifenden Kulturprojekten. Zentrale Aufgaben stellen sich heute und in Zukunft bei den Sozialdiensten und der sozialen Betreuung in Pflegeeinrichtungen (Erlemeier/Kühn, 2007), besonders in der Arbeit mit Demenzkranken und ihren Angehörigen, nachhaltig auch bei der Qualitätsentwicklung und Qualitätssicherung in Einrichtungen und Diensten der Altenhilfe.

Oberstes Ziel all dieser Aktivitäten und Einsatzmöglichkeiten ist die weitgehende Erhaltung von Lebensqualität und Wohlbefinden unter den erschwerten Bedingungen des Alters und Alterns. Das Aufgabenspektrum ist breit und erfordert vielfältige fachliche, personale und soziale Kompetenzen. Qualifizierungsoffensiven in den Sozial- und Gesundheitsberufen sind notwendig, um den Auswirkungen des demografischen Wandels begegnen zu können. Wenn

Potenziale des Alters gefördert werden sollen, gelingt das nur, wenn nicht nur fachliche Kompetenzen, sondern auch kreative Potenziale im Umgang mit der biografischen Vielfalt alter Menschen bei den Förderern und Helfern selbst zur Verfügung stehen. Beide Seiten, alte Menschen wie soziales und professionelles Umfeld, sind angesprochen, wenn es um die möglichst weitgehende Erhaltung von Lebensqualität und Wohlbefinden unter erschwerten Bedingungen geht.

Literatur

Baltes, Paul B. (2001): Das Zeitalter des permanent unfertigen Menschen: Lebenslanges Lernen nonstop? In: Aus Politik und Zeitgeschichte, B 36, S. 24-32

Baltes, Paul B./Baltes, Margret M. (1989): Erfolgreiches Altern: mehr Jahre und mehr Leben. In: Zeitschrift für Gerontopsychologie und -psychiatrie, 2, S. 5-10

Bundesregierung (2006): Fünfter Altenbericht – Potenziale des Alters in Wirtschaft und Gesellschaft – Der Beitrag älterer Menschen zum Zusammenhalt der Generationen. Berlin

Ding-Greiner, Christina/Lang, Erich (2004): Alternsprozesse und Krankheitsprozesse – Grundlagen. In: Kruse, A./Martin, M. (Hrsg.): Enzyklopädie der Gerontologie. Bern, Göttingen, Toronto und Seattle, S. 182-206

Erlemeier Norbert (2002): Alternspsychologie. Grundlagen für Sozial- und Pflegeberufs. Münster

Erlemeier, Norbert (2004): Zur Versorgungslage suizidaler alter Menschen in Deutschland. In: Suizidprophylaxe, 31, S. 25-31

Erlemeier, Norbert/Arbeitsgruppe Alte Menschen (2005): Suizidalität und Suizidprävention im Alter. In: Suizidprophylaxe, 32, S. 124-128

Erlemeier, Norbert/Kühn, Dietrich (2007): Soziale Arbeit und stationäre Altenhilfe. In: Archiv für Wissenschaft und Praxis der sozialen Arbeit, 37, S. 90-103

Filipp, Sigrun-Heide/Ferring, Dieter (2002): Die Tranformation des Selbst in der Auseinandersetzung mit kritischen Lebensereignissen. In: Jüttemann, G./Thomae, H. (Hrsg.): Persönlichkeit und Entwicklung. Weinheim und Basel, S. 191-228

Fliege, H./Filipp, Sigrun-Heide (2000): Subjektive Theorien zu Glück und Lebenszufriedenheit. Ergebnisse explorativer Interviews mit 65- bis 74jährigen. In: Zeitschrift für Gerontologie und Geriatrie, 33, S. 307-313.

Freund, Alexandra M. (2004): Entwicklungsaufgaben. In: Kruse, A./Martin, M. (Hrsg.): Enzyklopädie der Gerontologie. Bern, Göttingen, Toronto und Seattle, S.304-313

Heuft, Gereon/Kruse, Andreas/Radebold, Hartmut (2000): Lehrbuch der Gerontopsychosomatik und Alterspsychotherapie. München und Basel

Kruse, Andreas (1987): Kompetenz bei chronischer Erkrankung im Alter. In: Zeitschrift für Gerontologie, 20, S. 355-366

Kruse, Andreas (2006): Alter zwischen Verletzlichkeit und Wachstum. In: Archiv für Wissenschaft und Praxis der sozialen Arbeit, 37, S. 4-18

Kruse, Andreas/Schmitt, Eric (2002): Entwicklung der Persönlichkeit im Lebenslauf – die Analyse von Entwicklung aus einer aufgaben-, konflikt- und daseinsthematischen Perspektive In: Jüttemann, G./Thomae, H. (Hrsg.): Persönlichkeit und Entwicklung. Weinheim und Basel, S. 122 -156

Künemund, Harald (2006): Tätigkeiten und Engagement im Ruhestand. In: Tesch-Römer, C./Engstler, H./Wurm, S. (Hrsg.): Altwerden in Deutschland. Sozialer Wandel und individuelle Entwicklung in der zweiten Lebenshälfte. Wiesbaden, S. 289-328

Lehr, Ursula/Thomae, Hans (1987) (Hrsg.):Formen seelischen Alterns. Ergebnisse der Bonner Gerontologischen Längsschnittstudie (BOLSA). Stuttgart

Martin, Mike/Kliegel, Matthias (2005): Psychologische Grundlagen der Gerontologie. Stuttgart

Mayring; Philipp (1991): Die Erfassung subjektiven Wohlbefindens. In: Abele, A./Becker, P. (Hrsg.): Wohlbefinden. Weinheim und München, S. 51-70

Montada, Leo (1998): Machen Gebrechlichkeit und chronische Krankheit produktives Altern möglich? In: Baltes, M. M./Montada, Leo (Hrsg.):Produktives Leben im Alter. Frankfurt, S. 382-392

Peters, Meinolf (2006): Psychosoziale Beratung und Psychotherapie im Alter. Göttingen

Rothermund, Klaus/Brandtstädter, Jochen (1998): Auswirkungen von Belastungen und Verlusten auf die Lebensqualität: alters- und lebenszeitgebundene Moderationseffekte. In: Zeitschrift für klinische Psychologie, 27, S. 86-92

Schneekloth, Ulrich (2006): Möglichkeiten und Grenzen selbstständiger Lebensführung – Trends und Entwicklungen in der Betreuung und Versorgung von Pflegebedürftigen in Privathaushalten. In: Archiv für Wissenschaft und Praxis der sozialen Arbeit, 37, S. 20-31

Schopenhauer (o. J.): Aphorismen zur Lebensweisheit. Berlin

Smith, Jacqui. et al. (1996): Wohlbefinden im Alter: Vorhersagen aufgrund objektiver Lebensbedingungen und subjektiver Bewertungen. In: Mayer, K. U./Baltes, P. B. (Hrsg.): Die Berliner Altersstudie. Berlin, S. 497-524

Sonneck, Gernot (2000): Krisenintervention und Suizidverhütung. Wien

Staudinger, Ursula et al. (1996): Selbst, Persönlichkeit und Lebensgestaltung im Alter: Psychologische Widerstandsfähigkeit und Vulnerabilität. In: Mayer, K. U./Baltes, P. B. (Hrsg.): Die Berliner Altersstudie. Berlin, S. 321-350

Staudinger, Ursula (1998): Psychologische Produktivität und Selbstentfaltung im Alter. In: Baltes, M. M./Montada, Leo (Hrsg.): Produktives Leben im Alter. Frankfurt, S. 344-373

Staudinger, Ursula (2000): Viele Gründe sprechen dagegen, und trotzdem geht es vielen Menschen gut: Das Paradox des subjektiven Wohlbefindens. In: Psychologische Rundschau, 51, S. 185-197

Staudinger, Ursula (2008): Was ist das Alter(n) der Persönlichkeit? Eine Antwort aus verhaltenswissenschaftlicher Sicht In: Staudinger, U. M./Häfner, H. (Hrsg.): Was ist Alter(n). Neue Antworten auf eine scheinbar einfache Frage. Berlin, S. 83-94

Staudinger, Ursula/Baltes, Paul B. (1996): Weisheit als Gegenstand psychologischer Forschung. In: Psychologische Rundschau, 47, S. 57-77

Staudinger, Ursula/Baumert, Jürgen (2007): Bildung und Lernen jenseits der 50: Plastizität und Realität. In: Gruss, P. (Hrsg.): Die Zukunft des Alterns. München, S. 240-257

Steinhagen-Thiessen, Elisabeth/Borchelt, Markus (1996): Morbidität, Medikation und Funktionalität im Alter. In: Mayer, K. U./Baltes, P. B. (Hrsg.): Die Berliner Altersstudie. Berlin, S. 151-183

Tesch-Römer, Clemens (2002): Lebensqualität im hohen Alter. Herausforderungen für Forschung und Praxis. In: Blätter der Wohlfahrtspflege, 149, S. 165-168

Tesch-Römer, Clemens/Wurm, Susanne (2006): Veränderung des subjektiven Wohlbefindens in der zweiten Lebenshälfte. In: Tesch-Römer, C./Engstler, H./Wurm, S. (Hrsg.): Altwerden in Deutschland. Sozialer Wandel und individuelle Entwicklung in der zweiten Lebenshälfte. Wiesbaden, S. 385-446

Thomae, Hans (2002): Psychologische Modelle und Theorien des Lebenslaufs. In: Jüttemann, G./Thomae, H. (Hrsg.): Persönlichkeit und Entwicklung. Weinheim und Basel, S. 12-45

Wahl, Hans-Werner/Heyl, Vera (2004): Gerontologie – Einführung und Geschichte. Stuttgart

Wentura, Dirk/Greve, Werner (2000): Krise und Bewältigung. In: Wahl, H. W./Tesch-Römer, C.(Hrsg.): Angewandte Gerontologie in Schlüsselbegriffen. Stuttgart, S. 49-60

Weyerer, Siegfried/Bickel, Horst (2007): Epidemiologie psychischer Erkrankungen im höheren Lebensalter. Stuttgart

Wurm, Susanne/Tesch-Römer, Clemens (2006): Gesundheit, Hilfebedarf und Versorgung. In: Tesch-Römer, C./Engstler, H./Wurm, S. (Hrsg.): Altwerden in Deutschland. Sozialer Wandel und individuelle Entwicklung in der zweiten Lebenshälfte. Wiesbaden, S. 329-384

Zeman, Peter (2008): Rahmenbedingungen für das Engagement der Älteren. In: DZA: Informationsdienst Altersfragen, S. 2-7

Hans Hermann Wickel

Biografiearbeit mit dementiell erkrankten Menschen

Dementielle Erkrankungen stellen heute und mehr noch in der nahen Zukunft für professionelle Pflegepersonen, begleitende Angehörige und ehrenamtliche Kräfte eine große Herausforderung dar. Alle Bemühungen um die Verbesserung der Lebensqualität der Erkrankten müssen an ihren lebensgeschichtlichen Erfahrungen anknüpfen. Erinnerungen und das Wissen um das frühere Wirken, vor allem um frühere Kompetenzen, können entlasten, stabilisieren und helfen, die Identität zu wahren. Um einen Zugang zu diesen Ressourcen zu bekommen, eignen sich besonders ästhetische Medien und andere emotional bedeutsame Schlüssel.

1 Funktion und Ziele von Biografiearbeit mit dementiell erkrankten Menschen

Biografiearbeit blickt zurück in die Vergangenheit, um Ressourcen für die Gegenwart und Zukunft zu erkennen. Aber einem an Demenz erkrankten Menschen fällt das Erinnern schwer, weil die Vergangenheit nach und nach verwischt und entschwindet oder nicht mehr von der Gegenwart getrennt werden kann. Auch die Zukunft zeigt sich verhüllt, denn eindeutig vorhersehbar ist nur – und das im Verlaufe der Krankheit irgendwann auch nur noch für den Außenstehenden –, dass sie nachdrücklich geprägt sein wird durch den progredienten und irreversiblen degenerativen Prozess im Gehirn mit all seinen Begleiterscheinungen. Ist also biografisches Arbeiten mit dementiell Erkrankten sinnlos?

Diese Frage kann mit einem entschiedenen „Nein" beantwortet werden, wenn das folgende Ziel klar vor Augen steht: Es geht um Wohlbefinden und die Sicherung von Lebensqualität, möglichst auf einer weitgehend selbstbestimmten Basis, und nicht um Orientierung, um die Wiederherstellung eines (vermeintlich) klaren Bezugs zur Gegenwart. Wichtig sind also immer neue Anläufe zur Ermöglichung eines gelingenden Erlebens des Alltags oder zumindest Abschnitten davon. Eine sinnvolle Gestaltung der noch zur Verfügung stehenden Zeit, in der Freude und Geselligkeit erlebt werden können sowie die Teilhabe an Kultur gemäß der Würde und den Rechten des erkrankten Menschen möglich gemacht wird, setzt aber auch Wissen voraus, biografisches Wissen, das der Kranke über sich selbst hat oder andere über ihn haben und das zugänglich gemacht werden muss.

Das Erreichen eines möglichst hohen Maßes an Lebensqualität betrifft aber nicht nur die von Krankheit Betroffenen, sondern auch deren Angehörige und Pflegende. Sehr häufig ist dieser Personenkreis identisch, weil die meisten alten Menschen zu Hause gepflegt werden, auf der anderen Seite sind nahezu 70% aller Pflegeheimbewohner dementiell erkrankt. Eine gute Atmosphäre, ein „betriebsförderliches Klima" tragen zum Wohlbefinden aller bei in einer ohnehin sehr schwierigen und aufreibenden Situation der Pflege, Begleitung und Betreuung. Angebote, die auf der Grundlage biografischen Wissens gestaltet sind, können somit entscheidende und unmittelbare Auswirkungen auf die Qualität dieser Prozesse haben und z. B. auch Aufschlüsse geben für Entscheidungen im Rahmen Sozialer Altenarbeit, insbesondere des Sozialen Dienstes.

Biografiearbeit bedeutet somit Arbeit am Erkennen, Erschließen und Fördern möglicher Ressourcen und Kompetenzen des dementiell Erkrankten. Sie ist wesentlicher Bestandteil aktueller Lebenshilfe und zugleich Grundstein für Verstehen und daraus resultierendem Handeln. Schließlich basieren das gesamte Verhalten eines demenzkranken Menschen, seine Vorlieben und Einstellungen, aber auch seine Abneigungen auf seinen ihm ganz eigenen Persönlichkeitsmerkmalen und den vielfältigen Sozialisations- und Lernprozessen, die er in einem längeren Leben durchlaufen hat sowie den sich daraus über einen langen Zeitraum angehäuften Erfahrungen. Diese sind zwar mit dem Lebenslauf anderer Gleichaltriger in gewisser Weise vergleichbar, aber letztlich ist jede Lebensgeschichte einzigartig und kann nur sehr begrenzt durch hochgerechnete Einsichten von außen erschlossen werden. Das betrifft vor allem die inneren Muster, wie ältere Menschen ihre ihnen ureigene Lebensgeschichte wahrnehmen, empfinden und beurteilen. Zudem gilt es, die ermittelten Ressourcen und Kompetenzen aktiv zum Einsatz zu bringen, zu stärken und zu fördern, um sie noch möglichst lange erhalten und nutzen zu können. Die Erkenntnis des früher Erlebten und Geleisteten, vor allem, wenn es positiv bewertet wird, stärkt auch das momentane Selbstvertrauen und Selbstwertempfinden. Zu verstehen, wer man einmal war, was man erlebt und geleistet hat, und das in Einklang zu bringen mit dem, was man ist, wie man sich aktuell wahrnimmt, hat mit Identität, mit Wesenseinheit zu tun. Das kann durch Biografiearbeit maßgeblich unterstützt werden. Erinnern hilft, die individuelle Identität zu wahren oder, im Falle fortschreitender Demenz, immer wieder herzustellen (vgl. Wickel 2007, S. 161, Hartogh & Wickel 2008, S. 54f.).

Gerade beim Einsatz ästhetischer Medien tritt die Gegenwart wieder stärker in den Vordergrund, weil sich die Kranken als handelnde Personen erleben.

Auch die immer knapper bemessene und Angst einflößende Zukunft rückt für einen Moment durch die mit angenehmen Aktivitäten aktuell zu gestaltende und zu bewältigende Realität in den Hintergrund.

2 Das Krankheitsbild Demenz

Demenz muss stets in einem biopsychosozialen Zusammenhang betrachtet werden, bei dem Gehirn, Persönlichkeit und Umwelt die zentralen Instanzen bilden (vgl. Hirsch 2008, S. 108). Unter Demenz ist die Umschreibung von Symptomen zu verstehen, die bei Krankheiten auftreten, bei denen Nervenzellen des Gehirns unwiderruflich beschädigt oder zerstört werden. Demenzen zählen zu den häufigsten geriatrischen Erkrankungen und von allen psychischen Erkrankungen nehmen im Alter die Demenzen neben den Depressionen die weitaus größte Bedeutung ein. Mindestens eine Million Menschen sind in Deutschland dementiell erkrankt, ihnen ist eine selbstständige Lebensführung nach und nach nur noch mit Einschränkungen und in einem fortgeschrittenen Krankheitsstadium schließlich gar nicht mehr möglich. Demenzen stellen für das Gesundheitswesen in den kommenden Jahren und Jahrzehnten somit eine große Herausforderung dar. Die demografische Entwicklung deutet für die Zukunft auf einen hohen Anteil alter Menschen hin. Gleichzeitig steigt das Risiko, an einer Demenz zu erkranken, ab dem 65. Lebensjahr exponentiell an. Die mittlere Prävalenzrate liegt, nach den Angaben der Deutschen Alzheimergesellschaft, in der Altersgruppe von 65-69 Jahren bei etwa 1,2 %, im Alter von 80-84 Jahren beträgt sie 13,3 % und für die Gruppe der über 90jährigen nahezu 35 %. Jährlich kommt es ungefähr zu 250.000 Neuerkrankungen, in der Europäischen Union gibt es insgesamt knapp 6 Mio. Kranke).

Demenzen können sehr verschiedene Ursachen haben, zudem treten viele verschiedene Demenzformen auf. Grundsätzlich kann man zwischen primären und sekundären Demenzen unterscheiden. Primäre Demenzen entstehen durch neurodegenerative Prozesse, wie die Demenz vom Alzheimer-Typ (DAT), oder durch krankhafte Veränderungen der Gehirnarterien, wie bei der vaskulären Demenz, auch als Multiinfarkt-Demenz (MID) bezeichnet. Die sekundären Demenzen sind eine Folge anderer Erkrankungen, die das Gehirn mittelbar betreffen, wie z. B. Epilepsie, Vergiftungen oder Multiple Sklerose (vgl. Falk 2004, S. 37ff.).

Mit ungefähr 60-70% ist die Demenz vom Alzheimer-Typ (DAT) am häufigsten anzutreffen. Sie ist benannt nach dem bayerischen Neurologen und Psychiater Alois Alzheimer (1864-1915), der die Krankheit schon vor über hundert

Jahren entdeckt hat. Die fast ausschließlich bei älteren Menschen auftretende Erkrankung wird durch Proteinablagerungen (beta-Amyloid und Tau) außerhalb und innerhalb der Nervenzellen verursacht, so dass die Leistungsfähigkeit des Gehirns abnimmt, allerdings bei vollem Bewusstsein. Die Folge sind Sprachstörungen (Aphasie) und Nachlassen des Denkvermögens, des Erkennens (Agnosie) und des Gedächtnisses (Amnesie), es kommt immer mehr zu Beeinträchtigungen bei den Alltagsverrichtungen, trotz intakter Motorik funktioniert die Steuerung für viele Bewegungen nicht mehr (Apraxie). Als erste Anzeichen einer beginnenden Demenz vom Alzheimertyp werden neben Gedächtnisstörungen, nachlassendem Sprachfluss und Benennungsfehlern vor allem Konzentrationsstörungen, Überforderungsgefühl, rasche Erschöpfbarkeit, Depressivität, Antriebsarmut, Interesselosigkeit und das Auftreten diffuser Ängste beschrieben (vgl. Stoppe 2006, S. 37). Der Krankheitsprozess ist vor allem im Anfangsstadium schwer zu erkennen, die ersten Symptome führen nicht selten auch zu einer Fehldiagnose. Demenzen sind in der Regel durch einen schleichenden Beginn gekennzeichnet, nahestehenden Personen fallen sie zumeist als erste auf. Typisch bei diesen beginnenden Anzeichen ist ein Leugnen der Krankheit durch den Betroffenen, der eine mangelnde Krankheitseinsicht zeigt (Anosognosie) und die Einbußen zunächst geschickt zu tarnen versucht. Im fortgeschrittenen Stadium treten Verhaltensstörungen mit Aggressionen und Wahnvorstellungen auf, die Umwelt wird zunehmend falsch erfasst. Typisch sind Ängste und starke Unruhezustände, häufig begleitet von stereotypen Bewegungsmustern und – für die Umwelt – sinnlosem Sprechen oder Schreien; biologische Rhythmen und das Zeitgefühl geraten durcheinander.

Die größten Risikofaktoren für eine Demenz vom Alzheimertyp sind ein höheres Lebensalter sowie Erkrankungen in direkter Verwandtschaft. Erhöhen kann sich das Demenzrisiko z.B. auch durch Rauchen, Alkoholmissbrauch, Diabetes mellitus, hohen Blutdruck, Adipositas, Herzinfarkt u.a., insbesondere bei der vaskulären Demenz, bei der die Blutversorgung des Gehirns zunehmend eingeschränkt ist. Ebenso scheinen Depressionen das Demenzrisiko zu erhöhen.

Bei einem Demenzverdacht können einfache Tests wie der Mini-Mental-Status-Test (MMST bzw. MMSE), der mit 25 Fragen, bei denen 30 Punkte vergeben werden können, die wesentlichen kognitiven Fähigkeiten abfragt, oder der Uhrentest, bei dem eine Uhr mit der Zeigerstellung „Zehn nach Elf" einzuzeichnen ist, eine erste diagnostische Hilfe sein (vgl. Stoppe 2006, S. 61ff.). Bei positivem Ausgang müssen genauere Untersuchungen für eine Differentialdiagnose angestellt werden, z. B. mittels bildgebender Verfahren wie die Kernspinresonanztomographie, die durch ihre sehr genauen Abbildungen der Hirnstruktur schon recht früh zunehmende Veränderungen in bestimmten Arealen des Gehirns erkennen lässt – mittlerweile auch schon, bevor die Krankheit anderweitig bemerkt wird. Heilungsmöglichkeiten gibt es bislang noch nicht, mittels sogenannter Acetylcholinesterasehemmer, die den zu schnellen Abbau der Botenstoffe hemmen, kann allerdings das Fortschreiten der Krankheit um 6 bis 12 Monate hinausgezögert werden.

3 Grundhaltung und Kommunikation mit dementiell Erkrankten

Demenz führt nicht nur zu einem starken Rückgang der kognitiven Leistungen, sondern oftmals auch zu wesentlichen Veränderungen der Persönlichkeit. Der Erkrankte scheint für seine Umgebung nicht mehr der zu sein, den man kannte (oder zu kennen glaubte). Gerade dieses Phänomen beherrscht sehr stark die Begegnung mit dementiell Erkrankten, insbesondere, wenn sich die Personen nahe stehen, denn gerade dann wirken diese Faktoren sehr belastend auf die Beziehungsebene der Kommunikation ein.

In der Arbeit mit dementiell erkrankten Menschen bedarf es daher einiger grundlegender Haltungen in der Kommunikation. Die Beziehungsarbeit gestaltet sich aufgrund der „Verwirrtheit" recht kompliziert: Es prallen zwei Wirklichkeiten aufeinander, zwischen denen sich oftmals nur mühsam Schnittstellen herstellen lassen. Passen die vom Kranken und seinem Gegenüber aktuell erlebten Wirklichkeiten nicht zusammen, gibt es grundsätzlich zwei Möglichkeiten: Man konfrontiert den aus der Sicht des Gesunden desorientierten Menschen mit der vermeintlichen Realität. Dieses Verfahren, das im pflegerischen Alltag seinen Höhepunkt im Realitätsorientierungstraining (ROT) fand, stellt den kranken Menschen immer wieder vor die Einsicht, dass er etwas falsch macht, etwas eigentlich Selbstverständliches nicht beherrscht, indem er die Tageszeit durcheinander bringt oder eine Person, die ihm eigentlich vertraut sein müsste, nicht erkennt. Das führt in der Regel zu noch stärkerer Frustration, als es der Krankheitszustand ohnehin schon tut und löst möglicherweise Abwehr, Aggression sowie Flucht- oder Vermeidungsverhalten aus. Kritisiert wurde am ROT zudem die große Gefahr der Infantilisierung der Kranken und die geringe Berücksichtigung ihrer persönlichen Eigenarten und ihrer Befindlichkeit (vgl. Erlemeier 2002, S. 232). Daher stieß der Gedanke der Validation in der Pflege auf große Resonanz.

a) Validation

Der Begriff Validation (von lat. *valere* = gültig sein) wurde von der Sozialarbeiterin und Schauspielerin Naomi Feil (1992) geprägt, die sich von dem Gedanken leiten ließ, den an Demenz erkrankten Menschen nicht ständig mit einer möglicherweise für ihn nicht oder nur kaum erreichbaren und verstandenen Wirklichkeit zu konfrontieren. Der realitätsorientierten Haltung stellte sie die Validation als eine grundsätzlich akzeptierende Haltung gegenüber, die sich vor allem auf die aktuellen Gefühle und das Verhalten eines dementiell erkrankten Menschen bezieht. Da selbstverständlich auch verwirrte Menschen eine würdevoll zu respektierende Persönlichkeit besitzen, sollte ihre momentane Gefühls- und Gedankenwelt trotz scheinbarer Realitätsferne oder Desorientiertheit wertschätzend angenommen und nicht (gleich) in Frage gestellt werden. Während Feil sehr stark „psychologisiert" und das Verhalten des dementiell Erkrankten zu erklären und unausgetragene Konflikte aus der Vergangenheit zu lösen versucht, fand Nicole Richard (1995) zu einer Form der „integrativen" Validation, die allein ressourcenorientiert ausgerichtet ist. Sie verzichtet weitgehend auf Fragen und vor allem auf Interpretation und Analyse des Verhaltens und der Äußerungen des Kranken und wendet sich weniger der Inhaltsebene als vielmehr der Gefühlsebene zu. Ziele einer jeden validierenden Haltung sind auf jeden Fall Stabilisierung, um Halt und Sicherheit zu geben – z.B. durch Erinnern –, die Erhaltung der Identität, Verringerung von Aggression, Mutlosigkeit und Angst, die Festigung von Gefühlen der Geborgenheit und des Verstandenwerdens, somit die Wiederherstellung bzw. Stärkung des Selbstwertgefühls, die Verbesserung der verbalen und nonverbalen Kommunikation, die Verbesserung des körperlichen und seelischen Wohlbefindens, die Verhinderung eines weiteren Rückzugs sowie die Reduktion von Stress, Medikamenten und evtl. Zwangsmaßnahmen. Validation bedeutet nicht Theaterspielen. Vereinfacht gesagt: Wird die Pflegeperson vom verwirrten Menschen z. B. als die eigene Mutter identifiziert, schlüpft sie nicht in diese Rolle und spielt dem Kranken etwas vor, sondern fängt die Situation durch geschickte ablenkende Fragen oder Hinweise auf. Die Auseinandersetzung an Feils Ansatz hat sich entzündet an ihrem geschäftstüchtigen, selbstdarstellerischen und sich gegen jede Kritik wehrenden Auftreten, ihre völlig unscharfe theoretische Fundierung – sie beruft sich nahezu auf alle Größen der Psychologie – und die von ihr beanspruchte universelle Gültigkeit für ihren Ansatz (vgl. Erlemeier 2002, S. 239f.). Gleichwohl hat ihr Ansatz wesentlich dazu beigetragen, einfühlsamer und wertschätzender mit dementiell erkrankten Menschen umzugehen. In der Altenpflege spielt mittlerweile eine validierende Grundhaltung eine sehr bedeutsame Rolle.

Wie validierende Reaktionen situativ ablaufen können, zeigt das folgende Beispiel, das eine Studierende aus ihrer Arbeit in einem Altenheim im Allgäu berichtete:

Während eines Gewitters liefen einige verwirrte ältere Patientinnen sehr aufgeregt über die Flure und machten sich heftige Sorgen um das Vieh, das in die Ställe getrieben werden müsste. Die Sozialarbeiterin versicherte, dass sich die Nachbarn längst um alles gekümmert hätten, worauf sich die Kranken sofort wieder beruhigten.

Was hätte die Konfrontation gebracht: „Aber Sie besitzen doch schon lange kein Vieh mehr und leben doch in einem Altenheim, Sie brauchen sich doch keine Sorgen machen", wenn durch die starken Signale wie Blitz und Donner die Erkrankten in den Zustand der Angst, die man früher bei Gewittern aus berechtigter Sorge noch stärker als heute erlitt, versetzt werden und diese wieder erlebten Gefühle die augenblickliche Realität entsprechend übermächtig beherrschen und Einsichten aufgrund der Demenz nicht möglich sind? Eindeutig zeigt sich bei diesem Beispiel der enge Zusammenhang zwischen Kommunikationsverhalten und biografischem Wissen. Wer nicht weiß, dass diese älteren Menschen früher einen Hof hatten und das Überleben des Viehs existenziell wichtig war und Gewitter eine große Gefahr darstellten, kann ihre Reaktionen weder verstehen noch ihnen angemessen begegnen. Aber es kann auch schon in der Begegnung viel bewirken, wenn man gewisse liebgewonnene Gewohnheiten des Erkrankten kennt, um darauf Rücksicht zu nehmen und dafür zu sorgen, dass sie beibehalten werden können.

b) Aktivitäten und Gemeinschaft
Selbstverständlich sind auch Demenzkranken die Beziehungen zu anderen Menschen sehr wichtig. Sie ziehen besonders große Befriedigung aus Aktivitäten, die sie gemeinsam mit anderen durchführen können und die einen stark stimulierenden Charakter haben, also z. B. sich gemeinsam bewegen, tanzen, Musik machen und hören oder auch Essen vorbereiten (vgl. Hesse 2002, S. 53). Solche Tätigkeiten geben ihnen das Gefühl, sozial eingebunden zu sein und vermitteln ein Gefühl von Sicherheit und Aufgehobensein, aber auch aktiv und eigenständig handeln zu können (vgl. Bruder 2002, S. 89). Gerade in solchen Situationen kann es zu intensiven Kontakten und auch zu Gesprächen kommen. Eine anregende Atmosphäre, Unterstützung durch Bilder, Düfte, Wohlschmeckendes und berührbare Gegenstände aus dem Alltag oder der Natur steigern das Wohlbefinden und fördern die Kommunikation. Es dürfen auf der anderen Seite aber auch nicht zu viele Reize gleichzeitig eingesetzt werden, weil es sonst schnell zu Überforderungen kommen kann. Das oftmals mit vielen Medien gleichzeitig arbeitende basale Snoezelen sollte daher in der Demenzarbeit nur sehr behutsam eingesetzt werden.

c) Empfehlungen für die Kommunikation

In der biografieorientierten Kommunikation mit dementiell Erkrankten ist es also entscheidend, sich auf die Bedingungen der GesprächspartnerInnen entsprechend einzustellen. Um dem gerecht werden zu können, sollten im Gespräch gewisse Regeln beachtet werden. In erster Linie gehört dazu, dem Kranken nicht gleich zu widersprechen und ihn auf diese Weise zu konfrontieren. Überhaupt muss mit Fragen vorsichtig umgegangen werden, vor allem die typischen „W-Fragen" (wann, wo ...), insbesondere aber die Frage nach dem „Warum". Möchte man etwas in Erfahrung bringen, hilft oftmals nur ein behutsamer Umweg, ein Herantasten an die Fakten. Man muss sich stets vor Augen halten, dass die Möglichkeiten des verbalen Ausdrucks sich dem Erkrankten nach und nach entziehen, vereinfacht gesagt, er oftmals schwer oder gar nicht mehr zu verstehen ist. Die Sprache ihm gegenüber bedarf einer besonderen Kontrolle, es muss ruhig, deutlich und langsam und damit verständlich gesprochen werden. Eindeutige, kurze und prägnante Sätze erhöhen die Chance, dass die Inhalte auch verstanden werden. Vor allem sollten nicht mehrere Informationen auf einmal geliefert werden. Auch ist es wenig sinnvoll, moderne Begriffe zu verwenden, die dem Zeitgeist geschuldet sind („cool") und nicht zum eingeschliffenen Sprachrepertoire gehören. Es wirkt wie eine völlig unverständliche Fremdsprache und hinterlässt nur Ratlosigkeit. Wenig ergiebig sind auch Fragen nach Daten, die erst in jüngster Vergangenheit abgespeichert werden konnten. So sind oftmals die Namen der Großeltern präsenter als die Namen der Enkel. Es hilft sehr, die Personen von vorne anzusprechen, weil Stimmen von der Seite oder gar von hinten nicht mehr zugeordnet werden können, und sich auf Augenhöhe zu begeben, z. B. bei sitzenden Personen und Rollstuhlfahrern. Zudem sollte man nicht lauter als nötig sprechen und vor allem Zeit geben, das Gesagte zu verstehen, hier ist Geduld gefordert. Dabei kann eine behutsame, durchaus redundante nonverbale Kommunikation das gesprochene Wort noch verdeutlichen (vgl. u.a. Niebuhr 2004, S. 13). Belastende und tabuisierte Themen, sofern man sie kennt, gilt es besser zu vermeiden, z. B. eine Scheidung, eine unglückliche Ehe, das Zerwürfnis mit den Kindern. Insgesamt sollte darauf geachtet werden, dass es möglichst nicht zu problematischen Situationen infolge unliebsamer Erinnerungen kommt – was sich aber nie hundertprozentig ausschließen lässt, wenn man z. B. bedenkt, dass ungefähr 1,8 Millionen älterer Deutscher immer noch unter posttraumatischen Belastungsstörungen leiden (AP SZ 20. Mai 2008, S. 5), die infolge der langen Tabuisierung dieser Erlebnisse nie verarbeitet werden konnten und im Alter, insbesondere in Stadien der Demenz und der Lebensbilanzierung, wieder aufbrechen können. Typisch sind z. B. Panikattacken, wenn Feuerwehrsirenen bei vorbeifahrenden Einsatzfahrzeugen gehört werden. Das Verhalten eines dementiell Erkrankten, der in einem solchen Moment unters Bett kriecht, ist dann nur aufgrund seiner Lebensgeschichte, speziell seiner Kriegserlebnisse zu verstehen.

Eine therapeutisch orientierte Aufarbeitung, die auch oder gerade im Alter sehr wertvoll und für das Loslassenkönnen sehr wichtig sein kann, sollte entsprechend ausgebildeten TherapeutInnen überlassen bleiben. Gute Erfolge auf sehr behutsamem Wege hat hier die Musiktherapie nachzuweisen, vor allem im Kontext von Sterbebegleitung (vgl. Pfefferle 2005). Vieles in der Kommunikation bleibt auf der Ebene von Gefühlen, Gespür, Atmosphäre und Stimmungen, die von den Erkrankten sehr wohl wahrgenommen werden, auch wenn inhaltliche Fakten nicht mehr verstanden und umgesetzt werden können. Und man kann selbst oftmals nur versuchen zu spüren, was hinter ihren Aussagen steckt. Daher macht es Sinn, sich in der Kommunikation auf die Gefühle des alten Menschen einzulassen und sich von ihnen leiten zu lassen.

Wird den aktuellen Ausdrucks- und Verhaltensmöglichkeiten des Erkrankten nicht Rechnung getragen, indem er z.B. zu einem Verhalten gedrängt wird – etwa auch in der Biografiearbeit – kann er ärgerlich, abwehrend oder gar aggressiv reagieren. Diese immer wieder zu beobachtenden und den Pflege- und Begleitungsprozess erschwerenden Verhaltensweisen sind in der Regel Reaktionen auf das Gefühl der Hilflosigkeit und Überforderung. Sie stellen Barrieren dar, zumal eine verbale Auseinandersetzung nicht oder kaum mehr möglich ist. Das macht deutlich, „wie wichtig es ist, sich immer wieder in die psychische Situation von demenzkranken Menschen einzufühlen und dabei die Relation zwischen den eröffneten Handlungsmöglichkeiten und den gezogenen Handlungsgrenzen sehr sorgfältig abzuwägen" (Kruse 2004, S. 12).

4 Biografisches und historisches Wissen als Kommunikationsbasis

Um nun zu wissen, was dem dementiell Erkrankten gut tut, sind Informationen über seine Lebensgeschichte notwendig. Denn in der Regel gelingt eine erfolgreiche Kommunikation oder überhaupt ein Beziehungsaufbau nur über Aspekte, die vertraut sind: selbst Erlebtes, selbst Gehörtes, Gesehenes, Gerochenes, Geschmecktes. Die Kommunikation muss andocken an abgespeicherte Erfahrungen und Wissen aus der Lebensgeschichte, weil Neues in der Regel nur noch mehr verwirrt. Das heißt, dass sich die Betreuenden und Pflegenden auf die Suche begeben müssen in die Vergangenheit des Kranken, indem sie ihn und seine Umgebung befragen oder auch mögliche Aktenaufzeichnungen in Anspruch nehmen sowie den Kranken genau und aufmerksam beobachten. Jedes aktuelle

Verhalten steht in einem Bezug zur Lebensgeschichte, der dementiell erkrankte Mensch kann nicht anders als mit seinen „biografisch gespeicherten und erinnerten Wahrheiten zu agieren" (Becker 2002, S. 58). Zeitgeschichtliches Wissen über die gemeinsamen Erfahrungen einer Generation oder Kohorte ergänzen diese individuellen Daten.

Becker (2002, S. 58) veranschaulicht dieses Erforschen von biografischem Wissen im Pflegealltag u. a. mit den folgenden Beispielen:

Ein dementer Mann ist Mitglied in der Knappschaftskasse. Daraus können wir schließen: er hatte etwas mit Bergbau zu tun …

Geburtsort einer Frau ist Danzig, jetziger Wohnort ist Offenbach am Main. Daraus können wir vermuten, daß sie möglicherweise Flucht oder Vertreibung erlebt hat.

In den formalen Eintragungen einer Bewohnerin steht: „Religion katholisch, Familienstand geschieden". Sie könnte im Laufe ihres Leben in eine ausgesprochen konflikthafte Lage geraten sein, möglicherweise stoßen wir damit sogar auf ein tabuisiertes Thema, das feinfühlig behandelt werden muss.

5   Die Bedeutung von attraktiven Triggern

Wenn die Sprache in ihrer Bedeutung als Kommunikationsmedium, auch als Transportmittel biografischer Erfahrungen nach und nach versagt, bedarf es anderer Zugangswege. Als besonders wirksam für das Erinnern haben sich sogenannte *trigger* erwiesen. Trigger sind Auslöser von mentalen Ereignissen aufgrund eines starken Reizes, der für den Betroffenen Bedeutung hat, z. B. kann das Hören eines bestimmten Musikstücks schlagartig die Stimmung verändern und den Menschen durch Erinnerung in einen Gefühlszustand versetzen, in dem das Musikstück früher einmal in einer bestimmten emotionalisierenden Situation gehört wurde (vgl. Wickel in diesem Band). Als Trigger eingesetzte Medien sollten also einen hohen Aufforderungscharakter haben, beliebt sein und einen starken Erinnerungswert besitzen. Das können z. B. Fotos sein, häufig benutzte oder auf irgendeine Art lieb gewonnene Gegenstände aus dem früheren Alltag, insbesondere aber auch akustische Medien, in erster Linie Musik – manchmal auch in Form eines bestimmten Tonträgers, etwa einer alten wertgeschätzten Schallplatte.

6 Musik als Schlüssel

Von großer Bedeutung für die Kommunikation mit dementiell Erkrankten ist die Tatsache, dass sie auch im fortgeschrittenen Stadium durch akustische Reize, vor allem durch Musik ansprechbar sind, da die Hörrinde neben dem motorischen System weitgehend frei bleibt von degenerativen neuronalen Veränderungen. Auditive Reize wie Lachen, Schreien und der durch Gefühle geprägte melodische Verlauf glücklicher oder trauriger Stimmen können noch unbeeinträchtigt erkannt werden, während auf visuelle Reize größtenteils schon keine Reaktionen mehr gezeigt werden (vgl. Söthe 2008, S. 221). Auditorische Reize bewirken ohnehin eine um 20-50msec schnellere physische Reaktion als visuelle oder taktile Reize.

Die Bedeutung der Musik für den dementiell Erkrankten ergibt sich aus der Tatsache, dass zum einen das auditorische Zentrum weitgehend frei bleibt von alzheimerbedingten Veränderungen und emotionale Gehalte aus auditorischen Reizen genauso gut erkannt werden wie von Gesunden. Da musikalische Gehalte sich durch Emotionen vermitteln – Musik ist das emotional wirksamste Medium, das sich die Menschen geschaffen haben (vgl. Wickel Kap 5.4. in diesem Band) –, ist es wahrscheinlich, dass auch die emotionalen Gehalte aus der Musik ohne Abstriche erkannt werden und somit der Kern der musikalischen Aussage erhalten bleibt (vgl. Söthe 2008, S. 221). Zudem ist die Verarbeitung von Musik eine der komplexesten auditorischen Integrationsleistungen überhaupt und beschäftigt quasi permanent das gesamte Gehirn, so dass immer wieder Ankerplätze für musikalische Spuren gefunden werden können (vgl. Altenmüller et al. 2000, S. 59). Hinzu kommt, dass musikalische Signale umso stärker wirken, je größer der autobiografische Bezug ist. Damit ergibt sich schlüssig der intensive Zusammenhang zwischen Demenz, Musik und Biografiearbeit, der in der Praxis auch entsprechend genutzt werden sollte. In den empirischen Studien, die deutlich positive Effekte durch Musikhören bei dementiell erkrankten Menschen beschreiben, kristallisieren sich vor allem Wirkungen bei Unruhezuständen, Aggressivität, Umherwandern, Gedächtnisleistungen sowie den Sprachfunktionen heraus (vgl. Söthe 2008, S. 223).

Wie groß die Bedeutung der Musik in der Demenzarbeit ist, zeigt auch die Entwicklung eines speziell musikbasierten Tests: der *Residual Music Skill Test* (in Anlehnung an den MMSE, vgl. Kap. 5.4.) nutzt Aufgaben wie das Singen von Wörtern aus einem bekannten Lied, die Identifikation von bekannten Liedern, die Identifikation von Instrumenten sowie das Nachahmen von gerade gehörten Melodieabschnitten oder Rhythmen (vgl. Söthe 2008, S. 226f.)

Wie in der Altenarbeit Musik situativ helfen kann, zeigt das folgende Beispiel, das ein Studierender während seines Jobs im Altenheim erlebte.

Seine Aufgabe bestand darin, einen älteren dementiell erkrankten Herrn zu begleiten, der als unwirsch, schwierig im Umgang und wenig kooperativ bei der Körperpflege galt. Beim täglichen Gang durch den Garten, bei dem man sich gerne auf eine etwas zurückgezogen gelegene Bank setzte und der Studierende gelegentlich seine Gitarre mitnahm, stellte sich heraus, dass der Mann früher auch einmal Gitarre gespielt hatte. Nach der bedachtsamen Aufforderung, die Gitarre doch mal wieder in die Hand zu nehmen und ein paar Saiten anzuschlagen, kam das Gespräch vorsichtig auf die zu langen Fingernägel. Das gab schließlich den Ausschlag, dass der Herr sich bereitwillig wieder die Fingernägel schneiden ließ.

Das sind sicherlich glückliche Einzelfälle, zeigt aber auch, dass eine „musikalisierte" Pflege den Alltag erleichtern kann. Sehr viele Pflegende berichten von ähnlichen Erfahrungen bei der Intimpflege und beim Toilettengang. Musik überspielt hier die Hemmungen und hat eine ähnliche Wirkung, wie sie auch von Gesunden in bestimmten Situationen gezielt genutzt wird (nicht umsonst läuft in einem Toilettenhäuschen, das mitten auf einem Platz in einer Großstadt steht, Musik). Es darf allerdings in der Arbeit mit dementiell Erkrankten keine beliebige Musik sein, sondern sie muss einen deutlichen Bezug zur (musikalischen) Lebensgeschichte aufweisen, wie das folgende Beispiel einer dementiell erkrankten Frau, die zudem unter einer ausgeprägten Epilepsie, manisch-depressiven Zügen und Putzwang leidet und durch ihr aggressives Verhalten auffällt und eigentlich Musik ablehnt, nochmals eindringlich zeigt:

An einem Samstagmorgen wurde nach dem Frühstück eine CD von Heino aufgelegt, während sie in der Gruppe war. Frau G. entspannte sich sichtlich direkt beim ersten Lied, sie setzte sich auf ihren Stuhl, lachte über das ganze Gesicht und begann laut mitzusingen. Jegliche Aggressionen schienen sich aufgelöst zu haben, und ab dem Zeitpunkt war das übrige Treiben in der Gruppe egal. Sie schaute viel auf ihre Finger und wippte mit den Füßen. Sie lächelte in sich hinein und sang die gesamte CD mit, vom ersten bis zum letzten Lied. Zwischendurch lachte sie leicht auf und nickte. Im Anschluss war sie bester Laune und erzählte Geschichten aus vergangenen Tagen, wie sie es schon lange nicht mehr getan hatte. Ihre Stimmung hielt bis zum Kaffee an. (Bronstering 2006, S. 82)

Wie stark die Musik im Gegensatz zur Sprache wirkt, macht auch das folgende Beispiel deutlich, das ebenfalls aus den Beobachtungssitzungen einer Diplomandin stammt:

Frau C., 80 Jahre alt, dement und mit einer leichten geistigen Behinderung, wirkte teilnahmslos und müde. Sie saß in ihrem Stuhl und hatte die Augen geschlossen. Doch sobald die ersten Töne der Gitarre erklangen, hatte sie ihre Augen weit geöffnet, lächelte und sang mit. Sie wirkte entspannt und glücklich. Das Thema war Frühling und es wurden Frühlingslieder und Mailieder gesungen. Sie kannte jedes Lied und sang alle mit. Dabei strahlte sie über das ganze Gesicht. Auch beim Sitztanz bewegte sie Arme und Beine so gut es ging und nahm eine Rassel an zum Mitmusizieren. Als zwischen den Liedern gesprochen wurde, versank sie allerdings wieder in diese Teilnahmslosigkeit und schloss wieder die Augen. Ebenso im Anschluss wirkte sie genauso, wie sie gekommen war. Die Musik schien in ihr keine Spuren zu hinterlassen, aber sobald man ein Lied mit ihr anstimmte, war sie total aufmerksam, wach, fröhlich und sang mit, auch ohne Instrumente. (Bronstering 2006, S. 83)

Das letzte Beispiel zeigt exemplarisch eine „musikbiografische Anamnese", durchgeführt in einem münsterländischen Altenpflegeheim. Dieses Wissen kann sowohl im Pflegealltag als auch in den Angebotsbegegnungen sehr hilfreich sein:

Herr M. war Kirchenmusiker, Organist und Chorleiter, also Berufsmusiker. Herr K. hat lange in einem Männergesangverein mitgesungen und singt auch jetzt noch viel vor sich hin, wenn er mit seinem Rollstuhl über den Flur fährt.

Frau N. kennt viele Liedtexte und Gedichte, die sie gerne rezitiert.

Frau F. erzählt, dass sie von früher noch viele Lieder kenne, aber immer nur die 1. und 2. Strophe und dass ihre Stimme viel dunkler geworden sei.

Von der Tochter von Frau Sch. konnte ich erfahren, dass ihre Mutter früher gerne klassische Musik gehört hat, dass sie zu Hause viel mit den Kindern gesungen hat und dass sie Mundharmonika spielen konnte. Sie könne zwar heute nicht mehr singen und sich äußern, würde aber das Zuhören mit Sicherheit genießen.

Frau T. beobachtet ihre Umgebung sehr wach und aufmerksam, spricht aber überhaupt nicht. Ob sie Interesse für das Singen hat, wird sich zeigen.

Herr H. schläft viel in seinem Rollstuhl und kann eventuell durch das Singen etwas aktiviert werden.

Vielleicht ist es möglich, Frau H. und Frau F., die beide häufiger weinen, weil sie Schmerzen haben, etwas von ihrem Kummer abzulenken.

Frau K. sagt selbst, dass sie viele Lieder kenne, aber dass sie nicht mehr singen könne.

Herr L. bejaht meine Frage, ob er das Singen liebe, sagt aber auch, er könne das nicht mehr, würde aber gerne zuhören.

Frau R., die trotz ihrer Hörgeräte nicht besonders gut hört, braucht sicherlich immer einen guten Blickkontakt auf meine Mundbewegungen beim Singen.

Von Herrn L.W. und Frau R. weiß ich, dass sie auch plattdeutsch sprechen. Vielleicht kommt bei ihnen ein Lied in plattdeutscher Sprache besonders gut an. (Hollenhorst 2008, S. 7f.)

7 Vierbeiner

Besonders wirksam können auch Tiere in die Biografiearbeit mit einbezogen werden, selbstverständlich nur bei Menschen, von denen man weiß, dass sie ein gutes Verhältnis zu und keine Ängste vor Tieren, z.B. Hunden haben. Viele alte Menschen waren den Umgang mit Tieren gewohnt, so dass der Kontakt zu Hunden, Katzen oder Kaninchen häufig die Erinnerung an frühere Erlebnisse mit den eigenen Tieren weckt.

„So können Tiere hier zum ‚Türöffner' in vergangene Welten werden. Wie geschieht dies? Tiere sprechen offenkundig Tiefenschichten im Menschen an, die auch dann noch intakt sind, wenn Sprachvermögen und Verstand schon eingeschränkt sind. Deshalb verstehen sich an Demenz erkrankte Menschen und Tiere ohne Worte – über Gesten, Mimik, Körpersprache und die noch intakte Gefühlsebene. So gelingt es Vierbeinern immer wieder, Menschen, die in ihrer Demenz versunken sind, zumindest vorübergehend ins Hier und Jetzt zu holen. Plötzlich wirken sie wieder ganz klar, erzählen von eigenen Haustieren, erinnern sich an deren Namen und an besondere Erlebnisse." (Prauß 2007, S. 315)

8 Ausblick

Für den dementiell erkrankten Menschen erhöht sich in der Regel seine Lebensqualität, wenn er in soziale Aktivitäten eingebunden ist. Aufgrund der sprachlichen Einbußen kommen aber nur noch wenige Beschäftigungen dafür in Frage, so dass den Zugängen über attraktive Medien eine herausragende Rolle beizumessen ist. Bei zunehmender Verschlechterung der Demenzsymptome geraten die auditiven Medien gegenüber den visuellen deutlich in Vorteil. Insbesondere bekannte und emotional anregende Musik trägt dazu bei, wichtige Eckpfeiler aus der Lebensgeschichte, aber auch Wesenszüge, Vorlieben und Abneigungen offen zu legen, um diese Daten für eine Begleitung positiv nutzen zu können. Sie hilft auf der Basis lebensgeschichtlicher Erfahrungen bei der Aufrechterhaltung des Selbstbildes und der Kontinuität von Identität und garantiert eine verstehende und annehmende Haltung in der biografieorientierten Begegnung. Darüber hinaus existieren aber noch viele andere Möglichkeiten, den dementiell erkrankten Menschen über sinnlich-ästhetische Prozesse zu erreichen und seine Lebensgeschichte wenigsten in Bruchstücken für eine angenehme Beziehung ins Bewusstsein zu holen, z.b. der Einsatz von Haustieren, die auch Sinnesebenen wie das Berühren und Riechen oder eben den unersetzbaren Kontakt zu einem Lebewesen stimulieren.

Literatur

Altenmüller, Eckart/Schuppert, Maria/Kuck, Helen/Bangert, Marc/Grossbach, Michael (2000). Neuronale Grundlagen der Verarbeitung musikalischer Zeitstrukturen. In: K. Müller & G. Aschersleben (Hrsg.), Rhythmus. Ein interdisziplinäres Handbuch (S. 59-78). Göttingen: Huber

Becker, Jutta (2002). „Gell, heut geht's wieder auf die Rennbahn". Die Handlungslogik dementer Menschen wahrnehmen und verstehen (afw-Arbeitshilfe Demenz, Bd. 2), 3. Aufl. Darmstadt: Arbeitszentrum Fort- und Weiterbildung Elisabethenstift

Bronstering, Sandy (2006). Begleitung dementiell erkrankter und geistig behinderter Menschen mit ästhetischen Medien. Dipl. Arb. Fachhochschule Münster

Bruder, Jens (2002). Anforderungen an die Pflege von Demenzkranken. In: J. F. Hallauer & A. Kurz (Hrsg.) Weißbuch Demenz. Versorgungssituation relevanter Demenzerkrankungen in Deutschland (S. 87-89). Stuttgart: Thieme

Deutsche Alzheimergesellschaft: http://www.deutsche-alzheimer.de/filead min/alz/pdf/factsheets/FactSheet01.pdf Abgerufen am 06.04.2009

Erlemeier, Norbert (2002). Alternspsychologie. Grundlagen für Sozial- und Pflegeberufe (2., erw. Aufl.). Münster: Waxmann

Feil, Naomi (1992). Validation. Ein Weg zum Verständnis verwirrter alter Menschen. München: Ernst Reinhardt

Hartogh, Theo & Wickel, Hans Hermann (2008). Musizieren im Alter. Arbeitsfelder und Methoden. Mainz: Schott

Hesse, Eberhard (2002). Versorgung durch Haus- und Fachärzte. In: J. F. Hallauer & A. Kurz (Hrsg.) Weißbuch Demenz. Versorgungssituation relevanter Demenzerkrankungen in Deutschland (S. 52-55). Stuttgart: Thieme

Hirsch, Rolf Dieter (2008). Im Spannungsfeld zwischen Medizin, Pflege und Politik: Menschen mit Demenz. In: Z Gerontol Geriat 41 (2), S. 106-116

Hollenhorst, Hiltrud (2008). „Das ist der Sog der Musik ...". Singen mit einer Gruppe demenzerkrankter alter Menschen im Alten- und Pflegeheim „Marienstift Droste zu Hülshoff" in Havixbeck. Abschlussarbeit Musikgeragogik Weiterbildung Fachhochschule Münster

Kruse, Andreas (2004). www.bosch-stiftung.de/content/language1/down loads/Vortrag_Kruse_neu.pdf

Niebuhr, Maren (2004). Interviews mit Demenzkranken: Wünsche, Bedürfnisse und Erwartungen aus Sicht der Betroffenen. Eine qualitative Untersuchung zur subjektiven Lebensqualität von Menschen mit Demenz. Köln: Kuratorium Deutsche Altershilfe

Pfefferle, Ursula (2005). „Behutsam will ich dir begegnen ...". – Musiktherapie im Hospiz. In: Musiktherapeutische Umschau, 26 (1), 6-17

Prauß, Angelika (2007). Tiere bereichern das Leben im Alter. In: M. Blasberg-Kuhnke & A. Wittrahm (Hrsg.), Altern in Freiheit und Würde (S. 310-316). München: Kösel

Rethmann, Sarah (2007). Der Hund als Beziehungsmedium in der Sozialen Altenarbeit. Dipl. Arb. Fachhochschule Münster

Richard, Nicole (1995). Annehmen und begleiten. In: Altenpflege 20 (4), S. 244-248

Söthe, Astrid (2008). Musikalische (Lern-)Fähigkeiten im Alter mit Alzheimerdemenz. In: H. Gembris, Musik im Alter. Soziokulturelle Rahmenbedingungen und individuelle Möglichkeiten (S. 215-251). Frankfurt/M.: Peter Lang

Stoppe, Gabriela (2005). Demenz. Diagnostik-Beratung-Therapie. München: Reinhardt (UTB)

Wickel, Hans Hermann (2007): Music in Social Work – as illustrated by Music Making with the Elderly (Music Geragogics)/Musik in der Sozialen Arbeit – aufgezeigt am Musizieren mit alten Menschen (Musikgeragogik). In: B. Haselbach/M. Grüner/Sh. Salmon (Hrsg.), Im Dialog. Elementare Musik- und Tanzpädagogik im Interdisziplinären Kontext/In Dialogue. Elemental Music and Dance Education in Interdisciplinary Contexts (S. 146-165). Mainz: Schott Music

Teil III

Kreative Medien

Bernward Hoffmann

Medien und Biografie:
„Sie sind ein Stück von Deinem Leben"

„Als ich auf die Welt kam, war der Fernseher schon da und gehörte zur Familie. Ein Verwandter, der uns Kindern näher stand als Oma oder Tante Martha. Sicher hat es einmal eine Zeit ohne ihn gegeben, als meine Eltern sich noch keinen Fernseher leisten konnten, aber das war vor meiner Zeit. Keiner aus meiner Familie kann sich daran noch so recht erinnern." (Walter Wüllenweber 1994, 13)

Medien spielen im Alltag der Menschen zumindest quantitativ eine große Rolle und haben als symbolisches Archiv, als Spiegel von Menschen und ihrer Zeit biografische Relevanz. Ein Erwachsener in Deutschland verbringt im Jahr 2007 täglich gut 200 Minuten mit Fernsehen; die Nutzungszeit steigt mit dem Lebensalter kontinuierlich an von ca. 90 Minuten bei Kindern bis zu weit über vier Stunden bei SeniorInnen. Obwohl wir mehr als 20 % unserer wachen Zeit mit Mediennutzung verbringen, ist uns die Bedeutung dieser Medien in biografischen Rekonstruktionen meist wenig bewusst. Das hängt mit der Alltäglichkeit der Medien und ihrer Nutzung zusammen; die Bindung ist zwar zeitlich extensiv, aber emotional locker. Medienerfahrungen haben nur äußerst selten eine herausragende Relevanz oder sind gar Knotenpunkte oder Brüche im Leben, die als solche gut erinnert werden. Allerdings gibt es vielfältige Kombinationen aus Medienerinnerungen und Erinnerungen an reale Geschehnisse der Biografie. Viele Menschen wissen noch, in welchem Kontext sie die Nachricht vom Tod Prinzessin Dianas oder von den Ereignissen des 11. September 2001 erfahren haben. Solche Ereignisse sind für uns in der Regel Medienereignisse. Wir waren nicht dabei, sondern haben davon aus den Medien erfahren. Medien- und Alltagserfahrungen aber sind vielfach untrennbar miteinander verwoben. Mit Medien sind technische Individual- und Massenmedien gemeint, vom Buch, Zeitung, Zeitschrift über das Telefon, die Fotografie, den Film bis zu Hörfunk, Fernsehen, klassischem Internet und dem sogenannte Web 2.0.

Zu unterscheiden ist zwischen medienbiografischer Forschung und Medienbiografie als Methode individueller Reflexion und gruppenpädagogischer Arbeit.

Medienbiografische Forschung untersucht, welchen Anteil Medien an der Konstruktion und Rekonstruktion einer Biografie haben. Sie ist nicht von der allgemeinen Erforschung der Biografie zu lösen, sondern ein Aspekt davon. Das Interesse an Medienbiografien koppelte an das um 1980 (neu) aufkommende Interesse an Biografieforschung in der Soziologie an. In Erhebungen wird deutlich, dass Menschen verschiedenen Geschlechts und Alters und mit unterschiedlichen soziokulturellen Hintergründen je eigene Medienzuwendungen zeigen. Die Wechselwirkung zwischen Medienangeboten und Biografie ist individuell, aber man kann unter Berücksichtigung unterschiedlicher Parameter Verallgemeinerungen ableiten.

Ein weiterer Aspekt der medienbiografischen Forschung ist die Frage, wie sich Medien auf die Gestaltung des Alltags und des Tagesablaufs auswirken. Strukturieren etwa die abendlichen Fernsehnachrichten und der Beginn bestimmter Serien den Lebensalltag? Wie ritualisiert ist die morgendliche Zeitungslektüre?

Medienbiografische Forschung versucht, den vielfach erhobenen Zahlen der Mediennutzung einen Ansatz gegenüber oder zur Seite zu Stellen, der den individuellen Faktoren der Medienwirkung, dem Zusammenhang zwischen Nutzung und Bedürfnissen der Menschen, eher nahe kommt.

Die Reflexion auf medienbiografische Aspekte der allgemeinen Biografie ist auch ein sinnvoller Aspekt individueller Biografiearbeit oder (medien-)pädagogischer Arbeit in einer Gruppe. Auch dabei kann eine Medienbiografie kaum eigenständig und losgelöst von einer allgemeinen Biografie betrachtet werden, sondern setzt besondere Akzente. Erinnert werden meist bestimmte Medienvorlieben (Genrepräferenzen etc.), bestimmte Aufbrüche in „neue" Medienwelten (z.B. des Besitzes: „my first sony", mein erstes Handy) und bestimmte individuelle oder familiäre Medienrituale. Erinnert werden häufig auch „bewahrpädagogische" Aspekte der Medienbiografie, also Verbote und Einschränkungen des Medienzugangs und der Mediennutzung und natürlich deren Übertretungen. Und fast immer ist die medienbiografische Erinnerung mit anderen Erinnerungen verbunden („zu Winnetou durfte ich erst ins Kino, wenn die Kellertreppe gefegt und der Rasen gemäht war").

Medienbiografisches Arbeiten heißt, über die eigenen Medienvorlieben und die eigene Art und Quantität der Mediennutzung nachzudenken. Das Nachdenken ist dabei eher rückwärts gewandt, beinhaltet aber eine Perspektive nach vorn: Wenn man auf Dinge zurückschaut, die man meint, in einer bestimmten Weise getan zu haben, dann positioniert man sich zugleich: war das gut so, will ich das beibehalten, wie soll das in Zukunft aussehen? Sich mit (der eigenen) Biografie beschäftigen heißt zugleich, an der eigenen Biografie prospektiv zu arbeiten.

(Medien-)pädagogischer Akzent

Indem ich mich und mein Medienhandeln reflektiere, verändert sich auch der Blick auf den Umgang anderer Menschen mit Medien; z.b. der (erzieherische, medienpädagogische) Blick der Eltern und PädagogInnen auf den Umgang der Kinder und Jugendlichen. Verständnis kann wachsen. Der Begriff „neue" Medien weist darauf hin, dass sich in den letzten Jahrzehnten eine sehr schnelle Entwicklung immer neuer Mediengeräte, -programme und -systeme vollzogen hat. Von erwachsenen bzw. älteren Menschen werden solch schnelle Entwicklungen oft als bedrohlich, unnötig, gefährlich abgestempelt. Wer mit der Aneignung des Neuen nicht mithalten kann, neigt gelegentlich dazu, diese Schwierigkeit mit Ablehnung und Infragestellung zu kaschieren. Man steht dem Neuen feindselig gegenüber und ist auch weder bereit noch aufgrund fehlender Motivation in der Lage, sich damit lernend auseinanderzusetzen. Dieser Konflikt kann in medienbiografischer Arbeit bewusst gemacht werden.

Ein medienbiografisch orientierter Elternabend in Kindergarten oder Schule kann, anstatt den Eltern ein schlechtes Gewissen zum wenig kontrollierten Mediengebrauch einzureden, den Erziehenden einiges deutlich machen:

- Über eine Beschäftigung mit der eigenen Medienbiografie ist ein offenerer Zugang zur Mediennutzung der Kinder möglich.
- In der Regel erinnert man sich gern an die eigene Medienbiografie und wird Parallelen und Unterschiede zu den Medienerlebnissen der Kinder entdecken.
- Man kann sich bewusst machen, dass die eigene Medienerziehung und -erfahrung – oft unbewusst oder unreflektiert – auch die Medienerziehung der eigenen Kinder beeinflusst.
- Es wird deutlich, dass Medienerziehung auch mit Ängsten verbunden ist (darüber weiß ich zu wenig; ich verliere dann die Kontrolle oder den Überblick).
- Eltern setzen sich mit eigenen bzw. übernommenen Qualitätskriterien auseinander und verstehen über die Vergegenwärtigung eigener Motive auch besser die Motive der Mediennutzung ihrer Kinder.
- Erziehende machen sich ohne schlechtes Gewissen Gedanken über ihr „medienpädagogisches" Konzept (bewahren, alleine lassen, mit Kindern Neues lernen...).

Medien definieren mit, was wir als erwachsen, als jugendlich oder als kindgemäß betrachten. Manchmal definieren Medien nicht nur bestimmte soziale Szenen (z.B. ComputerspielerInnen), sondern ganze Generationen: die Handy-

Generation, Generation @ ... Einerseits sind Medienerfahrungen rückblickend häufig mit Erinnerungen an Einschränkungen, Verbote und auf der anderen Seite Neugierde, Reize des Unbekannten und Grenzüberschreitungen verbunden (z.B. Altersbeschränkungen beim Kinobesuch). Andererseits kann medienbiografisches Arbeiten auch bewusst machen, wie stark Medien und Identitätsbildung miteinander verbunden sind. Beispiele dafür entdeckt man fast in jeder Zeitchronik über einen Abschnitt oder ein Thema der letzten Jahrzehnte; darin sind immer Medienereignisse eng verbunden mit Ereignissen, die auch für unsere Biografie eine Rolle gespielt haben; konkrete Beispiele sind die Publikationen des Archivs für Jugendkulturen: 50 Jahre Bravo; Jugendkulturen in Deutschland. Viele Menschen, aber insbesondere junge Menschen nutzen Medienangebote als „symbolische Ressourcen", mit denen sie definieren, wer sie sind oder sein wollen und wo sie hingehören (wollen), z.B. zu einer bestimmten peer-group oder Szene.

Medienbiografie ist ein möglicher Aspekt der Biografie; die Medienvorlieben und -erfahrungen sind eingebettet in den sonstigen Lebenszusammenhang zu betrachten.

- Welchen Stellenwert, welche Bedeutung und Funktion hat der Mediengebrauch im Alltagsleben?
- Welche Spuren haben Medieninhalte, -erfahrungen, -ereignisse in der eigenen Lebensgeschichte hinterlassen?
- Wie passen Mediengeschichten und Lebensgeschichte zusammen?

Ein medienbiografischer Focus allgemeiner Biografiearbeit ist vielleicht gerade deshalb interessant, weil sich in den Biografien heute lebender Menschen soviel Medienentwicklung spiegelt.

Fragen und methodische Anregungen

Die (Re-)Konstruktionen zur Medienbiografie können sich auf bestimmte Schwerpunkte beziehen: (1) bestimmte Medien/-geräte (Bücher, Kassetten, Musik; Radio, Foto, Fernsehen, Film ...); (2) bestimmte Altersphasen und Nutzungsweisen (Kindheit, Jugend, Erwachsenenalter; Rituale in der Familie, im Freundeskreis, allein ...); (3) bestimmte Inhalte, Genres, Figuren o.ä.. Entsprechend müssten die folgenden Fragestellungen angepasst werden.

- An welche Zeitungsschlagzeilen, Hörkassetten, Songs bzw. Musikstücke, Filme, Fernsehserien erinnere ich mich? In welchem Kontext steht diese Erinnerung?
- Gibt es eine Film- oder Serienfigur, die ich gern wäre? Was hat mir an dem Medienmodell dieser Figur gefallen? Was würde ich in seiner/ihrer Rolle tun?
- Gibt es bestimmte Slogans oder Sprüche aus Medienangeboten (z.b. Werbung), die in meiner Biografie eine Rolle gespielt haben?
- Erinnere ich mich an ein „neues" Medium bzw. Mediengerät in meinem Leben, im Leben meiner Familie, dass für mich/uns als Eigenbesitz neu war? Wie lange gab es dieses Medium bereits auf dem Markt?
- Gab es bestimmte Rituale, die mit der Mediennutzung in meinem sozialen Umfeld verbunden waren?
- War (ist) Ihr Medienverhalten „typisch" für eine bestimmte Generation, eine Zeit, eine soziale Schicht, ein Geschlecht oder ein bestimmtes Lebensumfeld?

Zeitachse: Hilfreich kann eine Erinnerungsvorlage sein, z.b. nach Jahren geordnet in Form einer Zeitleiste/-achse mit wichtigen Medienereignissen in Stichworten … In der freien Online-Enzyklopädie „Wikipedia" gibt es bei Eingabe der Jahreszahl zahlreiche Ereignisse chronologisch geordnet für dieses Jahr, worunter man sich z.b. leicht Medienereignisse heraussuchen kann.

Text-/Musik-Folge: Mit etwas mehr Zeitaufwand lassen sich exemplarische Bilder dieser eigenen Medienbiografie in die Zeitachse einer Fotoshow umsetzen (leicht umzusetzen etwa mit Windows-Moviemaker oder Magix Video). Die Erinnerungsarbeit wird vollständiger, wenn sie mit der Zeit entsprechenden Musikstücken unterlegt werden.

Frageblatt als Gesprächseinstieg für die Gruppenarbeit (5 Min. Einzelarbeit. – 5 Minuten Zweier-/Dreier-Gespräch. – Bitte dabei bis zu drei Übereinstimmungen und bis zu drei markante Differenzen kennzeichnen):

- Welches sind meine frühesten Medienerinnerungen?
- Welche Erinnerungen aus meiner Kindheit drängen sich vor, die mit Medien zu tun haben?
- Wie wurde in meiner Familie mit Medien umgegangen?
- Jugend-/Ausbildungszeit = Freiheit im Medienumgang?
- Wie sieht mein heutiges Medienverhalten, wie sehen meine Medienvorlieben aus?

„Er, der Mensch, ist das Tier, das Geschichten verschlingt. Er ist das Tier, das neben seiner Nahrung noch dies zum Leben braucht: Märchen, Histörchen, Information; Erkenntnis, Geschichte, Mythos und Klatsch; Nachrichten, Fabeln, Gerüchte; Romane, Gedichte, Berichte. (…) Wahrscheinlich sind unsere Sinne klüger als unsere Medien. Auge, Ohr und Vorstellungskraft suchen sich die Gestalt, in die sich Geschichten kleiden lassen, je nach Medienfunktion zusammen: das Ohr will hören, das Auge schauen und die Vorstellungskraft eigene Bilder produzieren." (Barbara Sichtermann 1994, 94 f.)

Verwendete und weiterführende Literatur

Baacke, Dieter/Sander, Uwe/Vollbrecht, Ralf (1990): Medienwelten Jugendlicher. Bd. 2: Lebensgeschichten sind Mediengeschichten, Opladen, Leske + Budrich

Farin, Klaus (2006): Jugendkulturen in Deutschland 1950-1989, Bonn, BpB

Farin, Klaus (2006): Jugendkulturen in Deutschland 1990-2005, Bonn. BpB

50 Jahre BRAVO (2005), hg. v. Archiv der Jugendkulturen e.V., Berlin

Ganguin, Sonja (2008): Art. Biografische Medienforschung, in: Sander, Uwe/von Gross, Frederike/Hugger, Kai-Uwe (Hg.): Handbuch Medienpädagogik, Wiesbaden, VS, 335-340

Kübler, Hans-Dieter (1982): Medien und Lebensgeschichte. Medienbiografien – ein neuer Ansatz der Rezeptionsforschung?, in: merz 26. Jg., 194-205

Mikos, Lothar (1994): Es wird dein Leben. Familienserien im Fernsehen und im Alltag der Zuschauer, Münster, MAkS-Publikationen

Rogge, Jan Uwe (1985): „Die seh'n bald nur noch fern!" Medienbiographische Betrachtungen, in: medien praktisch H 4, 13-18

Sander, Uwe/Vollbrecht, Ralf (1989): Mediennutzung und Lebensgeschichte. Die biographische Methode in der Medienforschung, in: Baacke, Dieter/Kübler, Hans-Dieter (Hg.): Qualitative Medienforschung, Tübingen, Niemeyer, 161-176

Sichtermann, Barbara (1994): Fernsehen, Berlin, Wagenbach

Wüllenweber, Werner (1994): Wir Fernsehkinder. Eine Generation ohne Programm, Berlin, Rowohlt

Hans Hermann Wickel

Die Bedeutung von Musik für die Bewältigung kritischer Lebensereignisse

„Es gibt immer ein Lied, das von unserem Leben handelt."

Musik ist aus keiner Lebensgeschichte auszublenden. Sie hat nahezu für jeden Menschen eine starke emotionale Wirkung und damit einen hohen Stellenwert. Diese Bedeutung von Musik kann in biografieorientierten Zugängen der Sozialen Arbeit sehr Gewinn bringend genutzt werden. Als Medium der Kommunikation und des Ausdrucks bietet Musik einen hervorragenden Schlüssel zu Teilen der Lebensgeschichte und der aktuellen Lebenswelt von Menschen von der Kindheit bis ins hohe Alter.

Musik als Lebenselixier

Es gibt viele Menschen, die mir sagen: „Ah, als Sie dieses Lied sangen, habe ich gerade geheiratet, den Mann meines Lebens getroffen, mein erstes Kind bekommen." Wir sind alle so: Es gibt immer ein Lied, das von unserem Leben handelt. (Juliette Gréco in einem Interview mit Petra Reski in der ZEIT Nr. 46 vom 8. Nov. 2007, S. 64)

O mein Gott! Also wenn ich keine Musik mehr hören könnte, also jetzt mal ehrlich, das wäre krass, ... das ist unvorstellbar. (Radtke 2006, Anhang)

Seit ich bewusst denken kann, habe ich Musik als „Lebenshilfe" empfunden. Ein Alltag ohne Musik ist für mich undenkbar. (Aus dem Brief einer 68-Jährigen)

Ohne Musik könnte ich nicht leben. (Aus dem Brief einer 76-Jährigen)

Was wäre ohne Musik? Das kann ich mir gar nicht vorstellen. (Aus dem Brief einer 72-Jährigen)

Es ist offensichtlich, die Jugendliche, von der das zweite Zitat stammt, braucht zur Bewältigung ihres nicht immer ganz einfachen Alltags – sie kann nicht in ihrer Herkunftsfamilie leben – die Musik wie die Luft zum Atmen. Sie ist noch jung, aber sie steht bereits auf dem felsenfesten Standpunkt, dass es ohne Musik im Leben nicht geht. Die älteren Damen blicken schon auf eine größere Spanne ihres Lebens zurück und halten bilanzierend fest, wie bedeutsam Musik für ihre Lebensbewältigung war und ist.

Diese Haltungen werden wohl die meisten Menschen teilen können, auch wenn es nicht um kritische Lebenslagen geht. Musik gehört zum Leben wie das tägliche Brot, der Schlaf, die Luft und die Liebe. Sie scheint eine anthropologische Konstante zu sein, denn es ist keine Kultur bekannt, die ohne Musik auskommt. Und äußerst selten begegnen uns Menschen, die völlig auf Musik verzichten können. Auch ein vollständiger Ausfall der kognitiven Verarbeitung von Musik, eine totale Amusie, konnte medizinisch noch nie beobachtet und nachgewiesen werden, weil andere Hirnregionen unterstützend eingreifen, wenn Teile eines neuronalen Netzes ausfallen. Ältere Vorstellungen von einer alleinigen rechtshemisphärischen Verarbeitung von Musik gelten ohnehin als längst überholt (vgl. Schuppert 2008).

Laute Geräusche und Klänge, also auch Sprache und Musik, werden bereits im Mutterleib wahrgenommen, wenn auch gedämpft. Der Hörsinn ist der erste Sinn, der funktioniert, und wohl der letzte, der verloren geht. Ungefähr im fünften Schwangerschaftsmonat ist er so weit ausgereift, dass der Mensch hört, in erster Linie die „Innengeräusche" der Mutter wie Herzschlag und Verdauung. Unmittelbar nach der Geburt beginnt das Neugeborene auch schon, seinen Ausdruck sehr melodiös zu gestalten. Mit Lallen und mannigfaltigen Lautbildungen tritt der Säugling mit seiner Umwelt in Kontakt. Auf diese Äußerungen reagieren die Bezugspersonen, durch das Wechselspiel kommt Kommunikation in Gang, die Erwachsenen passen sich automatisch dem Tonfall, dem „Sing-Sang" des Babys an und begeben sich auch damit wieder auf eine präverbale Ebene. Somit verlaufen die ersten Kontaktaufnahmen und Verständigungen im Regelkreis Hören-Lautbildung gleichsam über Musik, lange bevor die Sprache zum Zuge kommt. Musikalisches Erleben und musikalischer Ausdruck werden im Laufe der Entwicklung zunehmend komplexer, auf jeden Fall wird Musik in der heutigen Gesellschaft zu einer Erfahrung über die gesamte Lebensspanne hin und – das ist ein entscheidender Faktor – sie bleibt ein treuer Begleiter bis ins hohe Alter, wenn viele andere Fähigkeiten und Kompetenzen nach und nach verloren gehen und lieb gewonnene Menschen verstorben sind oder sich zurückziehen.

Musik und ihre Bedeutung im Alltag

Wenn auch höchstens 10 % der Bevölkerung aktiv Musik macht, so benennen doch rund 80 % unserer MitbürgerInnen Musikhören als ihre liebste Freizeitbeschäftigung, die nur noch vom Fernsehkonsum mit 88,5 % übertroffen wird. Sport treiben liegt z.B. vergleichsweise bei 38,6 %. Der Musikkonsum eines Erwachsenen beträgt durchschnittlich ungefähr vier bis fünf Stunden am Tag (vgl. Schramm 2005, S. 12; Schramm & Kopiez 2008, S. 253f.). Musik ist heutzutage derart omnipräsent, dass kaum die Möglichkeit besteht, sich ihr im Alltag zu entziehen. Sie steht aber auch den meisten Menschen zum privaten Gebrauch zur Verfügung, fast jeder ist im Besitz eines Gerätes, das Musik wiedergeben kann, und selbst zur Wüstenwanderung kann der iPod oder ein anderer mobiler batteriebetriebener Tonträger mitgenommen werden. Schon diese wenigen Beispiele zeigen die Bedeutung und Tragweite von Musik für den Einzelnen und die Gesellschaft. Mit Recht gilt Musik daher als das emotional wirksamste ästhetische Kommunikationsmittel in der Kultur der Menschen überhaupt. Sie kann tief anrühren, uns beruhigen, aber auch aktivieren. Zudem kann man sich mit Musik vorzüglich ausdrücken, wenn Worte fehlen oder die Worte nicht genügend Ausdruckskraft besitzen, ganz gleich ob aus Gründen seelischer Betroffenheit, sprachlicher Barrieren, einer Behinderung oder einer Krankheit. Wem es also „die Sprache verschlägt", dem steht möglicherweise noch ein musikalisches Ausdruckspotential zur Verfügung. Damit wird aber auch deutlich, dass Musik funktionalisiert, das heißt, in den Dienst nichtmusikalischer Zwecke gestellt werden kann – sei es in der Politik, in der Kirche, in der Wirtschaft, der Therapie, Pflege, Medizin und Sozialen Arbeit oder eben vom Einzelnen ausgehend zur Selbstbeeinflussung oder um das Verhalten anderer zu steuern. Das erfolgreiche Nutzen der Wirkungen von Musik ist eine uralte Erfahrung: Ägyptische Priesterärzte nahmen die Mitarbeit von Beschwörungsmusikern in Anspruch, der Philosoph Ancius Boethius beschrieb um 500 n. Chr. die physiologische Wirkung von Schlafliedern und der spätmittelalterliche Musiktheoretiker Johannes Tinctoris erkannte der Musik zwanzig Effekte zu, u. a. dass sie den Menschen erfreue, Trübsal vertreibe, Kranke heile, Not lindere, zum Kampfe ansporne und zur Liebe locke.

Weltweit sind ungefähr 15.000 Musikkulturen bekannt. Die ältesten Instrumentenfunde werden auf ein Alter von ungefähr 40.000 Jahren datiert. Musik scheint also eine für den Menschen existentielle Bedeutung zu haben, indem sie über ein Potential verfügt, das helfen kann, den Alltag zu verschönern, manchmal aber auch, ihn besser zu ertragen und in vielen Fällen sogar, ihn überhaupt erst zu bewältigen, vor allem auch in schwierigen und kritischen Situationen und Lebenslagen, in denen andere Methoden nicht mehr ausreichen oder versagen. Möglicherweise liegt in dieser Coping-Funktion sogar die evolutionäre Bedeutung der Entstehung von Musik und dem Überdauern dieses Kulturguts. Das scheint für alle Altersgruppen zu gelten, für junge Menschen gleichermaßen wie für ältere.

Musik im Entwicklungsprozess

Die Bewältigung von kritischen Lebenslagen bedeutet für den Menschen immer einen Entwicklungsprozess, unabhängig von seinem Alter. Somit erscheint es sinnvoll, auch die Überlegungen zu der Frage, in welcher Form Musik helfen kann, kritische Lebenssituationen besser zu meistern bzw. zu überwinden, in ein entwicklungspsychologisches Gesamtkonzept einzubetten. Entwicklung kann man als Prozess begreifen, der ganz wesentlich darin besteht, dass der einzelne Mensch die Fähigkeit aufrecht erhält und auch anwendet, sich an Situationen, die eine Herausforderung darstellen, anzupassen, bzw. darauf hinzuarbeiten, dass sich die Bedingungen der Situation für eine bessere Bewältigung ändern. So trägt der Einsatz von Musik über die gesamte Lebensspanne insbesondere in akkommodativen Prozessen dazu bei, Emotionen zu regulieren und dadurch Belastungen von sich abzuhalten oder zu mindern. Während assimilative Strategien beschrieben werden als bewusste und kontrollierte Bewältigungsmaßnahmen, können in akkommodativen Prozessen nicht erreichbare Ziele aufgegeben oder abgewertet, Ansprüche reguliert und Situationen so umgedeutet werden, dass sie besser akzeptiert werden können (vgl. Greve 2008, S. 920). Belastungen lassen sich definieren als akute Probleme oder auch gravierende Entwicklungskrisen, die „als Diskrepanz zwischen einem aktuellen (wahrgenommenen) Zustand (Ist) und einem angestrebten alternativen Zustand (Soll) aufgefasst werden" (Greve 2008, S. 920). Es geht also darum, die Waage, an deren beiden Enden der Soll- und der Ist-Zustand hängen, wieder ins Lot zu bringen.

Belastungszustände können im Alter aufgrund der körperlichen Abbauprozesse, wachsender Krankheitsanfälligkeit, diverser Verluste, zunehmender sozialer Isolation und Vereinsamung und nachlassender Mobilität merklich zunehmen. Gleichzeitig werden Ressourcen wie Zeit- und Energiereserven, die finanziellen Mittel sowie die soziale Unterstützung zunehmend knapper. Können die Betroffenen eines oder mehrere dieser Probleme nicht mehr aktiv lösen, also den Ist-Zustand nicht bewusst und kontrolliert verändern, müssen sie reagieren und das Problem dadurch reduzieren, dass sie den Soll-Zustand verändern. Das kann an einem Beispiel konkret bedeuten: Der Tod eines Partners ist endgültig, aber die Brücke zum Verstorbenen, die durch ein bestimmtes Musikstück besteht, weil dieses ganz stark mit ihm in Verbindung gebracht wird, kann die durch den Verlust entstandene emotionale Belastung abfedern. Durch die immer wieder herbei geführte Konfrontation mit dem Erinnerungsmedium Musik – in der Regel sogar ein bestimmtes Musikstück – und der damit verbundenen emotionalen Reaktion kann nach und nach eine Entlastung erfolgen. Musik erleichtert die Anpassung an solche Zustände, sie kann helfen, das Selbstkonzept der betroffenen Person zu verändern und eine Umdeutung ihrer Situation vorzunehmen. Musik fördert also in diesen Momenten eindeutig den Entwicklungsprozess. Je intensiver eine emotionale Beziehung zu einem bestimmten Musikstück oder Musikgenre aufgebaut wurde und je mehr nachhaltige „musikalische Beziehungen" sich in der Lebensgeschichte aufgeschichtet haben, umso größer ist im Alter die Wahrscheinlichkeit, dass auf diese Ressourcen zurückgegriffen werden kann!

Es stellt sich somit auch die Frage, ob ein intensiver Zugang zu musikalischem Erleben insgesamt die Resilienz stärkt – unabhängig davon, in welchem Maße diese musikalische Erlebnisfähigkeit genetisch angelegt oder erst durch musikalische Sozialisation erworben ist. Resilienz wird beschrieben als Stabilität und Widerstandsfähigkeit angesichts potentiell belastender Lebens- und Entwicklungsbedingungen. Sie „kommt zustande, wenn stabilisierende Bewältigungsprozesse den Umgang mit belastenden und potentiell bedrohlichen Entwicklungsbedingungen so regulieren, dass die weitere Entwicklung der Person nicht eingeschränkt oder negativ beeinflusst wird" (Greve 2008, S. 924). Zu diesem Regulierungsprozess trägt bei vielen Menschen die Musik wesentlich bei. Insofern scheint Musik Resilienz zu befördern, denn sie wird von sehr vielen Menschen durchaus als Medium zur Krisenbewältigung verwendet, auf das man vertraut wie auf ein Medikament. Musik steuert insbesondere emotionszentrierte Reaktionen, indem sie zwar keine konkreten Lösungen für die Bewältigung einer Situation anbietet, wohl aber eine Regulation der belastenden Emotionen wie Ärger, Trauer oder Wut. Aber das Wirkungspotential kommt eben nicht von außen, sondern ist bereits ein Bestandteil der Persönlichkeit, der biopsychosozialen Gesamtstruktur, die z.B. ganz individuell auf bestimmte Musik reagiert. Dabei scheint der Grad des Selbstwertempfindens eine entscheidende Rolle zu spielen. Ist es stabil und auch strapazierfähig – und dazu kann Musik wesentlich beitragen, wie besonders die Beispiele älterer Menschen zeigen, die sich in musikalischen Ensembles engagieren –, dann können Herausforderungen besser und selbstbewusster angegangen werden (vgl. Greve 2008, S. 924). Wenn man also bei den Copingansätzen gezielt von der Person ausgeht und bei einer Belastung fragt, „welche Reaktion bei wem unter welchen Umständen welche Konsequenzen hat" (Greve 2008, S. 910), so hieße das übertragen auf die Funktionalisierung des Mediums Musik: Wie reagiert der einzelne betroffene Hörer oder auch praktisch Musikausübende aufgrund der Bedeutung, die Musik oder eine bestimmte Musik für ihn hat, unter welchen Rahmenbedingungen (Ort, Zeit, weitere Anwesende etc.), mit welchen Folgen? Insgesamt hängt es dabei sehr stark von den Bedingungen, Fähigkeiten und Vorerfahrungen der belasteten Person ab, wie eine Bewältigungsreaktion ausfällt, mehr als von den Ausmaßen der eigentlichen Belastung (vgl. Greve 2008, S. 911).

Die Bedeutung von Bedeutung

Wenn wir sagen, der, die oder das bedeutet uns etwas, kann das heißen, dass eine Person, ein Gegenstand oder ein Erlebnis uns bereichern und wir diese Menschen, Dinge und Ereignisse nicht missen möchten. Allein der Gedanke an etwas oder an jemanden, der oder das uns etwas bedeutet, kann Emotionen und Reaktionen auslösen sowie das Befinden ändern – sei es nur für einen kurzen Moment oder gar langfristig und nachhaltig. Wenn sich dieser Vorgang wiederholt und sich dadurch das dazugehörige neuronale Netzwerk von Mal zu Mal festigt, wird der Bezug, den die Bedeutung auslöst, zu einem festen und möglicherweise unauslöschlichen Bestandteil der Erinnerung, der in bestimmten Situationen und durch bestimmte Auslöser auch gezielt abgerufen werden kann. Je nach emotionaler Tiefe des Erlebens – letztlich der Gradmesser für die Bedeutung – ist die Verankerung im Gedächtnis auch in Bereichen möglich, die sich dem Bewusstsein entziehen. Ein Zugang zu komatösen PatientInnen, zu hochgradig dementiell erkrankten oder auch zu autistischen Menschen ergibt sich – wenn überhaupt – oftmals nur über akustische Signale, die für den Patienten eine hohe Bedeutung haben: das kann ein Instrumentenklang genauso sein wie eine vertraute singende Stimme oder ein markantes Geräusch aus der gewohnten (früheren) Umgebung. Durch einen starken Trigger, einen auslösenden Impuls – z.B. eine bestimmte Musik –, wird die Erinnerung an ganze Situationen und Erlebnisse wachgerufen. Auf diese Weise können häufig dementiell erkrankte Menschen beim Weihnachtsfest auch plötzlich sämtliche Strophen eines altbekannten Liedes singen, nachdem sie schon wochen- oder monatelang kein Wort mehr gesprochen haben (vgl. Wickel Kap. 9). Das beweist zudem, dass man es sich hirnphysiologisch nicht zu einfach machen darf: Erinnerungen, auch verbaler Natur, sind komplexer abgespeichert, als dass man sie nur auf bestimmte Gehirnareale beschränken könnte.

Erinnerungen sind geprägt und eingefärbt von der Zwischenzeit, die seit dem Erlebten vergangen ist, sowie von der gegenwärtigen Situation, in der etwas erinnert wird. Erinnerung verändert sich somit ständig. Eine wiederholte

Erinnerung zu einer anderen Zeit ist auch qualitativ eine andere, auch wenn das gleiche Ereignis erinnert wird. Streng genommen gibt es daher auch keine identische Wiederholung von Erinnerung. Praktisch hat das zur Folge, dass die zwangsläufig subjektiv geprägte Erinnerung nicht unbedingt mit dem objektiven Tatbestand, der erinnert wird, übereinstimmt (vgl. Hartogh 2003, S. 173f.). In der Biografiearbeit kann es bei aufeinander folgenden Settings daher zu Abweichungen in der Fundgrube des Erinnerten kommen.

Wenn wir also hier danach fragen, was Musik einem einzelnen Menschen in bestimmten Situationen bedeutet hat, können uns folglich nur begrenzt die objektiven Sachverhalte interessieren, die damals vorherrschten, sie lassen sich ohnehin nicht eindeutig rekonstruieren. Wichtiger sind vielmehr Faktoren wie die persönliche Haltung und der individuelle Nutzen, die sich aus der Erinnerung ergeben.

Im Vordergrund steht also eher die Frage: Welche Bedeutung misst jemand dem Erleben einer bestimmten früheren Situation zu – nicht nur dem Erlebten selbst, denn es geht hier um das gefühlsmäßige Erleben des Erlebten. Noch genauer formuliert: welche Bedeutung hat man aus heutiger Sicht damals dem Erleben beigemessen? Für die aktuelle Praxis der Sozialen Altenarbeit und Pflege kann daraus Gewinn gezogen werden:

Kann jemand oder seine Umgebung aus dem Vergangenen Hinweise für die Gestaltung der Gegenwart, für die aktuelle Alltagsbewältigung, erhalten? Gibt die Erinnerung bzw. die erinnerte Emotion Anhaltspunkte für die Zukunft, die mit Sicherheit weitere Lebenssituationen vorhält, in denen die Bedeutung eines Erlebens von Wert sein kann?

Weniger geht es hier um Erfahrungswissen, wie jemand mit einer bestimmten Situation umgeht und sie bewältigt, sondern vielmehr um „emotionale" Erfahrung. Um es direkt auf Musik zu beziehen: Kann das Verhältnis zur Musik, zu einer ganz konkreten Musik, von der jemand weiß, dass sie bei ihm bestimmte Wirkungen hervorrufen und Emotionen auslösen kann, zur Stärkung der Person beitragen?

Erlebtes, an das man sich erinnert, schafft Identität; wer sich erinnert, vergewissert sich seiner selbst und sichert damit, vor allem im Alter, seine Wesenseinheit (lat. *identitas*). Wer jemand war, das ist er auch heute noch. Wer er ist, hat sich in immer neuen Situationen auch in Zukunft stets aufs Neue zu klären, und dabei hilft das Wissen aus der Vergangenheit (vgl. Wickel 2007, S. 161). Da Musik in der Regel positiv besetzt ist, einen hohen kulturellen Wert besitzt und eine (soziale) Brücke zu anderen Menschen sein kann, hilft das Wissen von musikalischer Erlebnisfähigkeit und Kompetenz ganz erheblich zur Alltagsbewältigung und trägt zur Ich-Stärkung bei.

Je intensiver bestimmte Situationen wahrgenommen und erlebt wurden, desto deutlichere Spuren haben sie hinterlassen – in der Erinnerung an das Geschehen, aber auch als neuronales Muster der Gefühle, die diese erlebten Situationen begleitet haben, die abgespeichert wurden und durch die Erinnerungen wieder aktiviert werden: Insbesondere im Zusammenhang mit Musik abgespeichertes Erleben weckt auch die damals vorherrschenden Gefühle wieder auf. Nur aufgrund dieser *memory emotions* lässt sich die Intensität verstehen, die wir verspüren, wenn wir bestimmte Musikstücke wieder hören: Der „Schmusesong", zu dem mit der ersten großen Liebe getanzt wurde, das Ave Maria, das auf der Beerdigung des Lebenspartners gesungen wurde, das Gute-Nacht-Lied, das die Großmutter allabendlich vorgesungen hat.

Schon Jugendlichen ist dieses Phänomen bestens bewusst. Ein Mädchen sagte im Gespräch, in dem es um musikalische Vorlieben ging, über ihr Lieblingslied *Every breath you take* von Sting:

„Das klingt jetzt vielleicht komisch, aber wenn ich diesen Song höre, dann denke ich an meine Oma, die ist vor 6 Jahren verstorben." (Radtke 2006, Anhang)

Sie verbindet aber auch eine bestimmte Musik mit dem gemeinsamen Sommerurlaub mit ihren Eltern, also über die Personen hinaus mit Situationen:

„Wenn wir zusammen in Urlaub gefahren sind, dann habe ich immer hinten im Auto gesessen und wir haben Musik gehört. So ganz gewöhnlich eben. Und dann, einige Jahre später, habe ich diese Musik gehört und habe sofort an Dänemark gedacht." (ebd.)

Ich erinnere mich an ein eigenes Erlebnis: Vor Jahren bei einer Reise durch das Massif Central in Frankreich hatten wir im Auto nur zwei Musikkassetten dabei, das 2. Klavierkonzert von Rachmaninoff und die Filmmusik aus „Yentl" mit Barbara Streisand. Wir fuhren stundenlang mit offenem Schiebedach durch die wunderbaren Landschaften und hörten immer wieder unsere beiden Kassetten als Hintergrundsmusik. Höre ich heute das Klavierkonzert, entstehen sofort wieder die einprägsamen Landschaftsbilder, die Verknüpfung hat sich quasi ins Gehirn eingebrannt, so wie – glücklicherweise nur vorübergehend – der Sonnenbrand auf der Nase infolge des offenen Schiebedachs. Und gleich hinzu kommt die Erinnerung an ein bestimmtes Autofahrgefühl mit einer französischen Marke mit Hydraulik – auf diese verknüpfende Weise macht sich ja auch die Werbung dieses Phänomen zu Nutze.

Im Alter können solche durch Musik mitgeprägten Erlebnisse eine wertvolle Erinnerung darstellen:

> Eine „Schicksalsmusik" habe ich nicht, aber Dvoraks „Aus der neuen Welt" hat mich in einer bestimmten Situation einmal sehr bewegt und bewegt mich noch immer, auch weil das Hörerlebnis eine automatische Rückkoppelung an jenes längst vergangene Erlebnis herstellt. (Aus dem Brief eines 68-Jährigen)

> Alle diese Lieder sind heute noch abrufbar, für mich also lebenslang eine unerschöpfliche Quelle. (Aus dem Brief einer 76-Jährigen; sie bezieht sich auf Lieder, die unmittelbar nach dem Krieg im evangelischen Jugendkreis gesungen wurden.)

Neben der aus der Biografie erwachsenden Bedeutung spielen auch der Charakter und die Struktur der Musik eine Rolle, um vertraut zu wirken und positive Gefühle auszulösen. Ein einfacher Schlager oder ein Volkslied werden in ihrem Verlauf durch ihre klaren und schlichten melodischen, harmonischen, rhythmischen und formalen Elemente vorhersagbar – besser ausgedrückt: vorherhörbar. Auch das verleiht Sicherheit und Überblick, weckt das Gefühl des Vertrauten und das Hören wird damit als angenehm und wohltuend empfunden. Schon ist der „Sog der Musik" zugegen, wie es ein alter, dementiell erkrankter Kirchenmusiker, der nur noch beim Musizieren aktiv werden und sich verbal äußern konnte, so treffend ausdrückte (vgl. Hollenhorst 2008).

Ein weiterer Aspekt kommt hinzu, wenn mehrere Menschen, die zusammen sind, einer bestimmten Musik eine ähnliche Bedeutung zumessen. Diese Übereinstimmungen von Bedeutungen sorgen für ein Wohlbefinden in der Gruppe, denn die gemeinsam erlebte emotionale Erfahrung Musik schweißt zusammen und schaltet auf „gleiche Wellenlänge". Gemeinsam erlebte Musik, gesungen, gespielt oder „nur" rezeptiv erfahren, erleichtert den Austausch, die Kommunikation, die Beziehung, weil sie emotionale Brücken baut, sie sorgt für ein Klima des Vertrauens und der Kooperation. Bedeutung hat also auch mit Kommunikation zu tun (vgl. Jourdain 1998, S. 332) und Bedeutung sorgt für Übereinstimmung im Erleben – und das tut Musik ganz besonders. Es bedarf dazu auch keiner speziellen musikalischen Anlagen, denn Musikalität ist eine „natürliche Fähigkeit des menschlichen Gehirns" (Koelsch & Schröger 2008, S. 410), wie Studien mit Nicht-MusikerInnen, die sich zum Teil selbst für unmusikalisch hielten, eindeutig gezeigt haben. Somit kann in der Pflege und der Sozialen Arbeit vorausgesetzt werden, dass ein Mensch, der sich von Musik beeindrucken lässt, im weitesten Sinne musikalisch und für Musik zugänglich ist (vgl. Wickel 1998, S. 32f.).

Wirkungen von Musik

Um die große Bedeutung von Musik zu verstehen, muss man sich ihrer Wirkungen bewusst werden. Musik basiert im Ursprung zunächst auf nichts anderem als auf mechanischen Schwingungen und dadurch ausgelösten Wellen, z.B. der Schwingung einer angerissenen Gitarrensaite, eines angeschlagenen Trommelfells oder der Membran eines Lautsprechers. Die durch die Schallquelle verursachten unterschiedlichen Luftdruckschwankungen (Schallwellen) gelangen an unser Ohr, werden dort verstärkt und schließlich als elektrische Impulse über den Hörnerv an das Gehirn weitergeleitet, wo sie im auditorischen Kortex interpretiert, eingeordnet und bewertet werden. In dem komplizierten Zusammenspiel verschiedener Hirnareale bei der Verarbeitung akustischer Reize spielt das Limbische System eine besondere Rolle, da hier Hör- und andere Informationen „emotional" aufgeladen werden (vgl. Wickel & Hartogh 2006, S. 38ff.). Das geschieht stets auf der Basis bereits vorhandener akustischer Erfahrungen. Entwicklungsgeschichtlich sind akustische Informationen für das Überleben des Menschen stets von herausragender Bedeutung gewesen, da der Hörsinn anders als das Auge Informationen aus der Umwelt rund um die Uhr aus allen Himmelsrichtungen wahrnimmt. Damit sichert der Hörsinn – weit effektiver als der Sehsinn – eine unmittelbare und schnelle Reaktion des Organismus auf herannahende Gefahren, auch heute noch, etwa beim Überqueren einer Straße. Der Hörsinn stellt somit einerseits ein höchst wichtiges Warn- und Orientierungsorgan dar, ermöglicht andererseits aber auch komplexe Formen der Kommunikation. So erhöhen schon kleinste melodische Abweichungen in der Tonhöhe in einem starken Maße die Aufmerksamkeit in einem Dialog – ein treffender Beleg ist die Veränderung der Stimm"melodie" beim Flirten. Durch dieses hohe Aufmerksamkeitspotential übersteigen musikalisch gestaltete Parameter in ihrer emotionalen Aussagekraft bei weitem die Sprache, die zwar mit Abstand das geläufigste, aber nicht immer wirksamste Medium der Sozialen Arbeit und speziell auch der Biografiearbeit darstellt.

Damit Musik Bedeutungen und Funktionen einnehmen kann, muss sie zunächst Wirkungen auslösen. Unter Wirkungen verstehen wir hier körperliche Reaktionen auf die gefühlsmäßige Bewertung der vom Gehirn als Musik interpretierten akustischen Signale. Diese Prozesse sind überwiegend vegetativ gesteuert. Einerseits geben wir uns diesen Mechanismen lustvoll hin und suchen sie – weil körpereigene opioide Botenstoffe freigesetzt werden –, andererseits können wir ihnen kaum ausweichen, eine Tatsache, die ja z.B. im Film und in der Werbung hinreichend ausgenutzt wird.

Das psychische Erleben von Musik wandelt sich also unmittelbar in körperliche Reaktionen um, die messbar und beobachtbar sind. Aus diesen Reaktionen lassen sich wiederum Rückschlüsse auf die Wirkung von Musik und die daraus resultierenden psychischen Zustände ziehen. Die Prozesse lösen Veränderungen aus bei der Atmung, der Herztätigkeit, den Gehirnströmen, den Muskelaktivitäten, dem Hautwiderstand oder dem Hormonstatus – Parameter, die sich auch messen lassen, z.B. durch EKG, EEG, EMG, MRT oder Blutuntersuchungen. Sehr aufschlussreich sind die ereigniskorrelierten Potenziale (EKP) für die Messung musikalischer Wirkungen. Das sind Veränderungen im EEG, die als Reaktion auf von außen oder von innen kommende Reize auftreten. Im EKP wird die elektrische Aktivität der Nervenzellen abgebildet, die mit der Verarbeitung der Reize im Zusammenhang stehen (Koelsch & Schröger 2008, S. 397). Alle polygraphisch erhobenen Daten erlauben allerdings keine Aussage über die wirkliche Qualität des Erlebten. Muss ein alter Mensch Technomusik ertragen, so können Ablehnung und Widerwillen seinen Blutdruck ebenso in die Höhe treiben wie die Begeisterung eines Jugendlichen über diese von ihm hoch geschätzte Musik.

Für die Praxis der Sozialen Arbeit und Pflege weit bedeutsamer sind also – neben den verbalen Auskünften – die Beobachtungen über das Verhalten des von Musik Betroffenen, der sich in erster Linie motorisch mitteilt: durch Gestik, Mimik, Mittanzen, Mitwippen, Mitklatschen, Ausrufe, Veränderung in der Gesichtsfarbe, Tränen der Rührung, eine bestimmte Körperhaltung, die Hinwendung und Aufmerksamkeit oder Abwehr und Ekel ausdrücken kann, den wohligen Schauer, die so genannte Gänsehaut u. a. Aber auch weniger klar eingrenzbare Parameter wie das Erspüren einer Gesamtstimmung oder der Gefühlslage eines Einzelnen sind hier wichtig.

Bedeutung und Funktion von Musik in verschiedenen Lebensaltern

Musik kann ihre Wirkung in jedem Lebensalter des Menschen entfalten. Auch musikalisches Lernen ist generell bis ins hohe Alter möglich, wenn auch sicherlich mit verminderter Lerngeschwindigkeit. Aufgrund der Plastizität des Gehirns und einer bedingten Neurogenese muss von früheren allein defizitär ausgerichteten Altersmodellen deutlich Abstand genommen werden. Zudem hat jeder Mensch in jedem Alter ein „Recht auf Musik", weil er mit ihr bis zu seinem letzten Atemzug etwas verbinden und erleben kann. Wenn auch überwiegend frühe Musikerfahrungen besonders prägend sind, kann sehr wohl auch Musik Einfluss gewinnen, mit der der Mensch erst in späteren Jahren in Berührung kommt und die er in sein musikalisches Erfahrungsnetz neu einspeist. Mit meinem Kirchenchor habe ich ein geistliches Werk im Jazzstil mit vielen modernen Funk-Elementen aufgeführt. Meine älteren Chorsänger, drei sind schon über 80 Jahre alt, waren zunächst schockiert, nach etlichen Proben aber, das heißt mit zunehmender Vertrautheit und Bekanntheit der Musik, sangen sie begeistert mit.

Obwohl es einige frühere Untersuchungen gibt, die aber in der Regel immer nur bestimmte Altersgruppen und Kohorten in den Blick nahmen, haben wir aktuell Menschen befragt, welche Bedeutungen und Funktionen Musik für sie einnehmen kann – musikalisch aktive genauso wie „nur" Musikhörende, junge ebenso wie alte. Dabei konnten vielfältige Übereinstimmungen zwischen den Altersgruppen festgestellt werden, so dass davon auszugehen ist, dass Musik seine Funktionen und Bedeutungen über die gesamte Lebensspanne nahezu in gleicher Intensität behält.

In erster Linie schälte sich für alle Befragten ein Katalog folgender Kategorien heraus, die für den überwiegenden Teil der UntersuchungsteilnehmerInnen – mit unterschiedlicher Gewichtung – eine Bedeutung haben und sich auch auf ihren unmittelbaren Alltag auswirken können (Befragungen durch den Autor, nicht veröffentlicht):

- Musik dient der Unterhaltung
- Musik stimuliert zur Bewegung
- bei Musik kann man sich abreagieren
- bei Musik kann man sich entspannen, zur Ruhe kommen
- Musik hilft, sich zu konzentrieren
- Musik versetzt in gute Stimmung
- mit Musik kann man Trauer bewältigen
- mit Musik kann man Einsamkeit überwinden
- mit Musik kann man sich gegen andere Menschen abgrenzen
- mit Musik kann man sich an bedeutungsvolle Ereignisse erinnern
- mit Musik kann man von unangenehmen Empfindungen ablenken
- mit Musik kann man Dinge ausdrücken, die man nicht in Worte fassen kann
- mit Musik kann man seine aktuelle Stimmung verstärken
- Musik kann zum Weinen bringen und befreiend wirken
- Musik kann derart berühren, dass man eine Gänsehaut bekommen kann, das tut dann gut
- mit Musik kann man religiöse Erfahrungen machen
- Musik hilft, Probleme zu verarbeiten
- Musik macht glücklich
- Musik kann von Alltagssorgen ablenken
- Musik kann von Schmerzen ablenken

- die Gegenwart von Musik macht in Gesprächen und Zusammensein mit anderen Menschen lockerer
- Musik kann besänftigen, wenn man wütend ist
- Musikmachen stärkt das Selbstbewusstsein
- bei Musik kann man Trost finden
- Musik ruft bildliche Vorstellungen/Assoziationen hervor

Es kann an dieser Stelle nicht näher ausgeführt werden, wie die durchscheinenden emotionalen Qualitäten in enger Verbindung mit der Ausgestaltung der musikalischen Parameter, also den musikalischen Charakteristika stehen, zwei Beispiele sollen diesen Zusammenhang aber kurz andeuten: *Freude* korreliert mit einem schnellen Tempo, abwechslungsreicher und synkopisierter Rhythmik, größerer Lautstärke, strahlendem Klang, aufwärtsgerichteter, weitschweifender Melodik und vielen Intervallsprüngen, während *Trauer* mit langsamem Tempo, Verzögerungen, leisem und dunklem Klang, schrittweise fallender Melodiemotivik bei geringem Tonumfang und einem eher konturlosen Rhythmus korrespondiert (vgl. Schramm 2005, S. 51).

Während sich die Funktionen, die Musik übernehmen kann, im Alter nur wenig ändern, ergibt sich aber ein unterschiedliches Bild zwischen musizierenden und nicht musizierenden Menschen.

In einer größeren Stichprobe bei Studierenden der Sozialen Arbeit (n = 166) ergab sich sehr eindeutig, dass vokal oder instrumental Musizierende – das war ungefähr ein Drittel der Befragten –, auch deutlich stärker die Wirkungen der Musik spüren und scheinbar auch intensiver für sich nutzen können. Das trifft durchweg auf alle abgefragten Parameter zu. Für das spätere Alter bedeutet dies, dass die „Musiker" mit der Musik doch eine stärkere Ressource für das Bewahren von emotionaler Erlebnisfähigkeit zu besitzen scheinen als die „Nichtmusiker". Selbst wenn im Erwachsenen- oder fortgeschrittenen Alter irgendwann nicht mehr musiziert werden kann, wird der „erinnerte Gefühlswert" deutlich höher liegen als bei nicht musizierenden Menschen. Bei einer Stichprobe in einem Männerchor mit dem Altersdurchschnitt von 68 Jahren ergab sich eine sehr starke Nennung aller genannten Funktionen. Das lässt den Rückschluss zu, dass die emotionale Wirkung der Musik im Alter keineswegs abnimmt und eine wichtige Ressource für die Lebensqualität im Alltag darstellt. Dieser Wirkung scheinen sich die Menschen auch bewusst zu sein – und sie bekennen sich dazu in den Befragungen, selbst bei den sehr persönlichen Parametern wie z.B. ob Musik zu Tränen rühren könne (Befragungen durch den Autor, nicht veröffentlicht):

Während die Kategorien in dem Fragebogen zu den Funktionen mit Eingruppierungsfragen ermittelt wurden – aufgrund des praxisorientierten Charakters dieser Publikation soll auf die einzelnen Erhebungsmethoden nicht näher eingegangen werden –, ergaben sich in Leitfadeninterviews detaillierte Aussagen zu konkreten Situationen. Bevor dazu einige Beispiele folgen, möchte ich noch einmal den Blick auf das emotionale Musikerleben im Jugendalter werfen, auf das sich ja späteres Erinnern im Alter sehr häufig bezieht.

> ... wenn man sich so da reinsteigert und alles wird dramatischer ... wenn man sich eh scheiße fühlt und dann weinen möchte und so, dann ist die Musik ganz gut, das hilft dann irgendwie. Man fühlt sich irgendwie verstanden auf die eine oder andere Art! ... also mir geht's danach immer besser. Musik und Weinen, das hilft einem, also mir hilft das auf jeden Fall. Dann hat man eben so alles rausgefiebert, so wie es einem ging. Dann fühlt man sich irgendwie wieder kräftiger. Das ist so, als ob man das so rausgeschwemmt hätte aus sich. (Radtke 2006, S. 69f.)

Mit anderen Worten beschreibt das folgende Zitat einer älteren Dame den gleichen Sachverhalt:

> Dann gibt es den großen emotionalen Bereich, der mich berührt. Angeregt durch bestimmte Melodien den Mut zu haben traurig zu sein, den Mut haben sich fallen zu lassen, sich den Gefühlen zu stellen und weinen zu können. (Aus dem Brief einer 71-Jährigen)

Damit kristallisiert sich als eine der wichtigsten Funktionen die Stimmungsregulation bzw. Stimmungsveränderung zur Alltagsbewältigung heraus. Die musikalische Umgebung wird gezielt oder unbewusst so ausgestaltet, dass sie die aktuelle Stimmung unterstützt, kompensiert oder verändert (vgl. Müller et al. 2002, S. 21). Diese auch als Mood Management bezeichnete Methode nutzen Menschen in jedem Alter.

> Oft ist es ja so in Musik, dass einer zum Beispiel über ein zerbrochenes Herz schreibt. Und dann hört man dieses Lied und ist selber in der Situation und fühlt sich so verstanden. Dann kullern einem schon die Tränen, weil man das nachvollziehen kann und sich da so reinversetzen kann. Ich selber hätte das dann nicht so ausdrücken können, das unterstützt mich dann. (Radtke 2006 S. 70, Interview mit einer Jugendlichen)

Über die Stimmungsregulation hinaus kann auch auf der motivationalen Ebene Musik ihre Wirkung zeigen, wenn es darum geht, im Alter Selbstdisziplin an den Tag zu legen und sich aufzuraffen, auch wenn vieles schwerer fällt:

Sie ist mir eine Hilfe bei ganz profanen Dingen. So verlangt sie mir Disziplin ab, um regelmäßig im Chor zu erscheinen. Meine Aktivität und Anpassung an die Gemeinschaft sind gefordert. Dafür wird mir die Freude vermittelt, durch Singen etwas gestalten zu dürfen. (Aus dem Brief einer 71-Jährigen)

Musik als Ressource

„Musikalische Lebenserfahrungen entwickeln sich zu biographischen Ressourcen, auf die der Mensch zur Bewältigung von Lebenskrisen auch im Alter zurückgreifen kann" (Hartogh 2005, S. 168). Gesichtspunkte der Bewältigung schwieriger Lebenslagen sind bereits eingangs unter dem Aspekt der Entwicklung angesprochen worden. Hier soll noch einmal deutlich gemacht werden, was unter solchen Situationen zu verstehen ist und wie Musik konkret in diesen Lebenslagen eingesetzt werden kann.

Junge Menschen haben bereits eine sehr klare Vorstellung davon, was ihnen in schwierigen Situationen emotional hilft. Ältere Menschen verfügen in der Regel über eine noch weit reichere Lebenserfahrung, die natürlich nicht nur auf positiven Erlebnissen basiert. Je länger ein Leben währt, umso größer ist die Wahrscheinlichkeit, dass in dieser Zeitspanne auch Einschnitte erlebt werden, die geprägt sind von Verlusten, Belastungen, Rückschlägen, Einbußen, Ausfällen, Sorge und Trauer. Diese Lebenslagen können sich im Alter häufen. Verrentung, Vereinsamung, Verwitwung, Krankheit sowie Nachlassen von körperlichen und geistigen Kräften tragen dazu bei, Brüche im Kontinuum des Lebens zu erzeugen, die allerdings auch wiederum unumgänglich zum Leben dazugehören. Diese Situationen können als Krisen empfunden werden. In der griechischen Sprache bedeutet ‚crisis' so viel wie Entscheidung – übrigens auch Scheidung und Trennung. Im übertragenen Sinne stellt sich in bestimmten Konstellationen die Frage, wie das Leben weitergehen kann und soll und verlangt nach Entscheidungen. Werden Krisen nicht angemessen bewältigt, bewirken sie häufig einen sozialen Rückzug mit den Folgen einer verstärkten Isolation. Die Gründe für eine Vereinsamung können zahlreich sein: Tod des Partners, Wegbrechen des Freundeskreises, ein mit dem Ende des Berufes anstehender Umzug, weit entfernt wohnende Kinder oder auch die selbst gewählte Isolation z.B. infolge eines Hörschadens, der dazu führen kann, dass man andere Menschen meidet, vor allem die Unterhaltung in Gesellschaft.

Diese Lebenslagen stellen sich im Alter sehr ungleich dar, die Diskrepanz zwischen den Lebenslagen verschiedener alter Menschen ist riesig. Letztlich hängt es aber weniger von den objektiven Umständen ab, wie der Einzelne eine solche Situation für sich bewertet, als vielmehr von dem individuellen Erleben, der subjektiven Betroffenheit und der Haltung zu diesem Zustand. So kann es durchaus sein, dass jemand, der objektiv in einer schwierigen Situation steckt, diese subjektiv nicht in dem Maße negativ erlebt, sich also besser fühlt, als man allgemein annehmen würde.

Zur Lebenszufriedenheit und Lebensqualität kann Musik ganz wesentlich beitragen. Immer wieder berichten Personen davon, wie ihnen Musik geholfen hat, über kritische Phasen des Lebens hinweg zu kommen, wie Musik ihre „Selbstheilungskräfte" stimuliert und geholfen hat, wieder ins Gleichgewicht zu kommen.

Bei der Biografiearbeit mit Musik muss man sich stets bewusst sein, dass selbstverständlich Musik auch negative Gefühle auslösen kann oder eine bestimmte Musik durch die mit ihr verknüpften Erinnerungen belastend sein kann. Der Dirigent Nikolas Harnoncourt antwortet in einem Interview (mit Joachim Kronsbein, in: Spiegel 45/2007, S. 182-184., hier: S. 184) auf die Frage, ob Musik helfe und tröste: „Sie kann es, aber generell zu behaupten, Musik tröstet, würde ich nicht akzeptieren. Musik kann auch Einblicke schaffen und Abgründe eröffnen. Das wäre dann überhaupt kein Trost." Man kann also Aussagen über die Wirkungen und Bedeutungen von Musik grundsätzlich nicht verallgemeinern. Es kommt immer darauf an, um welche Musik es sich handelt, wer diese Musik hört und in welcher Situation.

Als meine früh verstorbene Mutter 1961 im Sterben lag, wollte sie in den letzten drei Tagen eine Schubert-Messe hören. Unvergleichliche Stunden. Später konnte ich die Messe nicht mehr hören, weil sie heftige Emotionen auslöste. Hier ist sicher die Ursache in Verbindung mit dem Erlebnis des Todes. (Aus dem Brief einer 76-Jährigen)

Frühere belastende Erlebnisse können sich auch auf das aktuelle musikalische Verhalten auswirken, und zwar in einer Weise, dass die in bestimmten musikalischen Situationen auftauchenden Emotionen den Wunsch selber mitzumusizieren bzw. mitzusingen derart unterdrücken können, dass ein Mitmachen nicht möglich ist, weil die Angst vorherrscht, möglicherweise die Situation emotional nicht im Griff zu haben:

Mag sein, dass es auch mit dem Alter zu tun hat. So muss ich jetzt öfters bei Gottesdiensten, Hochzeiten, vor allem Beerdigungen ‚den Mund halten', obwohl ich so gerne mitsingen würde. Mit einem Chor bei einer

Beerdigung oder Krankenhausbesuch zu singen, ist mir absolut unmöglich. (Aus dem Brief einer 76-Jährigen)

Eine Studierende erlebte während ihres Praktikums, dass sich eine Heimbewohnerin, die im 2. Weltkrieg als Zwangsarbeiterin interniert war, sträubte, das Lied *Im Frühtau zu Berge* zu singen, da sie es damals zur Begrüßung des Lagerleiters täglich singen musste (vgl. Hartogh & Wickel 2008, S. 38). Die Verknüpfungen dieses an sich harmlosen Volksliedes mit einer stark als Belastung empfundenen Situation in der früheren Lebensgeschichte lösen also eine verständliche Abwehr aus. Ohne Kenntnisse der Biografie würde ein Außenstehender aber auch niemals verstehen, warum diese Dame ausgerechnet dieses Volkslied ablehnt. Nun konnte sie sich noch äußern, ein dementiell Erkrankter reagiert möglicherweise nonverbal sehr heftig oder gar aggressiv auf diese Melodie, ohne dass dieses Verhalten von seiner Umwelt interpretiert werden könnte, wenn sie den lebensgeschichtlichen Zusammenhang nicht kennt. Auch das macht deutlich, wie wichtig biografisches Wissen in der Altenarbeit und Pflege ist – besonders im Umgang mit Musik, die durch ihre enorme emotionale Kraft sehr schnell Situationen mit heftigen Gefühlswallungen aufkommen lassen kann. Das muss nicht Abwehr, sondern kann z.B. auch eine heftige Rührung sein, etwa bei einem Abend- oder Abschiedslied gegen Ende einer Musikstunde im Altenheim. Auf jeden Fall werden frühere, in der erinnerten Situation erlebte Gefühle wieder aktualisiert, die ggf. aufgefangen werden müssen, auf jeden Fall sollte ihnen angemessen begegnet werden: auch wenn es keine generellen Lösungen für solche Situationen gibt, können eine behutsame verbale Thematisierung, das Einleiten von Pausen, das bedächtige Verändern der Situation, aber auch das Ignorieren, in-Ruhe-lassen, eine Ablenkung durch einen Themenwechsel oder nonverbale Reaktionen wie In-den-Arm-nehmen, die-Hand-nehmen und natürlich das Vermitteln von Verständnis, Sicherheit geben sowie Geborgenheit ausstrahlen oder das Summen einer ruhigen Melodie mögliche Strategien sein.

Beim Erinnern an Musik spielen nicht nur Vergangenheit und Gegenwart eine Rolle. Sich Vergangenes zu vergegenwärtigen kann auch ganz klar Perspektiven nach vorne in die Zukunft anstoßen, selbst mit den Gedanken über den Tod hinaus:

Sie … gestattet mir, auch im Alter noch Zukunftspläne zu schmieden … Manchmal überlege ich mir, wie ich sterben möchte. Mit Bach, fällt mir dann jedes Mal ein. Schönere Musik kann es auch im Himmel nicht geben. „Schlafe, mein Liebster" als letztes irdisches Hörerlebnis und nahtlose Fortsetzung drüben, das hätte doch was, oder? (Aus dem Brief eines 68-Jährigen)

Biografiearbeit mit Musik

Biografiearbeit mit Musik trifft immer wieder auf Präferenzen und Abneigungen, die die individuellen musikalischen Sozialisationen überlagern, denn die Einstellungen gegenüber Musikgenres unterliegen einem stark ausgeprägten Kohorteneffekt. Kulturelle Vorlieben, die wesentlich durch die damaligen Musikerfahrungen, z.b. den Musiktrends in der Jugend einer Generation bzw. einer Kohorte, geprägt wurden, bleiben im Verlauf des Lebens in der Regel recht stabil. Während die heute über 65-Jährigen noch ganz eindeutige Präferenzen für die Volksmusik, den deutschen Schlager, Oldies und Evergreens haben, geht der Trend in den nächsten Jahrzehnten mit steigender Tendenz zur internationalen Pop- und Rockmusik, eine Entwicklung, die es in den nächsten Jahren in der Musikgeragogik zu berücksichtigen gilt und vor allen Dingen in der Biografiearbeit eine Rolle spielen wird. Während z.B. 75,4 % der Jahrgänge 1917-1926 ganz eindeutig Volksmusik und 64,9 % den Schlager präferieren, sind es bei den Jahrgängen 1937-1949 „nur noch" 57,4 %, die die Volksmusik bevorzugen, der deutsche Schlager behält allerdings seine Bedeutung mit 67,8 %. Die Bevorzugung klassischer Instrumentalmusik geht von rund 30 % bei heute Hochaltrigen stetig zurück auf rund 12 % der Jahrgänge 1977-1986, die Volksmusik sogar auf 3,4 %. Gegenwärtig sind schon unter den Käufern von Pop-Alben deutlich mehr 40-Jährige als Teenager (vgl. Hamann 2008, 200ff.).

Biografiearbeit bedient sich – über das Wort hinaus – bevorzugt attraktiver Trigger (vgl. viele weitere Beiträge dieses Bandes). Wie oben beschrieben, scheint Musik einer der effektivsten dieser Auslöser zu sein: Sie spricht den Menschen unmittelbar emotional an und öffnet einerseits den Zugang zu ihm und andererseits die Türen zu seiner Vergangenheit. Mit Hilfe von Musik kann sich einfacher, schneller, unbeschwerter und angenehmer erinnert werden. Musik ist ein idealer Aufhänger, um Erlebnisse wieder aufleben zu lassen und davon zu erzählen. Infolge der hohen emotionalen Ansprechbarkeit und der unmittelbaren Beeinflussung des vegetativen Nervensystems erzeugt Musik eine geeignete Grundstimmung und Atmosphäre, um überhaupt erst einmal zu einer intensiveren Kommunikations- und Erzählsituation zu gelangen (vgl. Hartogh & Wickel 2004, S. 225). Die Funktion, sich mit Hilfe von Musik an bedeutungsvolle Situationen zu erinnern, ist mit Abstand die wichtigste und am häufigsten genutzte (vgl. Schramm & Kopiez 2008, S. 256). Das macht die große Bedeutung des Mediums Musik für die Erinnerungsarbeit in sozialen und pflegerischen Kontexten deutlich, wie folgendes Beispiel zeigt:

Bei einer Musikrunde gemeinsam mit Studierenden in einem Münsterschen Altenheim fragte ich nach dem Singen eines bekannten Liedes, ob dies jemanden an ein Erlebnis von früher erinnert. Eine Dame erzählte sofort, dass sie früher immer am Samstagabend zum Tanz auf die Tenne gegangen wäre. Diese Geschichte weckte sofort Aufmerksamkeit bei den anderen Gruppenmitgliedern. Dann erzählte die Dame, dass sie sich auch an ihre Freundin erinnere, die regelmäßig von deren Mutter vom Tanzen weggeholt wurde, weil sich eine Kuh auf ihrem Hofe nur von ihr melken lassen wollte. Unabhängig vom genauen Wahrheitsgehalt dieser Geschichte, vielleicht war es ja auch nur ein Vorwand, um die Tochter von dem „sündigen" Tanzboden wegzubekommen, trifft diese „story" ins Schwarze: Neben der ohnehin schon hohen Aufmerksamkeit kommt jetzt eine große Heiterkeit auf und das starke Bedürfnis nach Kommunikation. Alle wollen auf einmal etwas von früher erzählen. Die Moderation in der Runde, die Sorge, dass jeder zu seinem Wort kommt, fällt richtig schwer, für den Rest der Stunde wird nicht mehr musiziert, sondern nur noch erzählt: das außermusikalische Ziel der Altenarbeit aber ist erreicht, es herrscht gute und entspannte Stimmung und ein hoher Mitteilungsbedarf, obwohl Minuten vorher zu Beginn der Stunde noch genau das Gegenteil der Fall war.

Biografiearbeit mit Musik weist in zwei Richtungen: Einerseits gibt sie Aufschlüsse über außermusikalische Ereignisse im Leben eines Menschen und damit kommunikative Anknüpfungspunkte, auf der anderen Seite kann sie aber auch musikalische Ressourcen aufzeigen und damit Anhaltspunkte für das Musizieren in der Gegenwart liefern. Um diese Ereignisse und Ressourcen aufzuspüren, können in der Praxis dafür folgende Fragestellungen wegweisend sein (vgl. Hartogh & Wickel 2008, S. 39):

- Wurde früher musiziert oder in einem Chor gesungen?
- Welche Musik wurde am liebsten gehört, gespielt oder gesungen?
- Welche InterpretInnen oder Einspielungen wurden bevorzugt?
- In welchem Lebensabschnitt spielte Musik eine besondere Rolle und warum?
- Welche Bedeutung hatte Musik im Alltag oder auch zur Bewältigung des Alltags?
- Hat Musik auch in Krisensituationen helfen können?
- Erinnert Musik bzw. eine bestimmte Musik an nahe stehende Personen, Eltern, Partner, Kinder, weitere Verwandte, Bekannte, FreundInnen oder andere Bezugspersonen (häufig werden in diesem Zusammenhang auch frühere LehrerInnen genannt)?
- Lösen bestimmte Musiktitel Assoziationen und Bilder aus?

- Welche Radiosendungen wurden gerne gehört, welche Musiksendungen im Fernsehen gern angeschaut, welche Filme sind wegen der guten Musik in Erinnerung?
- Welche Bedeutung hatte geistliche Musik?

Alle Fragen können sich selbstverständlich auch auf die Gegenwart beziehen, also z.b. welche Musik wird heute noch besonders gerne gehört? Dieser Fragenkatalog ist sicherlich nicht vollständig, aber es sind einfache und allgemein gehaltene Fragen, die ein Gespräch einleiten oder Bestandteil eines Interviews sein können und an deren Beantwortung wiederum konkreter angeknüpft werden kann. Zu berücksichtigen ist, dass Musik auch nur innerlich gehört werden kann, ohne zu erklingen, aber dennoch Assoziationen und Wirkungen auslösen kann. Man kann an ein bestimmtes Musikstück oder auch nur an eine Melodie denken und sie mit dem „inneren Ohr" hören, so genannte „Ohrwürmer" sind der beste Beleg dafür. Daher kann in der Biografiearbeit auch das bloße Reden über Musik oder die bloße Vorstellung von Musik bereits eine effiziente Wirkung haben. Auf diese Weise können auch Schlüsselerlebnisse erinnert werden. Allein dieses Erinnern kann dabei heftige emotionale Reaktionen auslösen, wie mir die 68-jährige Verfasserin des folgenden Textes in ihrem Brief versicherte:

> Während eines Konzertes im Brühler Schloss hatte ich ein „Schlüsselerlebnis" der besonderen Art. Zu Tränen gerührt, aber unsagbar glücklich habe ich diese Musik auf mich wirken lassen (es handelte sich dabei um den berühmten zweiten Satz „Air" der Orchestersuite D-Dur von Johann Sebastian Bach). Meine unvergesslichen Empfindungen: Musik kann auch Offenbarung, Stärkung und Trost sein! In kritischen Lebensabschnitten und Verlusten – wie die unheilbare chronische Krankheit meiner Tochter oder das langsame Sterben meiner Mutter –, in denen man kaum Trost zu finden vermag, geben mir Musik und Dichtung die Kraft und Zuversicht, Krisensituationen zu überstehen.

Hier wird noch einmal deutlich: Wird Musik direkt eingesetzt, sollte es eine Musik sein, zu der die Erinnernden lebensgeschichtlich einen Bezug haben, zumindest stilistisch. Manchmal reicht es dann, eine Musik zu spielen, die zu dem bevorzugten Genre gehört, aber nicht unbedingt bekannt sein muss. Ein Schlager der 30er Jahre im Foxtrott-Tempo oder ein Italien-Schlager der 50er Jahre haben einen bestimmten Stil, der erkannt und als vertraut wahrgenommen wird, weil er einem kohortentypischen Genre zuzuordnen ist. Wenn es sich um eine Musik handelt, mit der man viel erlebt hat oder eine bestimmte Zeitspanne seines Lebens verbindet, hat sie auch heute noch eine Bedeutung. Das können alte Schlager, Operettenmelodien, Filmtitel, bekannte klassische Stücke oder auch

Volkslieder sein, ggf. auch ganz andere, den jeweiligen Vorlieben entsprechende Musiken, z.B. Märsche oder Tangos.

Früher habe ich Schlager von Gitte, Hans Albers und Tony Marshall gehört ... Das sind noch unsere Lieder – und nicht so ein Lärm, wie die ganzen jungen Leute heute hören. Diese Lieder aus unserer Zeit machen mich glücklich. Sie wecken Erinnerungen in mir ...Wenn ich diese und andere Lieder höre, dann wird mir warm ums Herz. Es war eine schöne Zeit ... (Interview, von einer Studentin geführt).

Anders herum gesagt: Ein katholisches Kirchenlied wird einem alten Menschen in einem Ostberliner Altenheim möglicherweise genauso wenig sagen und bedeuten wie dem Münsterländer der alte Berliner Schlager oder dem älteren Menschen mit Migrationshintergrund ein deutsches Volkslied. Hier muss also genau ermittelt werden, welche Musik für Biografiearbeit zum Tragen kommen kann.

Auch die Medien an der Peripherie der Musik können eine Rolle spielen, indem z.B. lieb gewonnene Schallplatten und CDs mit der Zeit eine wichtige Bedeutung einnehmen, wenn sie als Erinnerungsträger fungieren: Die alte Schallplatte, die man immer gemeinsam mit dem Partner gehört hat, die heute so kratzt, dass man kaum noch die Musik erkennen kann, die man aber niemals gegen eine digitale Neueinspielung eintauschen würde. Wie gut, wenn der Soziale Dienst beim Umzug eines Menschen solche Dinge erkennt und dafür Sorge trägt, dass die Schallplatte ins Altenheim mitgenommen und sogar dort abgehört werden kann. Der Aktionsradius kann sich auch auf Radio und Fernsehen ausweiten: Katharina Rußbild (2006) hatte in einem Interview mit einer im Frühstadium an Demenz leidenden und von ihr begleiteten sehr musikliebenden alten Dame ermittelt, dass sie einen Moderator einer regelmäßig laufenden Sendung „vergötterte". Frau Rußbild schrieb den Rundfunk an und besorgte eine Autogrammkarte von diesem Moderator, stellte diese auf den Nachttisch der alten Dame und machte sie damit überglücklich. Eine andere ältere Dame berichtete von ihrer engen Beziehung zu der Flöte ihres Cousins, die sie in ihrem Rucksack 1946 auf der Flucht eingesteckt hatte. „Daran habe ich mich geklammert. Musik verbinde ich mit Hoffnung. Ich war so glücklich, die Flöte zu haben" (Interview, von einer Studentin geführt). Aber auch dieses Phänomen kann in jedem Alter eine Rolle spielen: Eine Jugendliche formulierte es auf diese Weise: „Es gibt Platten, die ich behalten werde, bis ich sterbe. Die kommen bei jedem Umzug mit, weil die einfach für bestimmte Sachen stehen, die werden immer da sein." (Radtke 2006, Anhang)

Kultursensible Altenhilfe

Biografiearbeit ist auch eine fruchtbare Methode, um mehr über die Lebenssituation und den Hilfebedarf älterer Menschen mit Migrationshintergrund zu erfahren. Ähnlich wie die Sprache weicht aber deren musikalische Situation erheblich von der Musikbiografie deutscher Mitbürgerinnen und Mitbürger ab. Daher beschäftigt man sich in der Musikgeragogik zunehmend mit der Musik aus den Herkunftsländern, insbesondere den Liedern, um sie gewinnbringend in der Altenarbeit einzusetzen. In der Biografiearbeit können selbstverständlich auch Tonträger mit der Musik anderer Kulturen eingesetzt werden, wobei dem Anleiter genügend Informationen über das Musikstück und seinen kulturellen Hintergrund vorliegen sollten; wenn es sich um Lieder handelt, sollten deutsche Übersetzungen vorliegen, um Ansatzpunkte für die Biografiearbeit zu finden. Hier ist man sicherlich auf die Hilfe und das Mitwirken erfahrener ausländischer Mitbürger angewiesen.

Literatur

Greve, Werner (2008). Bewältigung und Entwicklung. In: Oerter, R. & Montada, L. (Hrsg.), Entwicklungspsychologie, 6. vollst. überarb. Aufl. (S. 910-926). Weinheim/Basel: Beltz

Hamann, Thomas K. (2008). Der Einfluss der Bevölkerungsentwicklung auf Publikum und Konzertwesen. In: H. Gembris (Hrsg.), Musik im Alter. Soziokulturelle Rahmenbedingungen und individuelle Möglichkeiten (S. 195-211). Frankfurt/M.: Peter Lang

Hartogh, Theo (2003). Prä- und perinatale Erinnerungen und ihr musiktherapeutischer Zugang. Eine wissenschaftskritische Analyse. In: Zeitschrift „Musik-, Tanz- und Kunsttherapie", 14(4), 167-176

Hartogh, Theo (2005). Musikgeragogik – ein bildungstheoretischer Entwurf. Musikalische Altenbildung im Schnittfeld von Musikpädagogik und Geragogik. Augsburg: Wißner

Hartogh, Theo & Wickel, Hans Hermann (2004). Biografiearbeit. In: Th. Hartogh & H. H. Wickel (Hrsg.), Handbuch Musik in der Sozialen Arbeit (S. 227-232). Weinheim: Juventa

Hartogh, Theo & Wickel, Hans Hermann (2008). Musizieren im Alter. Arbeitsfelder und Methoden. Mainz: Schott

Hollenhorst, Hiltrud (2008). „Das ist der Sog der Musik …". Singen mit einer Gruppe demenzerkrankter alter Menschen im Alten- und Pflegeheim. Abschlussarbeit Weiterbildung Musikgeragogik: FH Münster

Jourdain, Robert (1998). Das wohltemperierte Gehirn. Wie Musik im Kopf entsteht und wirkt. Darmstadt: Wissenschaftliche Buchgesellschaft

Koelsch, Stefan & Schröger, Erich (2008). Neurowissenschaftliche Grundlagen der Musikwahrnehmung. In: H. Bruhn, R. Kopiez & A. C. Lehmann (Hrsg.), Musikpsycholgie. Das neue Handbuch (S.393-412). Reinbek: Rowohlt

Müller, Renate, Glogner, Patrick, Rhein, Stefanie & Heim, Jens (2002). Wozu Jugendliche Musik und Medien gebrauchen. Jugendliche Identität und musikalische und mediale Geschmacksbildung. Weinheim: Juventa

Muthesius, Dorothea (1997). Musikerfahrungen im Lebenslauf alter Menschen. Hannover: Vincentz

Radtke, Anne (2006). Musik als Medium in der Krisenbewältigung für Mädchen und junge Frauen in der stationären Erziehungshilfe. Diplomarbeit: FH Münster

Rußbild, Katharina (2006). Musik als Medium des Zugangs zu dementen alten Menschen. Diplomarbeit: FH Münster

Schramm, Holger & Kopiez, Reinhard (2008). Die alltägliche Nutzung von Musik. In: H. Bruhn/R. Kopiez & A. C. Lehmann (Hrsg.), Musikpsychologie. Das neue Handbuch (S. 253-265), Reinbek: Rowohlt

Schramm, Holger (2005). Mood Management durch Musik. Die alltägliche Nutzung von Musik zur Regulierung von Stimmungen. Köln: Halem

Schuppert, Maria (2008). Amusie: Störungen der Musikverarbeitung. In: H. Bruhn, R. Kopiez & A. C. Lehmann (Hrsg.), Musikpsycholgie. Das neue Handbuch (S.613-629). Reinbek: Rowohlt

Tüpker, Rosemarie & Wickel, Hans Hermann (Hrsg.) (2001). Musik bis ins hohe Alter. Fortführung, Neubeginn, Therapie (Materialien zur Musiktherapie, Bd. 8). Münster: LIT

Wickel, Hans Hermann (1998). Musikpädagogik in der sozialen Arbeit. Eine Einführung. Münster: Waxmann

Wickel, Hans Hermann (2004): Musik als emotionsauslösendes Medium. In: St. Ernst (Hrsg.), Auf der Klaviatur der Wirklichkeit (S. 94-109). Fs. Benno Biermann. Münster: Waxmann

Wickel, Hans Hermann & Hartogh, Theo (2006). Musik und Hörschäden. Grundlagen für Prävention und Intervention in sozialen Berufsfeldern. Weinheim: Juventa

Wickel, Hans Hermann (2007): Music in Social Work – as illustrated by Music Making with the Elderly (Music Geragogics)/Musik in der Sozialen Arbeit – aufgezeigt am Musizieren mit alten Menschen (Musikgeragogik). In: B. Haselbach, M. Grüner, Sh. Salmon (Hrsg.), Im Dialog. Elementare Musik- und Tanzpädagogik im Interdisziplinären Kontext/In Dialogue. Elemental Music and Dance Education in Interdisciplinary Contexts (S. 146-165). Mainz: Schott Music

Exemplarische Übungen für kreative Biografiearbeit mit Kindern und Jugendlichen

▶ Filzen	
Zielgruppe	Kinder aller Altersgruppen, ca. 4-8 TeilnehmerInnen, auch als Einzelübung geeignet
Material	Ungesponnene Wolle in verschiedenen Farben, Olivenseife, warmes Wasser, evtl. Scheren
Ziel der Übung, Indikatoren für die Erreichung der Ziele	• Sensibilisierung für Empfindungen durch das Erfahren verschiedener Sinneszustände (Wasser = überflutend, Seife = matschig, Wolle = weich, fusselig und schwebend) • Schaffen innerer Ordnung durch das Sortieren der Faserbüschel • Erfahren von Wandlung durch die Verbindung von Wolle und Seifenlauge • Stärkung des Selbstvertrauens durch Selbstwirksamkeitserleben, da der Zustand der Wolle sich verändert • Stärkung der Kreativität und Individualität durch die Wahl der Farben und Formen • Förderung kognitiver Kompetenzen durch das Ansprechen beider Gehirnhälften • Verbesserung der Kommunikationsfähigkeit durch die sozialisierende Wirkweise des Filzens • Verbesserung der Konzentration und Aufmerksamkeit durch die konzentrierende Wirkung des Filzens • Verbesserung der Hilfsbereitschaft durch Austausch von Materialien
Zeitlicher Rahmen	Mind. 90 Minuten
Voraussetzungen seitens der TeilnehmerInnen	Neugier, Spaß an kreativen Aktivitäten
Einführung in die Übung und Anleitung	Hier: Herstellen von Untersetzern 1. Gewinnung von Faserbüscheln aus Rohwollsträngen 2. Neben- und Untereinander-Legen der Faserbüschel, erst in gleicher Richtung, 3. anschl. in entgegengesetzter Richtung, bis sechs bis sieben Wollschichten eine Fläche ergeben 4. Auflösen von Olivenseife in heißem Wasser 5. Gabe von Seifenwasser auf die Wollfläche, tropfenweise von der Mitte aus 6. Bearbeitung der Wollfläche mit den Händen unter Druck und mit Reibung (Druck und Dauer bestimmen die Qualität des Filzes) 7. Ausschneiden von Formen und Mustern aus dem Filz 8. Ausspülen des Filzes mit Wasser 9. Trocknen des Filzes

▶ Filzen	
Prozess-steuerung/-begleitung	• Die üblichen Gruppenregeln müssen eingehalten werden. • Es wird nur in den Prozess der Kinder eingegriffen, wenn diese Fragen zum Verfahren haben. • Die Kinder werden auf den Gruppenprozess und gegenseitige Hilfsmöglichkeiten hingewiesen. • Sollten einzelne Kinder nicht genügend Ausdauervermögen zeigen, sind Hilfestellungen möglich.
Beobachtungs-kriterien	Während des Prozesses ist zu beobachten: • Benötigen einzelne Kinder Hilfe und getrauen sich nicht zu fragen? Im Anschluss: • Wie gehen die Kinder mit ihren Werken um (Stolz, Enttäusch-ung ...)?
Auswertung und Schluss	• Reflexionsrunde, wie die Erfahrungen empfunden und bewertet werden • Einbringen der Beobachtungen in die Runde und Aufgreifen der Reaktionen • Abschiedsrituale

AutorInnen und Quelle:
Müller-Macco, K. (2003) Filzen. In: Leutkart, C. et al. (Hrsg.): Kunsttherapie aus der Praxis für die Praxis. Dortmund, S. S. 247
Vgl. Beitrag Framing/Brugger in diesem Band.

▶ Malen zu Musik	
Zielgruppe	Kinder aller Altersgruppen, ca. 4-8 TeilnehmerInnen, auch als Einzelübung geeignet
Material	Gouache-Farben, große Papierblätter (ca. DIN-A-1), Packpapier, Heftzwecken, verschieden große Pinsel, Spachtel, verschiedene CD's mit unterschiedlichen Musikstilen, Musikanlage
Ziel der Übung, Indikatoren für die Erreichung der Ziele	• Hinterlassen einer spontanen Spur auf dem Papier • Lösen von Spannungen/Hemmungen • Aktivieren und Ausleben verschiedener Gefühlszustände • Malen als Mittel zur Emotionsregulation • Auslösen positiver Emotionen durch die Musik, wodurch mehr Offenheit und Kommunikationsbereitschaft entstehen, welche das soziale Miteinander verbessern • Schärfung der Selbstwahrnehmung durch das Umsetzen der gehörten Musik in Empfindungen und Bewegungen • Individuelles Empfinden durch Veränderbarkeit der Gouache-Farben (wässrig, dickflüssig) • Durch großflächiges, möglichst grenzenloses Malen Vermittlung von Freiheit und Selbstbestimmung • Durch aktives Einfordern von Hilfe Reduktion des Hilflosigkeitsempfindens und so Schaffung von Selbstvertrauen • Verbesserung der Hilfsbereitschaft durch Austausch von Materialien
Zeitlicher Rahmen	Mind. 90 Minuten
Voraussetzungen seitens der TeilnehmerInnen	Neugier, Spaß an kreativen Aktivitäten
Einführung in die Übung und Anleitung	1. An den Wänden werden für jedes Kind große Papierblätter auf Packpapier je nach Wunsch des Kindes befestigt. 2. In der Mitte des Raumes steht ein Tisch mit allen Farben, Pinseln und Spachteln. 3. Es wird Musik gewählt, welche möglichst zum „emotionalen Mitschwingen" einlädt und von den Kindern gemocht wird.
Prozess-steuerung/ -begleitung	• Die üblichen Gruppenregeln müssen eingehalten werden. • Es wird nur in den Prozess der Kinder eingegriffen, wenn diese Fragen zum Verfahren haben. • Die Kinder werden auf den Gruppenprozess und gegenseitige Hilfsmöglichkeiten hingewiesen. • Sollten einzelne Kinder nicht genügend Ausdauervermögen zeigen, sind Hilfestellungen möglich. • Es müssen jederzeit genügend Materialien zur Verfügung stehen.

▶ Malen zu Musik	
Beobachtungs-kriterien	Während des Prozesses ist zu beobachten: • Benötigen einzelne Kinder Hilfe und getrauen sich nicht zu fragen? Im Anschluss: • Wie gehen die Kinder mit ihren Werken um (Stolz, Enttäuschung ...)?
Auswertung und Schluss	• Reflexionsrunde, wie die Erfahrungen empfunden und bewertet werden • Einbringen der Beobachtungen in die Runde und Aufgreifen der Reaktionen • Abschiedsrituale

AutorInnen und Quelle:
Leutkart, Christine et al. (2003): Kunsttherapie aus der Praxis für die Praxis. Dortmund, S. 110
Aissen-Crewett, Meike (1997) Kunst und Therapie mit Gruppen. 4. Auflage, Dortmund, S. 83
Vgl. Beitrag Framing/Brugger in diesem Band

Titel der Übung: „Ich dreh' meinen eigenen Film" (4 Übungen)	
▶ Übung I „ Starportrait- die Hauptrolle in meinem Leben spiele ich"	
Zielgruppe	Mädchen im Alter von 12-17 in belasteten Lebenslagen
Material	Pappkartons Din A3, Zeitschriften, Zeitungen, Klebestifte, Filzstifte (bunt)
Ziel der Übung Indikatoren für die Erreichung der Ziele	• Ziele: Mädchen sollen sich vorstellen und dabei z.B. ihre Interessen, Einstellungen und Vorlieben deutlich machen • Indikatoren: Mädchen erstellen Collage ohne größere Anleitung, haben eigene Ideen, die sie auf Collage ausdrücken, arbeiten konzentriert und für sich, stellen Collage freiwillig vor
Zeitlicher Rahmen	1 ½ Stunden
Voraussetzungen der TeilnehmerInnen	keine bestimmten
Einführung in die Übung und Anleitung	Die Mädchen werden aufgefordert mit Hilfe von Zeitschriften eine Collage zu erstellen. Die Collage sollte Hinweise auf ihren Musikgeschmack, Vorbilder o.ä. enthalten
Prozesssteuerung/ Begleitung	Es werden Regeln über den Umgang miteinander aufgestellt (z.B. keine abwertenden Kommentare). Moderatoren verhalten sich zu allen Äußerungen und jedem Verhalten der Mädchen freundlich, ruhig, besonnen und kommentieren erstellte Ergebnisse wertfrei
Beobachtungskriterien – bezogen auf Gruppenprozess – bezogen auf die Ziele	Gruppenprozess: Kommunikation und Interaktion zwischen Mädchen und Moderatoren und den Mädchen untereinander Fragen: Fällt es den Mädchen leicht sich darzustellen? Ist viel Anleitung/Anregung nötig? Wie ist die Stimmung vor/während/nach dem Prozess
Auswertung und Schluss	Vorstellung der Ergebnisse durch die Mädchen, sensible Begleitung der Vorstellungsrunde durch die Moderatorinnen, Stimmungsrunde zum Abschluss (Blitzlicht)

AutorInnen und Quelle zum Nachlesen:
Studierende der FH-Münster im Rahmen einer Projektarbeit
Vgl. Barth/Tumbrink in diesem Band

Titel der Übung: „Ich dreh' meinen eigenen Film" (4 Übungen)	
▶ Übung II „Nebendarsteller – kleine Helden meines Alltags"	
Zielgruppe	Mädchen im Alter von 12-17 Jahren in belasteten Lebenslagen
Material	Tonkartons(für jeden Teilnehmer einen Bogen), Filzstifte
Ziel der Übung Indikatoren für die Erreichung der Ziele	Das Ziel der Übung ist, die Auseinandersetzung mit den bestehenden sozialen Beziehungen in den unterschiedlichen Lebensbereichen (Schule, Familie, Freizeit, etc.) der Teilnehmer und das Bewusstwerden tragfähiger Bindungen im Leben. Die Indikatoren für die Erreichung, sind das Einzeichnen in eine Netzwerkkarte, als auch das Benennen der positiven Beziehungen.
Zeitlicher Rahmen	1 ½ Stunden
Voraussetzungen der TeilnehmerInnen	keine
Einführung in die Übung und Anleitung	Den Mädchen wird das Ziel der Übung: „Bewusstwerden der tragfähigen und positiven Beziehungen als Ressource" erläutert. Jedes Mädchen erhält einen Bogen Tonkarton. Dieser Bogen wird mit einer vertikalen und einer horizontalen Linie in vier Teile geteilt, so dass genau in der Mitte der Karte ein Punkt entsteht, in dem alle vier Linien zusammentreffen. Dieser Mittelpunkt symbolisiert die Person, die die Netzwerkkarte anfertigt. Drei Felder werden benannt: Familie, Schule, Freizeit und ein Feld bleibt frei, damit die Mädchen einen wichtigen Bereich ihres Lebens selbst benennen können. Die Mädchen werden aufgefordert in den Feldern Personen (es sind auch Tiere möglich) zu benennen, zu denen sie eine wichtige und gute Beziehung haben und diese als Punkte auf der Karte einzuzeichnen. Je näher dieser Mensch/das Tier dem Mädchen ist, desto näher wird der Punkt an den Mittelpunkt gesetzt. Die einzelnen Punkte werden dann mit dem Mittelpunkt durch eine Beziehungslinie verbunden. Die Bedeutung der Beziehung kann noch deutlicher gemacht werden, indem die Linie z.B. doppelt gezogen wird. Es kommt nicht darauf an, möglichst viele Beziehungen zu finden, sondern sich ins Bewusstsein zu rufen, wer „wirklich wichtig ist."
Prozesssteuerung/ -begleitung	Unterstützung bei auftretenden Schwierigkeiten

Titel der Übung: „Ich dreh' meinen eigenen Film" (4 Übungen)	
▶ Übung II „Nebendarsteller – kleine Helden meines Alltags"	
Beobachtungs-kriterien – bezogen auf Gruppen-prozess	Gruppenprozess: Kommunikation und Interaktion zwischen Mäd-chen und Moderatoren und den Mädchen untereinander
– bezogen auf die Ziele	Fragen: Fällt es den Mädchen leicht Personen zu benennen? Ist viel Anleitung/Anregung nötig? Wie ist die Stimmung vor/während/nach dem Prozess
Auswertung und Schluss	Vorstellung der Ergebnisse durch die Mädchen, Gespräch unter Anleitung der Moderatorinnen über die Ergebnisse, abschlie-ßendes Blitzlicht

AutorInnen und Quelle zum Nachlesen:
www.pantucek.com, Peter Pantucek 2005, Soziale Diagnostik-Verfahren für die Soziale Arbeit, Wien, Böhlau Verlag

Titel der Übung: „Ich dreh' meinen eigenen Film" (4 Übungen)	
▶ Übung III „Szenenwahl – Orte die eine entscheidende Rolle spielten"	
Zielgruppe	Mädchen im Alter von 12-17 Jahren in belasteten Lebenslagen
Material	Schuhkartons, Schere, Kleber (z.B. Uhu), Tesafilm, Streichholz-schachteln, Lego- oder Playmobilfiguren, Stoffreste und andere Materialien, mit denen in einem Schuhkarton etwas arrangiert werden kann.
Ziel der Übung Indikatoren für die Zielerreichung	Die Mädchen sollen sich Gedanken über Orte machen, die ihnen wichtig sind und wo sie sich wohl fühlen (Ressource) Indikatoren: Mädchen arbeiten konzentriert Mädchen überlegen wie ein Ort ausgestattet sein muss, damit sie sich dort wohl fühlen
Zeitlicher Rahmen	Ca. 45 Minuten
Voraussetzungen der TeilnehmerInnen	keine
Einführung in die Übung und Anleitung	Den Mädchen wird erklärt, dass es in der Sitzung darum geht über Orte zu sprechen (es können Traum- oder Realorte sein), an denen sie sich wohl und sicher fühlen. Die Mädchen sollen dafür zunächst 3 Dinge auf eine Karteikarte schreiben, die ein Ort braucht, damit sie sich dort wohl und sicher fühlen können. Wenn jedes Mädchen 3 Dinge aufgeschrieben hat, werden Schuh-kartons verteilt und die Mädchen sollen diese Orte mit den bereit-gestellten Materialien im Schuhkarton nachbauen.
Prozess-steuerung/ -begleitung	Es werden Regeln für den Umgang miteinander aufgestellt (z.B. keine bewertenden oder abwertenden Kommentare zu den Ergeb-nissen). Die Moderatorinnen gehen zu den einzelnen Mädchen und unter-stützen sie, wenn Problemlagen auftreten
Auswertung und Schluss	Vorstellung der Ergebnisse durch die Mädchen in einer moderier-ten Runde Abschluss: Blitzlicht

AutorInnen und Quelle:
Studierende der FH-Münster im Rahmen einer Projektarbeit
Vgl. Barth/Tumbrink in diesem Band

Titel der Übung: „Ich dreh' meinen eigenen Film" (4 Übungen)

▶ **Übung IV „Happy End"**

Zielgruppe	Mädchen im Alter von 12-17 Jahren in belasteten Lebenslagen
Material	Bunte Perlen, Nylonfäden, Ketten, Verschlüsse
Ziel der Übung Indikatoren für die Erreichung der Ziele	Das Ziel der Übung ist, durch Perlen Beziehungsressourcen aus unterschiedlichen Lebensbereichen zu symbolisieren (Eigenschaften, wichtige Personen, glückliche Momente, persönliche Bedeutungen). Diese Perlen sollen die Mädchen als Kette mit sich tragen und sich damit an diese Ressourcen erinnern. Die Indikatoren für die Erreichung sind das Fertigstellen einer Kette oder eines Armbandes und die Benennung der Perlen.
Zeitlicher Rahmen	30-40 Minuten
Voraussetzungen der TeilnehmerInnen	keine
Einführung in die Übung und Anleitung	Den Mädchen werden zunächst die Perlen gezeigt und sie werden aufgefordert sich Perlen für ein Armband auszuwählen und jeder einzelnen Perle eine positive Bedeutung zu geben. Sie sollen sich Gedanken darüber machen, welche stützenden Erinnerungen sie immer bei sich tragen möchten.
Prozess-steuerung/-begleitung	Unterstützung bei auftretenden Schwierigkeiten
Beobachtungs-kriterien – bezogen auf Gruppen-prozess – bezogen auf die Ziele	Gruppenprozess: Kommunikation und Interaktion zwischen Mädchen und Moderatoren und den Mädchen untereinander Fragen: Fällt es den Mädchen leicht Ressourcen zu benennen? Ist viel Anleitung/Anregung nötig? Wie ist die Stimmung vor/während/nach dem Prozess
Auswertung und Schluss	Vorstellung der Ergebnisse durch die Mädchen, Gespräch unter Anleitung der ModeratorInnen über die Ergebnisse, abschließendes Blitzlicht

AutorInnen und Quelle zum Nachlesen:
Studierende der FH-Münster im Rahmen einer Projektarbeit
Vgl. Barth/Tumbrink in diesem Band

▶ „Kreis der Gemeinsamkeiten"	
Zielgruppe	Geeignet für Kinder und Jugendliche im Alter von 8 bis 14 Jahren. Eine Teilnahmebeschränkung gibt es nicht, jedoch sollte darauf geachtet werden, dass die Gruppe nicht zu groß ist.
Material	Benötigt wird ein großes Stück Pappe, oder Papier und für jeden Teilnehmer ein Filzstift. Außerdem ein runder Gegenstand zum Kreise zeichnen, Klebeband zum aufhängen der Pappe.
Ziel der Übung/ Indikatoren für die Erreichung der Ziele	Die TeilnehmerInnen sollen sich während dieser Übung besser untereinander kennen lernen und gemeinsame sowie individuelle Interessen entdecken und diese im Anschluss diskutieren. Dieser Prozess dient dazu das Gruppengefühl zu stärken und sich intensiv mit den unterschiedlichen Charakteren innerhalb der Gruppe zu beschäftigen.
Zeitlicher Rahmen	Die Übung sollte im Allgemeinen nicht länger als 30-45 Minuten dauern, da sonst die Aufmerksamkeitsspanne zu sinken beginnt.
Voraussetzungen der TeilnehmerInnen	Die TeilnehmerInnen benötigen keine besonderen Voraussetzungen.
Einführung in die Übung und Anleitung	Der Anleiter/Anleiterin erklärt den Teilnehmern die Vorgehensweise: 1. Es werden (jeweils entsprechend der Anzahl der Teilnehmer) Kreise gezeichnet, die sich so überschneiden („Olympische Ringe"), dass in der Mitte der Kreise ebenfalls ein großer Kreis entsteht („Kreis der Gemeinsamkeiten"). 2. In die einzelnen Kreise schreiben die Teilnehmer nun ihren Namen. 3. In den Teil des Kreises der sich nicht mit einem Anderen überschneidet sollen jetzt die jeweiligen individuellen Interessen der Teilnehmer geschrieben werden z.B. ein Hobby, ein Lieblingsgericht, oder eine Sportart. 4. Die Teilnehmer sollen sich jetzt mit ihren rechten und linken Nachbarn austauschen. Sie sollen überprüfen, ob sie etwas gemeinsam haben. Ist das der Fall, so wird dies in die entsprechende Überschneidungsfläche eingetragen. 5. Nun sollen alle Teilnehmer zusammen überlegen, welche „große" Gemeinsamkeit die gesamte Gruppe verbindet 6. Diese wird abschließend in die Leerfläche in die Mitte geschrieben.
Prozesssteuerung/ und -begleitung	• Den Teilnehmern bei der Erstellung der Kreise behilflich sein Denkanstösse und Impulse während der Interessenfindungsphase geben. • Darauf achten, dass die Kreise der Teilnehmer ausreichend gefüllt sind (keiner der Teilnehmer sollte sich ausgegrenzt fühlen!)

▶ „Kreis der Gemeinsamkeiten"	
Beobachtungs-kriterien – bezogen auf Gruppen-prozess	Wie kommunizieren die TeilnehmerInnen miteinander, gibt es Verständigungsschwierigkeiten, oder Missverständnisse?
– bezogen auf die Ziele	Lässt sich die Aufgabenstellung bewältigen? Lässt sich ein gemeinsames Ergebnis präsentieren mir dem alle Teilnehmer zufrieden sind?
Auswertung und Schluss	Die fertige Pappe wird zur Präsentation sichtbar gehängt. Es folgt eine kurzes Reflexionsgespräch, Fragen z.B. : • Wie hat mir die Übung gefallen? • Was war gut/weniger gut? • Bin ich mit dem Ergebnis zufrieden?

AutorInnen:
Studierende der FH-Münster im Rahmen eines Projektseminars

▶ Rap-Workshop/Storytelling	
Zielgruppe	Die Übung ist geeignet für Jugendliche ab 15 Jahren in der (Gruppen- oder offenen) Jugendarbeit. Geschlechtsspezifisches Arbeiten ist bei der Umsetzung hilfreich. Sie kann am besten in Kleingruppen bis 8 Personen durchgeführt werden.
Material	Ein ruhig gelegener Raum, der für Tonaufnahmen geeignet ist (d.h. möglichst klein und ohne Raumhall) Idealerweise ein Tonstudio mit Aufnahmekabine
Ziel der Übung Indikatoren für die Erreichung der Ziele	Authentische Lied- (Rap-)Texte entsprechend des Könnens der Gruppenteilnehmer. Tonaufnahmen der Produkte, produzierte Lieder.
Zeitlicher Rahmen	Pro Lied: ca. 1 Tag im Studio. Bei neuen Gruppen: Zeit für Teamfindung und Übung der Vorträge einplanen. Tendenziell großzügige Zeitreserven einplanen
Voraussetzungen der TeilnehmerInnen	Die Jugendlichen sollten der Hip- Hop- Kultur nahe stehen und erste kreative Schritte mit dem Medium Rapgesang im Vorfeld unternommen haben.
Einführung in die Übung und Anleitung	Ziel: Selbstreflexion der eigenen Lebensgeschichte durch „Storytelling" Was ist zu tun: Moderation der Beiträge, der Planung und des Austauschs über die Tonaufnahmen. Worauf kommt es an: Die Teilnehmer sollen mit dem Ergebnis zufrieden sein. Selbstreflexion sollte als Nebenprodukt des musikalischen Schaffens erscheinen Worauf kommt es nicht an: Lieder in großer Menge und hoher Qualität zu produzieren.
Prozess- steuerung/ begleitung	Regeln, die eingehalten werden müssen: Gleichmäßige Nutzung der technischen Ressourcen durch alle Teilnehmer, unabhängig von der Qualität oder der Fülle der Texte. Entscheidungen über den Verlauf des Projektes sollten so oft als möglich in moderierten Gruppensitzungen gefällt werden. Welche Schwierigkeiten können auftreten: Kreatives Austoben einiger Gruppenmitglieder auf Kosten anderer. Das Zustandekommen stark gewalthaltiger oder sexistischer Texte. Wie sind sie zu vermeiden/zu bewältigen: Moderation, verstehende Gesprächsführung, klare Grenzziehung durch die pädagogische Kraft

▶ Rap-Workshop/Storytelling	
Beobachtungs-kriterien – bezogen auf Gruppen-prozess – bezogen auf die Ziele	Authentizität der Inhalte und der Darbietung. Gegenseitige Achtung der Teilnehmer untereinander. Alle klassischen Gruppenphasen können, müssen aber nicht durchlaufen werden.
Auswertung und Schluss	Mögliche Auswertungsfragen/-ideen: Einzelinterviews der TeilnehmerInnen mit musikalischem Schwerpunkt (evtl. angelehnt an den Interviewstil in Musikmagazinen). Wie lassen sich die Inhalte und der Gruppenprozess abrunden: Präsentation der Ergebnisse vor Publikum im Rahmen eines Konzertes oder einer Party

AutorInnen und Quelle zum Nachlesen:
s. u. zusätzlich: jugendkulturen.de; jugenszenen.com; culture-on-the-road.de
vgl. Eichbauer in diesem Band

▶ Bewegungsgestaltung: Spiegelübungen	
	A) freier Tanz – oder Pantomime;
	B) die TN stehen voreinander und „malen" eine liegende Acht mit gegeneinander laufenden Bewegungen in die Luft, ohne sich zu berühren;
	C) Paare bewegen sich spiegelgleich durch den Raum und unterhalten sich gleichzeitig;
	D) Das Gegenteil von dem machen, was der Partner vormacht.
	E) „Afrikanischer Namenskettentanz"
	F) Spiegelung und Versinnbildlichung (tänzerisch-musikalische Metamorphosen) von Textinhalten in dem Gedicht von Martin Auer: „Ich habe"
	• Paare bewegen sich spiegelgleich voreinander und nebeneinander in A), B),C), D)
	• Kleingruppe oder die Großgruppe spiegelt eine Person in A) und B)
	• E) Die Großgruppe steht im Kreis und stampft synchron im 4/4 Takt. Jeder TN sagt seinen Vornamen und macht spontan soviel Bewegungen, wie sein Vorname Wortsilben hat. Die Gruppe spiegelt die Bewegungen und den Namen. Nach 4 Wiederholungen werden wie in einer Kette der nächste Name und die nächsten Bewegungen an die vorausgegangene angehängt.
	• F) Textübersetzung in eine Gruppenchoreographie des Gedichts von Martin Auer: „Ich habe":
	Ich habe einen Kopf, und ich habe einen Bauch
	Ich hab 'nen Popo, ein Pipi hab' ich auch.
	Ich habe zwei Füße, ich habe zwei Hände – damit ist's noch lange nicht zu Ende.
	Ich habe zwei Arme, ich habe zwei Beine, ich habe zwei Ohren (und nicht kleine).
	Ich habe zwei Augen, ich hab' einen Mund.
	Ich habe Haare und Zähne und Zunge und ich habe zwei Wangen.
	Ich hab eine Nase.
	Ich hab einen Darm, und ich hab eine Blase.
	Ich habe ein Hirn und ich habe ein Herz.
	Ich hab manchmal Spaß, und ich hab manchmal Schmerz.
	Ich habe Gefühle, ich hab einen Geist.
	Ich hab' auch Gedanken (zumindest zumeist).
	Ich hab hunderttausend Nervenkanäle, ich hab einen Körper, ich hab eine Seele.
	Ich hab eine Menge sicherlich!
	Aber wo bin ICH!
Zielgruppe	Die Übungen sind geeignet für Paare, Kleingruppen, Großgruppen, alle Altersgruppen

▶ **Bewegungsgestaltung: Spiegelübungen**	
Material	Selbst gewählte Musik der TeilnehmerInnen Bodypercussion in Übung D)
Ziel der Übung Indikatoren für die Erreichung der Ziele	Koordination durch Synchronisation der Bewegungsabläufe, Intensivierung des Austausches der beiden Gehirnhälften, Entwicklung der Wahrnehmungskanäle: Sehen, Hören, Fühlen und der Raumempfindung, Nonverbale Kommunikation: Führen – Begleiten – Folgen; • Verknüpfung des Sprachzentrums mit dem Körperbewusstsein in C). • Förderung der Spontaneität und der Kreativität, Training des Wissenssystems (Namensgedächtnis), Training des Primings und der Kreativität in D)-F). • Die Ziele sind erreicht, wenn die Bewegungen und der Atem in den Übungen A) – B) ruhig und fließend sind; • in C) Text und Bewegung kongruent verlaufend; • in D) die ganze Gruppe alle Namen tanzt; alle Führungswechsel harmonisch ineinander übergehen; • in F) eine dynamische, überraschende Choreographie entsteht
Zeitlicher Rahmen	Ca. 15 - 30 Minuten in den Übungen A) – E); ca. 45 – 90 Min. in F)
Voraussetzungen der TeilnehmerInnen	Keine besonderen Voraussetzungen
Einführung in die Übung und Anleitung	Die Bewegungsabläufe sollen entspannt und im selbst gewähltem Tempo ausgeführt werden, die TN sollen auf den Führungswechsel und ihre Atmung achten
Prozess-steuerung/ -begleitung	Während der Übung sollen die TN schweigen, beobachten und spüren. Hemmungen können durch zu komplizierte Bewegungen auftreten. Der Kursleiter kann darauf hinweisen, dass die Führungsperson dafür Verantwortung trägt, dass die andere Person folgen kann
Beobachtungs-kriterien – bezogen auf Gruppen-prozess – bezogen auf die Ziele	Neben der Partnerwahrnehmung wird die Raum- und Gruppenwahrnehmung trainiert. Keiner soll den Anderen nonverbal oder verbal behindern. Neben der Harmonie mit den PartnerInnen soll auch Harmonie in der Gruppe erzeugt werden und vor allem in den Übungen D) – F) soll der Spaßfaktor hoch sein!
Auswertung und Schluss	Nonverbales und verbales PartnerInnen- und Gruppenfeedback: z.B. Was habe ich vor, während und nach der Übung gesehen, gehört, und gespürt; was sind meine momentanen Gedanken und Gefühle, wie ging es mir in der Führungs- bzw. Begleiterrolle.

Autor und Quelle zum Nachlesen: Günther Rebel in diesem Band

Exemplarische Übungen für kreative Biografiearbeit mit Erwachsenen und alten Menschen

▶ Non ti scordar di me/Vergiß mein nicht (Langsamer Walzer aus den 30er Jahren)	
Zielgruppe	Die Übung ist geeignet für eine Gruppenarbeit in einem Altenheim mit ungefähr 10-12 nicht dementiell erkrankten TeilnehmerInnen
Material	CDs mit a) „alten Grammophonschätzchen" b) Evergreens der 30er und 40er Jahre c) Schlagern der 50er Jahre (Italienschlager; Stars und Interpreten wie Vico Torriani, Freddy Quinn, Catharina Valente, Peter Frankenfeld und seiner Frau Lony Kellner ...) d) bekannten und beliebten Klassikstücken (z. B. auf CD-Sampler: „Meine Musik Vol. I") www.mytopten.de ggf. Erinnerungsstücke aus der damaligen Zeit oder auch Fotos etc. Wenn die Möglichkeit besteht, die Musik in irgendeiner Form live darzubieten, entsteht eine noch größere Wirkung.
Ziel der Übung Indikatoren für die Erreichung der Ziele	Durch das Hören dieser bekannten und beliebten Musikstücke werden Erinnerungen wach, die erzählt werden können; dadurch entstehen Gespräche, die das gegenseitige Kennenlernen anregen, den Kontakt untereinander und die zukünftige Begegnung erleichtern; für die Begleiter wird biografisches Wissen über die TeilnehmerInnen zutage gefördert, das die Beziehungspflege wesentlich erleichtert; es kann behutsam nachgefragt werden, um mehr Informationen oder Details zu bekommen. Der Erfolg der Arbeit ist z.B. messbar am Grad der erreichten Informationen, an einem hohen Pegel von Mitteilsamkeit, an allen Indikatoren für eine „gute Stimmung".
Zeitlicher Rahmen	Ca. 1 Stunde; Musik und Gespräche im Wechsel, bei reger Unterhaltung auch längere Gespräche, die Musik kann dann in den Hintergrund treten.
Voraussetzungen der TeilnehmerInnen; räumliche Bedingungen	Freiwillige Teilnahme, Interesse und Neugier Musik darf nicht zu laut sein, sollte in guter Wiedergabequalität erklingen; Sitzkreis, etwas zu trinken in Reichweite, gut gelüfteter und heller Raum, die äußere Atmosphäre ist sehr wichtig (wohnlich, bequem, Blumenstrauß in der Mitte o.ä.), ruhige Umgebung, möglichst in einem separaten Raum, also nicht gerade im frequentierten Foyer)
Einführung in die Übung und Anleitung	Kurze Einführung in die mitgebrachte Musik: • z. B.: Ich habe Ihnen ein altes Grammophonschätzchen mitgebracht, Sie erinnern sich sicher noch, wie man die Dinger mit der Kurbel aufziehen musste und wie die Musik knisterte ...; das Stück wird von dem damals so beliebten und bekannten Tenor xxx gesungen, vielleicht erinnern Sie sich an die Stimme oder auch an den Film, in dem dieser Titel erklang; hören wir es uns erstmal an; • Nach dem Hören: kurzer Moment Ruhe und die Musik wirken lassen;

▶ Non ti scordar di me/Vergiß mein nicht (Langsamer Walzer aus den 30er Jahren)	
	• Behutsames „Heranfragen", ob sich jemand erinnern kann bzw. ob diese Musik an bestimmte Situationen oder Ereignisse erinnert, in der Regel setzt hier ein Erzählen einzelner Teilnehmer ein, auf das die anderen Anwesenden nach und nach „aufspringen"; • Möglich ist auch ein wiederholtes Hören, bei dem mitgesungen, mitgeschunkelt, mitgeklatscht wird.
Prozess-steuerung/ -begleitung	• Sollten einzelne TeilnehmerInnen beim Erzählen zu sehr dominieren, sollte behutsam eingegriffen werden, indem gezielt andere TeilnehmerInnen vorsichtig angesprochen und aufgefordert werden. • Es kann zu Gefühlsschüben kommen, wenn die Musik bei Einzelnen durch eine hohe individuelle lebensgeschichtliche Bedeutung extrem wirkt und die „memory emotions" besonders stark sind, mögliche Strategien: behutsame verbale Thematisierung, Einleiten von Pausen, bedächtiges Verändern der Situation, Ignorieren, in-Ruhe-lassen, Ablenkung durch vorsichtigen Themenwechsel oder nonverbale Reaktionen wie In-den-Arm-nehmen, die-Hand-nehmen und natürlich das Vermitteln von Verständnis, Sicherheit geben sowie Geborgenheit ausstrahlen oder das Summen einer ruhigen Melodie
Beobachtungs-kriterien – bezogen auf Gruppen-prozess – bezogen auf die Ziele	Wirkungen der Musik müssen anhand des nonverbalen Ausdrucks der Teilnehmer genau beobachtet werden; diese Rückmeldungen steuern situativ das weitere Vorgehen
Auswertung und Schluss	• Zusammenfassungen gemeinsamer (Lebens-)Erfahrungen, die sich bei den Gesprächen herausgeschält haben • Aus dem Erinnerten ergeben sich Musik- und Themenauswahl für die nächsten Treffen • Vielleicht lassen sich auch kleine Aufgaben formulieren (im Sinne: Können Sie uns nächste Woche ein wenig mehr über Ihren Opernbesuch in Verona erzählen?) • Wichtig: einen guten Schluss finden, z. B. durch ritualisiertes Abschiedslied

AutorInnen und Quelle zum Nachlesen:
Muthesius, Dorothea (1997). Musikerfahrungen im Lebenslauf alter Menschen. Hannover: Vincentz
Tüpker, Rosemarie & Wickel, Hans Hermann (Hrsg.) (2001). Musik bis ins hohe Alter. Fortführung, Neubeginn, Therapie (Materialien zur Musiktherapie, Bd. 8). Münster: LIT
Hartogh, Theo & Wickel, Hans Hermann (2008). Musizieren im Alter. Arbeitsfelder und Methoden. Mainz: Schott
Hartogh, Theo (2005). Musikgeragogik – ein bildungstheoretischer Entwurf. Musikalische Altenbildung im Schnittfeld von Musikpädagogik und Geragogik. Augsburg: Wißner
Vgl. Beitrag Wickel in diesem Band

▶ Erinnerungskoffer	
Zielgruppe	Die Übung ist besonders geeignet für Senioren und ältere Menschen mit demenziellen Veränderungen. Die Gruppe sollte aus etwa vier bis maximal sieben Mitgliedern bestehen.
Material	Benötigt werden: Ein nostalgisch wirkender Koffer und Gegenstände zu bestimmten Themen, die behandelt werden sollen: • Thema Kindheit: z.B. Kreisel, eine alte „Schildkröt Puppe", ein altes „Mensch ärgere Dich nicht"-Spiel, eine Mundorgel • Thema Haushalt: z.B. ein Waschbrett, Kernseife, alte Küchengegenstände, ein altes Kochbuch, alte Dosen (Persil, Dr. Oetker, Balsen ...) • Thema Feiertage: z.B. Spekulatius, eine Osterkerze, ein Gebetbuch, ein Tanzschuh, eine alte Haarspange Grundsätzlich kann der Erinnerungskoffer unterschiedliche thematische Objekte beinhalten. Er kann auch ganz „themenfrei" und mit vielen verschiedenen Gegenständen aus ganz unterschiedlichen Zeiten gepackt sein.
Ziel der Übung	Ziele: • Gegenseitiges Interesse wecken und so die Gemeinschaft stärken • Kompetenzen erinnern • Stärkung der Identität und des Selbstwertes durch die Rückschau auf das gelebte Leben
Indikatoren für die Erreichung der Ziele	Indikatoren: • Gegenseitiges Interesse der Teilnehmer durch Fragen untereinander • Sichere Erzählweise, gute Erinnerung an bestimmte Situationen (v.a. bei dementiell erkrankten Teilnehmern) als Kompetenz • TeilnehmerInnen vergewissern sich ihrer eigenen Identität und ihres Selbstwertes durch den Ausdruck von Emotionen (lachen, strahlen, aber auch weinen)
Zeitlicher Rahmen	60 – max. 90 Minuten, in Abhängigkeit von der Konzentration
Voraussetzungen der TeilnehmerInnen	Es kann von Vorteil sein, wenn die TeilnehmerInnen in ihren Sinneswahrnehmungen nicht beeinträchtig sind, aber es ist keine Voraussetzung, da die Gegenstände mit allen Sinnen wahrgenommen werden können und z.B. ein blinder Teilnehmer die Gegenstände erfühlen, riechen oder hören kann. Für diese Übung ist keine besondere körperliche Beweglichkeit gefordert. Kognitive Einschränkungen (z.B. Demenz) stellen kein grundsätzliches Problem dar. Diese Übung ist gerade auch für dementiell erkrankte Menschen sinnvoll, da durch die Sinnesreizung ein schnellerer Zugriff auf Erinnerungen des Langzeitgedächtnisses ermöglicht werden kann.

► Erinnerungskoffer	
Einführung in die Übung und Anleitung	Die Alltagsgegenstände bieten eine Möglichkeit, auf Erinnerungsreise zu gehen und sich an Situationen und Lebensphasen zu erinnern, in denen die Gegenstände in Gebrauch waren. Die Gegenstände können ertastet bzw. erfühlt, gerochen, gesehen werden und man kann mit einigen Geräusche erzeugen.
Prozesssteuerung/ -begleitung	Regeln: • Die Moderatoren sollten vor Beginn der Übung mit den TeilnehmerInnen Regeln im Umgang miteinander besprechen (andere aussprechen lassen, Fragen sind erwünscht ...) • Bei der Moderation ist es wichtig, einfache, klare Sätze zu formulieren. • Auf ausgeglichene Redeanteile achten • Bei schmerzhaften Erinnerungen Bewältigungsstrategien fokussieren
Beobachtungskriterien – bezogen auf Gruppenprozess – bezogen auf die Ziele	• Besteht ein Interesse an den Erzählungen der anderen? • Entsteht ein Gemeinschaftsgefühl? • Sind Emotionen (Lachen, Trauer, Strahlen) zu erkennen? • Mit welchem Gefühl gehen die Teilnehmer aus dem Treffen?
Auswertung und Schluss	Zum Abrunden der Inhalte und des Gruppenprozesses ist es sinnvoll, nochmal eine „Feedback-Runde" einzuleiten: Was hat den Teilnehmern besonders gefallen?

Autor und Quelle zum Nachlesen:
Ruhe, Hans G.: Methoden der Biografiearbeit, Weinheim; Basel; Berlin, 2. Aufl. 2003.
S. 120

▶ Leben im historischen Kontext	
Zielgruppe	Die Übung ist geeignet für alte Menschen, optimale TeilnehmerInnennenzahl ist 4, maximal sind 6 möglich
Material	Kopien von historischen Zeitungsausschnitten, ca. 10, da die TeilnehmerInnen eventuell von der Vielzahl überfordert sein könnten.
Ziel der Übung Indikatoren für die Erreichung der Ziele	Ziel ist es, die Teilnehmer über zeithistorische Dokumente an ihre eigene Geschichte zu erinnern und darüber mit den anderen Teilnehmern in Kontakt zu treten. Indikatoren: TeilnehmerInnen erinnern sich und tauschen sich aus.
Zeitlicher Rahmen	Ca. 1 bis 1,5 Stunden
Voraussetzungen der TeilnehmerInnen	Hören (Hörgeräte), Sehvermögen, auch für leicht demenziell veränderte Klienten geeignet
Einführung in die Übung und Anleitung	Die Dokumente werden ausgebreitet auf einen Tisch ausgelegt und die TeilnehmerInnen aufgefordert, sich diese genau anzuschauen, und sich ein Dokument, das ihr besonderes Interesse geweckt hat, zu nehmen und sich zu überlegen, was sie zu diesem Zeitpunkt persönlich erlebt haben. Es kommt weniger darauf an, sich über das zeitgeschichtliche Ereignis an sich zu unterhalten, wichtig ist die subjektive Bedeutung des Ereignisses für die einzelnen und dass es einen Anknüpfungspunkt zur Biografie der Teilnehmer bietet. Das historische Ereignis soll den Einstieg dazu erleichtern und einen einfachen Zugang zu biografischen Erinnerungen ermöglichen.
Prozess-steuerung/-begleitung	• gleichmäßige Redeanteile ermöglichen, zuhören, ausreden lassen, • zeithistorische Dokumente sollten nicht zu negativ behaftet sein • bei Erinnerungen an negative und/oder traumatische Ereignisse gelungene Bewältigungsstrategien fokussieren • akzeptieren, wenn TeilnehmerInnen zu bestimmten Themen nichts sagen wollen?
Beobachtungskriterien – bezogen auf Gruppenprozess – bezogen auf die Ziele	• Sind die TeilnehmerInnen in Kontakt untereinander? • Sprechen sie über sich selbst und ihre Biografie? • Welche Themen wählen die TeilnehmerInnen aus?
Auswertung und Schluss	Blitzlicht mit Befragung der TeilnehmerInnen nach aktueller Befindlichkeit und bedeutsamen Erinnerungen

Autor und Quelle zum Nachlesen:
Modifiziert nach Ruhe, Hans (2003): Methoden der Biographiearbeit. Weinheim, S. 24

▶ Jeder lebt sein Leben anders	
Zielgruppe	Die Übung ist geeignet für Personen jeden Alters, insbesondere für ältere Menschen (auch für Menschen mit leichter Demenz). Die TeilnehmerInnenzahl kann zwischen zwei und sechs Personen liegen. Optimal ist eine Teilnehmerzahl von 4 Personen.
Material	Die TeilnehmerInnen bringen jeweils ein Foto mit, das eine besondere Bedeutung für sie hat.
Ziel der Übung Indikatoren für die Erreichung der Ziele	Ziel der Übung ist es, sein Leben als etwas Individuelles und Wertvolles zu erfahren und Ressourcen zu aktivieren. Wichtig ist die Resonanz der Gruppe. Interesse und Nachfragen aus der Gruppe vermitteln den TeilnehmerInnen Wertschätzung. Indikatoren für die Erreichung der Ziele sind eine positive Stimmung in der Runde sowie positive Rückmeldungen (verbal und nonverbal) der Einzelnen.
Zeitlicher Rahmen	Der zeitliche Rahmen umfasst 60 -90 Minuten (je nach Gruppengröße). Es sollte ein Blitzlicht am Ende der Übung eingeplant werden.
Voraussetzungen der TeilnehmerInnen	Die TeilnehmerInnen sollten hören (evtl. mit Hörgerät) und sich artikulieren können. Bei an Demenz erkrankten TeilnehmerInnen sollte das Langzeitgedächtnis noch funktionsfähig sein.
Einführung in die Übung und Anleitung	Jede(r) TeilnehmerIn hat die Gelegenheit, etwas zu seinem Foto zu erzählen ("Wer ist zu sehen?", "Wie war die damalige Lebenssituation?, "Was bedeutet mir das Foto?", "Was empfinde ich bei der Betrachtung?"). Die anderen TeilnehmerInnen hören zu. Nach circa 7-10 Minuten wird das Foto herumgereicht, die Anderen betrachten das Foto und stellen Fragen. Es geht reihum. Die Übung ist beendet, wenn jede(r) zu seinem Foto etwas erzählt hat. Ein erwünschtes Ergebnis ist das Erzählen auf einer emotionalen Ebene, das über das bloße Erzählen von Ereignissen hinausgeht. Erlebte Emotionen (vor Allem positive) sollen erneut wachgerufen werden.
Prozesssteuerung/ -begleitung	Bei dieser Übung ist es wichtig, den Einzelnen zu Wort kommen zu lassen. Dies erfordert eine Steuerung der ModeratorInnen (es ist von Vorteil, wenn es zwei ModeratorInnen gibt). Zu Beginn wird erklärt, dass zwar Fragen gestellt werden können, allerdings erst, wenn der Besitzer des Fotos selbst erzählt hat. Für die Einhaltung dieser Regel müssen die ModeratorInnen sorgen. Die ModeratorInnen treten mit der Person, die gerade an der Reihe ist, in einen Dialog, der dazu dient, der/dem TeilnehmerIn einen Zugang zu den eigenen Emotionen zu öffnen (Aktives Zuhören). Schwierigkeiten können auftreten, wenn die TeilnehmerInnen nicht in der Lage sind, sich über längere Zeit zu konzentrieren. Die ModeratoInnen sollten dann versuchen, diese Personen in der Fragerunde besonders mit einzubeziehen.

▶ Jeder lebt sein Leben anders	

Beobachtungs-
kriterien
bezogen auf
– Gruppen-
  prozess
– bezogen auf die
  Ziele
	• Ist die Partizipation der TeilnehmerInnen ausgeglichen?
	• Sind die Fragen der ModeratorInnen geeignet, um Erinnerungen zu wecken?
	• Kommt es zu Nachfragen? Hören sich die TeilnehmerInnen gegenseitig zu?
	• Werden Gemeinsamkeiten/Unterschiede festgestellt?

AutorInnen und Quelle zum Nachlesen:
Idee entwickelt von den Studierenden: Frampton, Magnus; Heinrich, Dörthe; Renken, Kathy; Thonen-Alj, Sabrina

▶ Lebensreise	
Zielgruppe	SeniorInnen im Alter von 65+. Es sollten mindesten zwei Spiele-rInnen aber nicht mehr als sechs teilnehmen. Optimale Spieleran-zahl 3-5.
Material	Spielbrett, Spielfiguren, Würfel, selbst entworfene Fragekarten (Fragen zum Erleben biografisch relevanter Ereignisse, Alltags-gestaltung und Fähigkeiten/Ressourcen)
Ziel der Übung Indikatoren für die Errei-chung der Ziele	Ziele : • gegenseitiges Kennenlernen der Gruppenmitglieder • eine vertrauensvolle/wertschätzende Basis herzustellen, um gemeinsam mit der Gruppe weiter arbeiten zu können • das Interesse bei den MitspielerInnen auf eventuell nachfol-gende Sitzungen mit dem Thema Biografiearbeit zu wecken • erkennen eigener Kompetenzen (der MitspielerInnen) Indikatoren für die Erreichung der Ziele: • gegenseitiges Interesse der MitspielerInnen (Aah, so war das also bei Ihnen".) • gegenseitige Unterstützung der SpielerInnen • einfache Aussagen, ob das Spiel den TeilnehmerInnen gefallen hat • Interesse seitens der MitspielerInnen an weiteren Treffen der • Gruppe • MitspielerInnen werden aktuelle/frühere eigene Kompetenzen bewusst
Zeitlicher Rahmen	Die Spieldauer ist abhängig von der Teilnehmerzahl und deren Lust zur Reflexion ihres Lebens. Bei fünf interessierten SpielerInnen ca. 90 Min.
Voraussetzungen der TeilnehmerInnen	Die TeilnehmerInnen sollten kognitiv in der Lage sein, ein Spiel, vom Anspruch her ähnlich wie „Mensch ärgere dich nicht", zu be-greifen. Leichte Fragen, welche sich auf die persönliche Biografie beziehen, sollten sie verstehen und beantworten können. MitspielerInnen mit motorischen Einschränkungen werden von MitspielerInnen/ModeratorInnen unterstützt.

► Lebensreise	
Einführung in die Übung und Anleitung	Das Spiel „Die Lebensreise" besteht aus einem Spielbrett, das in vier Lebensabschnitte eingeteilt ist (Kindheit, Jugend, Erwachsenenalter, Alter). Diese Abschnitte sind durch den „Lebensweg" (Spielfelder) verbunden. In jedem Anschnitt befinden sich markierte Spielfelder, auf denen bei Betreten eine Frage zum jeweiligen Lebensabschnitt zu beantworten ist. Zum Beispiel: „Wie verlief in ihrer Kindheit ein ganz normaler Sonntag?" „Wie und wo haben Sie Ihre erste Liebe kennengelernt? Es wird reihum gewürfelt. Die Augenzahlen des Würfels bestimmen wie weit vorgerückt werden darf. Spielfiguren der anderen MitspielerInnen werden nicht „abgeworfen". Der Spieler, der zuerst die Ziellinie erreicht hat, hat die Lebensreise beendet, d.h., je schneller ein Spieler „durch das Leben" geht, desto weniger kann er berichten, Je langsamer er vorangeht, um das Ziel zu erreichen, desto mehr reflektiert er sein Leben.
Prozess- steuerung/ -begleitung	Der Moderator sollte während des Spiels darauf achten, dass die MitspielerInnen in etwa gleiche Redeanteile bekommen. Sehr zurückhaltende MitspielerInnen sollten zum Sprechen ermuntert werden durch aktives Zuhören. Die SpielerInnen müssen nicht jede der ihnen gestellten Fragen beantworten, wenn sie nicht wollen. Sie sollten dann die Möglichkeit bekommen, sich zu enthalten oder eine andere Frage beantworten zu können. Es ist jedoch darauf zu achten, dass jeder der Beteiligten die Chance hat, seine Gefühle und Gedanken zu äußern. Jeder Spieler sollte das Ende erreichen.
Beobachtungs- kriterien – bezogen auf Gruppen- prozess – bezogen auf die Ziele	Die allgemeinen Regeln zur Moderation von Gruppen sollten, bezogen auf den Gruppenprozess, beachtet werden. Um die Interaktion zwischen den MitspielerInnen zu fördern kann zu Nachfragen ermuntert werden.
Auswertung und Schluss	Blitzlicht: Am Ende des Spiels Auswertungsfragen je nach Zielsetzung und Fokus, z.B.: Wie haben Sie das Spiel erlebt? An welches Ereignis/welche Lebensphase haben Sie sich gerne erinnert?

Autor und Quelle zum Nachlesen:
Ruhe, Hans G (2003): Methoden der Biografiearbeit, Weinheim: Basel; Berlin, 2. Aufl., S. 32

► Jugend früher – Jugend heute. Erinnerungen an die Jugendzeit	
Zielgruppe	Die Übung ist geeignet für SeniorInnen, in einer Gruppengröße von 5-10 Personen
Material	• Kleidung für die ModeratorInnen, die aus dem Jugendalter der TeilnehmerInnen stammt (Mann/Frau). Evtl. Tanzmusik der damaligen Zeit/ Abspielgerät. • Vorbereitete Plakate (z.B. 5 Plakate. Jedes Plakat wird in „früher" und „heute" eingeteilt und hat ein anderes Thema z.B. 1. Kleidung, 2. Freizeit/ Interessen, 3. Familie/Freunde, 4. Erziehung, 5. Bildung/Beruf/ Schule).
Ziel der Übung Indikatoren für die Erreichung der Ziele	• Die Verkleidung der ModeratorInnen wird als Trigger eingesetzt, um die Erinnerungen der TeilnehmerInnen an ihre Jugendzeit zu wecken. • Anhand der vorgegebenen Themen und des Vergleiches zur heutigen Jugend soll die eigene Jugendzeit erinnert und reflektiert werden mit Bezug – zu den historischen Rahmenbedingungen – wichtigen Werten – zentralen Ressourcen
Zeitlicher Rahmen	Mit ca. 60-90 Minuten (bei 5 Plakaten) ist zu rechnen, in Abhängigkeit von der Motivation der TeilnehmerInnen.
Voraussetzungen der TeilnehmerInnen	Um an dieser Übung teilnehmen zu können, ist es für die SeniorInnen notwendig, über ein gutes Hör- und Sehvermögen (Brillen, Hörgeräte) sowie über kognitive Fähigkeiten zu verfügen (mit leicht demenziell veränderten Menschen ist diese Übung möglich).
Einführung in die Übung und Anleitung	Zu Beginn der Übung können einige Fotos am Tisch ausgelegt werden, die Bilder der heutigen und der früheren Jugend zeigen, um den SeniorInnen den Einstieg in die Thematik zu erleichtern. Die ModeratorInnen verlassen den Raum, um sich zu verkleiden. • Mit dem Eintritt der verkleideten ModeratorInnen wird ein Überraschungseffekt gesetzt, der durch den Einsatz von Tanzmusik aus der Jugendzeit der Teilnehmerinnen noch gesteigert werden kann. • Die TeilnehmerInnen werden nach ihren Erinnerungen zur damaligen Kleidung und ihren Lieblingskleidungsstücken befragt sowie ihren Eindrücken und Assoziationen zur Kleidung der heutigen Jugend. Die Äußerungen werden auf dem Plakat „Kleidung" in der entsprechenden Spalte, entweder „heute" oder „früher", für alle sichtbar aufgeschrieben. • Die Plakate werden der Reihe nach einzeln thematisiert mit den jeweiligen Bezügen zu damals und heute .

► Jugend früher – Jugend heute. Erinnerungen an die Jugendzeit	
Prozess-steuerung/ -begleitung	Alle TeilnehmerInnen sollten Gelegenheit haben, Ihre Erinnerungen zu berichten. Empfindungen und emotionale Erlebnisinhalte sollten über Aktives Zuhören aufgegriffen werden. Die Fragen sollten ressourcenorientiert gestellt werden (Mit welchen Kleidungsstücken fanden Sie sich selbst besonders attraktiv? Wie sah ihr Brautkleid aus? Wie haben Sie damals mit Freunden gefeiert?)
Beobachtungs-kriterien – bezogen auf Gruppen-prozess – bezogen auf die Ziele	• Sind alle Gruppenmitglieder beteiligt? • Findet ein gegenseitiger Austausch zwischen den Senioren statt? • Gelingt es, Ähnlichkeiten zwischen der Jugend damals und heute zu finden?
Auswertung und Schluss	„Feedback-Runde", in der jeder Teilnehmer mitteilen kann, wie er den Rückblick in seine Jugendzeit und den Bezug zur heutigen Jugend erlebt hat.

AutorInnen und Quelle zum Nachlesen:
Idee entwickelt von den Studierenden Thomas Böhm, Anne Kappelhoff, Anne Sondermann und Elisabeth Stroetmann

▶ Der Baum als Symbol des Lebens	
Zielgruppe	Die Übung ist geeignet für Erwachsene und ältere Menschen, die schon eine längere Geschichte haben und Bilanz ziehen können, max. 5 TeilnehmerInnen
Material	• 5 weiße Din A2 Kartons • Blätter aus grünem Tonpapier • 5 Vögel aus weißem Tonpapier • Kräftige Filzstifte(braun.grün) • Raufasertapete zur Gestaltung des Baumstammes • Klebstoff • Stifte zum Beschriften der Blätter und der Vögel
Ziele der Übung	Der Lebenslauf soll reflektiert werden. Erfolge und Ereignisse werden sichtbar. Wünsche werden formuliert. Die Gruppe lernt sich besser kennen.
Indikatoren für die Erreichung der Ziele	Die einzelnen Teile des Lebensbaumes sind beschriftet. Die TeilnehmerInnen setzen sich mit ihren Erinnerungen auseinander im Austausch mit anderen
Zeitlicher Rahmen	Diese Übung kann der Rahmen für ein fünfstündiges Projekt sein: In der ersten Sitzung wird mit den Wurzeln (Kindheit) begonnen (ca. 20 Min.). In der letzten Sitzung wird der Baum mit den neu gewonnenen Erinnerungen der 2., 3. und 4. Sitzung vollendet (ca. 30 Min.).
Voraussetzungen der TeilnehmerInnen	Die TeilnehmerInnen sollten in der Lage sein, zeichnen und basteln zu können.
Einführung in die Übung und Anleitung	Der Baum und seine einzelnen Teile werden als Symbole für das Leben eingeführt. Die TeilnehmerInnen werden aufgefordert, ihren Baum zu gestalten. Dazu wird das vorbereitete Material zur Verfügung gestellt. In einer abschließenden Gesprächsrunde werden die verschiedenen Lebensbäume vorgestellt.
Prozess-steuerung/ -begleitung	Die Bäume sollten in Einzelarbeit erstellt werden. TeilnehmerInnen könnten bei eingeschränkten motorische Fähigkeiten überfordert sein: Hier sollten die ModeratorInnen unterstützen und die gestalterische Aufgabe gemeinsam mit dem Teilnehmer lösen. Das begleitende Gespräch kann dazu dienen, den Teilnehmer näher kennenzulernen. TeilnehmerInnen möchten ihre Erinnerungen/Wünsche nicht sichtbar werden lassen: Dies ist zu akzeptieren.

▶ Der Baum als Symbol des Lebens	
Beobachtungs-kriterien- – bezogen auf den Gruppen-prozess – bezogen auf die Ziele	Die Gruppe kommt miteinander ins Gespräch und tauscht sich aus. Die Gruppe entdeckt Gemeinsamkeiten Die Mitglieder der Gruppe lernen sich näher kennen und entwickeln Vertrauen zueinander. Der Lebensbaum wird aktiv und kreativ gestaltet. Eine Lebensbilanz kann gezogen werden. Die TeilnehmerInnen sind emotional beteiligt. Wünsche sind aufgeschrieben worden.
Auswertung/ Schluss	Gruppengespräch in Bezug auf die Wünsche und deren Erfüllbarkeit. Abschließende Feedbackrunde zum Thema „Lebensbilanz". Wenn die Sitzung die letzte des Projektes ist, bietet sich ein Rückblick auf den Verlauf an.

Autor und Quelle zum Nachlesen:
Klingenberger, Hubert (2003): Lebensmutig, Don Bosco Verlag München, S. 51

▶ Gruppenarbeiten zum narrativen Interview als Weg zum methodengeleiteten biografischen Verstehen	
Zielgruppe	Im Rahmen von Bildungsprozessen: Studierende, Weiterbildungen für psychosoziale Fachkräfte
Material	Aufnahmegeräte für jeden Teilnehmer sowie Videokameras und Monitore
Ziel der Übung/ Indikatoren für die Erreichung der Ziele	Narrative Interviews in Kleingruppen unter einer Fragestellung, z.B. „studierende MigrantInnen"... • durchführen, • transkribieren, • auswerten Dabei kann in einer Vorbesprechung vereinbart werden: Narrative Interviews gruppenintern – d.h. gegenseitig – oder mit zu befragenden Personen von außen durchzuführen. Die Beschreibung der Interviewsituation, die Verhaltensbeobachtungen der befragten Person sowie die Reflexion des eigenen Interviewerverhaltens, die Auswertungen des Transkriptes der Arbeitsgruppe vorstellen, um Feedback einzuholen und die eigenen Interpretationsmuster zur Diskussion zu stellen.
Zeitlicher Rahmen	Kein „Schnellverfahren", mehrere Tage intensive Übungen in der Arbeitsgruppe, günstig als Kompaktkurs
Voraussetzung der TeilnehmerInnen	Bereitschaft zu Gruppenarbeit und Selbstreflexion
Einführung in die Übung und Anleitung	• Rollenspiele: Interviewer – befragte Person – Beobachter. • Narrative Interviews aus allen drei Rollenperspektiven heraus durchführen, • zunächst in den Kleingruppen auswerten • später in der großen Arbeitsgruppe vorstellen. • Aufnahmen der Gespräche, wenn möglich auch Videos • Auswertung des Interviewer- Verhaltens • sowie der gesamten „narrativen Situation".
Prozess- steuerung/ -begleitung	• Regelmäßige Teilnahme • Selbstverantwortung • „Störungen haben Vorrang" (TZI/Ruth Cohn)
Beobachtungs- kriterien – bezogen auf den Gruppen- prozess/ – bezogen auf die Ziele	Regelmäßiges Feedback • zum Verhalten bei den Übungseinheiten • zu den vorgestellten Auswertungen der narrativen Interviews • durch die gemeinsame Arbeitsgruppe.

▶ Gruppenarbeiten zum narrativen Interview als Weg zum methodengeleiteten biografischen Verstehen	
Auswertung und Schluss	Die in der Gruppe gemeinsam bearbeiteten Auswertungen der narrativen Interviews für neue Gesprächssequenzen nutzen, z.B. mit den befragten Personen ein weiteres Gespräch führen oder ein Folgeprojekt starten ...

AutorInnen und Quelle zum Nachlesen:

Bezug: B. Bauer in diesem Band

Lamnek, Siegfried (2005): Qualitative Sozialforschung. Lehrbuch. München und Weinheim; S. 356 - 361

Mayring, Philipp (1999): Einführung in die qualitative Sozialforschung: München: S. 55-57

AutorInnen

Barth, Katharina, Dipl. Soz. Arb/Soz. Päd., Absolventin der Fachhochschule Münster
Anschrift: Hoffschultestr.18, 48155 Münster

Bauer, Brigitte, Dr., Dipl.Psych., Psychologische Psychotherapeutin, Professorin für Psychologie an der Fachhochschule Münster. Lehrgebiet: Sozialpsychologie, Gruppendynamik
Anschrift: Borkenstraße 7, 44265 Dortmund

Brugger, Bernhard, Prof. Dr., Dipl.-Psych., Psychologischer Psychotherapeut. Geb. 17.07.1956 in München. Studium der Psychologie, Philosophie und Kunstgeschichte. Seit 1995 Professor für Psychologie (Schwerpunkt: verhaltensorientierte Klinische Psychologie) am Fachbereich Sozialwesen der Fachhochschule Münster.
Anschrift: Prof. Dr. Bernhard Brugger, FB 10, FH Münster, Postfach 3020, 48016 Münster

Eichbauer, Matthias, Dipl.Soz.Päd./Soz.Arb., Absolvent der Fachhochschule Münster
E-Mail: mattse3@web.de

Erlemeier, Norbert, Prof. Dr. phil., Dipl.-Psych., Lehre und Forschung an den Universitäten Bonn/Gießen, von 1975 bis 2001 am Fachbereich Sozialwesen der Fachhochschule Münster mit den Schwerpunkten Gerontopsychologie und Persönlichkeitspsychologie; seit 2001 Lehraufträge für Gerontopsychologie an der Fachhochschule und Universität Münster; zahlreiche Projekte und Publikationen mit gerontologischer Thematik. Mitglied der AG Alte Menschen im Nationalen Suizidpräventionsprogramm für Deutschland (2002-2006: Leiter der Arbeitsgruppe).

Framing, Frauke, Dipl.-Soz.arb./Soz.päd.. Geb. 25.01.82 in Aachen. 2002–2006 Studium der Sozialen Arbeit an der Fachhochschule Münster. Seit 2006 Weiterbildung zur Kinder- und Jugendlichenpsychotherapeutin.
Anschrift: Frauke Framing, Kanalstr. 44, 48147 Münster

Frampton, Magnus, Jg. 1975, Studium der Mathematik an Trinity Hall, Cambridge und der Sozialen Arbeit an der Fachhochschule Münster. Berufspraxis mit obdachlosen und psychisch kranken Menschen in England und Nordirland. Seit 2007 freiberuflicher Dozent und Fachenglischtrainer an mehreren deutschen Hochschulen.
Anschrift: Gartenstraße 71, 48147 Münster, Tel. 0251 932 5687,
E-Mail: magnusframpton@yahoo.de

Hoffmann, Bernward, Dr. phil., Jg.1955, Professor für Medienpädagogik an der Fachhochschule Münster; Studium der Erziehungswissenschaft, Theologie, Publizistik, Musikwissenschaft
Arbeitsschwerpunkte: Medienpädagogik im Kontext von Ästhetik und Kommunikation, Praktische Medienarbeit, Fotografie, Jugendmedienschutz, E-Learning
E-Mail: bhoffmann@fh-muenster.de

Hölzle, Christina, Jg. 1954, Prof. Dr. phil., Dipl.-Psych., Psychologische Psychotherapeutin, lehrt Psychologie am Fachbereich Sozialwesen seit 1994.
Arbeitsschwerpunkte: Personzentrierte, ressourcenorientierte Beratung, Biografiearbeit, Beratung im Kontext von Familie und Familienplanung, Fruchtbarkeitsstörungen, Adoption und Pflegschaft, Leitung und Personalmanagement.
Anschrift: FB 10, FH Münster, Postfach 3020, 48016 Münster,
E-Mail: hoelzle@fh-muenster.de

Jansen, Irma, Dr.phil, Dipl. Päd./Dipl. Soz. Päd., Supervisorin, Jg. 1956, Professorin für Erziehungswissenschaft an der Fachhochschule Münster
Arbeitsschwerpunkte: Biografiearbeit, Soziale Arbeit mit benachteiligter Klientel, Devianz, Psycho-soziale Intervention im Kontext von Resozialisierung, Gewalt von Mädchen und Frauen
E-Mail: jansen@fh-muenster.de

Rath, Norbert, Prof. Dr. phil., lehrt Sozialphilosophie an der Fachhochschule Münster, Fachbereich Sozialwesen (Hüfferstr. 27, 48149 Münster). Aktuelle Arbeitsschwerpunkte: Kritische Theorie; Kulturtheorie; kindliche Weltvorstellungen; Konzepte des Glücks. Letzte Buchpublikation: Negative: Glück und seine Gegenbilder bei Adorno, Würzburg 2008.

Rebel, Günther, Lehrender an der Fachhochschule Münster im FachÄsthetik und Kommunikation, Arbeitsschwerpunkt Bewegungspädagogik
E-Mail: guenther.rebel@bodylanguage.de

Schwab, Peter, Prof. Dr. med. Dipl. Psych., Jg. 1946, Studium der Psychologie und Humanmedizin an der Universität Münster, Promotion 1982, Habilitation 1991 an der Universität Witten/Herdecke, seit 1992 Professor für Psychopathologie und Sozialmedizin an der Hochschule Neubrandenburg. Arbeits- und Forschungsschwerpunkte u.a.: Psychophysiologie/Psychosomatik, Depression und Suizidalität im Alter/Mess- und Ordnungsverfahren in der Bezugssystemforschung.

Anschrift: Prof. Dr. P. Schwab, FB SBE, Hochschule Neubrandenburg, Postfach 11 01 21, 17041 Neubrandenburg

Tumbrink, Nadja, Dipl. Soz. Päd/Soz. Arb., Absolventin der Fachhochschule Münster (Diplomstudiengang)

Anschrift: Lingener Str. 1, 48155 Münster

Wickel, Hans Hermann, Dr. phil., Jg. 1954, Professor für Musik in der Sozialen Arbeit an der Fachhochschule Münster; Musikstudium (Orgel, Klavier, Musiktheorie); Universitätsstudium (Musikwissenschaft, Romanistik, Erziehungswissenschaft). Arbeitsschwerpunkte: Musikgeragogik, Musicalarbeit, Improvisation, Hörbehinderungen

E-Mail: wickel@fh-muenster.de

Wiemann, Irmela, Jg. 1942, Diplom-Psychologin, Psychologische Psychotherapeutin, Familientherapeutin und Autorin. 1974–2007 Mitarbeiterin in der Kinder-Jugend-Eltern-Beratung Gallus in Frankfurt am Main. Seit 1978 Spezialisierung auf Beratung und Therapie von Pflegefamilien, Adoptivfamilien und Herkunftsfamilien. Elternseminare für Pflegeeltern, Adoptiveltern und Herkunftseltern. Seit 1982 zahlreiche Fortbildungsveranstaltungen für Landesjugendämter sowie freie und öffentliche Träger für Mitarbeiter/innen in Adoptionsdiensten und Pflegekindervermittlungsdiensten sowie Institutionsberatung und Praxisberatung im gesamten deutschsprachigen Raum. Autorin zum Thema Biografiearbeit, Pflegekinder und Adoptivkinder.

Postadresse: Irmela Wiemann, Fasanenstr. 4, 35796 Weinbach

E-Mail: www.irmelawiemann.de

Programm Soziale Arbeit

Gertrud Oelerich /
Hans-Uwe Otto (Hrsg.)

**Empirische Forschung
und Soziale Arbeit**

Ein Studienbuch
2010. ca. 300 S. Br. ca. EUR 24,95
ISBN 978-3-531-17204-0

Bettina Paul /
Henning Schmidt-Semisch (Hrsg.)

Risiko Gesundheit

Über Risiken und Nebenwirkungen
der Gesundheitsgesellschaft
2010. 289 S. Br. EUR 24,95
ISBN 978-3-531-16544-8

Lotte Rose /
Benedikt Sturzenhecker (Hrsg.)

‚Erst kommt das Fressen …!'

Über Essen und Kochen
in der Sozialen Arbeit
2009. 316 S. Br. EUR 24,90
ISBN 978-3-531-16090-0

Friederike Heinzel / Werner Thole /
Peter Cloos / Stefan Köngeter (Hrsg.)

„Auf unsicherem Terrain"

Ethnographische Forschung im Kontext
des Bildungs- und Sozialwesens
2010. 274 S. Br. EUR 34,95
ISBN 978-3-531-15447-3

Bernd Dollinger

Reflexive Sozialpädagogik

Struktur und Wandel
sozialpädagogischen Wissens
2008. 265 S. Br. EUR 29,90
ISBN 978-3-531-15975-1

Roland Becker-Lenz / Stefan Busse /
Gudrun Ehlert / Silke Müller (Hrsg.)

**Professionalität
in der Sozialen Arbeit**

Standpunkte, Kontroversen, Perspektiven
2. Aufl. 2009. 352 S. Br. EUR 39,90
ISBN 978-3-531-16970-5

Erhältlich im Buchhandel oder beim Verlag.
Änderungen vorbehalten. Stand: Juli 2010.

www.vs-verlag.de

VS VERLAG

Abraham-Lincoln-Straße 46
65189 Wiesbaden
Tel. 0611.7878-722
Fax 0611.7878-400

Soziale Passagen –
Journal für Empirie und Theorie Sozialer Arbeit

Soziale Passagen

– sind ein interaktives Projekt, das sich den durch gesellschaftliche Veränderungen provozierten Herausforderungen stellt und sich dezidiert als wissenschaftliche Publikationsplattform zu Fragen der Sozialen Arbeit versteht.

– stehen für eine deutlich konturierte empirische Fundierung und die ‚Entdeckung' der Hochschulen, Forschungsprojekte und Forschungsinstitute als Praxisorte. Sie bieten einen diskursiven Raum für interdisziplinäre Debatten und sind ein Forum für empirisch fundierte und theoretisch elaborierte Reflexionen.

– enthalten in jeder Ausgabe einen Thementeil und ein Forum für einzelne Beiträge. Einen weiteren Schwerpunkt bilden Kurzberichte aus laufenden Forschungsprojekten. Die inhaltliche Qualität ist über ein peer-review-Verfahren gesichert.

– richten sich an Mitarbeiterinnen, Mitarbeiter und Studierende an Universitäten, Fachhochschulen und Instituten sowie an wissenschaftlich orientierte Leitungs- und Fachkräfte in der sozialpädagogischen Praxis.

2. Jahrgang 2010 – 2 Hefte jährlich

www.sozialepassagen.de

Erhältlich im Buchhandel oder beim Verlag.
Änderungen vorbehalten. Stand: Juli 2010.

VS-JOURNALS.DE

Abraham-Lincoln-Straße 46
65189 Wiesbaden
Tel. 0611.7878-722
Fax 0611.7878-400

5854594R00200

Printed in Germany
by Amazon Distribution
GmbH, Leipzig